数字经济译丛

衡量数字化转型

未来路线图

MEASURING THE DIGITAL TRANSFORMATION

A Roadmap for the Future

经济合作与发展组织 著
王彬 杨之辉 王欣双 译

东北财经大学出版社 大连
Dongbei University of Finance & Economics Press

辽宁省版权局著作权合同登记号：图字 06-2020-249 号

图书在版编目（CIP）数据

衡量数字化转型：未来路线图 / 经济合作与发展组织著；王彬，杨之辉，王欣双译.—大连：东北财经大学出版社，2022.6
（数字经济译丛）
ISBN 978-7-5654-4409-8

Ⅰ. 衡…　Ⅱ. ①经… ②王… ③杨… ④王…　Ⅲ. 信息经济-研究　Ⅳ. F49

中国版本图书馆 CIP 数据核字（2022）第 034561 号

东北财经大学出版社出版发行
大连市黑石礁尖山街 217 号　邮政编码　116025
网　址：http：//www. dufep. cn
读者信箱：dufep @ dufe. edu. cn
大连图腾彩色印刷有限公司印刷

幅面尺寸：170mm×240mm　字数：404 千字　印张：30.5
2022 年 6 月第 1 版　　2022 年 6 月第 1 次印刷
责任编辑：李　季　刘东威　　责任校对：王　莹　吉　扬　刘慧美
封面设计：原　皓　　版式设计：原　皓
定价：119.00 元

教学支持　售后服务　联系电话：(0411) 84710309
版权所有　侵权必究　举报电话：(0411) 84710523
如有印装质量问题，请联系营销部：(0411) 84710711

前　言

合理的衡量对于基于证据的政策制定至关重要。它有助于确定政策干预的必要性，强化问责制，同时有助于提高政策性行为的效率并对效果进行评价。由于数字化和数字技术在经济和日常生活中发挥着广泛作用，因此对于正在持续进行并加速发展的数字化转型，人们迫切需要相关数据和有效衡量工具的支撑。

《衡量数字化转型：未来路线图》的目标并非要对国家进行“排名”或制定综合指标。相反，其目标是为决策者和分析者提供数字化政策集成框架各个维度的关键指标，并提供能体现细节和细微差别的附加指标；还要联系相关的政策杠杆，使得分析者、利益相关者和政策制定者能够深入洞察经济如何在这些维度中运行。本书使用了经合组织、其他国际组织以及私人数据提供商所提供的大量数据。

这份具有前瞻性的衡量路线图制订了9项行动计划，如果这些行动计划能够得到优先考虑并付诸实施，将极大提高各国监测数字化转型的能力及影响力。前4项重要行动计划的目标是构建下一代数据及评价指标，以迎接和应对数字化转型中遇到的挑战，包括实现数字经济在经济统计中的可视化；理解数字化转型带来的经济影响；衡量数字时代的幸福感；设计新型交叉学科的数据采集方法。另外5项行动计划针对的是需要关注的具体领域，包括：数字化变革技术、数据和数据的流通、数字时代的技能、网络环境的可信度及政府的数字优势。在本书中描述了关于如何构建数字化变革路线图中的行动计划，该路线图贯穿于全书。本书分析了衡量所需的政策，讨论了衡量所面临的挑战，并且为国际社会采取有效的衡量行动提供了选择。

数字时代的趋势（第1章）。第1章开篇界定了数字时代，并围绕技术趋势和数字化转型展开了叙述。其重点是数字化技术的发展趋势而非国家之间的比较，并且强调了对非传统数据来源的利用。目标读者是所有对理解数字化概况和新兴发展事物感兴趣的人。本章的重点内容包括：大数据分析技术和人工智能的兴起，与日俱增的云计算服务需求，全球数据基础设施的基本特征，所有领域数字化转型日渐兴起，数字化对工作场所、年轻一代和科学家的影响，以及“数字鸿沟”的演变。本章还举例说明了如何利用文本挖掘技术、基于互联网的统计以及在线工作机会等制定新的利益评估指标。

发展与福利（第2章）。本章阐述了正在经历数字化转型的信息产业和经济活动对全球增值链的发展、生产力、全球生产网络、需求结构、贸易、就业的贡献。本章还着眼于阐述公民如何使用数字技术，并举例说明了这些行为将如何影响公民的幸福感。本章包括以下3项内容，研究如何衡量行业的数字化强度，探讨如何制定数字时代的利益指标，提出开发数字“卫星账户”中存在的挑战。

7个专题章节（第3至9章）与“发展中的数字化综合政策框架”的7个政策维度一致，如图1所示。这些内容反映了政府监测数字化变革和采取措施的重点及优先级，包括：加强接入服务（第3章），提高有效使用率（第4章）；释放创新（第5章）；确保所有人拥有良好的就业（第6章）；促进社会繁荣（第7章）；加强信任（第8章）；促进市场开放（第9章）。在该政策框架中没有单独考虑教育和技能的相关问题，而是将其作为其他维度的有利因素展开了探讨。同样，与技能有关的指标也贯穿于整本书之中。第4章研究了有效利用数字技术的技能；第5章着眼于科学高等教育、工程和信息与通信技术（Information and Communications Technology，ICT）中的创新；第6章关于数字化变革中工作的部分强调了工作场所的技能、适应力以及教育和培训中的关键技能；第7章从社会属性的角度探讨了数字技能和能力；第8章围绕信任讨论了数字安全技能。

上述专题章节的目标读者是在运用衡量指标方面具有一定熟练程度的政策分析者。这部分内容围绕着物联网、云计算服务、开源软件、网络平台、平台中介型雇员、电子技能、电子商务、数字贸易、数据和数据流等方面的挑战及行动展开研究与讨论。

为了便于在“Going Digital Toolkit”工具包中进行可视化和国际比较，本书为政策框架的7个维度选择了一组更简约的指标集合，通过该工具包还可以获取本书中提到的附加指标、相关数据、数据库以及相关文献、政策指南等信息，网址如下：*www.oecd.org/going-digital-toolkit*（见图1）。

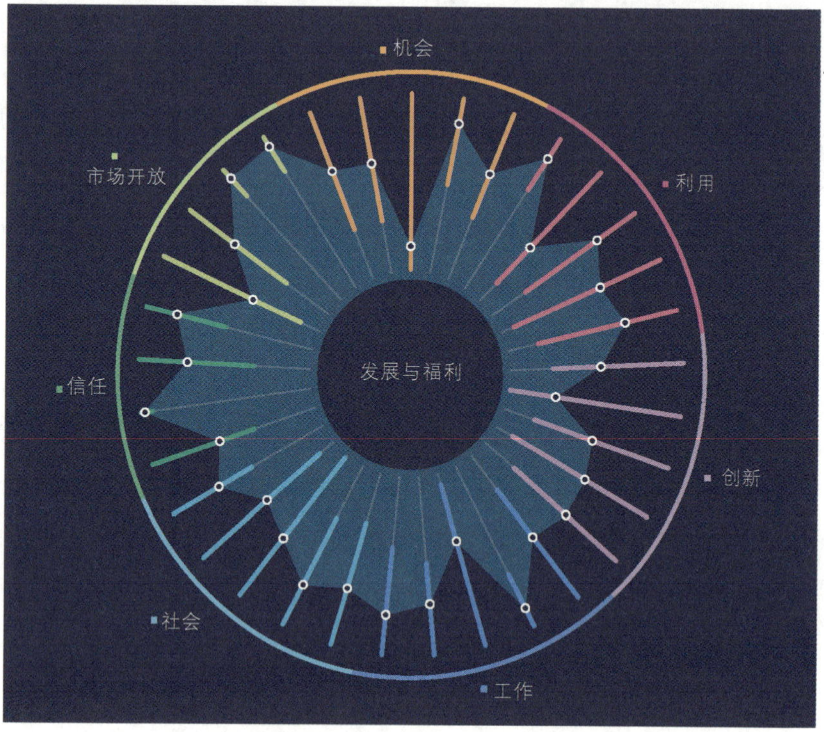

图1　Going Digital Toolkit中33个关键指标的可视化

涵盖Going Digital集成政策框架中的7个政策维度

注：在Going Digital工具包中，国家的评价标准是7个政策维度和33个指标。黑点代表样本平均值，彩色线条表示所有经合组织国家与每个指标最佳值相比的样本分布情况。

Source：OECD Going Digital Toolkit，*www.oecd.org/going-digital-toolkit.*

致　谢

本出版物是经合组织项目“走向数字化：使转型有利于发展和福利”中衡量模块研究的关键成果。该模块由经合组织科学、技术和创新理事会（Directorate for Science，Technology and Innovation，DSTI）、统计和数据理事会（Statistics and Data Directorate，SDD）以及贸易和农业理事会（Directorate for Trade and Agriculture，TAD）共同主导。

《衡量数字化转型：未来路线图》是经合组织秘书处、国家统计局、研究人员和私营数据提供商共同努力的结果。主要作者是DSTI经济分析和统计部门的Alessandra Colecchia、Daniel Ker、Elif koksalo-oudot及意大利国家统计研究所（Istituto Nazionale di Statistica，ISTAT）的Andrea de Panizza。

来自DSTI的同事为本书作出了有价值的贡献，他们是：Elodie Andrieu、Michela Bello、Laurent Bernat、Brigitte van Beuzekom、Frédéric Bourassa、Sara Calligaris、Flavio Calvino、François Chantret、Agnès Cimper、Chiara Criscuolo、Hélène Dernis、Isabelle Desnoyers-James、Timothy DeStefano、Michael Donohue，Fernando Galindo-Rueda、Alexia Gonzalez-Fanfalone、Peter Horvát、Yoichi Kaneki、Guillaume Kpodar、Luca Marcolin、Joaquim Martins Guilhoto、Pierre Montagnier、Shohei Nakazato、Alistair Nolan、Rory O'Farrell、Karine Perset、Lorrayne

Porciuncula、Christian Reimsbach-Kounatze、Elettra Ronchi、David Rosenfeld、Vincenzo Spiezia、Mariagrazia Squicciarini、Fabien Verger、Colin Webb和Verena Weber。

感谢Angela Gosmann的编辑指导，Sylvain Fraccola的封面设计，Christopher Lomax的动态链接服务帮助，Marion Barberis的文案服务支持，此外还要感谢Petia Petrova和Celia Valeani。

在Molly Lesher（走向数字化第一阶段的项目协调人）和David Gierten的帮助下，“塑造政策，改善生活”和“衡量数字化转型：未来路线图”这两个团队在持续数字化方面展开了协同工作，从而达到了两者在数字化工作可交付成果方面的协调和统一。

Dirk Pilat和Andrew Wyckoff为本书的编撰提供了全面的指导和建议。

经合组织其他理事会的几位同事以他们丰富的专业知识和经验为本书提供了帮助：Nadim Ahmad、Mariarosa Lunati、John Mitchell、Fabrice Murtin、Frederic Parrot、Paul Schreyer、Vincent Siegerink、Peter van de Ven和Jorrit Zwijnenburg（统计和数据理事会）；Michele Cimino，Stephanie Jamet和Andreea Minea-Pic（教育和技能理事会）；Reginald Dadzie，Barbara Ubaldi和Joao Vasconcelos（公共治理理事会）；Janos Ferencz和Javier López-González（农业贸易理事会）；以及Stijn Broecke和Glenda Quintini（就业、劳动和社会事务理事会）。

本书中的一些指标来源于马克斯·普朗克创新与竞争研究所（MPI）Stefano Baruffaldi和Dietmar Harhoff的合作成果。人工智能度量方法中的实验指标是与MPI共同合作的成果，感谢OECD领导的知识产权统计特别工作小组所提供的专业知识，感谢澳大利亚知识产权部门、加拿大知识产权局（CIPO）、欧洲专利局（EPO）、以色列专利局（ILPO）、意大利专利商标局（UIBM）、智利国家工业产权研究所（INAPI）、英国知识产权局（UK IPO）以及美国专利和商标局（USPTO）。

本书还包含了对ICT商用调查微观数据的探讨性分析结果，该工作由英国国家统计局的Pauline Beck及其同事、瑞典增长政策分析局的Irene Ek及其同事、波兰统计局的Mateusz Guminski及其同事承担。特别感谢意大利中央统计局的Andrea de Panizza和Stefano de Santis，他们开发了代码，提供了建议，对数据展开分析并解释了结果。

经合组织感谢欧盟统计局（Eurostat）的Carsten Olsson及其同事，他们基于2018年欧洲共同体关于企业信息通信技术使用情况和电子商务调查的数据，合作开发并制作了专门的表格，同时感谢提供这些所需数据的20个欧盟成员国。

本书还与私营数据生产部门合作并获得了帮助。关于英国人工智能公司的实验数据由Glass.ai提供。计算机工作技能需求指标的制定是基于Burning Class技术公司提供的数据。TeleGeography提供了2018年全球互联网地图和毕尔巴鄂比斯开银行（西班牙）的数据，本书在此基础上深入阐明了电子商务的前景。

关于云计算服务、在线平台、数据和数据流的衡量路线图得益于两个专门的研讨会。经合组织感谢所有参加2018年9月由DSTI和SDD联合举办的“Workshop on measuring online platforms and cloud services in National Accounts”的参与者。2018年11月，英国经济统计卓越中心（The UK Economic Statistics Centre of Excellence，ESCoE）和经济合作与发展组织（OECD）在伦敦共同举办了“data on data and data flows”专家研讨会。在ESCoE主任Rebecca Riley的指导下，David Nguyen和Marta Paczos撰写了论文并在研讨会上进行了讨论。特别感谢所有在这些研讨会上交流自己工作的人。

本书在2019年1月至2月期间被数字经济政策委员会（the Committee on Digital Economy Policy，CDEP）解密。CDEP和经合组织数字经济测量和分析工作组（OECD Working Party on Measurement and Analysis of the Digital Economy，WPMADE）代表以及Going Digital专家咨询小组所提供的意见对于本书的撰写和修订非常有帮助。感谢加拿大政府对包括本文报告内容在内的Going Digital项目衡量模块工作提供有力支持。

本书是大家努力合作的结果，得益于大家的帮助和每个人的无私奉献精神。通过进一步建立理论依据，以本书中具有前瞻性的衡量路线图为基础，借助于国际社会采取的其他举措，各国将有能力制定更有力的政策，从而促进数字时代的发展和福祉。

目　录

图目录

第3章　加强接入服务

读者指南

首字母缩略词

ADE	自动数据交换
AI	人工智能
ANA	年度国民经济账户
API	应用程序界面
ASJC	全领域科学期刊分类
ATUS	美国人时间使用调查
B2B	企业对企业的电子商务模式
B2C	企业对消费者的电子商务模式
BEA	美国经济分析局
BERD	企业研发的商业费用
BHPS	英国家庭研究调查
ccTLD	国家及地区顶级域名
CIPO	加拿大知识产权局
CO_2	二氧化碳

CPC	主要产品分类
CPI	消费者价格指数
CPU	中央处理单元
CRM	客户关系管理
CSIRT	计算机安全事件响应小组
DOCSIS	有线电缆数据服务接口规范
DSL	领域特定语言
DSTRI	数字服务贸易限制指数
EB Exabyte	艾可萨字节
EBOPS	扩大的国际收支服务分类
EDT	时间表
EEA	欧洲经济区
EPO	欧洲专利局
ERP	企业资源规划
ESS	欧洲社会调查
ETGB	爱沙尼亚税收和海关局
EU	欧盟
EUIPO	欧盟知识产权局
EWCS	欧洲工作条件调查
FDI	外商直接投资
FDI RRI	外资监管限制指数
FERMA	欧洲风险管理联合会
FTTB	光纤到建筑
FTTH	光纤到户
GB	千兆字节
Gbps	千兆每秒
GCI	全球网络安全指数

GDP	国内生产总值
GDPR	一般数据保护条例
GFCF	固定资本形成总额
GODI	全球开放数据索引
gTLD	通用顶级域
GVC	全球价值链
HBSC	学龄儿童的健康行为研究
HTM	高科技制造业
IaSD	因特网作为统计数据来源
ICIO	国家间输入输出
ICT	信息与通信技术
IFR	国际机器人联合会
ILO	国际劳工组织
ILPO	以色列专利局
IMF	国际货币基金组织
INAPI	智利国家工业产权研究所
IoT	物联网
IP	互联网协议
IP5	全球五大知识产权局（EPO、JPO、KIPO、NIP、USPTO）
IPC	国际专利分类
ISCED	国际教育标准分类
IPv6	互联网协议第6版
ISCO	国际职业标准分类
ISIC	国际标准工业分类
ISO	国际标准化组织
ISSA	科学作者国际调查
Istat	意大利统计研究所

IT	信息技术
ITU	国际电信联盟
Kbps	千位每秒
Kg	千克
KIPO	韩国知识产权局
KIS	知识密集型服务
M2M	机器对机器
Mb	兆字节 百万字节
Mbps	百万字节每秒
ML	机器学习
MNE	跨国企业
MOOC	大规模在线开放课程（慕课）
MPI	马克斯·普朗克创新与竞争研究所
MSA	都市统计区
NAICS	北美工业分类系统
NFC	近距离无线通信
NGA	下一代接入技术
NIA	国家信息社会机构
NIPA	中华人民共和国国家知识产权局
nm	纳米
NPL	非专利文献
NSE	自然科学与工程
NSO	国家统计局
NTI	国民待遇文件
O*NET	美国职业信息网
OER	开放教育资源
OGD	开放政府数据

OLI	在线劳动力指数
OSS	开源软件
PIAAC	经合组织国际成人能力评估项目
PISA	经合组织国际学生评估项目
PPM	对等平台市场
PPP	购买力平价
R&D	研发
RFID	射频识别
SaaS	即需即用软件，软件即服务
SAT	加拿大国家统计局先进技术调查
SCM	供应链管理
SEEA	联合国环境与经济综合核算体系
SIM	用户身份模块
SME	中小型企业
SOC	标准职业分类
SQL	结构化查询语言
STRI	服务贸易限制指数
Tbps	兆字节每秒
TFI	贸易便利化指标
TiM	贸易相关就业
TiVA	增加值贸易
TLD	顶级域名
TRAINS	贸易分析信息系统
UIBM	意大利专利商标局
UK IPO	英国知识产权局
UNCTAD	联合国贸易与发展会议
UNSD	联合国统计司

UNU	联合国大学
USD	美元
USPTO	美国专利商标局
VC	风险投资
VDSL	甚高比特率数字用户线
VR	虚拟现实
WBG	世界银行集团
WEEE	报废的电子电气设备
WIPO	世界知识产权组织
WTO	世界贸易组织
ZB	泽字节

缩略词

本书中的大多数图表采用ISO代码表示国家或经济体。

ARG	阿根廷
AUS	澳大利亚
AUT	奥地利
BEL	比利时
BGR	保加利亚
BRA	巴西
CAN	加拿大
CHE	瑞士
CHL	智利
CHN	中华人民共和国
COL	哥伦比亚

CRI	哥斯达黎加
CYP	塞浦路斯
CZE	捷克共和国
DEU	德国
DNK	丹麦
ESP	西班牙
EST	爱沙尼亚
FIN	芬兰
FRA	法国
GBR	大不列颠及北爱尔兰联合王国（英国）
GRC	希腊
HRV	克罗地亚
HUN	匈牙利
IDN	印度尼西亚
IND	印度
IRL	爱尔兰
IRN	伊朗
ISL	冰岛
ISR	以色列
ITA	意大利
JPN	日本
KOR	韩国
LTU	立陶宛
LUX	卢森堡
LVA	拉脱维亚
MEX	墨西哥
MLT	马耳他

MYS	马来西亚
NLD	荷兰
NOR	挪威
NZL	新西兰
PHL	菲律宾
POL	波兰
PRT	葡萄牙
ROU	罗马尼亚
RUS	俄罗斯联邦
SAU	沙特阿拉伯
SGP	新加坡
SVK	斯洛伐克共和国
SVN	斯洛文尼亚
SWE	瑞典
TUR	土耳其
UKR	乌克兰
USA	美国
ZAF	南非

国家分类

BRIICS国家　巴西、俄罗斯、印度、印度尼西亚、中国和南非。

欧元区　奥地利、比利时、塞浦路斯、爱沙尼亚、芬兰、法国、德国、希腊、爱尔兰、意大利、拉脱维亚、立陶宛、卢森堡、马耳他、荷兰、葡萄牙、斯洛伐克共和国、斯洛文尼亚、西班牙。

欧盟28国（EU28）　欧洲联盟

七国集团　加拿大、法国、德国、意大利、日本、英国和美国。

20国集团　阿根廷、澳大利亚、巴西、加拿大、中国、法国、德国、印度、印度尼西亚、意大利、日本、墨西哥、俄罗斯联邦、沙特阿拉伯、南非、韩国、土耳其、英国、美国和欧盟。

OECD　经济合作与发展组织全部成员国

ROW　除经济合作与发展组织成员国以外的国家

WLD　全世界

内容摘要

《衡量数字化转型：未来路线图》通过将现有的教育、创新、贸易、经济和社会成果等广泛领域的指标与当前数字政策问题进行对比，提出了关于数字化转型状况的全新观点，并且与《数字化：制定政策、改善生活》一书中所持的观点一致。本书还发现了衡量鸿沟，并制定了具有前瞻性的衡量路线图。

数字技术可以使创新民主化，但在更广泛的普及方面仍然具有巨大潜力

移动互联网、云计算、物联网（Internet of Things，IoT）、人工智能（Artificial Intelligence，AI）和大数据分析等都是数字化转型最重要的驱动力。2013—2016年，在最前沿的25项数字技术开发中，中国、日本、韩国和美国所做的贡献高达70%~100%。数据存储处理成本的降低促进了海量数据采集技术和大数据分析技术的应用。目前，12%的企业和1/3的大型企业都在使用这些方法和技术。数据中心正在成为重要的基础设施，云计算允许用户在任何给定时间按需获取信息通信技术，而无须全部购买，这使得那些小型公司、新成立的公司以及信贷受限的公司降低了在商业周期中使用新科技、扩大和适应技术所需的试用成本。经合组织中有近26%的小型企业表示在2018年购买了云服务。

史无前例地把更多的人联系在一起，但也可能会出现其他鸿沟

过去10年内经合组织成员国使用互联网的人数比例增长了30个百分点，而希腊、墨西哥和土耳其则增长了1倍多。在巴西、中国和南非，超过一半的人使用互联网，从而缩小了与经合组织国家的差距。2018年，经合组织成员国中超过3/4的人每天都使用互联网。然而即使在互联网已经基本得到普及的经济体中，互联网在使用水平上也存在着差异，许多人在网上进行相对基本和有限的活动。只有在一些北欧国家，用户使用互联网执行全部活动的比例才高达45%～60%。同时，互联网的使用也存在隔代差异。在大多数经合组织国家，16～24岁的年轻人几乎每天都使用互联网——2018年这一年龄段的统计中位数是96%，而55～74岁年龄段的人群统计中位数仅为55%，发达国家和落后国家之间存在着非常大的差异（约50个百分点）。

由于年轻一代采取了一种“始终在线”的生活方式，我们应该更多地关注幸福感

在经合组织成员国中，17%的学生在6岁或6岁之前首次接触互联网。2015年，43%的15岁学生每天在校外上网的时间达到2~6个小时，比2012年的30%有明显提高。2016年欧洲平均每人每天使用互联网的时间超过3小时，而对于年龄在14～24岁之间的人而言，平均每天在互联网上花费的时间比平均时间还多1.5小时。在经合组织国家中，有90%的学生喜欢使用数字设备，在2015年的报告中，61%的人称自己在使用数字设备时会忘记时间，还有55%的学生表示当无法上网时感觉很糟糕。在法国、希腊、葡萄牙和瑞典等国家，高达80%的学生表示当无法上网时感觉很糟糕。与老年人相比，年轻人更有可能在互联网上提供个人信息。

尽管变革的速度有所不同，但所有的公司和市场都受到了数字化转型的影响

数字化转型的范围和速度因不同的国家、部门、组织和地方而不同。尽管目前几乎没有企业可以在脱离数字技术的情况下运营，但企业往往并没有充分利用数字技术的潜力。虽然商业领域宽带接入已接近饱和，但2018年经合组织成员国中平均只有20%的企业受益于高速宽带（其速率大于等于100Mbps）。经合组织一项新的分类结果显示，高度数字密集型行业往往比经济中的其他行业更具活力，规模扩张的速度也更快，但随着时间的推移，这些行业的商业活力下降更明显，市场集中度上升也更明显。高度数字信息集中型行业的公司比其他经济领域的公司加价率平均高出55%。加价率是指商品销售额减去成本后的差额与销售成本的百分比，并且这个差距在持续增大。

高度数字密集型行业的公司正在增加工作岗位，并将重点放在工作技能上

经合组织一项新的分类结果显示，2006—2016年间，在经合组织国家新增的3 800万个工作岗位中，高度数字密集型行业创造了约40%的机会。不同的工作在信息通信技术任务强度（信息通信技术任务的执行频率）方面存在着差异，俄罗斯和土耳其的强度约为40%，北欧国家的强度接近60%。在信息产业中，25%～50%的员工是信息通信技术专家，而在其他产业中，平均每雇佣1个信息通信技术专业技术人员，大概就要雇佣4个其他信息通信技术任务密集型岗位的员工。在欧洲，2011—2017年间每增加10个工作岗位，其中就有4个是信息通信技术任务密集型岗位。在大多数经合组织国家，平均来看女性往往比男性更愿意从事信息通信技术任务密集型工作。但即便如此，2017年欧洲16～24岁的程序员大多数仍是男性。

需要具备广泛的技能，培训是关键

驾驭数字化转型需要扎实的认知技能（数学和文学能力）与解决问题的技能相结合，还需要非认知品质和社交技能（如沟通能力与创造力）。然而在经合组织成员国中，16～65岁的人中13%缺乏基本的认知技能，只有不到30%的人拥有读写、计算和解决问题的“全面”认知技能。年轻一代的情况正在好转，在技术丰富的环境中，拥有良好的解决问题技能的年轻工人所占比例几乎是最年长工人的5倍。要想在数字化转型中蓬勃发展，培训和提升技能是必不可少的。2018年，欧盟40%的工人必须学会使用新的软件或信息通信技术工具，约10%的工人需要接受专门培训以应对这些变化。低技能工人最需要接受培训以适应数字化的工作环境，但这一人群中平均只有40%的人接受过培训，而高技能工人接受培训的比例却接近75%。经合组织各国政府目前将GDP的0.13%用于培训失业人员和有非自愿失业风险的工人；然而要想实现数字化转型，这个比例可能还需要大幅增加。

由于现有的衡量指标和衡量工具难以跟上数字化转型的需求，必须从现在开始采取行动

国际统计界在这方面已经取得了一些成果，并且正在取得新的进展，但为了增强监测和塑造数字化转型所需的证据基础，还需要开展更多的工作。经合组织“走向数字化”项目开展的衡量工作已经率先提出了一套包含9项行动的建议，如果这些行动能够得到优先考虑并付诸实施，将会大大提高各国监测数字化转型过程及其影响力的能力。

前4项总体行动的目标是构建能够应对数字化转型挑战的新一代数据和指标：

1.实现数字化转型在经济统计中的可视化。

2.理解数字化转型带来的经济影响。

3.倡导衡量数字化转型对社会目标和人民福祉的影响。

4.设计新型跨学科的数据采集方法。

后5项行动的目标则是针对需要引起重视的具体领域：

5.监视变革性的技术（重点是物联网、人工智能和区块链）。

6.改进对数据和数据流的衡量。

7.定义和衡量数字化转型所需的技能。

8.衡量网络环境中的信任度。

9.构建数字政府的影响评价框架。

通过进一步构建衡量的理论依据所需的基础，各国可以为制定更稳定有力的政策做好准备，以促进数字时代的发展和福祉。现在的行动必将换来未来的回报。

未来的衡量路线

《衡量数字化转型》将现有的来自教育、创新、贸易、经济和社会成果等广泛领域的指标与当前的数字政策议题进行对比，如《数字化转型：制定政策、改善生活》（OECD，2019）中所述的那些议题。通过这些研究，发现了当前衡量框架中存在的鸿沟，并且评估了为弥补这些差距而提出的新方案，如书中所描述的19个路线图。衡量数字化转型的总体目标是推动数字化衡量的进程，主要手段包括：创建路线图；以正在开展的工作为基础，在各个国家和国际组织中构建一个广泛的联合体，其范围与“衡量数字经济”中提出的新观点（OECD，2014）以及衡量数字经济的G20工具包（20国集团，2018）中已经确定的区域相同。

这里存在着一个挑战：现有的衡量标准和评估工具很难跟上数字化转型的快速步伐。人们围绕数字化转型的影响力提出的问题范围是令人生畏的。例如，如何在包括公共部门在内的所有经济部门衡量和跟踪数字化转型？如何看待现有商业模式的颠覆和新模式的出现？如何衡量工作的重组或共享经济的规模？如何在标准化的统计数据中体现私人数据和公共数据的价值？如何追踪数字商品及服务的国际交易？如何监视和评估政策对数字经济的影响？未来的经济活动和工作是什么？数字化转型对公民和整个社会的福祉有何影响？

回答这些问题所需的很多信息已经存在或正在发掘中，但这并不是全部。人们认识到统计信息系统需要作出调整，在某些情况下还需要完善和加强，以便能够提供更细粒度的洞察力。此外我们需要补充新的数据基础设施，以便能够及时觉察新兴活动的出现并监测其对传统活动的替代过程，无论这些活动发生在哪里。这些信息系统还必须适应新出现的数字足迹（也就是由电子商务、云服务、物联网等数字技术和数字化活动产生的巨大信息流）。

从短期来看，挑战在于提升当前指标的国际可比性，并且使统计系统更加灵活，更能适应数字化转型所驱动的迅猛发展的新概念。

“即使是在采集统计数据有国际标准指导的那些领域，各国也可能因缺乏能力和资源而无法系统地执行这些标准、公开传播所得的资料或确保数据具有可比性。由于各国统计能力的差异，或是由于用户需求和优先权设置的差异，与发达国家相比，发展中国家的覆盖率明显不足。”（G20，2018）①

即使在经合组织国家之间，确保用于监测数字化转型的指标在国际可比性方面也存在着挑战。首先可供各国监测的指标数量有限，其次这些指标通常是相当标准化的，因此可能无法细致地反映数字化转型的动态变化。各国应对在微观层面（例如企业/机构/组织，职工/家庭/个人）以跨国合作的方式得到的官方统计数字的利用，对国家统计局（NSO）内部行政数据的利用以及微观数据的交换予以支持，特别是要支持能使数据产生联结和关联的机会。这意味着要在确保数据机密性的同时，对以获取微观

---

① 2018年阿根廷担任G20主席国，与OECD领导的国际组织（IOs）指导委员会、国际电信联盟（ITU）、联合国贸易和发展会议（UNCTAD）、欧盟、世界银行集团（WBG）、国际货币基金组织（IMF）和国际劳工组织（ILO）共同合作，制定了衡量数字经济的G20工具包。该工具包着眼于数字化经济监测方法和指标，并深入研究数字化经济衡量方面存在的主要差距和挑战。详见《20国集团数字经济部长宣言》附件3，2018年8月24日，阿根廷萨尔塔。

一些国际组织正在通过提出倡议来为衡量数字化转型作出努力，其中一些倡议已在G20数字化经济衡量工具包中进行了描述。这些工作包括（但不限于）由国际电联（ITU）、联合国贸易和发展会议和联合国教科文组织（UNESCO）统计研究所（UIS）牵头开展的以促进发展为目标，衡量伙伴关系间信息通信技术的关键ICT指标。经合组织与这些组织密切合作，与世界贸易组织（WTO）一起致力于衡量数字贸易问题，与国际货币基金组织携手关注衡量数字化经济对宏观经济统计的影响。

数据为目的的开发工具和机制予以持续的鼓励。

一些现有的和已经着手研发的方法可以增加目前统计框架的灵活性。这些措施包括开发和增设卫星账户，挖掘现有微观数据的潜力，在现有调查中增加问题，定期使用特定主题的模块扩充现有调查，开展高频调查以满足特定需求。此外我们可以通过新的试验性的方法来缩小尚存的差距，以与各国具体的优先事项和资源相匹配（OECD，2014）。

从长远来看，统计界面临的挑战将是设计新的跨学科方法，用于更好地采集数据以及利用数字系统获取信息。

数字化变革蔓延到社会的每一个部门，影响着社会的每一个方面，如何衡量其固有特征和动态属性将变得越来越具有挑战性。我们需要新的方法，而数字工具和数字活动所创造的数字足迹可以解决一部分问题。在数据产生和使用的各个方面都能感受到数字化变革。例如，有质量保证的资料正日益成为定量证据的来源。文本挖掘工具（如自然语言处理）具备了缓解统计采集常见挑战（如调查疲劳和因不同编码人员而产生的不同分类系统）的潜力，文本挖掘工具还提供了生成适应性指标的机会。从这个意义来考虑，那些能促进获取由公共和私营部门所采集的行政管理数据的政策对于新型分析手段具有重要的意义。

用于数字时代政策制定的下一代数据基础设施需要与私营企业建立伙伴关系，并与利益攸关方合作，将可公开获取的可靠数据带入决策过程。

统计部门和其他利益相关者必须通过相互之间的密切合作逐步讨论和实施所提出的衡量路线图。决策者需要定义用户的需求，而研究人员的贡献在于对恰当指标和数据基础设施的开发提出至关重要的观点。统计部门与组织、企业、大学和公共部门的接触是必不可少的，因为统计系统只能采集数据，而评价这些数据在上述这些机构中很容易实现。要特别指出的是，私人来源的数据可以为监测数字化转型及其影响提供新机会。它们可以持续地跟踪不同角色、部门和位置之间数据的流动和使用。例如，通过在线招聘平台获取的数据可用于了解职位空缺、新职位需求或者是新型服务和商业模式的情况。但使用私人来源的数据进行衡量和分析也带来了新的挑战，必须通过数据共享的统计质量框架以及可行经济模型两方面协作来克服这些挑战。

经合组织和其他国际组织一直致力于数字化衡量议程的相关工作，为了避免零散的努力和计划，各组织之间的合作协调方式需进一步继续改善，以确保国际社会能够应对进一步构建更稳健政策所需的理论依据基础而带来的挑战，从而促进数字时代的发展和福祉。

如果本书中的9项行动能够得到优先重视并付诸实施，将有助于大大提高各国监测数字化转型及其影响力的能力。前4项总体行动（1至4项）旨在构建应对数字化转型挑战的新一代数据和指标。其他5项行动（5至9项）针对需要引起优先重视的具体领域。

行动1

实现数字化转型在经济统计中的可视化

要衡量数字化转型及其影响需要制定新指标，以补充传统评价框架（如衡量GDP和贸易流的框架）所能提供的见解。即使是在这些现有框架内，对公司、产品乃至交易进行分类和识别的方式也需要调整。此外，必须加快速度努力挖掘目前国民经济核算中除生产以外存在的一些现象。例如，关注那些免费提供给消费者的在线服务所产生的消费和价值，如在线搜索、社交网站等。与此同时应进一步鼓励为应对全球化挑战而产生的新技术，如无须固定于某一物理位置的服务（例如云服务和网上平台提供的服务）。特别需要指出的是，此类在线平台对政策提出了新的挑战，但人们对于在该平台上运作的实际执行者的信息却知之甚少，如这些群体的特点、他们参与活动的类型、提供的服务、创造的价值以及运作的地点等。此外，由于网络平台可以为客户提供方便的交通、住宿、送餐等服务，正在提高家庭生产的重要性，这一现状使得不同经济机构之间的界限变得模糊，并改变了工作本身的性质。

我们鼓励各国社会组织、研究团体和国际组织以以下形式继续展开合作：

● 加入OECD的数字标准——使用Mitchell 2018年的表格，并根据即将出版的《数字贸易衡量手册》来评估数字交易，这样更有助于获得关于交易的新细节和新观点，特别是在国民经济核算和贸易统计的附加领域里更有必要性。

● 在数字供应使用表和《数字贸易衡量手册》的框架内：

· 辨识具有"数字性质"（数字订购、数字交付或数字平台）的交易，识别与数字经济相关的新角色（例如数字中介平台、电子卖家及依赖于中间平台的公司）。

· 辨识新的公司、产品和交易集合，以便更细致地了解参与者（包括相关家庭和产品）。

· 更好地辨识家庭的数字化生产，继续在经济统计中评估无偿的家庭活动，理解和评估那些向用户提供的免费服务所产生的价值，并应对此类挑战（因为这通常涉及与个人数据相关的隐性交易）。

● 通过优化对企业和个人使用ICT的调查提高电子商务交易信息的质量和广度，将电子商务的相关问题融入其他适当的调查中（特别是结构化商业调查中的税收调查和家庭支出调查中的在线消费），同时考虑替代数据的使用（例如来自银行和信用卡公司的匿名交易信息）。

● 支持开发对不同类型平台的通用定义和分类法，制定基于平台工作的标准问题并纳入相关调查（如劳动力调查、ICT的使用和时间使用调查），实现对平台工作者数量的合理估计；探讨数据的管理以及可替代数据源（例如网上拼凑的数据）的作用，以获取对中介平台交易的了解。

行动 2

理解数字化转型带来的经济影响

数字技术与劳动力、资本和知识资本资产一起作为商务流程的一部分实施，以推动业绩。关于数字技术对经济影响的最有力的原始证据可能会先出现在微观数据（关于企业、工人或消费者的数据）中，然后才会出现在宏观数据中。为此，重要的是能够将现有的数据集联系在一起，挖掘这些可管理数据记录的潜力并发掘商业中数字化成熟度的衡量方法，将其用于分析数字技术对企业绩效的影响。能够对价格和质量的变化进行稳定的衡量，对于分析数字技术对经济表现的贡献也是至关重要的。例如，检测并给出宽带连接的实际性能（宽带质量），无论是对于消费者据此对服务商作出选择，还是对于决策者和监管机构确保服务商提供上乘的服务质量，都是至关重要的。同时，它们也是衡量生产率和评估ICT对经济增长贡献值的关键。由于数字化加快了质量变化的步伐，导致产品的销售网点发生变化，并可能在实际中带来新的价格差异化，因此数字化还可能使得价格和数量的衡量在更大范围内变得更复杂。

服务质量也应考虑个体差异，如不同规模的企业之间，不同结构、收入和地域的家庭之间存在差别。为此，无论是从创新的推动者角度，还是从业务和消费者福利的贡献者角度，都应该对企业和家庭所采用的数字技术调查进行不断的回顾和复盘，以确保这些调查尽可能全面地考虑到高速宽带、云计算服务、数据资产等新兴技术和其他技术，与此同时，应该持续致力于寻找挖掘现有数据集之间的联系以深入利用行政数据的机会。此外，对技术使用和行政数据的调查必须与总体经济衡量相一致。

我们鼓励统计部门在以下方面开展更广泛的工作：

• 提高对ICT投资的衡量，使硬件、软件和通信基础设施（包括宽带捆绑服务定价）的平减指数具有国际可比性，并更广泛地分析价格和数量评估的数字化所带来的影响和机遇。

• 改进对宽带质量和性能的测量和评估，包括农村和城市地区宽带服务的速度、延迟、可靠性和鲁棒性。

• 定期回顾并检查用于衡量ICT使用情况的框架，以便根据当前的调查结果确定发展领域和优先次序，确保与持续发展性和政策优先性准则保持一致；提供足够细致的粒度划分，以便能够就数字化转型对个人、公司和地方的影响展开充分的差异化分析。

• 探究行政数据源的统计潜力，重新研究现有的数据集，最大限度地挖掘数据之间潜在的联系。

• 在确保数据机密性的同时提高对这些数据集的访问率和利用率。

行动3

倡导衡量数字化转型对社会目标和人民福祉的影响

数字化变革正在影响人们生活的许多方面。因此需要制定衡量框架来捕捉它们，包括新产生的影响。框架对于如何衡量数字技术和新兴商业模式在实现健康、人口老龄化和气候变化等社会目标的影响方面发挥着重要作用，扮演着重要角色。目前在许多领域，很少有数据证据表明数字化转型对人们幸福感的影响力。例如，有关使用数字技术如何影响人们的心理健康体验及社会生活的相关调查很少，数据采集方式也不统一。调查工具是自我报告中客观数据和主观数据的重要来源。它们可以用来采集人们在数字化转型背景下生活体验的相关数据，并试着在这些数据之间建立因果关系（例如，数字技术的扩张与人类幸福感之间的各种关系）。

我们鼓励各统计部门在以下方面开展更广泛的工作：

• 促进经合组织关于家庭和个人获取及使用ICT模式的调查（OECD，

2015）在更广范围内实施，以便将主观幸福感和心理健康问题纳入调查内容中。

• 在家庭调查特别是纵向调查（如一般社会调查和劳动力调查）中包含详细的ICT使用情况变量，以便更好地理解使用互联网与长期幸福感之间的因果关系。

• 开发新的统计工具和调查方法，以监测使用ICT对成人和儿童的影响，如人们在接触虚假信息或仇恨言论时受到了何种影响。

• 通过加强ICT使用调查、消费者支出调查以及供应使用表和产业级数据之间的统计关联，改进数字化转型对环境影响的衡量。

行动 4

设计新型跨学科的数据采集方法

鉴于技术变革的速度，目前的框架还不能揭示数字变革的全部规模和范围。然而数字技术可以成为解决方案的一部分，因为它们产生了巨大的信息流。通过用于浏览、解释、过滤、采集和组织网络信息的工具，我们可以观察到大量的网络行为会留下数字“足迹”。虽然这些数字足迹为统计带来了很好的机会，但基于互联网的数据也面临着一些必须解决的问题，如数据的统计质量、数据安全和数据隐私。互联网还使非实体组织的创建成为可能，并使业务活动可以在不同部门和不同地点灵活地实现外包，从而模糊了企业和市场之间、工作和社会生活之间的界限。这种情况为当前采集统计数据的方法带来了挑战。因此，新型跨学科的分析方法对于理解创新行为及其决定因素以及创新行为对个人和组织的影响是必要的。

我们鼓励非政府组织、监管机构、互联网服务供应商、研究机构、互联网组织和国际组织携手合作，致力于以下工作：

• 进一步制定国际统计标准，以收集基于互联网的数据并将其汇编为统计指标（例如网络搜索结果的处理）。

• 评估企业、互联网中介机构和国家统计局合作采集并处理互联网数据的备选模型；推动制定一个包括技术和监管解决方案在内的相关监管框架，以保护用户的安全和隐私。

• 为数据的采集及新形式的数据采集单元开发跨学科的方法。

• 改进对复杂商业结构、组织和网络中数字化活动的衡量方法。

行动 5

监测变革性的技术（重点是物联网、人工智能和区块链）

一系列快速发展的技术将驱动数字化转型进入下一阶段。物联网（IoT）本质上是这样的一个生态系统：通过传感器和用户界面等与物理世界交互的设备采集的数据来驱动系统中的应用和服务。预计未来物联网将呈指数级增长，并将在相对较短的时间内连接数十亿台设备。物联网应用于卫生、教育、农业、交通、制造业、电网和其他更多领域。与此同时，人工智能（AI）有可能彻底改变生产，并有助于人们应对与健康、运输和环境相关的全球挑战。区块链同样具有在金融、卫生、运输、农业、环境和供应链管理等更广泛行业和应用中引发变革的潜力。上述数字技术所具有的通用性和跨学科的本质要求采用统一的框架来定义它们，以感知其产生、监测其发展和扩展，并量化其对于经济和社会的影响。

我们鼓励决策者、监管当局、商界、统计部门和研究团体在以下方面开展更广泛的工作：

• 为人工智能和区块链制定国际上统一的定义和分类，包括制定衡量所需的关键政策，以适应监测上述技术发展及应用的要求。

• 以经合组织对物联网的定义（OECD，2018）及其应用领域的相关分类为基础（例如智能城市传感器所需的大规模物联网通信，自动驾驶车辆所需的超高速高可靠性连接等关键物联网技术）；为监测与决策者相关的物联网组成元素和指标提供明确的优先级别，而并非只是简单地统计机器与机器之间的连接设备数量。这样做的目的是衡量物联网因大规模数据流通信所产生的潜在基础设施要求。

- 与物联网生态系统内的各种利益相关者（例如不同的网络连接提供商、物联网平台提供商等）合作，以便采集数据并进行政策和监管分析，从而达到利益最大化。

- 开发工具监控企业对物联网、AI和区块链技术的使用情况，以及这些技术的扩展对性能和生产力的影响。

行动 6

改进对数据和数据流的衡量

近年来，数据使用的规模及其对业务模型和流程的重要性都呈指数级增长。然而在把数据作为生产投入要素及数据资产化方面仍然存在着重大挑战，尤其是各组织之间以低成本快速产生数据流。此外不同的组织可以同时从相同的数据中获得价值，但并不会削弱其他组织利用这些数据所产生的价值。最后，数据的价值在很大程度上取决于环境（例如数据所包含的信息以及如何利用这些信息）。这些因素的结合引发了很多理论和实际测量技术方面的挑战。由于云计算服务激增的实际情况，数据的流动和交互通常是跨国的，这一事实进一步放大了以上问题。

我们鼓励统计部门、商界和研究团体以及国际组织共同致力于：

- 开发以统计测量为目的的相关分类和数据分类标准。
- 进一步研究业务模型和流程中数据的角色和性质。
- 探究衡量数据流和库存的方法。

• 改进知识资产衡量方法和技术，包括数据及其对生产、生产力和竞争力的作用。

行动 7

定义和衡量数字化转型所需的技能

数字经济及其应用的发展，如大数据分析、云计算和移动应用，导致对某些稀缺技能人才的需求日益增加。在工作方面，由于开发新商业模式、新组织结构和新工作方法在管理上存在障碍，可能导致信息通信技术人才出现缺口。与此同时，对补充性技能的需求也在增加，比如信息的编辑和分析能力、社交网络沟通能力、在电子商务平台上发布品牌产品的能力等。这一趋势还要求用户学习如何在无数的移动应用程序中进行搜索和选择，并知道如何保护自己免受数字安全风险（“数字卫生”）等因素的困扰。

官方在统计此类数据时已采用的做法是使用教育成果具有标准化内容的职业培训，或者用已编制的或可预测的任务职业类别代码作为技能的替代。通过在全国开展关于任务及技能的深入调查，以及与商界合作定义短缺技能的新指标，我们可以获得新的见解。

我们鼓励统计部门、商界和研究团体以及国际组织共同致力于：

• 利用现有的关于技能、职业及行业分类的公共和私有统计数据，促进全国工作任务调查的协调和统一。

• 更好地利用现有的国际调查（例如欧洲工作条件调查和经合组织成人能力国际评估方案），加强包含个人技能、工作和活动信息的雇主－雇员数据集之间的联系。

• 改善对在线职位需求数据集的访问和使用，以衡量数字化技术相关职位的空缺、持续时间和填补速度。

• 鼓励在不同国家之间系统地使用专家评估，全面了解任务和职业，辨识新出现的技能需求。

行动8

衡量网络环境中的信任度

随着个人、企业和政府将其大部分日常活动转移到互联网上，网络安全、隐私和消费者保护风险的管理，以及人们对网络环境信任的程度已成为关键的政策性问题。虽然我们已经努力改进了对信任的衡量方法，如对计算机安全事故反应小组（Computer Security Incidents Response Teams，CSIRTs）和消费者对同行平台市场（peer platform market）信任态度调查的统计数据进行的协同应用，但还须进一步探索其他的可能途径。例如，经合组织基于其2015年《关于促进经济和社会繁荣的数字安全风险管理的理事会建议》中提出的原则，开发了一个衡量企业数字安全风险管理实践的分析框架。这一框架率先确定了一系列潜在的核心指标。此外，致力于丰富个人资料泄露通知统计数据的国际可比性工作也正在努力进行中，此类数据由隐私执法机构（Privacy Enforcement Authorities，PEAs）采集。尽管人们普遍认为在线交易中各方之间的信任很重要，但有关这些方面的信任衡量并没有积累长期的实践行为数据，缺乏经验和基础，官方的统计尤其如此。目前采用的可替代方法是利用实验中的行为观点来衡量信任度，例如用电子商务中的个性化定价来确定信息披露行为如何影响着消费者的信任度。基于互联网的数据也可用于衡量信任度的各个方面（例如防火墙所记录的恶意软件活动、在社交媒体上使用情绪分析来评估人们的信任度、cookie统计数据、浏览器设置、安全/隐私相关软件下载的统计数据）。

我们鼓励统计界、监管机构和互联网中介、商界和消费者协会等其他利益攸关者以及国际组织携手合作致力于：

• 制定指南，生成和报告关于数据泄露通知的国际可比统计数据。

• 在数字安全事故和数字风险管理实践中开发一个更加可靠和全面的综合数据集，在结构和标签分类上对其中的关键元素达成共识，建立一个可信的公共－私人数字安全事件库，促进组织间及时进行事件报告和数据共享。

• 测试和提高数字安全调查的质量和响应率。

• 进一步研究消费者的态度和行为，重点关注在线互动中信任度提高或降低的原因，以改进相关方面的调查方法。

• 开发一个衡量网络环境中个体信任度的框架结构，并研究采用调查和实验方法测量这种信任的可行性。

• 探讨使用基于互联网的统计对信任进行衡量的相关内容，并推动构建一个基于互联网数据的统计质量框架。

行动 9

构建数字政府的影响评价框架

政府正在逐步采用数字科技，并且鼓励和提倡政府服务在设计、运作和交付方面的创新，包括使用数字技术提高效率（电子政府）、利用数字技术影响并取得公共治理成果（数字政府），这一转变要求政府更好地应对更广泛的政策需求，如公众信任、社会福利和公民参与。为了应对数字时代的挑战并抓住机遇，各国政府应优先建立影响评估框架，以衡量数字政府对各种政策成果的具体贡献度。

我们鼓励政策制定者、统计部门和研究团体以及国际组织共同努力，携手合作致力于：

• 开发新的统计工具来评估数字技术对政府、企业与公民之间关系的影响，特别要关注某些特殊群体受影响的程度（如老年人、低收入家庭、单亲家庭、残疾人或有心理健康问题的人群等），并为公众对政府信任的总体水平提供数据证据。

• 定义衡量标准，评估数字技术在推动实现更高效、更包容和更有针对性的公共服务方面所产生的影响。

• 制定衡量标准，以评估现有行为和政策对提升公共部门数据共享、数据获取和再利用以及公民对政府处理个人数据能力的信任程度等方面的影响。

• 为公共部门组织制定指南，以衡量数据重复利用在公共管理和公共决策过程中的应用范围和影响。

• 评估新兴技术（如AI和区块链）在政务流程和政府服务中的发展。

• 评估在政府内部全面整合数字技术存在的潜在障碍。

参考文献

OECD(2019), *Going Digital: Shaping Policies, Improving Lives*, OECD Publishing, Paris, https://doi.org/10.1787/ 9789264312012-en.

G20(2018), *Toolkit for Measuring the Digital Economy*, G20 Digital Economy Task Force, G20 Argentine Presidency 2018, Buenos Aires.

OECD(2018), OECD(2018), "IoT measurement and applications", *OECD Digital Economy Papers*, No. 271, OECD Publishing, Paris, https://doi. org/10.1787/35209dbf-en.

OECD (2015), "Model Survey on ICT Access and Usage by Households and Individuals", OECD publishing, Paris, https://www.oecd.org/sti/ieconomy/ICT-Model-Survey-Access-Usage-Households-Individuals.pdf.

OECD (2014), *Measuring the Digital Economy: A New Perspective*, OECD Publishing, Paris, http://dx.doi. org/10.1787/9789264221796-en.

Mitchell, J.(2018), *A proposed framework for digital supply-use tables*, (OECD, forthcoming).

第1章　数字时代的趋势

数字化革命仍在继续。文本挖掘技术使得人们有能力识别加速发展的数字技术。衡量人工智能（AI）的发展是具有挑战性的，因为人工智能与其他创新之间并无明显的界限，并且其发展会随着时间的推移而变化，但对人工智能科学和技术的定义正在专家学者的研究和实验工作基础之上展开。当前，专利数据库可用于确定人工智能的主要应用领域，网络足迹则被用于识别开发和使用人工智能的公司，同时还可用于观察人工智能在整个经济中的应用。此外，文献分析也可用于准确发现在人工智能科学领域中处于领先地位的人员和机构。得益于技术的持续进步、网络容量的增长和ICT产品成本的降低，互联网基础设施有能力容纳更多的内容。此外，随着数据传输带宽的增加，数字技术和数字化活动产生的信息流正在以前所未有的速度增长，数据中心正在成为支撑数字化转型的关键基础设施。

1.1　技术发展趋势

1.1.1　在数字前沿

数字技术前沿的发展主要来自五大经济体的贡献。技术的开发和成熟需要时间的沉淀，并且可能会遵循不同的开发和应用过程。在某种程度上拥有多个应用程序的技术可能会经历加速开发阶段，数字技术即是此类技术的代表。

手机和电脑等ICT产品以其复杂性、模块化、快速淘汰性以及对多个持续发展技术的依赖而闻名（OECD，2017）。经合组织采用了一种数据挖掘方法来监测各个ICT领域的出现和发展程度，同时辨识那些发展迅猛的技术。2013年至2016年期间，在25个快速发展的数字技术中五大经济体的贡献占据了72%~98%。其中日本和韩国对所有ICT领域的发展都作出了贡献，在ICT领域的全部专利中，日本和韩国的贡献在7%~68%之间。美国主导了与航空交通管制（53%）、生物模型算法（43%）和数学模型（39%）相关的数字技术发展。作为在ICT领域技术发展速度最快的前5个经济体之一，中华人民共和国（以下简称“中国”）在控制布局（31%）、无线网络信道访问控制技术（21%）方面尤为活跃。此外，瑞典、德国和法国等几个欧洲经济体在新兴数字技术领域也名列前5位（见图1-1）。

监测技术在发展过程中的加速

专利可以保护新出现的技术发明，因此专利数据有助于调查与创新、技术发展相关的政策性问题。一种被称为“DETECTS”（Dernis et al.，2016）的数据挖掘方法充分利用专利中所包含的信息，能识别那些比本领域的现有水平或比其他技术发展速度更迅猛的技术，并能提供技术发展所需的动态时间信息。据观察，当某一技术领域的专利申请数量大幅增加时，则意味着该技术领域将会加速发展。由于一般情况下这些领域的发展将会在短期和中期内持续下去，因此监测正在加速发展的技术领域对于制定政策很重要。此外，通过了解专利本身包含的技术信息及专利拥有人、发明人的地理位置，能够观察引导此类技术发展的经济发展情况，并能揭示由不同技术融合而产生的新技术（例如ICT和环保技术）的发展轨迹（见图1-2）。

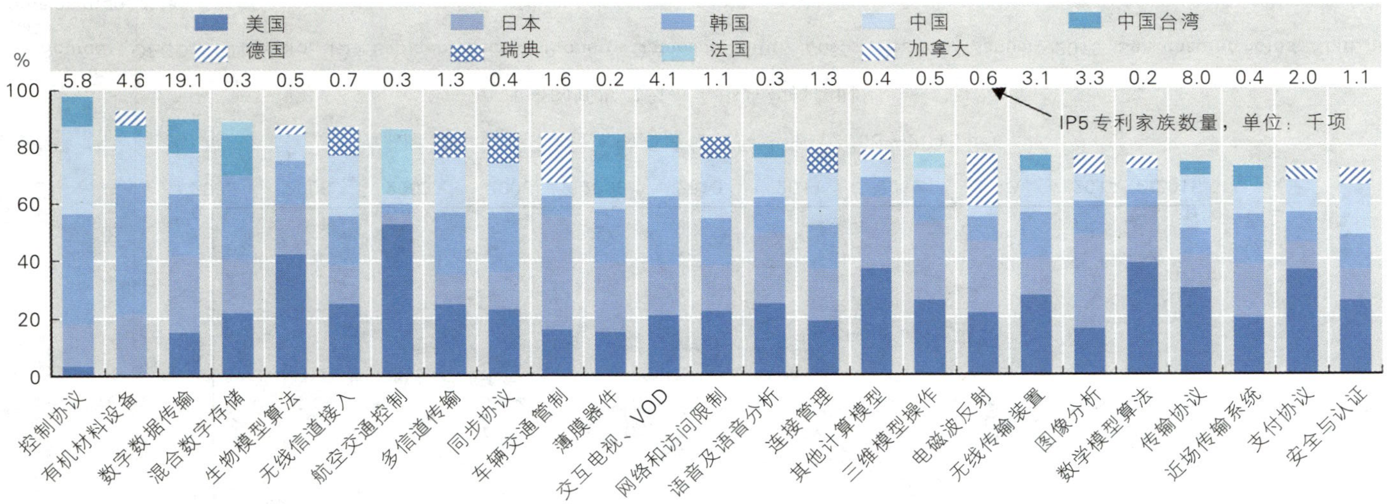

图1-1　新兴数字技术的领先者（2013—2016年）

2010年以来前五大经济体的专利在25项发展最迅猛的技术中所占比例

Source：OECD，STI Micro-data Lab：Intellectual Property Database，http：//oe.cd/ipstats，January 2019. See chapter notes. StatLink contains more data.

StatLink https：//doi.org/10.1787/888933928293

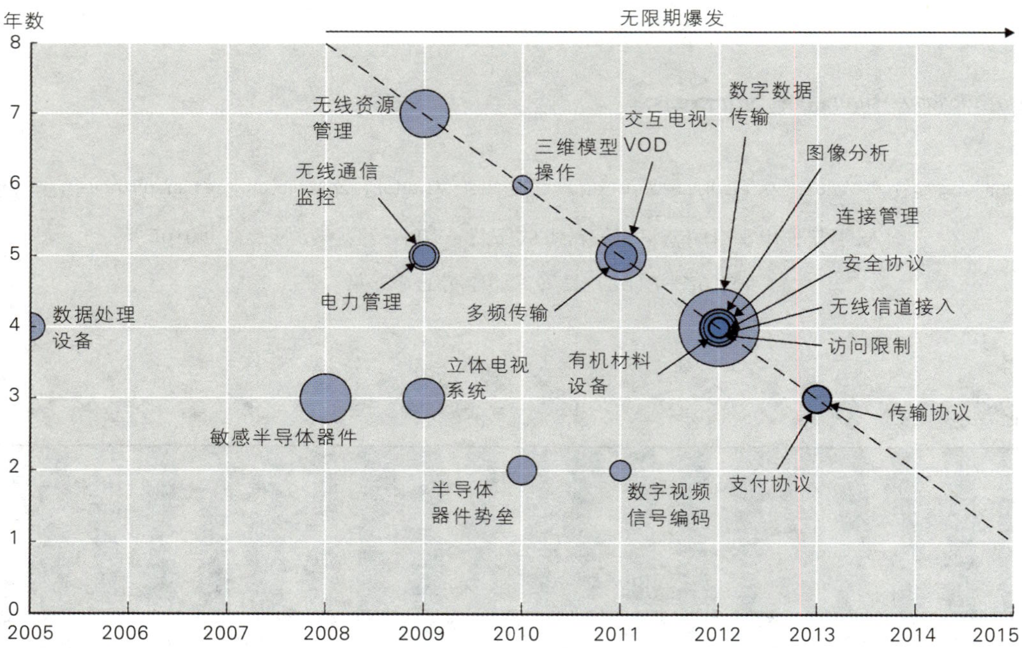

图 1-2　ICT 相关技术的强度和发展速度（2005—2015 年）

加速的强度（气泡大小）和持续时间

Source：OECD，STI Micro-data Lab：Intellectual Property Database，http：//oe.cd/ipstats，January 2019. See chapter notes. StatLink contains more data.

StatLink https：//doi.org/10.1787/888933928312

对图1-2的说明

气泡面积较大则表示加速的强度较大（技术加速发展的速度），不同的阴影表示同时开始加速的不同技术。X轴表示技术开始加速的年份，Y轴表示技术持续爆发的时间长短（以年数为单位）。例如，2005年（X轴）首次观察到数据处理设备相关专利技术的发展加速，并持续了4年（Y轴），直到2009年底。图右侧对角线上的气泡表示在采样期结束时仍在加速发展的技术。2012年开始加速发展的ICT技术包括数字数据传输、有机材料设备、图像分析和连接管理等相关的技术。如果以专利数量的变化作为特征来衡量这些领域的发展，直到2015年底所有领域的发明活动仍在加速发展中，其中数字数据传输相关专利的数量增长最快。

1.1.2　数字技术浪潮

数字技术的通用性提高了它们的开发速度，并且随着时间的推移，数字技术能够在发现新应用领域时仍然保持持续的加速发展。对2005—2015年期间与信息通信技术相关领域的分析结果揭示了这十年中技术发展的顺序、信息通信技术领域加速发展的程度以及这种加速发展所持续的时间长度。在21世纪头十年中期，数据处理设备领域迅速发展，而在21世纪头十年后期，半导体和无线通信领域出现了加速发展的势头。自2012年以来，全球前五大知识产权局（IP5）中与数字数据传输相关的发明专利数量以前所未有的强度持续加速增长，平均每年增长19%。在本研究中数据采样期的最后一段时间内，有机材料装置、图像分析、连接、传输及安全管理等相关领域经历了加速发展阶段。与采样期开始时我们观察到的情况相比，最近的加速发展持续的时间似乎更长，并且涌现出更多的发明。

1.1.3　人工智能技术

自2010年以来，与人工智能相关的发明加速发展，并且正在以比所有领域专利的平均发展水平快得多的速度继续增长。人工智能用于描述机器执行与人类类似的认知功能（如学习、理解、推理或互动）。人工智能可能使生产发生彻底的变革，并有助于应对与健康、运输和环境相关的全球挑战（OECD，2017）。人工智能的发展始于20世纪50年代，当时计算机、数学、心理学和统计学的先驱们开始合作解决一些具体问题，合作的目标是让机器能够具备“思考”的能力（Turing，1950）。例如，游戏、图像识别和自然语言理解。人工智能研究人员所研发的技术不但对其本身而言非常具有开发价值，对于很多其他目标的实现也同样意义深远。其中一项技术就是机器学习（ML），它是人工智能技术史上相对较晚发展起来的一个分支，其主要思想是使用统计方法来实现对大数据集的模式识别。ML与其他人工智能相关成果，如大数据分析和云计算等正在共同强化人工智能的潜在影响力（OECD，2019a）。

人工智能具有多面性以及随时间的快速演变性，这些特性使得如何清晰地识别和衡量人工智能相关技术的发展变得更具挑战性。这里采用了一种“三步走”的实验方法，即首先归纳分析专利分类代码和人工智能相关科学出版物的关键词，然后结合两者来搜索专利文件，最后确定受专利保护的人工智能相关发明。仅通过专利分类代码只能识别出大约1/3的人工智能专利，而通过综合使用专利分类代码和科学文献关键词则能识别出大多数人工智能发明专利。

世界五大知识产权局（IP5）的发明数据显示，从1990年到2016年，人工智能技术持续发展（见图1-3）。在此期间与人工智能相关的专利数量增长了10倍以上，比所有专利领域的平均增长速度快得多。从专利数据可观测到人工智能技术自2010年以来开始迅猛加速发展。

如何追踪与人工智能相关的科技发展？

人工智能是一种智能机器系统，它能够通过针对给定目标所进行的推荐、预测或决策而影响环境。人工智能可以利用机器输入或人工输入：i）感知真实或虚拟的环境；ii）手动或自动地将这些感知抽象为模型；iii）使

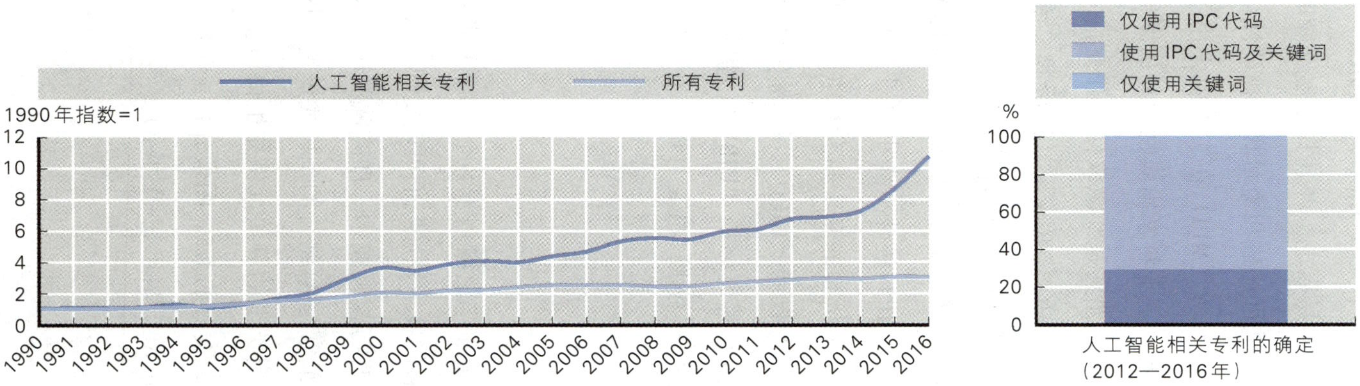

图1-3　人工智能领域的技术发展（1990—2016年）

1990年指数=1，统计基于IP5专利的数量

Source：OECD，STI Micro-data Lab：Intellectual Property Database，http：//oe.cd/ipstats January 2019. See chapter notes.

StatLink https：//doi.org/10.1787/888933928331

用模型解释来明确地表达选择的结果（OECD，2019b）。由于人工智能和其他创新之间的界限模糊且不易界定，并且其发展会随时间的推移而改变，因此对人工智能的发展进行评估和衡量极具挑战性。经合组织和马克斯·普朗克创新与竞争研究所（MPI）在实验中采用了一种三管齐下的方法衡量人工智能的发展：基于科学出版物的科研发展；基于专利的技术发展；以及基于相关软件尤其是开源软件的开发技术发展。该方法需要确定与人工智能明确相关的文献成果（出版物、专利和软件），采用专业技术人员的建议并评估其他成果与被明确认定为人工智能成果之间的相似性。这种基于专利的方法最初由经合组织和MPI合作开发，后来经合组织领导的知识产权（IP）统计工作小组对其进行了进一步的细化，同时该方法也收到了以下机构的专家和专利审查员的建议：澳大利亚知识产权局、加拿大知识产权局（CIPO）、欧洲专利局（EPO）、以色列专利局（ILPO）、意大利专利商标局（UIBM）、智利国家工业产权研究所（INAPI）、英国知识产权局（UK IPO）和美国专利商标局（USPTO）。

1.1.4 人工智能应用

与人工智能相关的创新正在广泛应用于各个领域（见图1-4）。通过调研人工智能相关专利所依赖的技术领域我们可以发现，人工智能技术自然植根于计算机技术，并通常与视听技术、IT方法和医疗技术的发展相关联。在各个技术领域中，最常与AI结合的是模式识别、图像分析和语音识别。2012—2016年，特定类型的算法（例如生物模型、知识系统和机器学习）约占人工智能相关发展的1/5。图像分析、生物模型算法和其他计算模型等领域越来越依赖人工智能（见图1-5）。

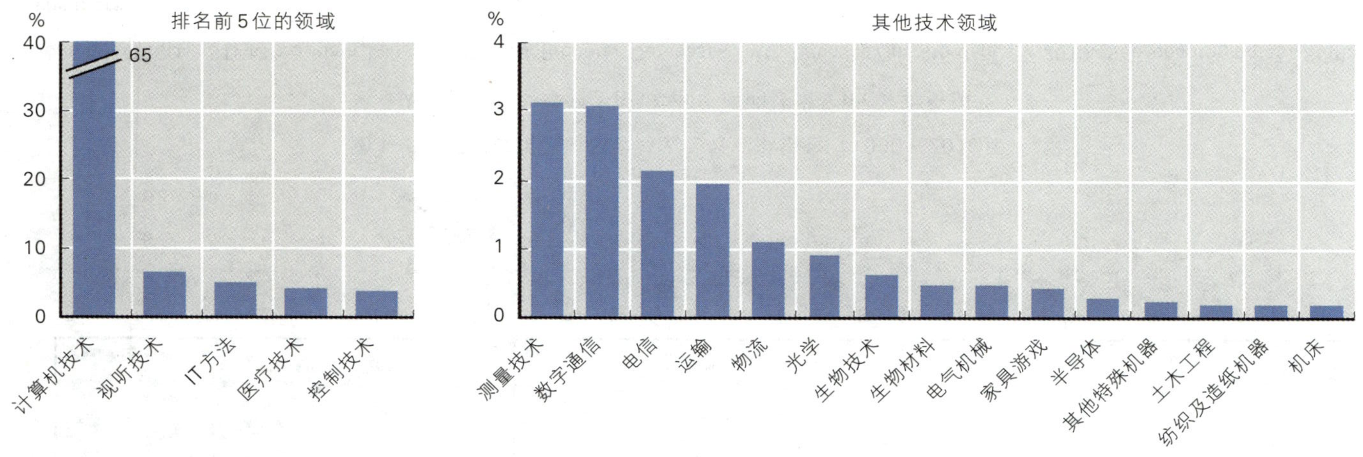

图1-4　人工智能相关技术应用的前沿领域（2012—2016年）

人工智能相关专利、IP5专利家族的应用领域份额

Source：OECD，STI Micro-data Lab：Intellectual Property Database，http：//oe.cd/ipstats January 2019. See chapter notes. StatLink contains more data.

StatLink https：//doi.org/10.1787/888933928350

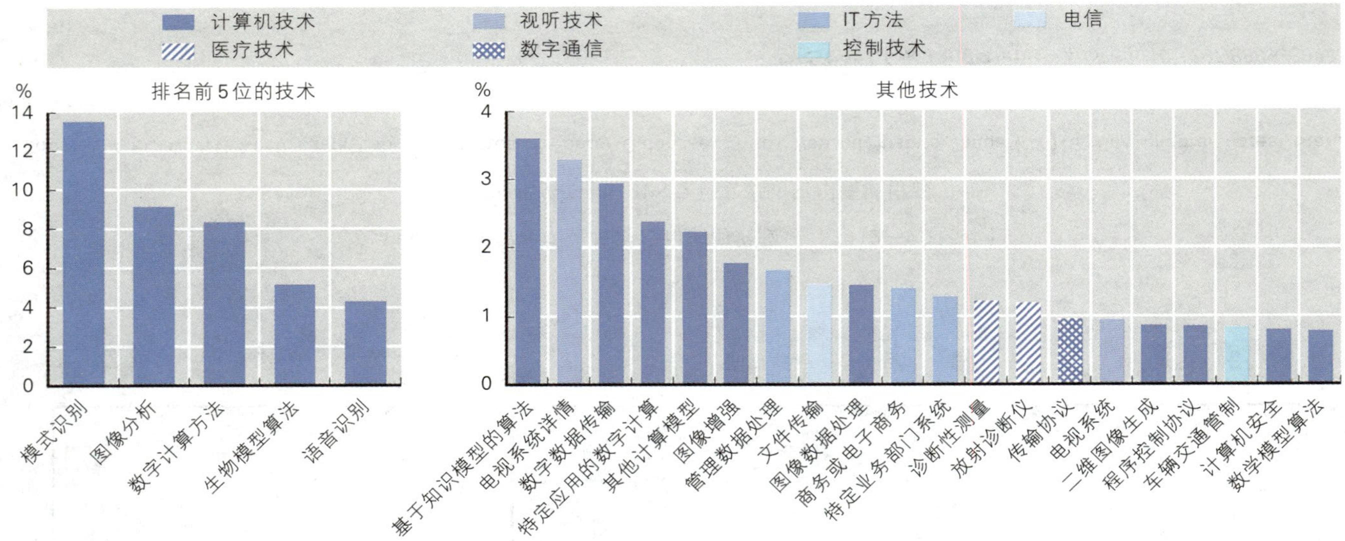

图1-5 不同应用领域技术与人工智能的结合（1990—2016年）

人工智能相关专利、IP5专利家族的技术（IPC）类份额

Source：OECD，STI Micro-data Lab：Intellectual Property Database，http：//oe.cd/ipstats January 2019. See chapter notes. StatLink contains more data.

StatLink https：//doi.org/10.1787/888933928369

1.1.5 人工智能公司概况

不同行业的人工智能企业正在开发和应用各种人工智能相关技术。人工智能正在渗透到经济的各个领域。然而对于人工智能技术和方法在各个领域的使用类型以及开发目的，人们却知之甚少。

根据Glass AI公司的数据，2018年仅英国就有大约6 000家与人工智能相关的公司（见图1-6）。Glass AI公司大规模地对公开网络文本（包括句子和段落）进行解释和统计。其中约有2 800家公司在其公开网站上明确提到了人工智能行动。这些公司根据各自的应用或活动领域采用了多种不同的人工智能技术和方法。Glass AI公司在统计中发现，目前大约有400家公司专注于深度学习并依赖自动化技术，但对数据分析技术的依赖程度较小。大约有300家公司正在推进人工智能在机器人、物联网和虚拟现实中的应用，这些公司更依赖自动化技术而较少依赖自然语言处理技术。大约250家人工智能公司正将注意力转向模式识别技术，其目标是开发与电子商务相关的人工智能技术。差不多250家公司则依赖于通过上述技术的不同组合来开发数据挖掘与业务解决方案。

通过主题建模实现AI技术和应用的映射

Glass AI公司确定某公司是否为人工智能型公司的办法是在企业网站上提供的内容中搜索与人工智能相关的关键词，搜索范围包括网站上的“新闻”和“公司简介”等部分。图中的气泡和坐标轴上的名字是主题分类建模显示的结果。这个研究是基于Glass AI公司2 800家公司样本的业务描述而展开的，这些公司在自己的网站上明确声明在人工智能方面很活跃。通过采用LDA（Latent Dirichlet Allocation）模型和Gibbs采样算法，主题分类模型通过训练将样本分成了九个类别。确定主题的方法是统计公司业务描述中所含词语的频率和组合，然后计算它们属于一个或多个主题的可能性（所有可能性概率值之和为1），数轴上所表示的主题是以主成分分析（PCA）和词频算法为基础计算并标注的。气泡的大小反映了确定属于该主题的公司数量。

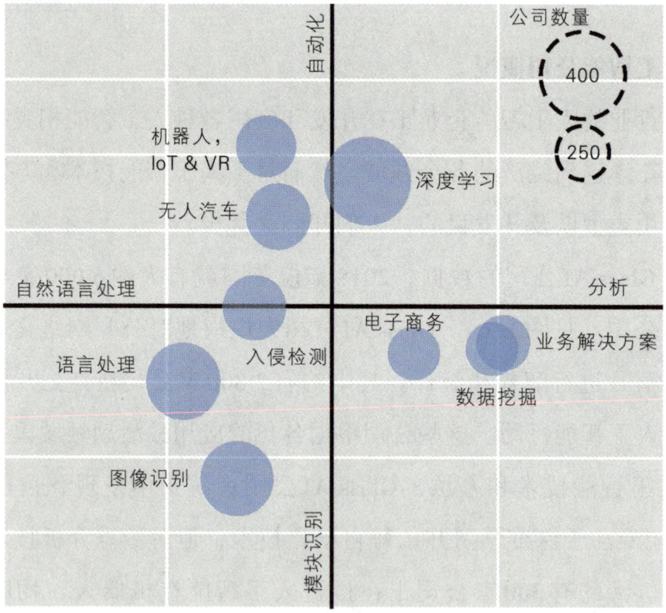

图1-6　英国人工智能相关公司专注的领域（2018年）

英国人工智能相关公司的主成分分析

Source：OECD calculations based on Glass.ai data，January 2019. See chapter notes. StatLink contains more data.

StatLink https：//doi.org/10.1787/888933928388

1.1.6　重要领域的人工智能公司

从事人工智能相关活动的企业所隶属的领域颇为广泛。通过关注英国经济的几个重要领域，人们可以更多地获取这些公司正在开发和应用的人工智能技术类型的相关信息。特别是在2017年，金融服务、专业服务、ICT制造和服务活动占总就业人数（730万人，高于2010年的600万人）的22.7%，占ICT设备投资（固定资本形成总额GFCF）的53%。

在Glass AI公司所调查的样本中，2 800家英国公司积极开展人工智能行动，其中829家从事ICT制造和服务活动，693家从事专业服务活动，162家从事金融和保险活动，以上3个领域占总样本的60%。其余40%分布在农业、房地产和建筑等10个行业。样本中一些公司正在开发和使用多种类型的人工智能技术，而其他公司则主要专注于某个特定领域。此外，不同人工智能技术其发展程度也相对不同。在ICT制造和服务领域中发展人工智能的英国公司正致力于语言处理、商业解决方案和深度学习等相关技术。专业服务领域的公司尤其关注语言处理、图像识别、机器人、物联网和虚拟现实等相关技术。而金融和保险领域的公司则在无人驾驶、深度学习、机器人、物联网和虚拟现实方面特别活跃（见图1-7）。

公司的行业分类

根据对各公司网站上内容的文本语义分析结果，Glass AI公司将其研究的公司划分到不同的行业领域。金融服务对应于ISIC Rev.4的64-66，“金融和保险活动”（K门类）；专业服务对应于ISIC Rev.4的69-75、78和80-82；ICT制造和服务活动对应于ISIC Rev.4中的26、61和62-63。

1.1.7 人工智能背后的科学

与人工智能相关的科学进步并不仅局限于计算机科学。几十年来，人工智能（AI）领域的研究一直致力于让机器具备类似人类的认知功能。计算能力、数据可用性和算法方面所取得的突破提高了人工智能设备的能力，使其在一些精密领域的表现越来越接近人类。这些进步使得IBM的深蓝计算机在1997年击败了世界象棋冠军加里·卡斯帕罗夫，并且计算机对图像和视频中物体和文本的识别准确率越来越高（经合组织，2017）。在过去的20年里，不同的科学领域对人工智能发展均有所贡献。关键词文本挖掘结果显示，计算机科学是对人工智能贡献最大的科学领域：在1996年至2016年间发表的所有人工智能文献中，计算机科学所占比例略高于1/3。人工智能科学出版物和会议出版物中，超过1/4出现在工程领域，接近10%出现在数学领域。在所有涉及人工智能的科学研究中（指运用了人工智能或对人工智能的总体发展作出贡献的研究），约有25%广泛地出现在物理学和天文学、地球和行星科学、材料科学、医学和环境科学等其他学科，以上结果说明了这种新型的数据驱动模式的普遍性（见图1-8）。

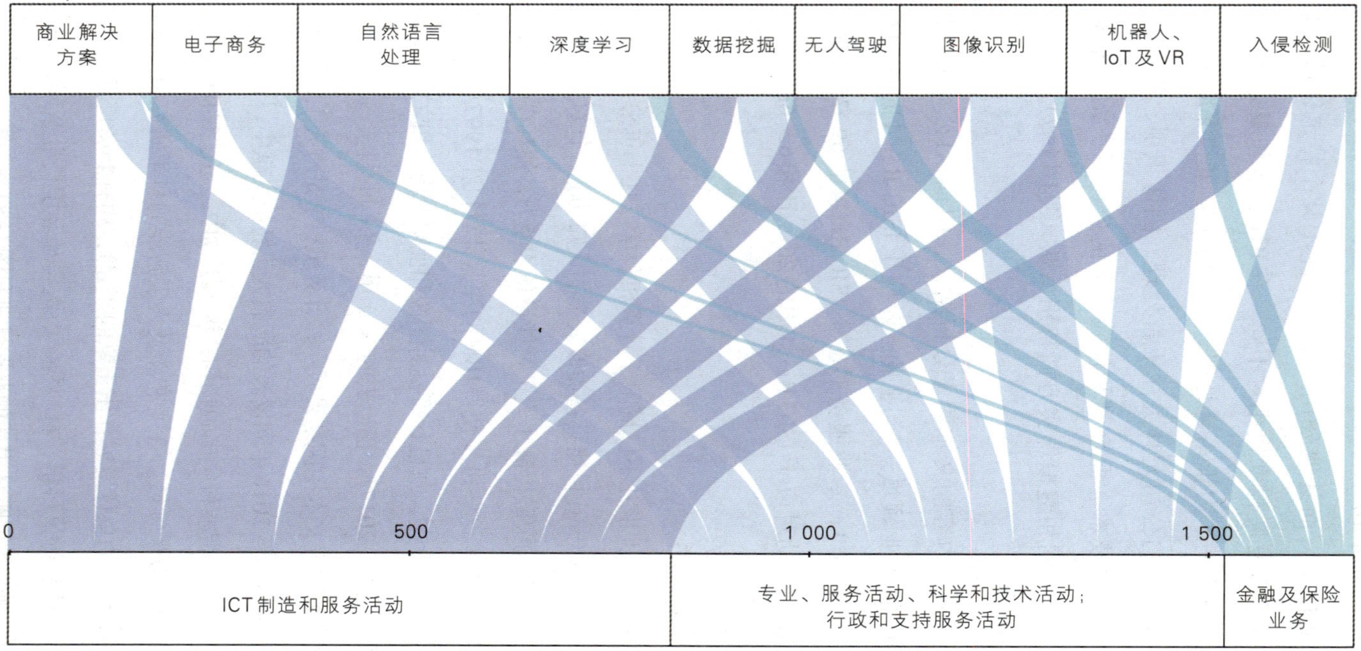

图1-7 英国企业开发的人工智能技术（2018年）

从事ICT、专业金融活动的公司

Source：OECD calculations based on Glass.ai data，January 2019. See chapter notes.

StatLink https：//doi.org/10.1787/888933928407

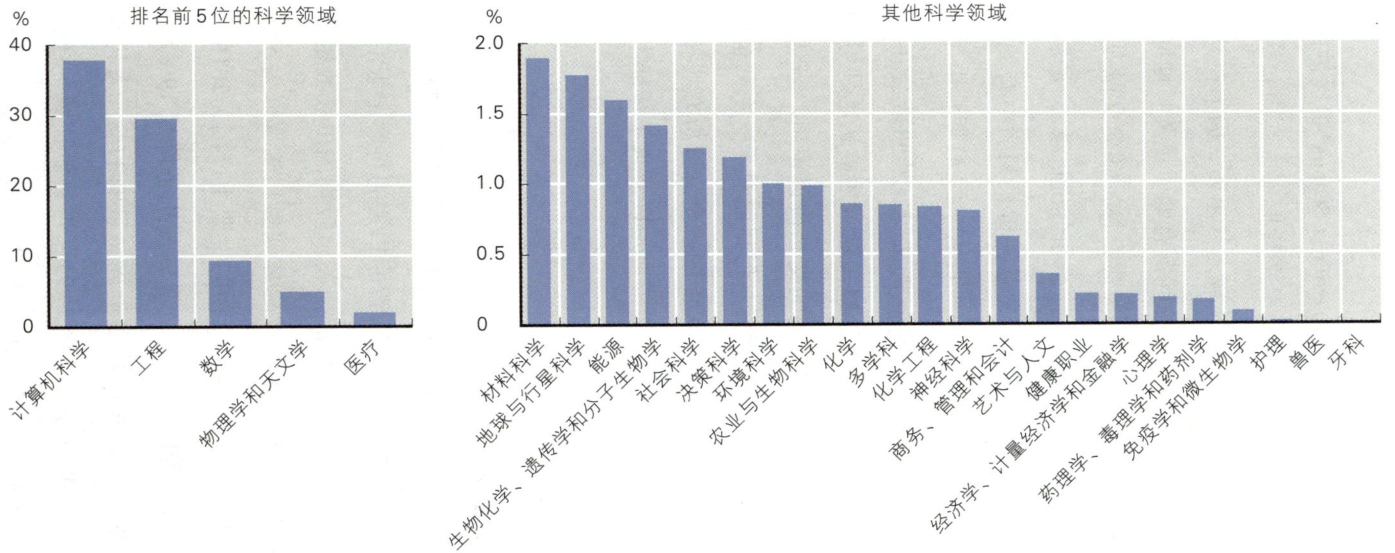

图1-8　人工智能背后的科学（1996—2016年）

科学领域与人工智能相关的科学文献占全部人工智能相关文献的百分比

Source：OECD calculations based on Scopus Custom Data，Elsevier，Version 1.2018，January 2019. See chapter notes.

StatLink https：//doi.org/10.1787/888933928426

确定人工智能科学

本节所涉及的文献计量学分析基于Elsevier's Scopus®中提供的数据，Scopus®是一个大型同行评议文献的摘要和引文数据库，其中包括科学期刊、书籍和会议论文集。会议论文在新兴领域尤其重要，因为在其他类型的文献发表之前，在同行评议会议上讨论的问题有助于更及时地反映该领域发展的情况。本节所给出的是探索性的实验指标。确定文献是否与AI相关（指在Elsevier数据库中检索的文章、综述和会议记录），是通过检索科学文献的摘要、标题和作者提供的科学文献关键词列表中有关AI关键词来实现的。选择AI关键词的方法是对Elsevier收录的AI期刊中频繁出现的术语进行高共线模式分析。由于一些选定的关键词也可能会在非AI的文献中使用，所以只有具有2个或2个以上AI关键词才被认定是与AI相关的文献，这种做法可以避免与AI相关性弱的文档被误识别。当然通过对全文的文本挖掘分析可以获得更精确的指标，但目前对于一系列全面详尽的代表性科学出版物来说实现该任务是不可能的。全文分析方法和技术将会有助于人们更好地区分人工智能在科学中的应用以及人工智能本身的知识发展。

1.1.8 人工智能的科学卓越性

中国的人工智能相关科学出版物最多，并且这些出版物的质量正在逐步提高。在2006年至2016年期间，与人工智能相关的科学出版活动经历了显著扩张。自2006年以来每年人工智能相关出版物的出版数量增长速度为150%，相比之下被索引的科学出版物总体数量增长率仅为50%。中国早在2006年就已成为人工智能科学出版物的主要生产国，2016年占全世界的27%。而欧盟28国和美国在同期的份额分别下降至19%和12%。印度人工智能出版物快速增长，2016年占世界总量的11%，为其他经济体所占份额的增长作出了主要贡献（见图1-9）。与其他领域一样，不同的人工智能科学出版物有不同水平的引用“影响因子”，因此只是对所有出版物的数量进行平均计算，其结果可能会产生误导。欧盟28国和美国仍然是AI高引文献（即引用次数排名在全世界前10%的文献）最多的国家（见图1-10）。然而从2006年到2016年，该份额有所下降，欧盟28国从29%下降到25%，美国从31%下降到21%。过去10年中，中国、印度、伊朗和马来西亚在人工智能顶级高引文献中所占比例均增加了1倍以上。

1.1.9 更快更便宜

ICT产品得益于技术的持续进步，随着时间的推移而变得更便宜，功能也愈发强大。同时，网络在可用性、功能性、应用程序和内容等方面也在不断增强和扩大，与上述发展趋势一起对促进ICT产品的使用发挥了重要作用。2000—2018年，虽然OECD地区居民消费价格平均上涨约45%，但与信息传播相关的产品（不包括IT和媒体）价格却下降了20%以上。ICT产品和服务的价格动态变化情况不同。在可以计算详细指数值的欧元区和美国，电信服务的价格下降了10%~25%，而ICT产品的价格下降超过了80%（见图1-11）。

数字产品的能力正在迅速发展。自20世纪70年代以来，每块芯片上晶体管的数量一直遵循着“摩尔定律”，大约每2年容量就翻一番，这是一种衡量计算性能改进的传统方法。与此同时晶体管的微型化也随之而来：“晶体管栅”的长度现在约为7nm，比20世纪70年代早期小很多，从而提高了处理速度和能源效率。同时存储容量也得到了大幅提升，每千兆字节的商业价格从2000年的10美元左右下降到2018年的不到0.3美元（见图1-12）。

1.1.10 网络与内容

基础设施的容量和内容都在增加。从21世纪千禧年之初3G的推出到2010年初4G的引入，移动连接经历了重大变革和改进。因此大多数经合组织成员国目前享有广泛覆盖的网络，目前5G正处于发展的早期阶段。在

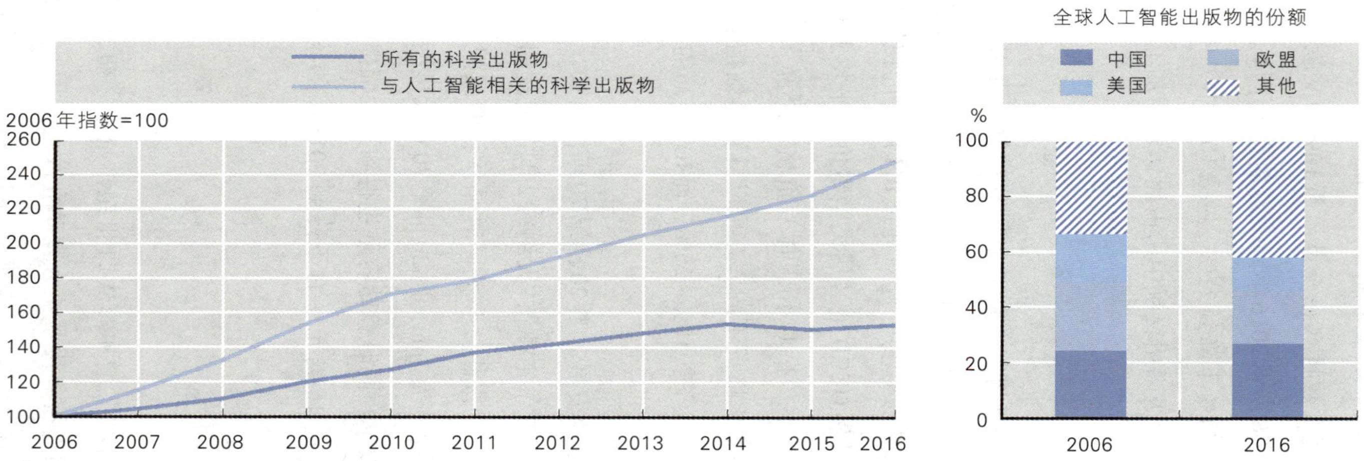

图 1-9　人工智能相关科学出版趋势（2006—2016年）

2006 年出版物数量指数= 100

Source：OECD calculations based on Scopus Custom Data，Elsevier，Version 1. 2018 and 2018 Scimago Journal Rank from the Scopus journal title list（accessed March 2018），January 2019. See chapter notes.

StatLink https：//doi.org/10.1787/888933928445

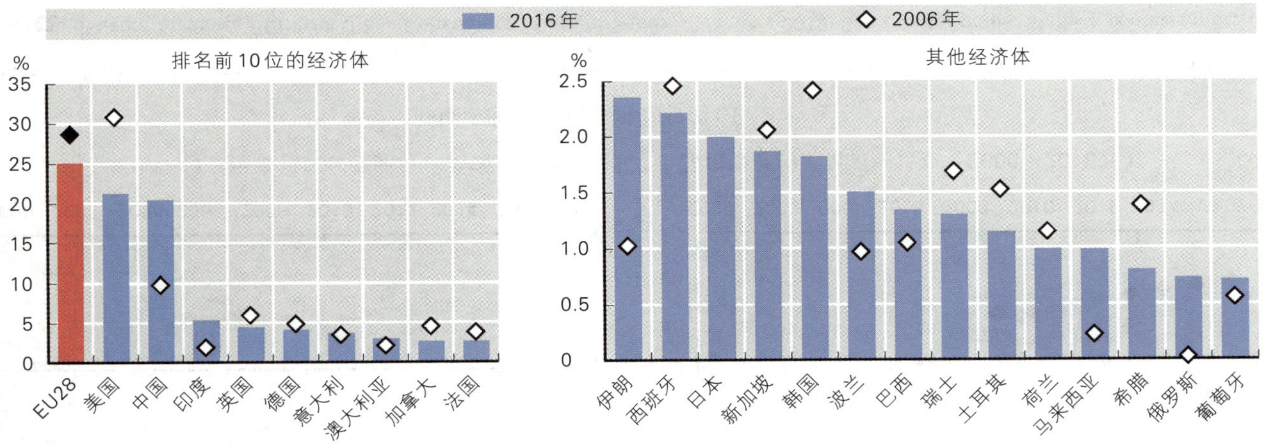

图1-10　人工智能科学高引出版物（2006年和2016年）

引用率最高的10%的出版物中，人工智能相关文献数量最多的经济体，采用分数计数法

Source：OECD calculations based on Scopus Custom Data，Elsevier，Version 1.2018 and 2018 Scimago Journal Rank from the Scopus journal title list（accessed March 2018），January 2019. See chapter notes. StatLink contains more data.

StatLink *https：//doi.org/10.1787/888933928464*

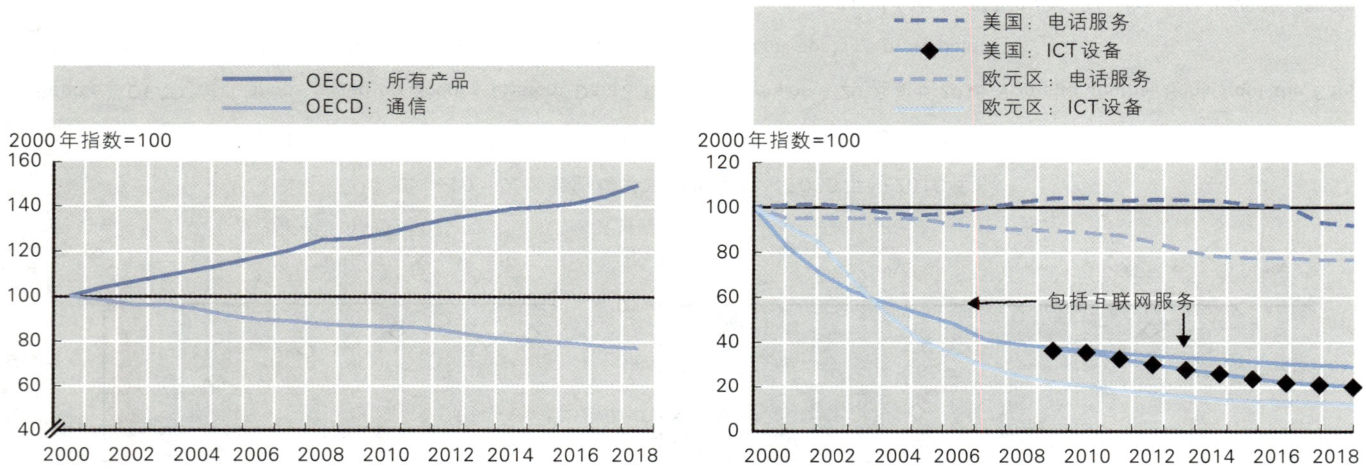

图1-11　经合组织、欧元区、美国所有产品及ICT产品与服务的消费价格指数（2000—2018年）

2000年指数 = 100，非加权的OECD平均值

Source：OECD Consumer Price Indices（CPIs）Database；Eurostat，Harmonised Index of Consumer Prices（HICP）Statistics and United States Bureau of Labor Statistics，CPI-All Urban Consumers（Current Series），January 2019. See chapter notes. StatLink contains more data.

StatLink *https：//doi.org/10.1787/888933928483*

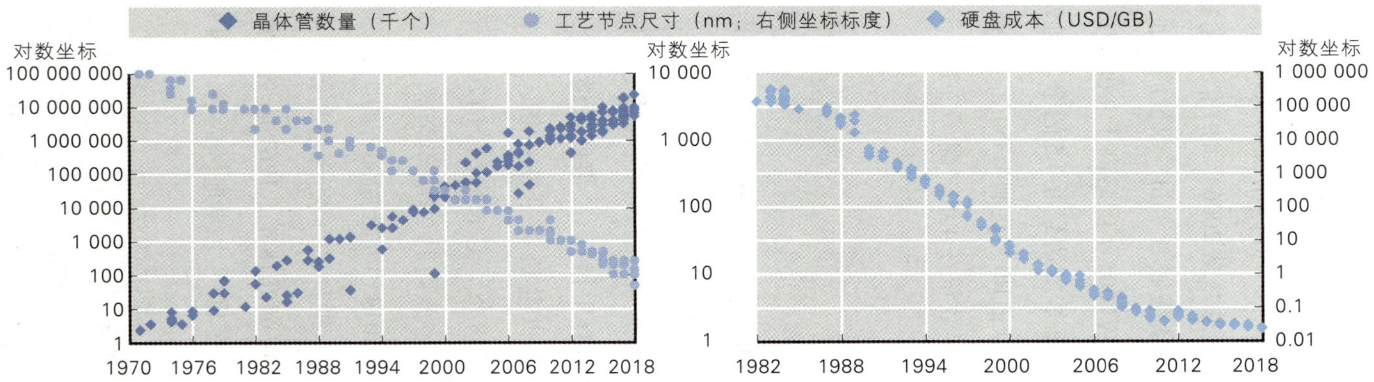

图 1-12　1970—2018年、1982—2018年的计算能力和存储成本

每个中央处理器（CPU）的晶体管数量和工艺尺寸（左图），每GB的存储成本（右图）

Source：OECD based on Wikipedia，"Transistor count"，www.wikipedia.org/wiki/Transistor_count；"A history of storage cost"，www.mkomo.com/cost- per-gigabyte；"Disk drive prices 1955-2018"，www.jcmit.net/diskprice.htm，January 2019. See chapter notes.

StatLink https：//doi.org/10.1787/888933928502

部署光纤等更快网络传输技术的同时，有线连接也变得更加广泛。根据商业资料（Akamai and M-Lab），2011年至2018年全球的互联网平均连接速度（包括固定连接和移动连接）从2Mbps增长到9.1Mbps以上。与此同时，根据Netcraft的数据，网站总数从2006年的1亿个左右增长到2018年的16亿多个。与网站相关的顶级域名（tld）数量的增长表明互联网的托管内容有所增加。顶级域名从2005年的略高于9 000万个增长到2014年的2.8亿个，并在2018年第三季度达到近3.5亿个。到2018年第三季度，以.com为后缀的通用域名（gTLD）达到1.35亿，紧随其后的是中国（.cn）的国家域名（ccTLD），其数量在4年内翻了一番，达到2 300万个（见图1-13和图1-14）。

1.1.11 全球数据基础设施

包括发展中经济体在内的世界各地数据传输能力都在增强。跨境数据流使企业能够在全球市场上有效地协调产品的供应、生产、销售、售后和研发过程。由于大量数据通过海底电缆在各大陆板块之间传输，因此海底电缆成为衡量跨境数据流量的有用指标。“海底电缆地图”在线资源由TeleGeography市场调查公司提供并负责定期更新。根据其统计数据，2018年在用的海底电缆约为448条，总长度约为120万千米（Krisetya, Lairson and Mauldin，2018a）。与此同时2018年全球互联网的带宽达到393 Tbps（tb/s），其中2/3是从2014年才开始部署的。非洲的数据传输能力增长最快，2014年至2018年期间的年复合增长率为45%（Krisetya, Lairson and Mauldin，2018b）。截至2018年，126Tbps的数据是跨区域传输的，265Tbps的数据传输发生在世界主要地区的各个国家之间（参见Global Internet Map，2018）。

1.1.12 数据中心化

随着数据量的不断增加，数据所有权也越来越集中，但其总体价值仍

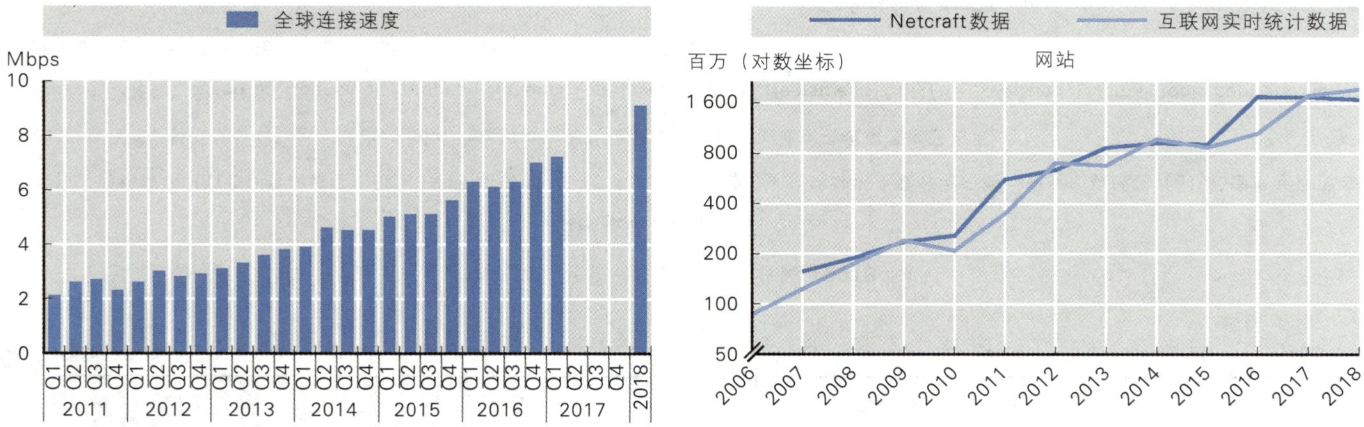

图 1-13　2006—2018年互联网基础设施容量的增加

速度（单位：Mbps），2011—2018年（左图），顶级域名（单位：百万个），2006—2018年（右图）

注释：这些资料只提供了关于互联网发展速度的部分观点。关于资料来源的优势与限制请参阅第3.3节、第3.7节。

Source：OECD based on Akamai，MLAB，Netcraft and Internet live stats，January 2019. See chapter notes.

StatLink https：//doi.org/10.1787/888933928521

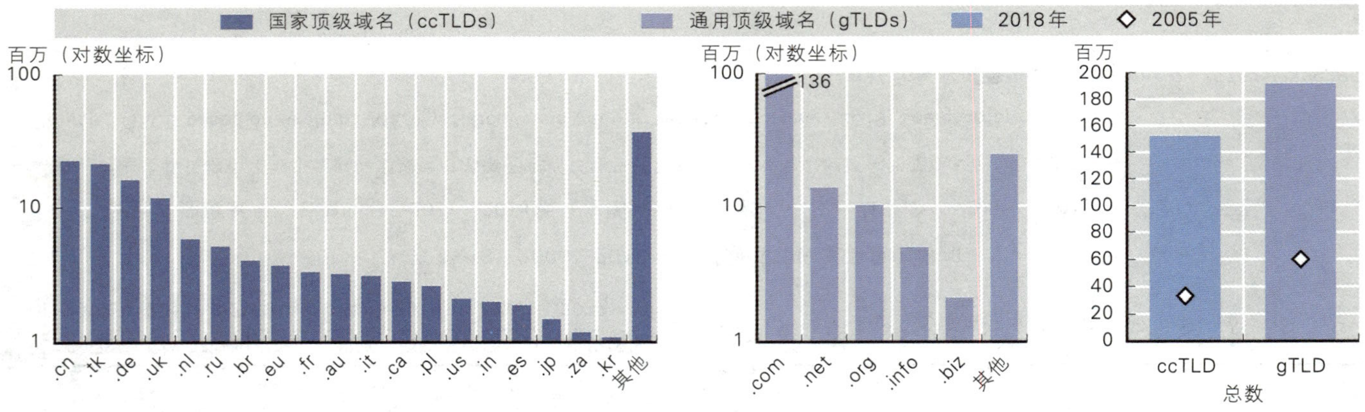

图 1-14 互联网托管内容的增长（2018年）

顶级域名，单位：百万个

注释：顶级域名（TLD）是指域名的最后一部分或紧接在“.”符号之后的部分。顶级域名主要分为两类：通用顶级域名（g）和国家专用顶级域名（cc）。近年来，除了.com，.org，.net，.gov，.biz和.edu等传统顶级域名，新的通用顶级域名也已启用。

Source：OECD based on Council of European National Top-level Domains Registries（CENTR），Verisign，Domaintools.com and national authorities，January 2019. See chapter notes. StatLink contains more data.

StatLink https：//doi.org/10.1787/888933928540

然未知。国际带宽的使用正日益转向亚马逊、谷歌、Facebook和微软等内容提供商。在过去的几年里，上述内容提供商的国际带宽使用量比例显著上升，在2017年达到了40%，与传统互联网核心提供商持平（Mauldin，2017）。为了确保满足自身不断增长的服务需求，内容提供商本身已成为全球数据基础设施发展的主要参与者，其参与了海底电缆和数据中心的建设。

不管是由公司独家使用的服务器（私有云）或是根据需要从云服务提供商租用的服务器，所有的数据中心都能进行数据存储和基于互联网的远程计算（云计算）。对遍布各处的联网终端用户设备和物联网（IoT）所产生的大数据进行数据分析的重要性日益增长，并因而提升了数据中心的价值和增长。思科（2018）估计，2021年全球互联网协议（IP）流量将是2018年的两倍，到2022年接近400 EB/月（1EB等于$1\ 000^6$字节）；到2021年来自数据中心的全球流量几乎翻番，达到20 Zettabytes（1 ZB等于$1\ 000^7$字节）。数据中心的大数据自2016年以来增长了近5倍，预计将达到3 ZB左右的流量（思科，2018）。

数据流（包括跨国数据流）可能发生在企业内部、企业之间（B2B）、企业和消费者之间（B2C）以及机器之间（M2M）。思科预计，到2022年移动网络将占全球IP流量的20%，为2017年的2倍多。全球41%的流量将来自智能手机，高于2017年的18%。M2M流量预计将从每月3.8 EB增长到25.4 EB，占全球IP流量的比例将从3.1%增长到6.4%。互联网视频服务是全球流量增长的主要推动力，约占消费者IP流量的3/4（IP流量本身就占全球流量的4/5以上）。思科表示，即使不考虑与视频点播相关的托管IP流量，这一份额到2022年也将接近82%。然而，数据流创造的大部分价值并非来自视频流量，事实上像全球价值链协作或云计算等许多有效使用数据流的业务所产生的数据流量反而相对较少（见图1-15）。

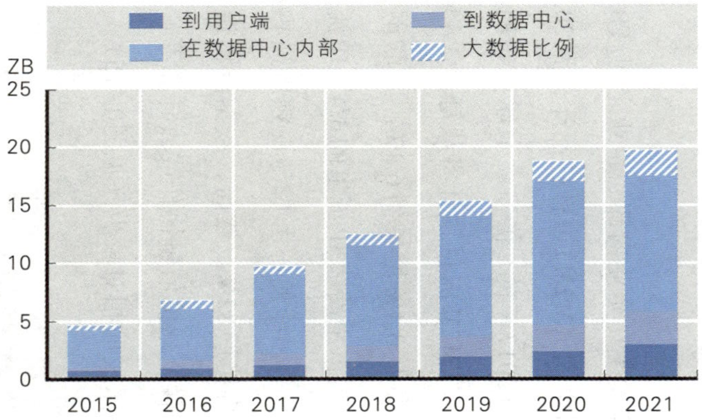

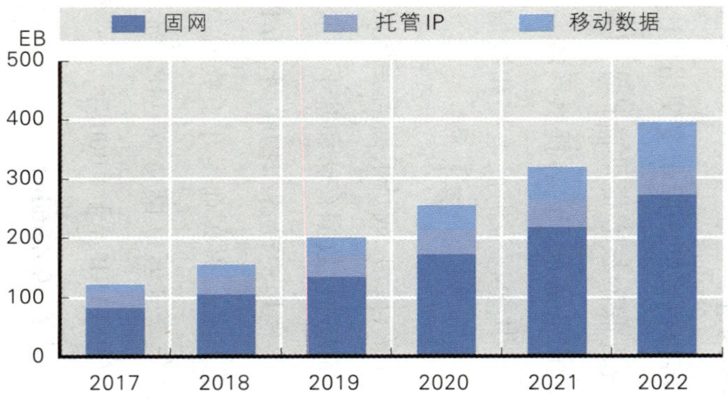

图 1-15　不同类型、不同消费者互联网协议（IP）流量以及不同子段的全球数据中心流量（2015—2022 年）

Zettabytes/年（左图）、Exabytes/月（右图）

注释："到数据中心"指从一个数据中心流向另一个数据中心的流量。例如，在云之间移动数据，或者作为内容分发网络的一部分将内容复制到多个数据中心。"到用户端"指的是从数据中心流向终端用户的流量，如通过流媒体视频流到移动设备或 PC。"在数据中心内部"指的是数据中心内部的流量。例如，将数据从开发环境移动到数据中心内的生产环境，或将数据写入存储阵列。

Source：OECD calculations based on Cisco Global Cloud Index 2016-2021 and Cisco Visual Networking Index 2017-2022，January 2019. See chapter notes. StatLink contains more data.

StatLink https：//doi.org/10.1787/888933928559

数据如何通过互联网传输

互联网是由计算机组成的全球网络，每台计算机都有自己的互联网协议（IP）地址（互联网上设备的标识符）。当从A国的1台计算机发送1个文件到B国的接收者时，该文件首先被分成不同的“包”。这些包类似于小的信息包裹，标记着发送者的IP地址、接收者的IP地址和一个识别序列代码，这些小包在目的地重新组装。准备好的信息包就可以从源计算机发送出去，信息包可能通过不同的网络，经由不同的路线到达目的地。路由器是互联网的通信管理者，它引导数据包通过网络传输，确保每一步都选择最短或最不拥挤的路径。一旦信息包到达目的地，计算机就根据它们预先指定的顺序将其组装起来。如果其中的一个包丢失了，目的计算机就会发一个信号让源计算机重新发送该包。由于信息包在两个国家之间流动时会采用不同的路线，并且通常跨越多个第三国，因此数据流的最初来源和最终目的地通常包含着很多技术问题。例如，为了提高数据传输速度，一个公司可能使用镜像网站在不同国家复制网页。某些情况下看起来好像只是国内的信息传输，但实际上可能涉及跨境信息流动（Casalini and López González，2019）。

1.1.13 云服务与软件

云服务的增长伴随着高速光纤宽带的普及、关键存储技术、数据处理技术质量以及软件工具可用性的提高。对于拥有高速宽带连接的公司来说，随着弹性云计算的出现，人们可以使用“按需付费”的功能访问云服务。弹性云计算是由亚马逊网络服务（AWS）在2006年推出的。从2010年开始，由于云服务提供商（如谷歌、IBM、微软和甲骨文）逐渐增多，云服务的价格也随之下降（DeStefano，Kneller and Timmis，2018），因此云服务的使用开始迅速攀升。云服务标志着ICT供应模式的转变，企业和个人并不需要在物理ICT成本上进行大规模的预先投资，可以通过网络按需获取IT服务。目前研究者仍然很难从官方数据中单独获取企业使用云计算服务的信息，哪怕是用于比较各国之间差别的基础信息也很难获取。但是从经合组织国家间投入产出（ICIO）表（2018年更新）中人们可以辨识出一个行业从“计算机编程、咨询和相关活动”的公司购买信息服务的行为，并可以据此判断出哪些是包括云计算服务生产商在内的“信息服务”行业。

从2005年到2015年，作为每个行业附加值的一部分，行业层面ICT中间服务产品购买量增长更快，甚至超过了软件投资和ICT设备投资。增长率的差异表明在过去十年中，“IT外包”的速度发生了变化，即ICT中间服务的增长率主要受外国供应商的采购驱动。购买IT服务可使企业减少或避免投资新ICT设备而产生的巨额固定成本，能够降低企业试用新技术、扩大规模所需的成本，并能够缩短将新技术用于业务周期所需的调整周期，降低成本。上述影响对新生的、信贷受限的小型企业来说可能更为突出（见图1-16）。

所有企业与行业都不可避免地受到数字化转型的影响，只是速度和规模各不相同。目前几乎没有任何一个企业能够在不使用ICT的情况下运行，ICT对每个公司产生的影响取决于业务流程中集成的ICT工具类型和复杂度。经合组织利用企业数据的特别统计表进行了一项实验，目的是计算行业的数字成熟度指标。此外，经合组织关于数字密集型行业的新型分类方法有助于人们了解受数字化转型影响最大的行业及其特征和发展动态。本部分还介绍了对企业使用机器人（包括服务型机器人）情况的新型衡量方法，并由此讨论了机器人在制造业数字化转型中的作用。此外还对工作受数字技术影响的新数据进行了分析。网络上美国职位空缺的相关数据可用于调查计算机相关工作所需的技能类型。越来越多的人被网络联系在一起，因此许多年轻人开始采用一种“永远在线”的生活方式。同时数字化正在改变研究工作的开展和传播方式。由经合组织发起的科学作者国际调查（ISSA）所得到的首批调查结果揭示了科学家关于数字化对其工作影响的看法。

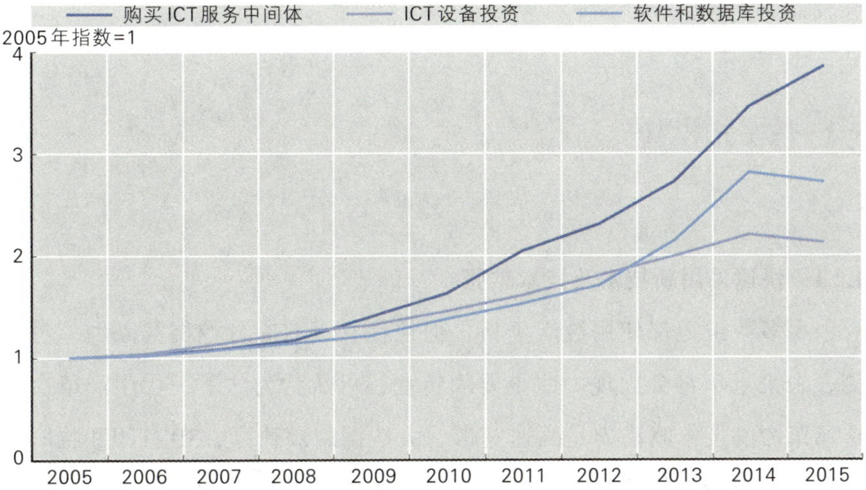

图1-16 ICT投资与ICT中间服务支出（2005—2015年）

2005年指数 = 1，结果为样本中行业 - 国家/地区的非加权平均值

注释：强度的计算方法是用投资和支出之和除以行业 - 国家的附加值（紧缩后）。行业 - 国家附加值的逐年平均增长率为经合组织33个国家和行业的平均值，这也解释了样本的不平衡性。由于强度是用投资或中间消费流量除以该行业的附加值来计算的，因此报告中的增长率并非由该行业本身的生产增长所驱动。由于计算用的所有数值都是分别经过紧缩的，因此增长率也不能反映该时期的价格变化。

Source：OECD calculations based on Intan-Invest data，www. intan-invest. net；EUKLEMS，www. euklems. net；OECD Inter-Country Input-Output （ICIO） Database，http：//oe.cd/icio；OECD Annual National Accounts （SNA） Database，www.oecd.org/std/na；OECD Productivity Database，www. oecd. org/ std / productivity-stats and OECD Structural Analysis （STAN） Database http：//oe. cd / stan，December 2018. See chapter notes. StatLink contains more data.

StatLink *https：//doi.org/10.1787/888933928578*

1.2 数字化转型

1.2.1 快速采用新技术及技术扩张

大多数组织都使用数字工具，但往往并没有充分挖掘其潜力。据预测，未来十年将会出现一些重要的转变，可统称为“下一代生产革命”。这场革命的技术驱动力是高速宽带、大数据、云计算、3D打印和物联网等数字基础设施及应用技术的发展。小型企业越来越能负担得起这些技术。然而为了利用技术促进生产力的提高，企业必须将技术整合到其业务流程中，并在技能和业务模式方面进行额外的投资。

最近对ICT技术的调查显示，宽带接入在大型企业中已经达到饱和。然而2018年经合组织国家的企业中平均只有20%受益于高速宽带（100Mbps以上）。尽管不同国家和行业之间存在着很大差异，但在采购、销售、后勤部门的企业资源规划（ERP）等各个价值链环节中采用数字技术的工作一帆风顺。云计算服务的使用率增长最快，2014年至2018年增长了50%，平均约56%的大企业和27%的小企业购买了云计算服务。经合组织最近一项基于加拿大统计局先进技术调查的微观数据分析研究（Galindo-Rueda et al.，2019）显示，大型企业更多地采用了先进技术，尤其是自动化生产工艺这类对企业规模要求很高的技术。相比之下，加拿大软件和基础设施服务技术（包括云计算）在小公司和大公司中的采用率则不分伯仲（见图1-17和图1-18）。

1.2.2 行业的数字化转型

各个行业都受到了数字化转型的影响，但并没有一个单独的衡量标准能反映其速度和程度。数字技术因其普遍性而正在深刻地改变着经济和社会。数字化变革正在以无数种方式影响着包括制造业和服务业在内的生产

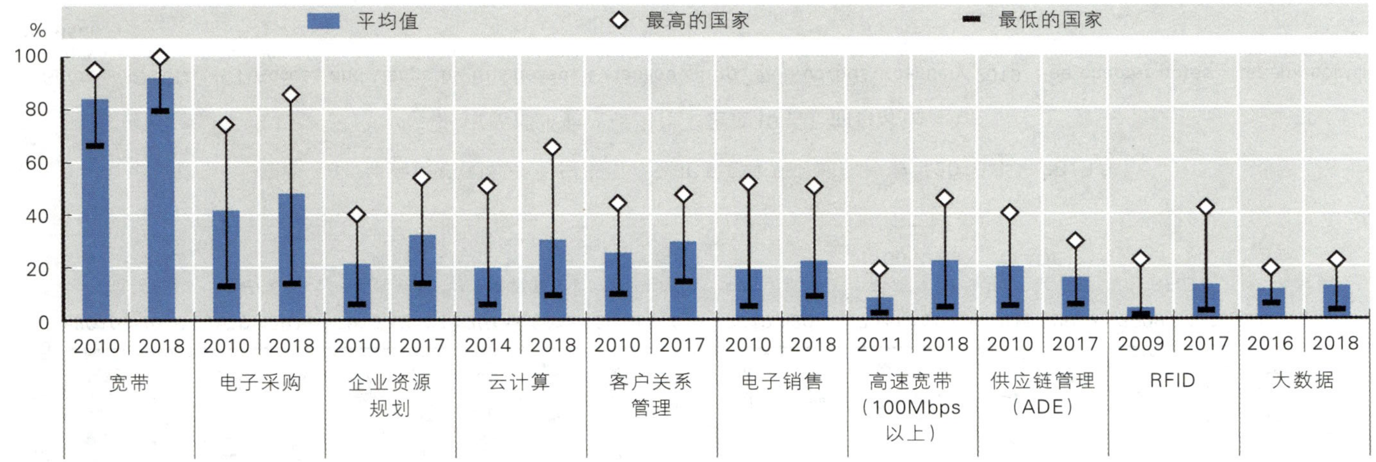

图 1-17 经合组织企业采用ICT工具及活动的传播（2010年与2018年）

占全部企业（雇用员工超过10名）的百分比

Source：OECD，ICT Access and Usage by Businesses Database，http：//oe.cd/bus，January 2019. See chapter notes. StatLink contains more data.

StatLink https：//doi.org/10.1787/888933928597

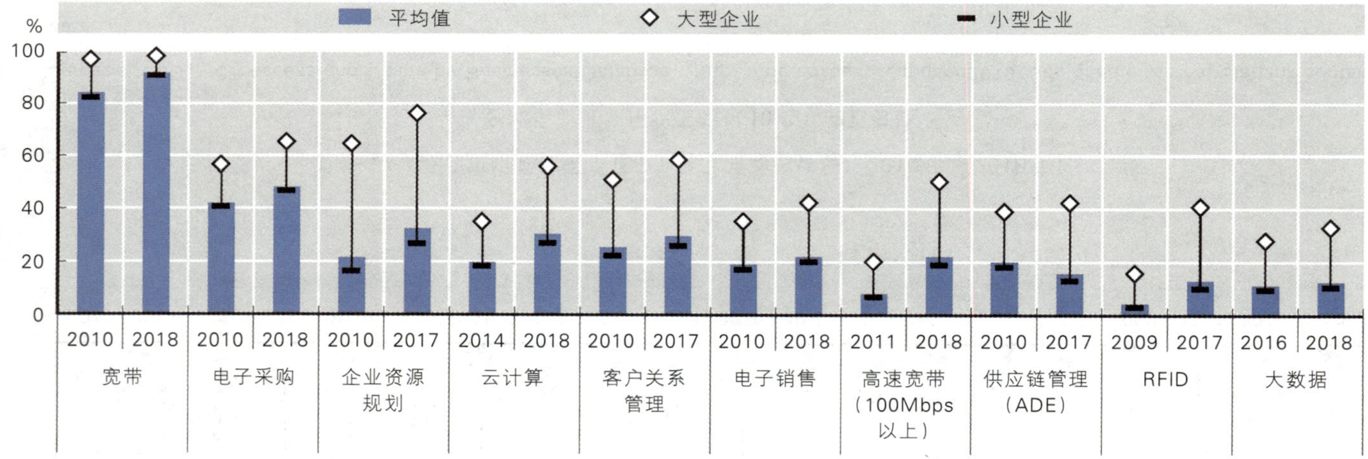

图 1-18　经合组织大型企业与小型企业 ICT 工具及活动的传播（2010年与2018年）

占全部企业（雇用员工超过 10 名）的百分比

Source：OECD，ICT Access and Usage by Businesses Database，http：//oe.cd/bus，January 2019. See chapter notes. StatLink contains more data.

StatLink https：//doi.org/10.1787/888933928616

活动，因此人们很难为所有变革提供一个包罗万象的定义。最近在经合组织开展的一项工作中（Calvino et al.，2018），研究者通过观测以下几方面评估某个领域的数字强度：数字化的技术组成（包括有形和无形的ICT投资，购买ICT中间产品和中间服务，以及机器人的使用等）；将技术应用于产品中所需的人力资本（ICT专业技术人员强度）；还有数字技术对企业与市场交互方式的影响（网络销售）。虽然数字化转型正在逐步触及经济的所有部门，但其速度和程度各不相同。从行业数字化强度的7个不同指标来看，只有ICT服务行业是最具数字化密集属性的行业（经合组织，2017）。来自欧洲商业ICT使用调查的数据显示，ICT服务是数字化最密集的行业，该项调查对企业价值链中使用数字技术的情况进行了细致的观察。由于各行业的网站数量都相当多，因此不能据此解释行业差异，而在几乎所有行业，大数据分析技术的使用都还处于起步阶段。真正区分不同行业数字强度的是云计算、企业资源规划（ERP）和客户关系管理（CRM）等较复杂数字工具的使用程度（见图1-19、图1-20）。

计算数字成熟度指标：实验

为了分析企业中各个不同方面的数字化扩张情况，经合组织和欧盟统计局与参与国合作，制作了2018年欧洲共同体关于企业中ICT使用情况和电子商务调查数据的特别表格。该项调查重点对代表一个企业ICT使用成熟度和复杂性的3个维度中不同选项同时出现的数量进行统计和评估，具体选项设置如下，第一，ICT能力：(i) 员工的信息通信技术培训；(ii) ICT专业技术人员的雇佣；(iii) ICT功能在企业内部的执行情况（不包括外包）。第二，高级ICT功能：(i) ICT安全和数据保护活动；(ii) 业务管理软件的定制；(iii) Web解决方案的开发。第三，网络成熟度：(i) 企业是否拥有一个允许定制产品或跟踪订单/访客的网站；(ii) 企业是否使用在线广告服务。根据每个企业所符合的项目数量对每个维度进行评分，该分值范围从0（1个选项都不具备）到3（所有3个选项同时具备），其中Web成熟度最高值为2。

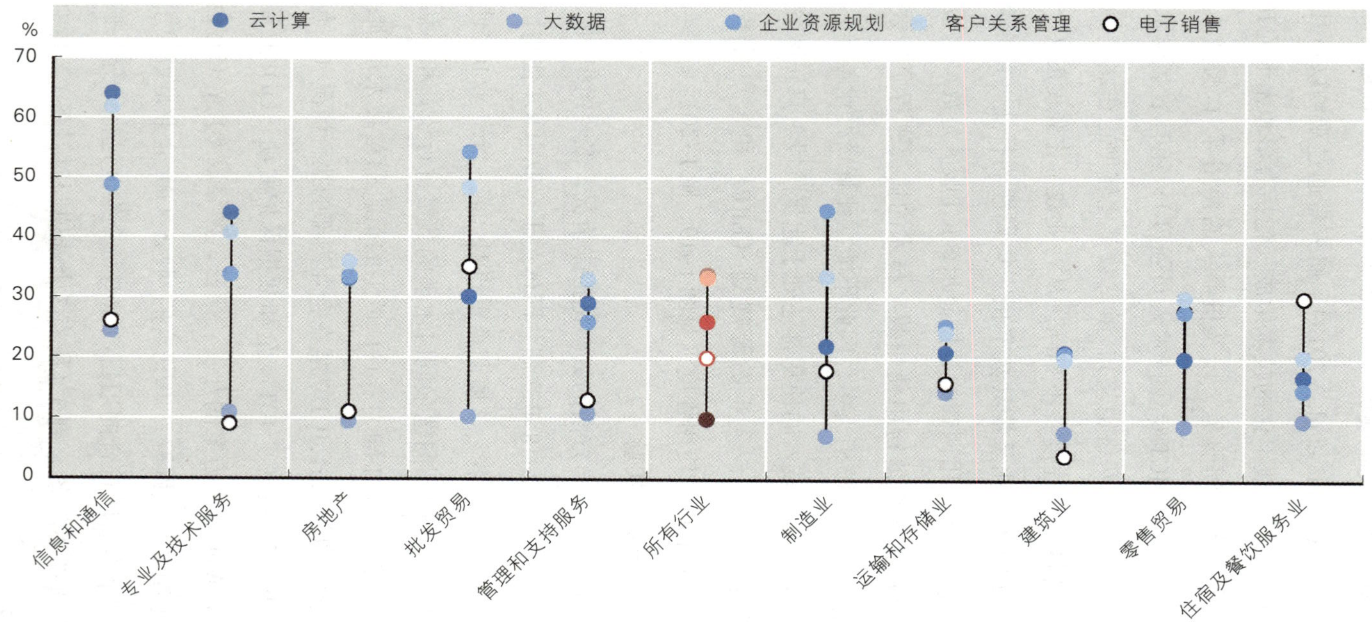

图1-19　EU28采用的ICT应用（2018年）

每个行业占全部企业（雇用员工超过10名）的百分比

Source：OECD，based on Eurostat，Digital Economy and Society Statistics，January 2019. See chapter notes. StatLink contains more data.

StatLink https：//doi.org/10.1787/888933928635

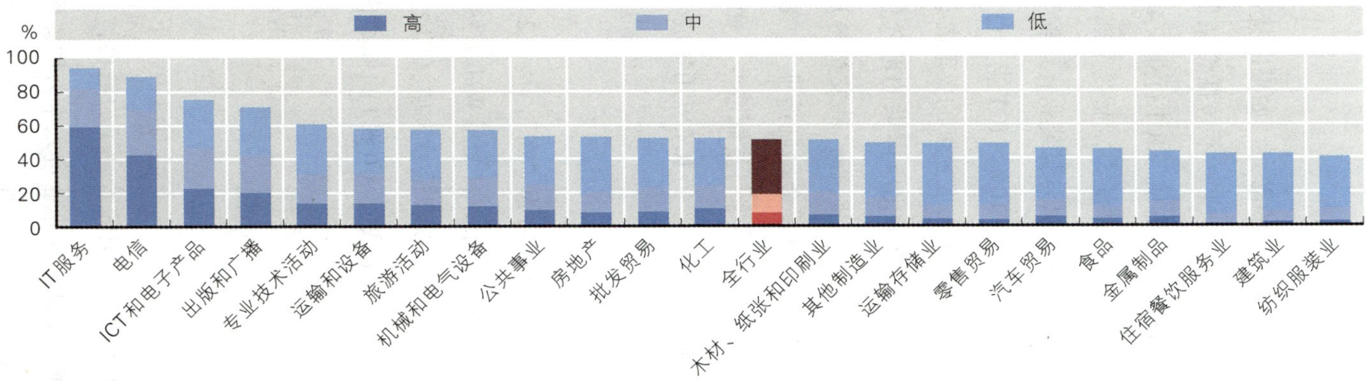

图1-20　不同行业中具有内部ICT能力的欧盟国家企业（2018年）

每个行业占全部企业（指雇用员工超过10名）的百分比

Source：OECD calculations based on Eurostat，Digital Economy and Society Statistics，January 2019. See chapter notes.

StatLink https：//doi.org/10.1787/888933928654

1.2.3 行业的数字化成熟度

欧洲的企业仍未充分挖掘数字化转型的潜力。如果以特殊人力资本的可用性来衡量，商业领域中平均50%的企业（不包括金融服务行业）并没有独特的内部ICT能力。而在IT服务和电信等ICT行业，40%~80%的企业至少已经具备了中等程度的企业内部ICT能力，而在全部行业中具备中等能力的企业仅占20%，相比之下，在纺织与服装业、运输与仓储服务等技术含量相对较低的领域，平均值仅约为10%。ICT能力往往与高级ICT功能的执行有关联，但上述2个维度与Web成熟度的关联都较弱。根据以上基准，以及这些选项为描述企业的数字化所提供的部分信息，可将行业分为领先的数字化行业（信息与通信、旅游、批发贸易）和相对落后的数字化行业（建筑服务、食品、纺织及金属制造业）。零售业和酒店行业在Web成熟度方面得分很高，而中高等科技制造业，如机械、ICT与电气制造，专业技术活动等行业则更倾向于将ICT应用集成于业务流程中（见图1-21）。

如何解读这些图表

当3个选项均具备时，企业的ICT能力为“高”，具备2项时为“中”，只具备1项时为“低”。散点图提出了一个综合衡量Web成熟度和先进ICT功能的方法。用企业每个维度的得分除以理论最大值（即2或3）后，计算行业的百分比之和，从而构建了一个取值从0到1的标准化指标。参见前面的“计算数字成熟度指标：实验”。

1.2.4 行业动态与数字化转型

在高度数字化密集的行业中，企业非常有活力但正在下降。虽然高度数字密集型行业的企业平均活力更高，但随着时间的推移，这些行业的企业活力也显现出更明显的下降，尤其是在企业进入率方面。经合组织最近的研究表明，高度数字信息集中型行业比其他行业的变化更为动荡，这与

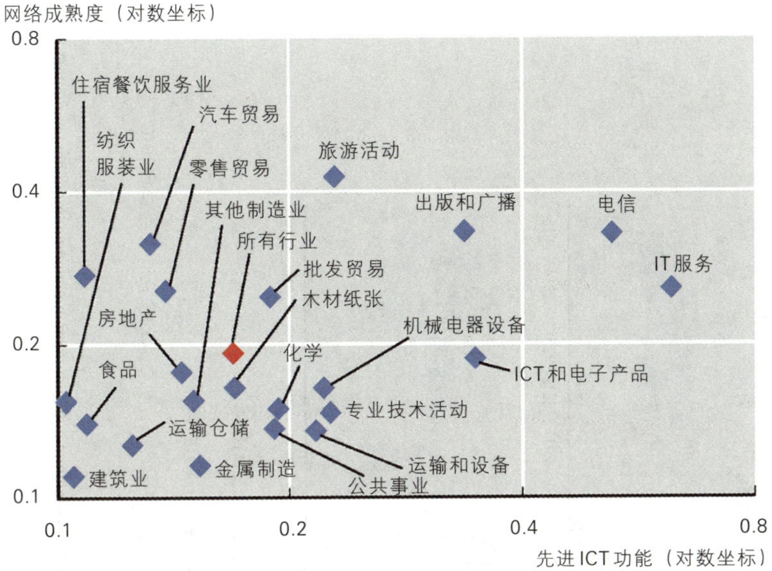

图1-21　欧盟国家的网络成熟度和先进ICT功能（2018年）

企业雇员人数在10人或10人以上的综合度量方法

Source：OECD calculations based on Eurostat，Digital Economy and Society Statistics，January 2019. See chapter notes. StatLink contains more data.

StatLink https：//doi.org/10.1787/888933928673

数字技术行业入门门槛较低，更易发生资源再分配的特征相一致。这类行业自2001年以来活力明显下降，尤其是企业进入率和工作再分配率。其部分原因是数字技术在世界各地持续扩张，高度数字化密集领域中的数字化技术已经有效促进了行业的应用技术，该领域的数字化技术已经进入了高度成熟阶段。这一发展过程与其他革新领域的过往趋势相似，并且尽管各国在高度数字化密集行业的模式和发展动态方面存在显著差异，但大体都呈现出这种趋势。在此背景下，诸如员工培训、风险资本可用性以及商业与破产监管效率等机构和政策性因素在高度数字密集型行业的企业活力中发挥着重要作用（Calvino and Criscuolo，2019）（见图1-22）。

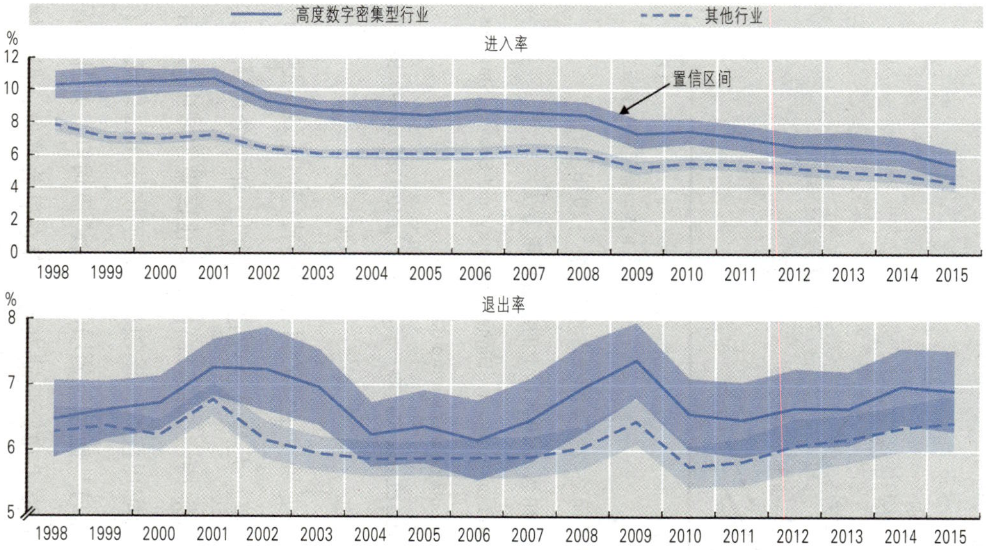

图1-22　企业活力、市场进出率的变化（1998—2015年）

国家部门、高度数字密集型行业和其他行业的平均趋势

注释：行业按数字强度（高/中－高/中－低/低）进行分类，使用若干维度（ICT投资与ICT中间产品、机器人的使用、在线销售和ICT专家）按四分位数分组。

Source：OECD calculations based on the DynEmp v.2（USA）and the DynEmp3 Databases，http：//oe.cd/dynemp，January 2019. See chapter notes.

StatLink https：//doi.org/10.1787/888933928692

经合组织就业动态、新企业及分配效率项目（DynEmp）

该项目基于经合组织开发的通用统计代码，各国统计机构、学术界、政府部门及其他公共机构中可获得国家微观层面数据（micro-level data）的专家能够以分布式方式运行该代码。各地使用这些集中设计但以分布方式执行的代码所产生的微观汇总数据又被传回到经合组织进行国际数据比较分析。这种分布式的微数据（micro-data）方法在足够高的级别上实现了信息整合，并达到了高度协调统一，因为集中开发的计算机程序确保所提取信息的定义是相同的，所以降低了对信息机密性的要求。专家们通过执行自己国家特定的公开管理制度以确保满足保密性要求。

1.2.5 数字时代的利润

近年来世界各地的市场越来越集中，但同时竞争力却越来越弱，该趋势引起了人们的担心。在某种程度上这要归因于许多市场及在其内部运营的公司日益增长的数字化和全球化本质（OECD，2018）。数字技术让企业几乎可以在瞬间进入多个地区和多个产品市场，并且能分享创意，发掘由不断增长的规模所带来的回报，尤其是无形资产回报。数字技术常常是跨国运营的，并且通常与较低的运营成本及市场进入成本相关，以上因素对市场本身而言加剧了公司之间的潜在竞争。数字技术也促进了新型商业模式如中介平台的出现，这类平台模式能够促进数字技术进入到其他非数字市场，如Airbnb进入酒店行业、亚马逊进入零售行业。

数字技术还可能以牺牲其他公司的利益为代价增加本公司的市场影响力。与其他通用技术一样，数字技术不会瞬间完成扩张，因此需要对无形资产（例如人力资本和组织能力）进行额外投资。这些基于知识的资产在一开始是昂贵的，并且将其集成到业务模型和流程中是需要时间成本的。这就使得领先企业和落后企业之间拉开了差距。此外，知识一旦积累起来，就可以被重复使用而无须额外投入成本，这使得企业能够更快、更容易地扩大规模并产生越来越高的回报。此外，数字密集型企业可以利用大数据分析进行定向营销，从而更好地实现销售最大化。由于当使用数字服务的人数增加时，许多数字服务的价值也会增加（网络效应），因此潜在的竞争对手在能够吸引到相当大的市场份额之前无法获得同等水平的利润。随着时间的推移，这些特点可能会帮助行业引领者维持和提升自身的地位，并减缓竞争对手的进入或发展。

根据近期经合组织继Calligaris等人（2018）的后续分析，在其他条件相同的情况下，数字信息密集型行业公司的平均成本加价率比非数字密集型公司高出13%~16%。成本加价率是指公司的产品价格和其产出成本之间的差值与销售成本之间的比值。此外这两类公司平均成本加价率之间的差距也在随时间而扩大。最终这一差距可能会高达55%，而且随着时间的推移，强数字密集型行业公司与其他行业公司之间的差距也越来越大。分析结果还显示，当考虑到国际竞争、无形资产强度和企业专利行为的差异时，企业成本加价率的数值差距虽有所缩小但仍然显著（见图1-23）。

1.2.6 生产的变革

包括服务型机器人在内的机器人正在改变制造业。大数据、3D打印、机器对机器的通信和机器人等领域的进步正在改变着生产。2016年工业机器人部署的可比性代表数据显示，韩国和日本在制造业机器人使用密度（即使用机器人的数量与员工之间的比值）方面领先。这些经济体的机器人密度大约是经合组织国家平均水平的3倍。BRIICS国家（巴西、俄罗斯、印度、印度尼西亚、中国和南非）的平均机器人密度要低得多，但在2007年至2016年间，其增长速度是前25大经济体平均水平的2倍。服务型机器人的销量也在上升。2018年国际机器人联合会（IFR）确定了700多家专业领域和私人领域服务型机器人制造商（IFR，2018）。在欧洲商业ICT使用调查中首次收集了工业机器人、服务型机器人以及3D打印应用的统计数据。2018年，员工人数超过10人的被调查企业中平均有7%的

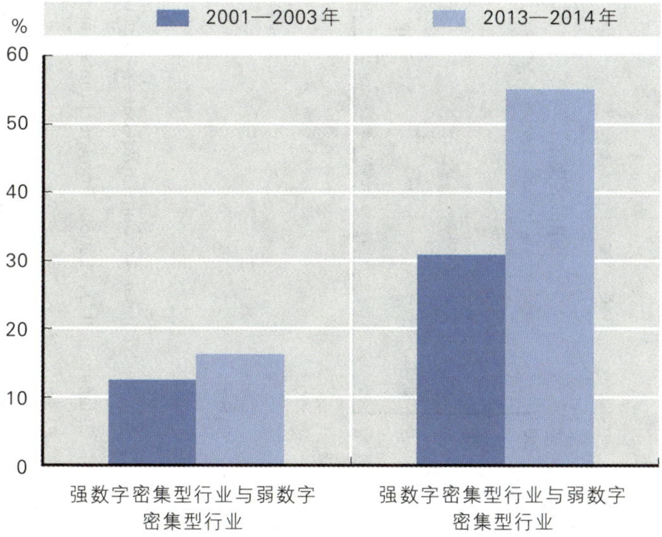

图1-23 强数字密集型行业与弱数字密集型行业之间成本加价率的差距加大

（2001—2003年，2013—2014年）

抽样期间开始阶段和结束阶段的平均占比差别

注释：该图根据公司资本强度、年龄、生产力和运营年份给出了公司在特定期间的合并OLS回归估计结果，使用一个虚拟变量对公司进行标记，如果运营行业为强数字密集型与弱数字密集型（图中左边的结果），或者运营行业为强数字密集型行业中的前25%与弱数字密集型（图中右边的结果），则值为1。根据Calvino等人开发的分类法，各行业被归类为“数字密集型”或“高度数字密集型”（2018）。采用柯布－道格拉斯（Cobb-Douglas）生产函数模型进行分类标记。按照Calligaris等人（2018）的方法，生产函数的参数参照3级而非2级的行业代码，年份虚拟变量同样如此。此外，结果小于1但大于0.95时分类结果标记为“1”。在公司层面做标准误差的聚类分析。所有系数在1%的水平上均具有显著性。

Source：OECD elaborations on Calligaris et al.（2018），based on Orbis® data，July 2018.

StatLink https：//doi.org/10.1787/888933928711

企业在使用机器人，4%的企业使用3D打印。调查显示机器人在金属产品、化学产品和机械制造等领域的渗透率最高（见图1-24、图1-25）。

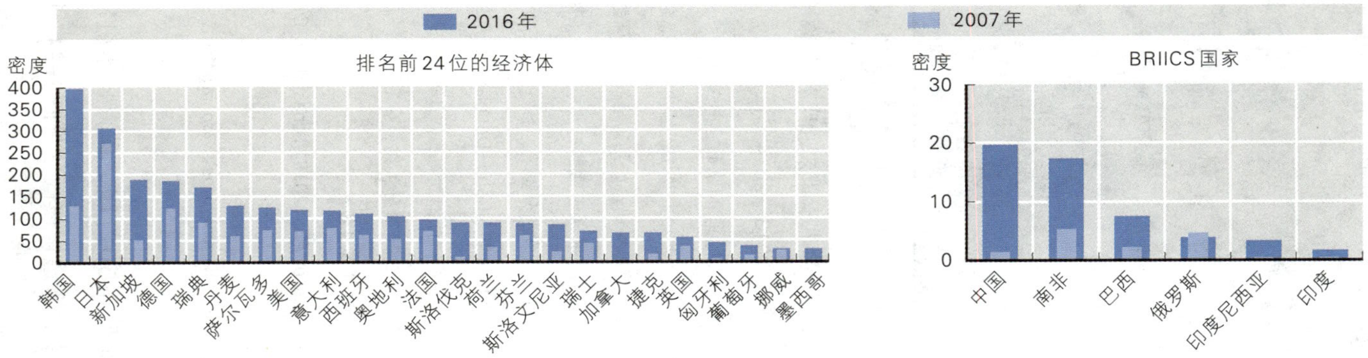

图1-24　最强的机器人密集型经济体和BRIICS国家（2016年）

制造业每万名雇佣员工对应的机器人库存

Source：OECD calculations based on International Federation of Robotics（IFR）；OECD Annual National Accounts Database；OECD Structural Analysis（STAN）Database，http：//oe.cd/stan；OECD Trade in Employment（TiM）Database；ILO，Labour Force Estimates and Projections（LFEP）Database and national sources，December 2018.

StatLink https：//doi.org/10.1787/888933928730

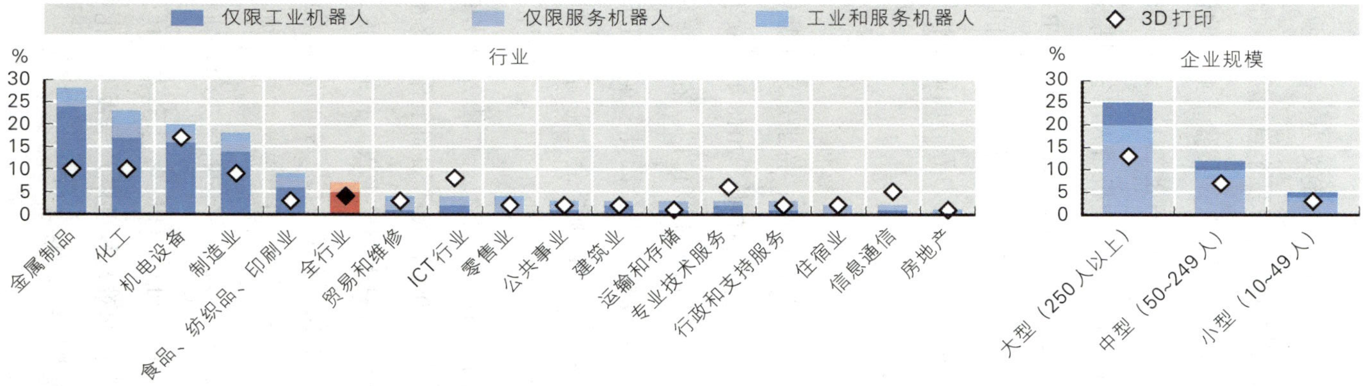

图1-25　欧盟28国不同行业和规模的企业使用机器人及3D打印技术的扩张情况（2018年）

占每个行业类别企业（雇佣员工超过10名）的百分比

Source：OECD，based on Eurostat，Digital Economy and Society Statistics，January 2019. See chapter notes.

StatLink https：//doi.org/10.1787/888933928749

什么是机器人？

根据ISO 8373：2012标准，工业机器人定义为“在工业领域中使用的一种可自动控制、可重复编程、可在3个或多个自由度上同时编程的固定式或移动式多功能机械手”。“服务机器人”是指除工业自动化应用以外的为人类或设备执行有用任务的机器人（ISO 8373）。国际机器人联合会统计了目前几乎所有全球机器人供应商的工业机器人出货量信息。但目前还没有服务机器人的相关资料。机器人库存计算方法是用IFR中第1年的库存额加上后续年份的机器人销售额，并假设每年有10%的折旧。因此，这些结果无法反映机器人质量或执行任务能力等方面的增长情况。

1.2.7 工作的变革

数字技术对工作产生了不同寻常的影响；特别是采用数字技术要求工人花费更多的时间学习新工具、获得新技能。2018年，欧盟国家超过一半的员工在日常工作中使用信息通信技术（ICT）。在工作场所中引入数字工具需要有一个学习和适应的过程，也会因此影响员工任务和工作的组织分配。2018年，欧盟40%的员工必须学会使用新的软件或ICT工具，约1/10的员工需要接受专门培训以应对这些新变化。在ICT、金融服务与制造业中，必须学习新的数字工具并感知到工作任务变化的员工比例最高。使用数字工具的员工中约有20%的人感知到工作任务的变化，其中大多数人在执行工作任务时获得了更大的自主权。总的来说，新型数字工具的引入减少了重复性任务，但使用ICT的员工中15%认为重复性任务有所增加。员工们发现与同事合作更容易，但自己的工作表现也受到了更密切的监控。员工们经常发现自己需要花更多的时间来学习新技能，也有调查结果反馈工作时间不规律的情况有所增加。以上各方面在不同国家之间存在着明显差异，尤其是在合作的难易程度以及是否需要花费更多时间学习数字技能方面差异更大（见图1-26、图1-27）。

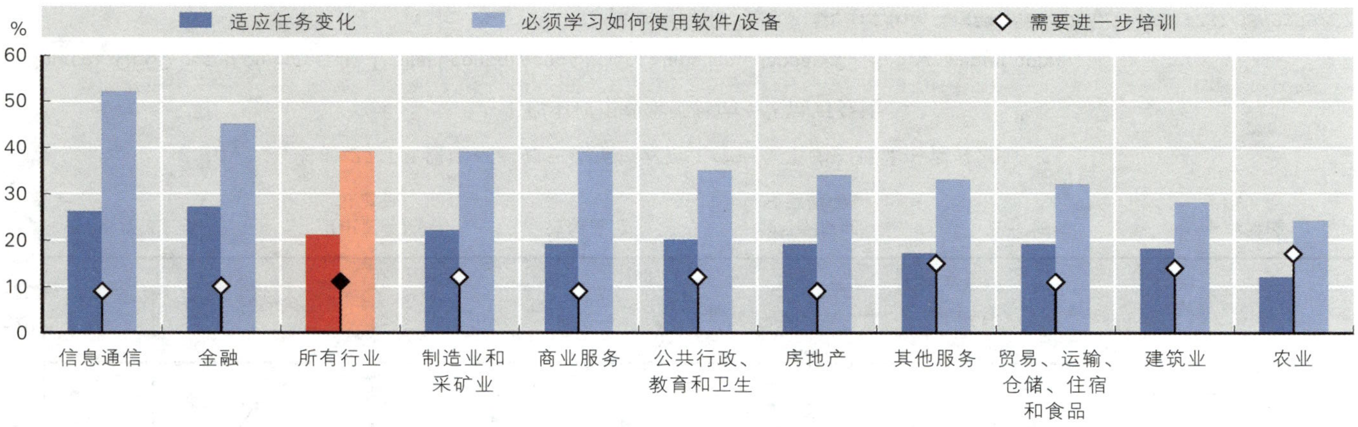

图1-26　欧盟国家不同行业员工在工作中受新软件或计算机化设备的影响（2018年）

占工作中使用数字工具的个人的百分比

Source：OECD calculations based on Eurostat，Digital Economy and Society Statistics，January 2019. See chapter notes.

StatLink https：//doi.org/10.1787/888933928768

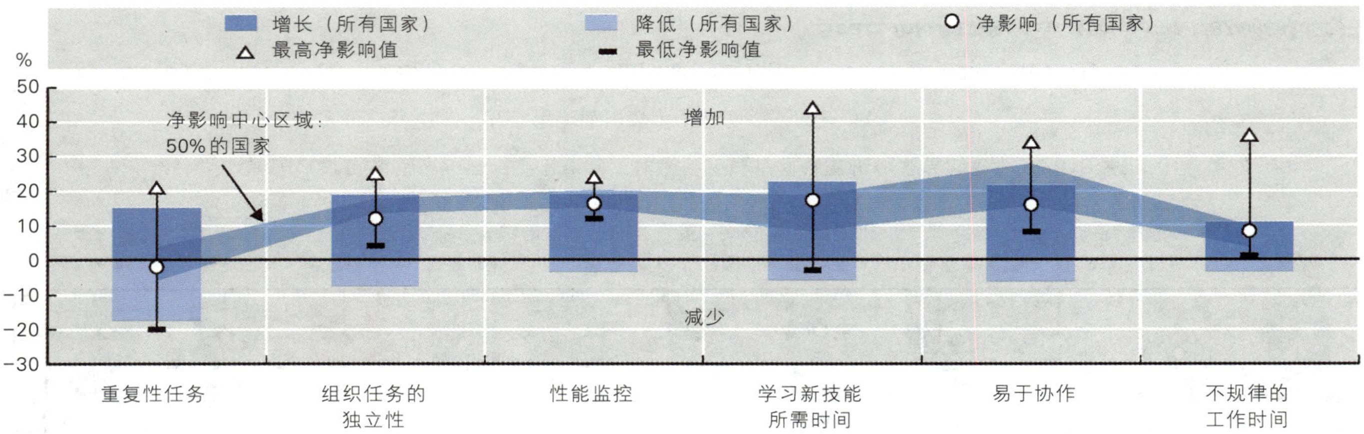

图 1-27　欧盟国家感知到数字技术对工作产生影响的具体内容（2018年）

占工作中使用数字工具的个人的百分比

Source：OECD based on Eurostat，Digital Economy and Society Statistics，January 2019. See chapter notes.

StatLink https：//doi.org/10.1787/888933928787

1.2.8 计算机工作需要的技能

计算机专业人才是紧俏的，但即使是这类专业性很强的工作也需要具备广泛的技能，其中一些是通用技能，一些是特殊技能，还有很多技能会随时间推移而变化。随着工作的变化，工作人员需要掌握的技能也在变化。所有的工作都是如此，包括那些就业市场需求旺盛的计算机工作。Burning Glass技术公司的在线招聘数据揭示了计算机相关工作所要求的技能类型及职业技能随时间变化的情况。一项研究针对2018年美国4个计算机相关职业的180万个职位招聘信息展开了分析，总结了每种职业最需要的技能类型以及2012—2018年需求增长最快的技能类型。这些计算机相关职业的职位需求一般要求应聘者具备500多种不同技能中的1种或几种，因此突出了计算机相关工作的多样性要求。在需求量最大的30种技能中，有一些与4大职业类别全部相关，如结构化查询语言（SQL）工具、系统的设计与实现、软件开发原理等。对计算机与网络专业技术人员来说，与网络安全相关的技能都很重要。对某些技能的需求则跨越了这些职业，如与Java、JavaScript和jQuery相关的技能（jQuery是一种创建"applets"的计算机语言，用于设计在Internet上传输并由兼容Java的Web浏览器执行的应用程序）。计算机程序员和开发人员等职位对上述技能需求量很大，在招聘计算机技术支持专业人员时，对基本客户服务和用户服务支持相关的技能需求量也很大（见图1-28）。

1.2.9 计算机技能的需求不断增长

与计算机相关的职业是数字技术发展和应用的核心，但是未来与计算机相关的工作很可能与当前不同。在当前这种瞬息万变的环境中，网络在线招聘信息有助于发现快速增长的职位需求及相关概况。例如，在2012—2018年期间，美国招聘从事数据湖（存储大量原始数据的数据库）工作人员的数量增长迅速。其中一些需求增长最快的技能在所有与计算机

图1-28　美国计算机相关工作中需求量最大的技能（2018年）

在线招聘要求的前30个技能类别

注释：关键词构成的云显示了每种职业类别中要求的前30项技能。单词的大小反映了关键词出现的相对频率。每个类别中出现频率超过2%的技能显示为蓝色

Source：OECD calculations based on Burning Glass Technologies，www.burning-glass.com，January 2019. See chapter notes.

StatLink *https：//doi.org/10.1787/888933928806*

相关的职业中都很普遍，例如“IT自动化”、“机器学习”、“大数据”或“软件开发方法”等技能。另外一些技能则至少在3种以上的计算机职业中快速增长。对此类技术技能需求的增长往往伴随着对其他补充型技能的需求增长，如培训员工的能力，或者是“金融科技”、“医疗服务程序和规范”以及“品牌管理”等特定行业技能（见图1-29）。

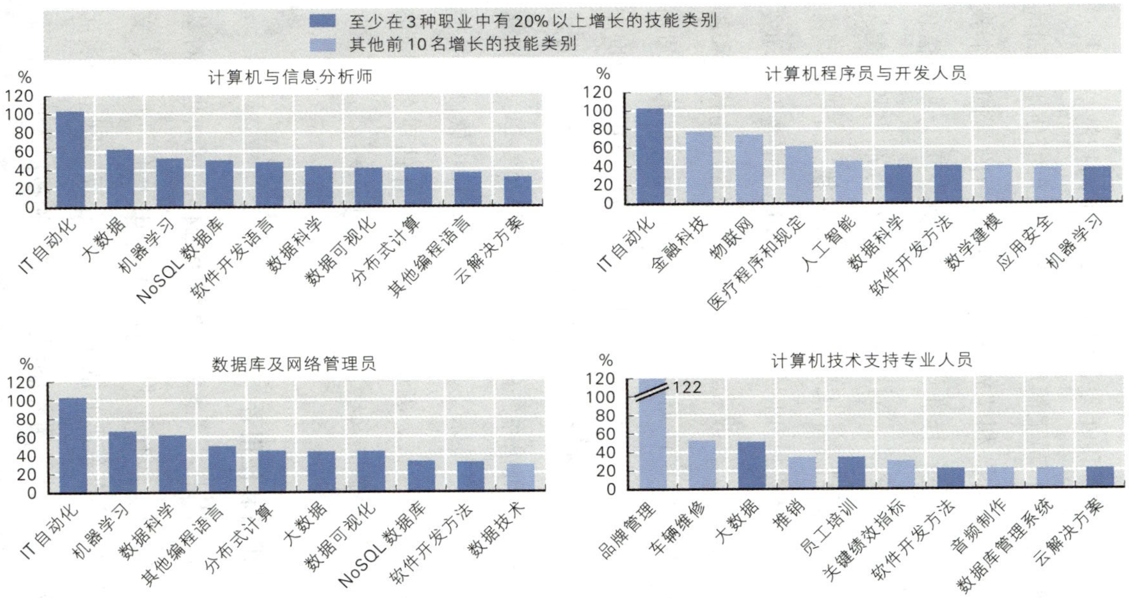

图1-29　美国对计算机相关工作需求量最大的十大技能（2012—2018年）

在此期间每种职业在线职位需求增长的百分比

注释：该图只分析了每个8位代码标准职业分类（SOC）2010版中所提供的2 000多个职位所需的技能类别，以尽量降低少数大雇主推动相应增长率的可能性。增长值的计算涵盖整个调查周期。

Source：OECD calculations based on Burning Glass Technologies，www.burning-glass.com，January 2019. See chapter notes.

StatLink https：//doi.org/10.1787/888933928825

计算机相关职位和网上职位空缺

Burning Glass技术公司通过浏览40 000多个网络来源，追踪了美国和其他国家约340万个目前仍有效的职位需求。由于相同的职位空缺通常会被多次发布，因此采用复杂算法删除重复招聘信息，剩下的招聘信息占总采集量的80%。考虑到职位招聘和员工简历中的技能要求可能使用不同的表达方式（例如“Microsoft Excel”和“MS Excel”其实指的是同一个技能），因此有必要对剩余数据再进行标准化和分类。此外，因为职业信息来源于被调查网站所采用的职业名称，对此同样也要进行标准化和分类。

计算机与信息分析师是分析科学、工程、商业和其他数据处理问题的人，其工作职责是确保系统、计算机和网络的执行、改进、审查及自动安全运行。程序员和开发人员创建、修改和测试计算机应用程序的代码和脚本；制定操作规范，制定和分析软件需求；分析用户需要实现的网站内容、图形、性能和容量，还可能需要整合网站与其他计算机应用。数据库和网络管理员管理、测试、实施、维护和保护计算机数据库、网络、互联网系统或其他部分；监控网络以确保系统的可用性、性能和安全，并可帮助协调网络及数据通信的软硬件。技术支持专业人员就计算机软硬件的使用向计算机用户提供技术援助；分析、测试、排除故障并评估现有的网络和互联网系统；进行网络维护，确保网络正常运行，减少中断。

1.2.10 熟练的数字技术采用者和使用者

即使在互联网普及的经济体中，许多人在网络上进行的活动也相对基础且有限，这表明了数字使用方面存在的显著差异。由于不同制度、文化、经济因素（包括年龄和受教育程度）的影响，各国在互联网上开展活动的类型差异很大。此外，受在线服务熟悉程度、信任和技能等因素的影响，各国人民对较复杂网络行为的接受程度也各不相同。2017年，将近60%的互联网用户同时使用在线购物和网上银行服务，对比2010年的35%增长了近两倍。这两种网络活动的广泛推广与日常使用和在线执行的各种网络活动密切相关。对互联网的使用控制和利用模式在德国、瑞士、法国和英国都有所不同，以上国家的个人相对更倾向于网上购物而不是使用在线银行，但在波罗的海国家的情况则正好相反（见图1-30）。

如何解读图1-30

纵轴表示某一特定国家互联网用户所开展的某些活动的数量。例如，在丹麦，60%以上的互联网用户进行了至少8项互联网活动，45%~60%的用户进行了10项活动。而在挪威，60%以上的互联网用户至少进行了7项活动；45%~60%的人执行7项以上10项以下活动，至少30%但不超过45%的人在互联网上执行了全部10项活动。国家的排序反映了按各国互联网用户比例加权后的平均活动数量排名（见图1-31）。

1.2.11 代沟的存在

尽管年轻一代对互联网的接受程度已达到饱和，但年长者的接受程度仍有提升空间。当今数字经济的特点是除了存在用户与设备之间的连接，通信系统中还存在已有基础和与之截然不同的新兴部分的融合，如固定和无线网络、语音和数据、电信和广播等。互联网和联网设备已成为经合组织国家和新兴经济体中大多数个人日常生活的重要组成部分。2006年至2018年，经合组织国家的互联网用户数从平均56%增长到85%，提高了近30个百分点，希腊、墨西哥和土耳其则增长了一倍多。如今巴西、中国和南非16~74岁的群体中使用互联网的人数超过50%，与经合组织国家的差距正在缩小。一些经济体几乎实现了互联网的全覆盖使用，而人均收入相对较低的其他经济体仍有很大的赶超潜力。此外，不同国家在用户年龄差距方面也存在差异。大多数经合组织国家几乎所有16~24岁的人每天均使用互联网——2018年的中位数是96%，而在55~74岁年龄段的平均值为55%，领先国家和落后国家之间存在着广泛差异（约50个百分点）（见图1-32、图1-33）。

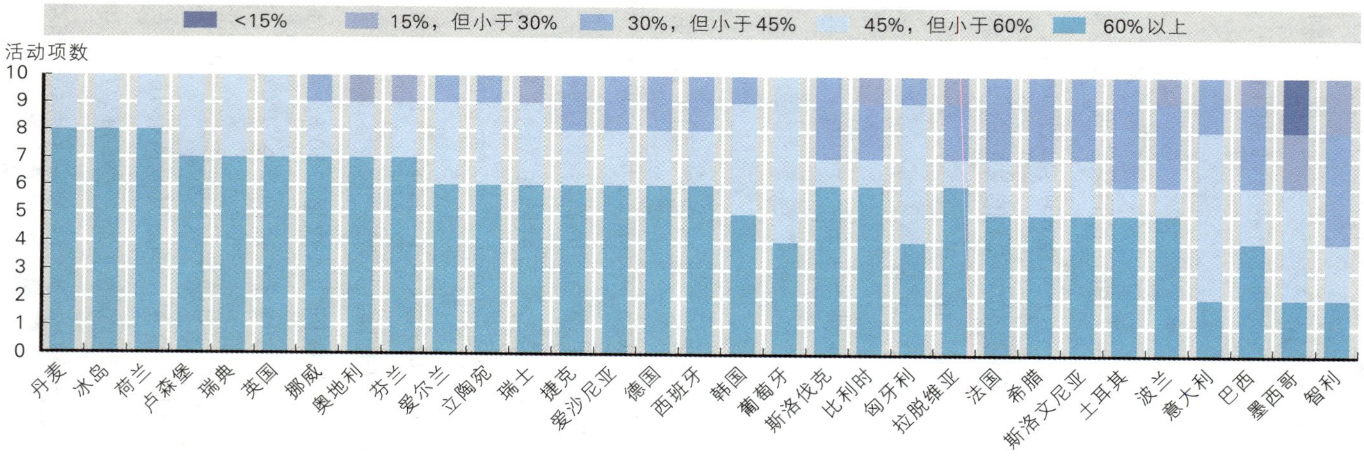

图1-30 个人互联网使用的复杂程度（2018年）

互联网用户开展的活动项数（共10项活动）

Source：OECD，ICT Access and Usage by Households and Individuals Database，http：//oe.cd/hhind and Eurostat，Digital Economy and Society Statistics，January 2019. See chapter notes.

StatLink https：//doi.org/10.1787/888933928844

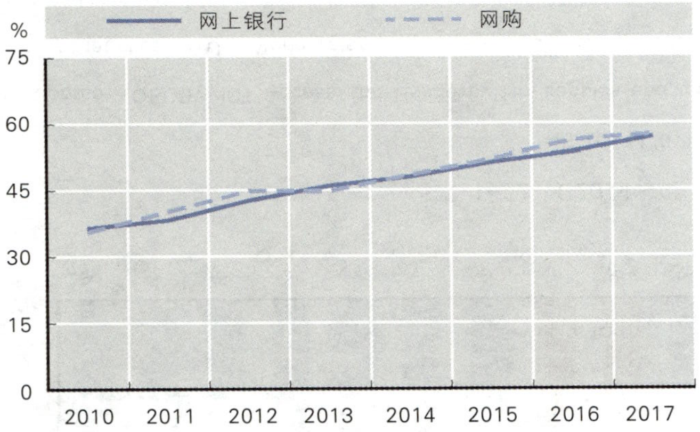

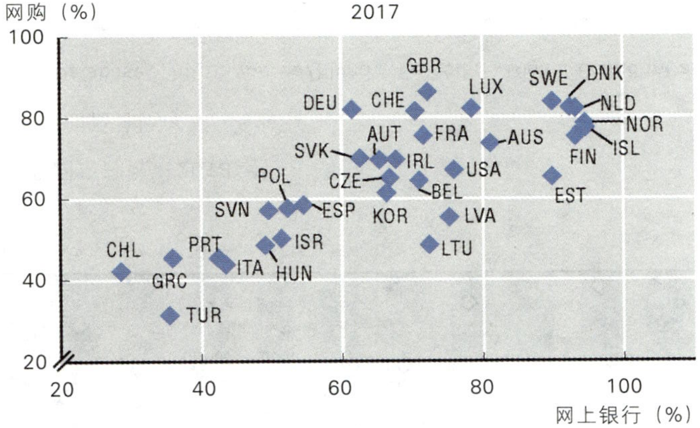

图 1-31　OECD 国家网上银行和网购的扩张（2010—2017 年）

占个人（左图）及国家互联网用户（右图）的百分比

Source：OECD，ICT Access and Usage by Households and Individuals Database，http：//oe.cd/hhind，January 2019. See chapter notes.

StatLink https：//doi.org/10.1787/888933928863

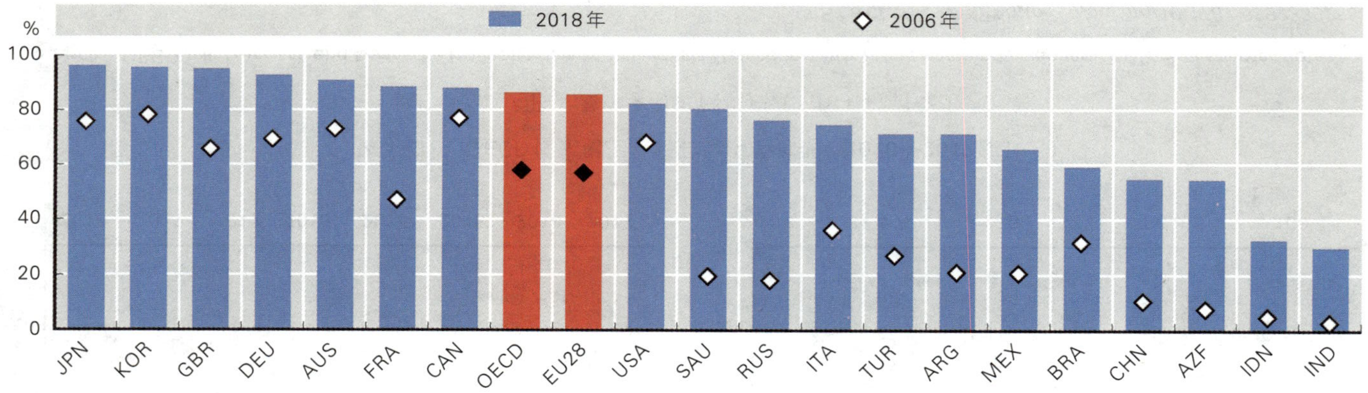

图 1-32　G20国家/地区的互联网用户数（2018年）

占16~74岁年龄段人口的百分比

Source：OECD，ICT Access and Usage by Households and Individuals Database，http：//oe.cd/hhind；Eurostat，Digital Economy and Society Statistics；ITU，World Telecommunication/ICT indicators Database and national sources，December 2018. See chapter notes. StatLink contains more data.

StatLink https：//doi.org/10.1787/888933928882

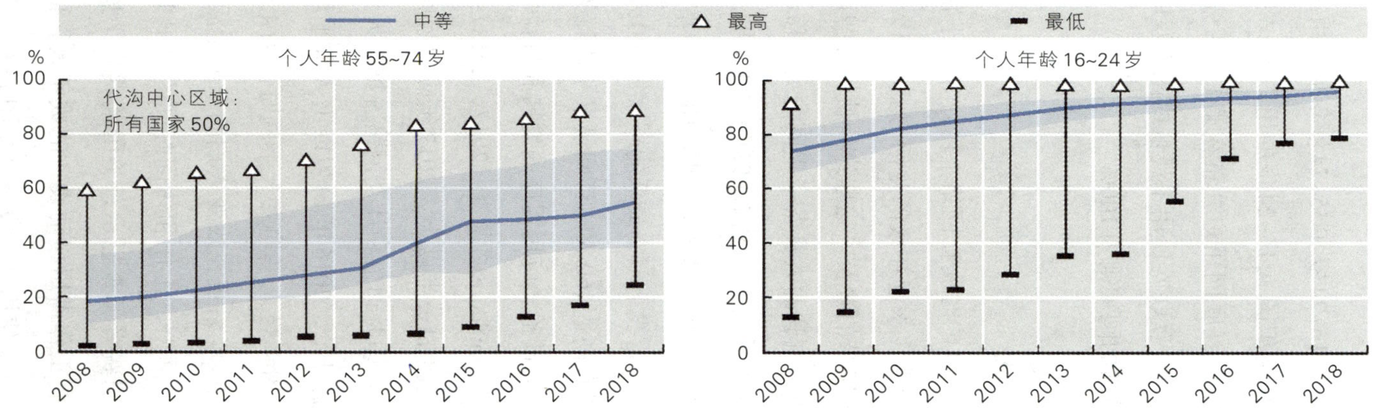

图 1-33　OECD 互联网传播存在的代沟（2008—2018 年）

每个年龄组每日互联网用户百分比（55~74 岁、16~24 岁）

Source：OECD，ICT Access and Usage by Households and Individuals Database，http：//oe.cd/hhind，January 2019. StatLink contains more data.

StatLink https：//doi.org/10.1787/888933928901

如何解读图1–33

数据显示了2008—2018年16~24岁和55~74岁年龄段用户使用互联网的差异。2018年在所有经合组织国家16~24岁的用户中，平均95%是互联网用户，其中有一半国家的互联网用户分布在第1个四分位数（94%）和第3个分位数（98%）之间。互联网使用率最低的国家互联网用户数占总人口的79%，而使用率最高的国家则为100%。

1.2.12 不间断的在线生活方式

许多年轻人每天至少有1/4的时间在网络上度过，由于使用即时通信和社交媒体，年轻人过着一种“永远在线的生活方式”。移动技术的改进大大促进了互联网的使用和宽带的普及。这些进步使得那些以前无法支付固定宽带连接费用或难以使用电脑的人具备了上网能力。移动连接为人们过上永远在线的生活方式提供了帮助。从2009年到2017年，经合组织成员国每100名居民的无线订阅普及率从32人增至102人，增长了两倍多。各国间的具体数字有所不同，无线上网率最低的国家每100人约有50人的订阅量，而主要成员国可能有高达160人的订阅量（平均每人1.6个），许多人拥有多个独立连接的移动设备。应用程序的发展和日益成熟的设备有利于这一趋势的发展。根据ComScore的调查（2017，2018）：大多数国家移动连接占据了所有数字连接的一半以上，2017年应用程序的使用几乎占据了移动通信时间的90%。即时通信和社交网络占据了人们上网的大部分时间。欧洲社会调查数据显示，2016年14岁以上人群平均每天上网时间超过3小时，而14~24岁的年轻人平均每天上网时间为4.5小时，比平均值约高出50%。持续的在线联系正在改变人们的个人生活态度和行为，现在很多社会关系都发生在网上，工作和休闲时间的界限变得越来越模糊。德勤2018年全球移动消费者调查显示，美国消费者平均每天查看智能手机超过50次，对于拥有工作需用移动设备的成年人，他们当中的绝大多数（70%）也会在工作之外使用这些设备（见图1–34、图1–35）。

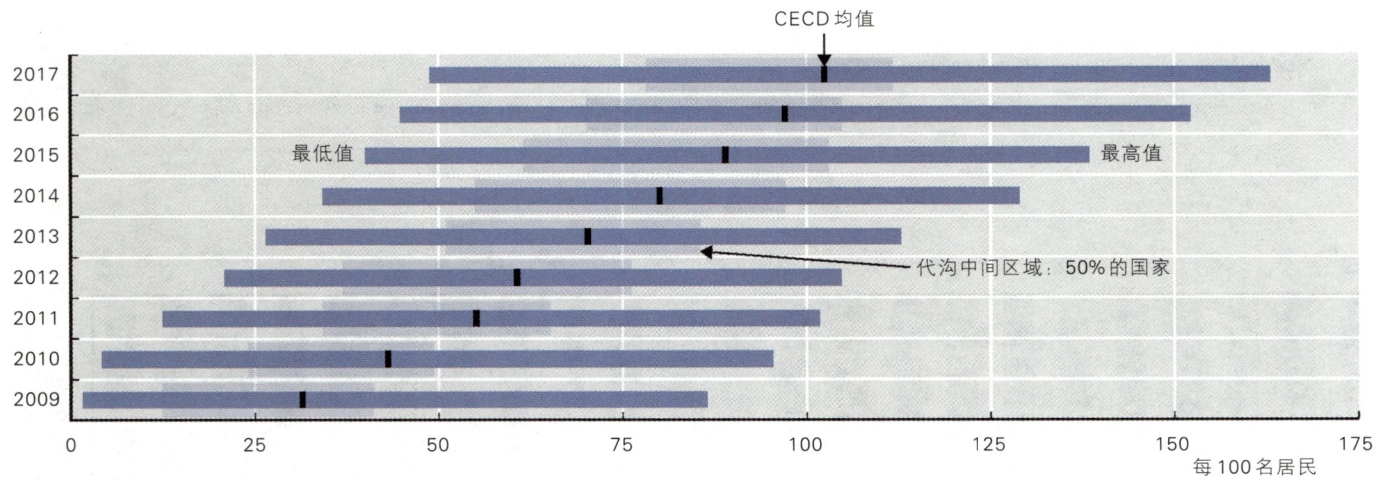

图1-34　经合组织国家无线宽带（2009—2017年）

每100名居民的订阅量

Source：OECD，Broadband Portal，http：//oe.cd/broadband，January 2019. See chapter notes.

StatLink https：//doi.org/10.1787/888933928920

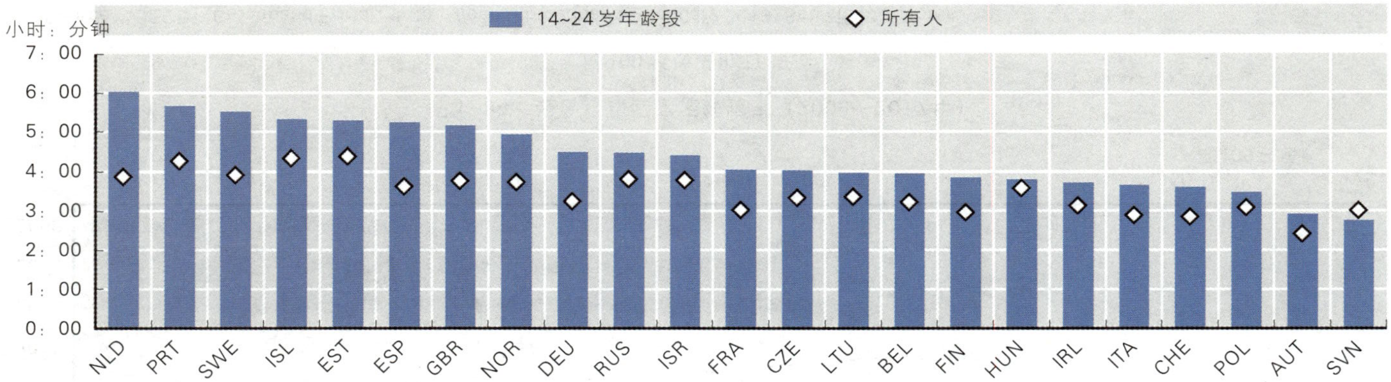

图1-35　14~24岁人群每天上网的平均时间（2016年）

单位：小时和分钟

Source：OECD calculations based on the European Social Survey micro-data（2016 edition），January 2019. StatLink contains more data.

StatLink https：//doi.org/10.1787/888933928939

1.2.13 科学数字化

数字化正在改变研究和科学传播的方式。为了识别科学领域正在出现的数字化模式，经合组织的一项新调查——科学作者国际调查（ISSA）向科学家提出了一个问题：数字工具是否让科学家更有成效。调查内容还包括科学家们依赖大数据分析技术的程度和分享研发所得数据及源代码的程度，以及科学家对使用数字化的身份和形式交流自己研究的依赖程度。初步调查结果揭示了不同领域使用数字化的模式。包括大数据工具在内的先进数字工具在计算机、决策科学和工程领域的应用更加广泛。生命科学（不包括制药）和物理科学（不包括工程）致力于其数据和代码对他人的可用性的程度最为突出。在生产力工具的使用方面系统性差异较小，采用率普遍高得多。工程领域的学者使用生产力工具的频率较低。有趣的是，社会科学、艺术和人文科学等领域较少使用先进数字和数码传播工具，但却更有可能采用数字化技术提供成果和进行外部交流活动（如使用社交媒体）。

经合组织科学作者国际调查

2018年最后一个季度，经合组织随机选取了一大批学术文献的通信作者开展了一项在线调查，旨在识别科学研究中的数字化模式并探究其驱动因素和潜在影响。经合组织科学作者国际调查从全世界近12 000名学者那里获得了广泛采用数字工具的丰富实践信息。为了得到对科学领域数字化模式的总体评价，调查者对36个与数字化实践相关的问题进行了分析，以确定四个“潜在”的主要因素。这些问题旨在了解科学家对以下四方面的态度：（1）利用产品工具包执行检索信息或合作等常规任务；（2）向他人提供自己研究所产生的数据和代码；（3）使用或开发非传统数据和计算方法；（4）维护自己的数字身份，通过数字身份扩大与同行和公众的沟通。可通过查询科学作者国际调查项目网站（http：//oe.cd/issa）获取更详细的研究和分析结果（见图1-36）。

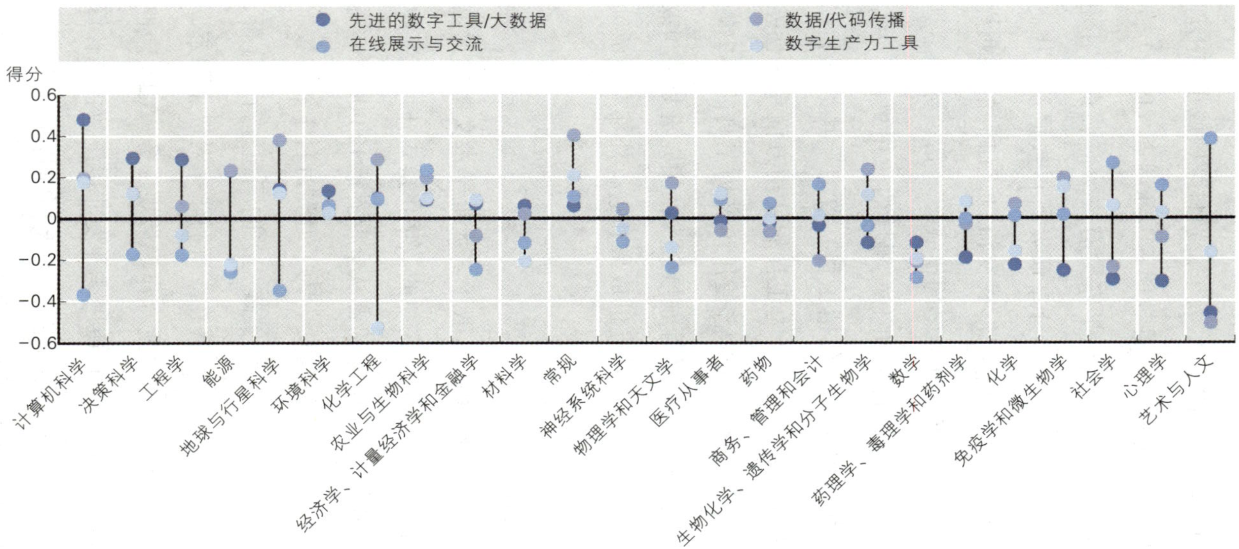

图 1-36　跨领域学科的数字化模式（2018年）

不同领域的平均标准化因子得分

注释：这是一个实验指标。该数字显示了四个不同标准化因子得分的平均值，代表了每个科学领域潜在的数字化指标。因子分析基于科学家对36个问题的回答，这些问题与数字化或数字化实践有关，融合为4个综合指标。根据这些指标或因素与不同问题之间的关联程度来进行解释和标注。

Source：OECD，International Survey of Scientific Authors（ISSA）2018，preliminary results，http：//oe.cd/issa，January 2019. See chapter notes.

StatLink https：//doi.org/10.1787/888933928958

1.2.14 对科学的影响：科学家的观点

科学家，尤其是年轻科学家对数字化影响的总体看法是积极的。科学家自己如何看待科学研究的数字化转型及其影响呢？来自OECD 2018年科学作者国际调查的证据表明，平均而言科学家在上述几个维度上的看法都是积极的。被调查者充分感受到数字化在促进合作方面非常有潜力，尤其是跨国合作，并能提高科学研究的效率。科学家们对数字化影响保持积极乐观态度的同时，对于数字化激励和奖励系统可能产生的影响似乎更多地持保留态度（例如目前对科学文献作者的数字“足迹”：出版物、引用和下载制定了等级评定机制）。科学家们对于数字化将科学团体、科学家与公众结合起来的能力（即包容性），以及私营部门在提供数字化解决方案方面发挥的作用同样也持保留态度。除了关于数字化激励体系的影响方面以外，年轻的科学家在其他方面的看法普遍比年长科学家的看法更积极，这反映出年轻科学家对职业未来发展的关注。各个国家科学家对数字化影响的普遍看法与更大范围内普通民众对科技影响的看法的调查结果基本一致（OECD，2015）。平均而言，欧洲以外的国家，包括新兴经济体和转型经济体的科学家们对于科学受数字化影响的看法更为积极（见图1-37、图1-38）。

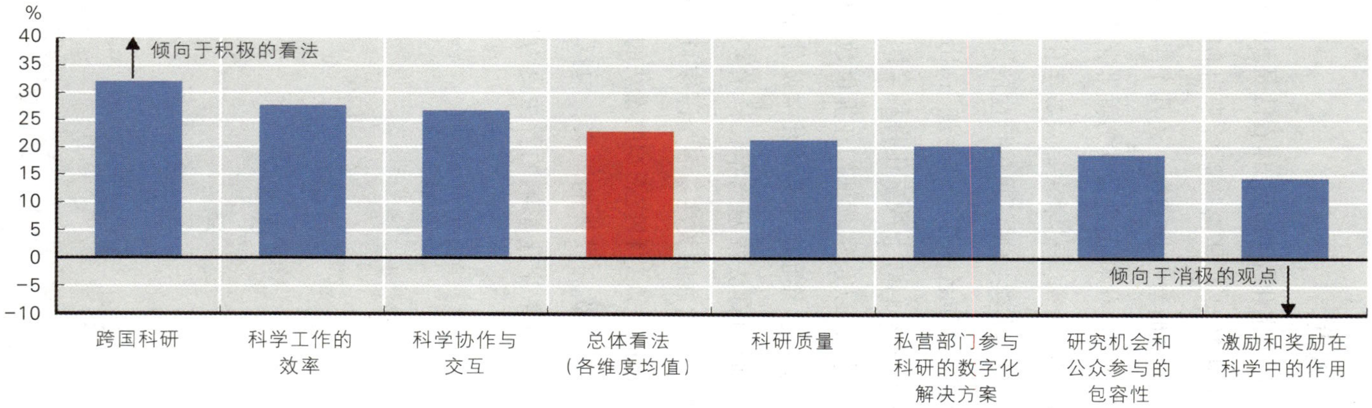

图 1-37 科学作者对科学数字化及潜在影响的看法（2018年）

对数字化持“积极”看法的平均值，采用与中立观点的偏离百分比表示

注释：这是一个实验指标。要求被调查对象从不同的维度给相反的情况打分，从1（完全同意负面看法）到10（完全同意正面看法）。为了便于解释，每个维度上的平均未加权分数以及各维度的平均值都用偏离中间值的百分比表示。

Source：OECD，International Survey of Scientific Authors（ISSA）2018，preliminary results，http：//oe.cd/issa，January 2019. See chapter notes.

StatLink https：//doi.org/10.1787/888933928977

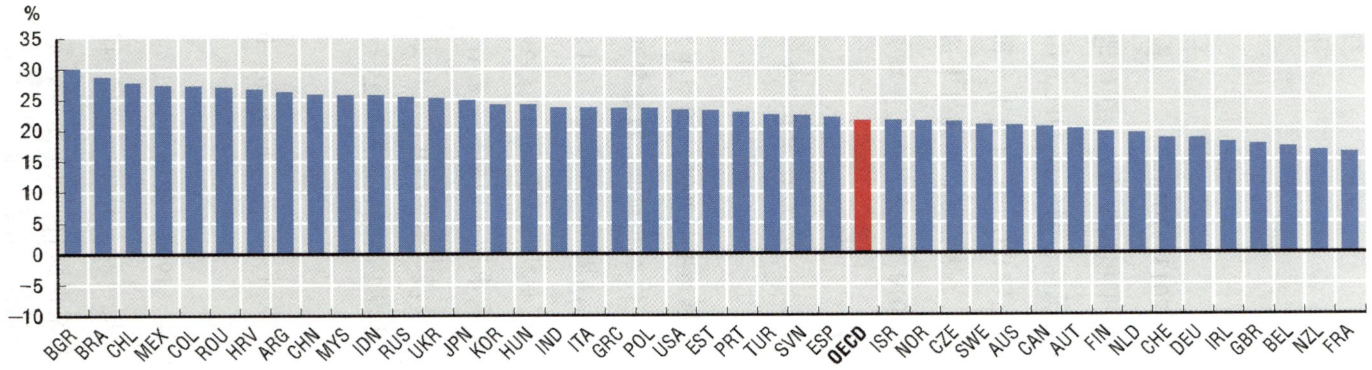

图1-38　不同国家/地区的科学家对科学数字化的看法（2018年）

对数字化持“积极”看法的平均值，采用与中立观点的偏离百分比表示

注释：这是一个实验指标。对于研究结果中的各国差异应该谨慎解释和比较，因为科学文献通讯作者的数量并不能完全代表一个国家的科学团体。报告中仅统计提交75份以上调查答卷的国家。

Source：OECD，International Survey of Scientific Authors（ISSA）2018，preliminary results，http：//oe.cd/issa，January 2019. See chapter notes.

StatLink https：//doi.org/10.1787/888933928996

注释

图1-1 新兴数字技术的领先者（2013—2016年）

数据基于IP5专利族，按照申请日期根据申请人的居住地使用分数计数法。“专利激增”是指某一时期内，国际专利分类（IPC）中的某类专利申请数量突然增加并持续增长。通过比较IPC中所有类别专利的申请模式可以识别出最为明显的专利激增。专利激增强度是指通过申请模式所观察到的相对专利增加强度。数据只包括2010年以来具有正激增强度的IPC类专利。2015年和2016年的数据不完整。

IPC类别的具体说明可访问以下地址：http://web2.wipo.int/classifications/ipc/ipcpub。

图1-2 ICT相关技术的强度和发展速度（2005—2015年）

专利“激增”指的是信息通信相关技术专利申请数量突然增长并持续的时期。通过对所有其他技术的专利申请模式进行比较，可以发现最为明显的专利激增。专利激增的强度是指在专利归档模式中观察到申请增加的相对强度。数据基于IP5专利族，根据申请日期使用分数计数法。使用Inaba & Squicciarini（2017）的IPC代码列表来识别ICT专利。数据只包括2005年以来与信息通信技术相关且具有正激增强度的前25类专利。2015年和2016年的数据有所删减。

IPC类别的具体说明可访问以下地址：http://web2.wipo.int/classifications/ipc/ipcpub。

图1-3 人工智能领域的技术发展（1990—2016年）

与人工智能相关的专利是通过从专利文件中提取的国际专利分类（IPC）代码和关键字搜索的组合实验来识别的。数据是按最先申请日期和技术领域定义的IP5专利使用分数计数的。IP5专利族的专利应至少在全球两个产权机构提出申请，并且其中至少有一个是五大知识产权局，即欧洲专利局（EPO）、日本专利局（JPO）、韩国知识产权局（KIPO）、美国专利商标局（USPTO）和中华人民共和国国家知识产权局（NIPA）。2015年和2016年的数据有删减。

图1-4 人工智能相关技术应用的前沿领域（2012—2016年）

与人工智能相关的专利是通过从专利文件中提取的国际专利分类（IPC）代码和关键字搜索的组合实验来识别的。数据是按最先申请日期和技术领域定义的IP5专利使用分数计数的。IP5专利族的专利应至少在全球两个产权机构提出申请，并且其中至少有一个是五大知识产权局，即欧洲专利局（EPO）、日本专利局（JPO）、韩国知识产权局（KIPO）、美国专利商标局（USPTO）和中华人民共和国国家知识产权局（NIPA）。根据国际专利分类（IPC）代码将专利分配到相应的应用领域，并且应与世界知识产权组织提供的索引一致（WIPO，2013，2018年修订）。2015年和2016年的数据有删减。

图1-5 不同应用领域技术与人工智能的结合（1990—2016）

与人工智能相关的专利是通过从专利文件中提取的国际专利分类（IPC）代码和关键字搜索的组合实验来识别的。数据是按最先申请日期和技术领域定义的IP5专利使用分数计数的。IP5专利族的专利应至少在全球两个产权机构提出申请，并且其中至少有一个是五大知识产权局，即欧洲专利局（EPO）、日本专利局（JPO）、韩国知识产权局（KIPO）、美国专利商标局（USPTO）和中华人民共和国国家知识产权局（NIPA）。根据国际专利分类（IPC）代码将专利分配到相应的应用领域，并且应与世界知识产权组织提供的索引一致（WIPO，2013，2018年修订）。2015年和2016年的数据有删减。

图1-6 英国人工智能相关公司专注的领域（2018年）

在Jensen-Shannon散度算法的基础上使用主成分分析算法计算PC1和PC2。根据给定主题中最活跃的公司确定公司数量，使用简单计数法统计。

图1-7 英国企业开发的人工智能技术（2018年）

数据是指英国人工智能相关公司的数量，按部门和主题领域划分，使用简单计数法统计。

图1-8 人工智能背后的科学（1996—2016年）

根据SCOPUS数据库的两位代码科学期刊分类（ASJC）进行领域划分。

这是一个实验指标。通过用关键字列表搜索科学文献的摘要、标题和关键字来获取与AI相关的文献（包括SCOPUS索引范围内的文章、综述和会议论文）。根据Elsevier分类中认定的AI期刊经常使用的高频共现术语选择关键词，而且只有那些有两个或两个以上关键词同时出现的文献才被认定为AI文献。更多细节请参阅即将发表的论文：https：//doi.org/10.1787/18151965。

图1-9 人工智能相关科学出版趋势（2006—2016年）

同注释1-8。

图1-10 人工智能科学高引出版物（2006年和2016年）

这是一个实验指标。通过用关键字列表搜索科学文献的摘要、标题和关键字来获取与AI相关的文献（包括SCOPUS索引范围内的文章、综述和会议论文）。根据Elsevier分类中认定的AI期刊经常使用的高频共现术语选择关键词，而且只有那些有两个或两个以上关键词同时出现的文献才被认定为AI文献。更多细节请参阅即将发表的论文：https：//doi.org/10.1787/18151965。

“高引文献”是指按科学领域和文件类型（文章、综述和会议论文）归一化后，被引用次数最多的前10%的文献。对引用次数相同的文档采用文献计量指标Scimago进行排名。该指标基于引文来源信息对期刊进行排名，是衡量研究文献卓越程度的替代性指标。Scimago指标采用分数计数法计算属于不同经济体机构的作者对文献的贡献。在多学科或通用期刊上发表的论文按照ASJC引用和被引论文代码进行贡献分配。

图1–11　经合组织、欧元区、美国所有产品及ICT产品与服务的消费价格指数（2000—2018年）

对于经合组织而言，计算中不包括以下数据：加拿大（全部）、冰岛、墨西哥和美国（2002年以前）、土耳其（2004年以前）和新西兰（2007年以前）。

芬兰和美国2009年之前的国家指数未被采用、波兰2005年之前的国家指数未被采用、英国2004年之前的国家指数未被采用、匈牙利2006年之前的国家指数未被采用。

2018年的数据仅限于10月份。

欧元区的数据包括比利时、法国、德国、意大利、荷兰和西班牙（这些国家可代表90%的欧元区）2014年之前的数据。

对美国来说，ICT设备的数据包括2008年之前的互联网服务。对不同国家和项目使用权重以便于综合汇总与估算。

图1–12　1970—2018年、1982—2018年的计算能力和存储成本

晶体管数量是指集成电路（IC）所包含的半导体器件数量。晶体管数量仍是衡量集成电路复杂性的最常见标准。虽然也有一些例外，如现代微处理器中的大部分晶体管都包含在高速缓存存储器中，而这类微处理器主要是由可多次重复使用的同一存储单元电路组成的。

工艺节点（也称技术节点、工艺技术，或简称节点）是指半导体制造中的特定工艺。芯片组成成分的大小是以纳米为单位测量的。

图1–13　2006—2018年互联网基础设施容量的增加

2018年的速度计算基于2017年6月至2018年5月的数据。

2018年的顶级域名仅限于2018年10月的数据。

图1–14　互联网托管内容的增长（2018年）

数据来源如下：

澳大利亚、中国和托克劳（Tokelau）群岛：Verisign：www.verisign.

com/en_gb/dom-names/dnib/index.xhtml。

欧洲和加拿大：https：//stats.centr.org。

西班牙：www.dominios.es/dominios。

日本：https：//jprs.co.jp/en /stat。

印度：https：//registry.in。

美国：www.about.us/resources/statistics。

韩国、波兰和南非：http：//research. domaintools. com / statistics / tld-counts。

.biz的顶级域名来源于：www.statdns.com。

除.biz以外的所有顶级域名来源于：https：//stats.centr.org。

所有2005年度的顶级域名来源于：www. oecd. org / sti / ieconomy / 37730629.pdf。

“其他国家”的数据来源于经合组织基于差异性的估算。

图1-15 不同类型、不同消费者互联网协议（IP）流量以及不同子段的全球数据中心流量（2015—2022年）

思科全球云指数2016—2021年数据来源：www.cisco.com/c/en/us/solutions / collateral / servicprovider / global-cloud-index-gci / white-paper-c11-738085.html。

思科可视化网络指数2017—2022年数据来源：www.cisco.com/c/en/us/solutions / servicprovider / visual-networks-index-vni /index. html# complet-forecast。

图1-16 ICT投资与ICT中间服务支出（2005—2015年）

不同行业和国家ICT有形资本及软件资本的名义投资数据来源于经合组织年度国民核算（SNA）数据库。德国和西班牙的ICT投资估算是临时性的，来源于EUKLEMS。以现时价格购买的信息通信技术中间服务数据来自经合组织国家间投入产出数据库。信息通信技术中间服务的行业类别来源于ISIC Rev.62（计算机编程、咨询及相关活动）和Rev.63（信息服务活动）所提供的服务，包括国产和进口的中间信息通信技术服务。所有经济部门的采购都包含在内。ICT有形资本的现价投资均使用经合组织生产力数据库的特征价格（hedonic price）序列进行通货紧缩计算。

软件和数据库的现价投资使用Corrado等人（2012）开发的软件通缩指数进行通缩处理，必要时使用OECD生产率数据库中的软件hedonic通缩指数进行推断。通信技术中间服务的购买额因该国信息通信技术服务生产行业的产出价格而降低。如果没有该产出平减指数，则采用同一行业的G7非加权平均平减指数。行业-国家的附加值数据来源于经合组织结构分析（STAN）数据库，缺失的信息依据经合组织SNA数据库进行补充。使用STAN数据库的特定行业平减指数进行平减，如果没有，该指数则用SNA数据库的GDP平减指数代替。

强度的计算方法是用平减后的投资和支出总和除以行业-国家附加值。计算行业-国家附加值的年增长率，然后取所有国家和行业的平均值以补偿样本的不平衡性。增长率是按照ICIO的分类水平报告计算的，包括下列国家：澳大利亚、奥地利、比利时、加拿大、智利、捷克共和国、丹麦、爱沙尼亚、芬兰、法国、德国、希腊、匈牙利、爱尔兰、冰岛、以色列、意大利、日本、韩国、卢森堡、拉脱维亚、墨西哥、荷兰、挪威、新西兰、波兰、葡萄牙、斯洛伐克共和国、斯洛文尼亚、西班牙、瑞典、英国和美国。

图1-17　经合组织企业采用ICT工具及活动的传播（2010年与2018年）

宽带包括官方下载速率不低于256Mbps的固定连接。

大多数国家最近一年的数据样本是指2018年的数据，但ERP、CRM、SCM、RFID的统计数据为2017年的数据。

大多数国家较早年度的数据样本为2010年的数据，以下情况除外：

大多数国家的云计算都是2014年的数据。

大数据是2016年的数据。

大多数国家RFID是2009年的数据。

大多数国家高速宽带是2011年的数据。

图1-18　经合组织大型企业与小型企业ICT工具及活动的传播（2010年与2018年）

宽带包括官方下载速率不低于256Mbps的固定连接。

根据2010年和2018年的可用数据采用经合组织的平均值对大型企业和小型企业进行了计算。

大多数国家最近一年的数据样本是指2018年的数据，但ERP、CRM、SCM、RFID的统计数据为2017年的数据。

大多数国家较早年度的数据样本为2010年的数据，以下情况除外：

大多数国家的云计算都是2014年的数据。

大数据是2016年的数据。

大多数国家RFID是2009年的数据。

大多数国家高速宽带是2011年的数据。

图1-19　EU28采用的ICT应用（2018年）

ERP和CRM为2017年的数据。

图1-20　不同行业中具有内部ICT能力的欧盟国家企业（2018年）

根据NACE Rev.2分类，行业覆盖范围如下：

IT服务：计算机编程、咨询及相关活动、信息服务活动（J62-J63）。

电信：电信（J61）。

出版和广播：出版活动；电影、录像、电视节目制作、录音、音乐发行；节目广播（J58、J59、J60）。

ICT和电子产品：计算机、电子与光学产品制造（C26）。

旅游活动：旅行社；旅行社预订服务及相关活动（N79）。

专业技术活动：专业科技活动（M69-M75）。

批发贸易：批发贸易，汽车及电单车除外（G46）。

机械和电气设备：电气设备制造，其他未列明的机械及设备制造（C27-C28）。

运输和设备：汽车、挂车、半挂车、其他运输设备制造（C29-C30）。

汽车贸易：汽车及电单车贸易（G45）。

化工：焦炭、成品油、化学及基础医药产品、橡胶、塑料等非金属矿产品的制造（C19-C23）。

公共事业：电力、燃气、蒸汽、空调及供水（D35-D39）。

全行业：全部的非金融类企业。

零售贸易：零售业，汽车及电单车除外（G47）。

房地产：房地产活动（L68）。

木材、纸张和印刷业：木材及其制品和软木制品的制造，家具除外；稻草制品和编结材料；纸张及纸制品；印刷及复制记录媒体（C16-C18）；住宿和餐饮服务：住宿、餐饮服务活动（I55-I56）。

其他制造业：家具制造及其他制造业；机器和设备的修理和安装（C31-C33）。

金属制品：基本金属和金属制品的制造，不包括机器和设备（C24-C25）。

运输存储业：运输储存（H49-H53）。

食品：饮料、食品和烟草产品的制造（C10-C12）。

纺织服装业：纺织品、服装、皮革及有关产品的制造（C13-C15）；

建筑业：建筑（F41-F43）。

图1-21 欧盟国家的网络成熟度和先进ICT功能（2018年）

行业定义详见上面注释1-20。

图1-22 企业活力、市场进出率的变化（1998—2015年）

这些数字是根据行业标准STAN a38的年份回归系数计算的，重点分别在于“高度数字型密集部门”和“其他部门”。高度数字密集型行业的平均趋势用实线表示，其他行业用虚线表示。回归的因变量分别是进入率或退出率。同时也根据稳健标准误差给出了置信度为95%时的置信区间。

图中使用的数据涵盖制造业和非金融市场服务业，不包括自主创业、可口可乐和房地产行业。国家包括奥地利、比利时、巴西、加拿大、哥斯达黎加、芬兰、法国、匈牙利、意大利、日本、荷兰、挪威、葡萄牙、西班牙、瑞典、土耳其和美国。日本的数据仅包括制造业。根据Calvino等人的研究（2018）计算数字强度并据此对行业进行分类（在该方法中均考虑了两个阶段的前四分位数据）。由于方法上的差异，数字可能与官方公布的统计数字有偏差。一些国家提供的数据是原始数据。

图1-24　最强的机器人密集型经济体和BRIICS国家（2016年）

国际机器人联合会（International Federation of Robotics，IFR）以某一特定国家或行业购买的机器人数量来衡量其机器人的使用情况。机器人库存以最初的IFR库存起始值为基础，再按每年10%的折旧率加上后续年份的机器人购买量，该图仅限于制造业。

由于澳大利亚、希腊、爱沙尼亚和斯洛文尼亚的数据有缺失，因此2013年之后几年的数据是根据2013年推算的。由于数据可用性问题，加拿大和墨西哥的机器人库存数据从2011年才开始建档。

由于缺少2016年的机器人数据，智利和印度为2015年的数据。

密度是用机器人库存除以就业人数。就业数据是指被雇佣员工，来源于OECD年度国民核算（SNA）数据库、OECD结构分析（STAN）数据库及OECD就业贸易（TiM）数据库。

新加坡的数据来自新加坡人力部（Ministry of Manpower，MOM），包括非本国居民雇员。

图1-25　欧盟28国不同行业和规模的企业使用机器人及3D打印技术的扩张情况（2018年）

根据ISO 8373：2012标准，“工业机器人”被定义为“在工业领域中使用的一种可自动控制、可重复编程、可在3个或多个自由度上同时编程的固定式或移动式多功能机械手”。“服务机器人”是指“除工业自动化应用以外的为人类或设备执行有用任务的机器人”（ISO 8373）。国际机器人联合会统计了目前几乎所有全球机器人供应商的工业机器人出货量信息。

但目前还没有服务机器人的相关资料。图1-25中的机器人库存计算方法是用IFR中第1年的库存值加上后续年份的机器人销售额，并假设每年有10%的折旧。因此这些结果无法反映机器人质量或执行任务能力等方面的增长情况。

根据NACE Rev.2，行业覆盖范围如下：

金属制品：基本金属和金属制品，机械和设备除外（C24-C25）。

化工：石油、化学、医药、橡胶、塑料等非金属矿产品（C19-C23）。

机电设备：计算机，电气和光学产品，电气设备，机械和设备，其他没有注明的类别，机动车、其他运输设备、家具等机械设备的制造、修理和安装（C26-C33）。

食品、纺织品、印刷业：食品、饮料、烟草、纺织、皮革、木材、纸浆和纸张；出版及印刷（C10-C18）。

全行业：全部非金融企业。

贸易和维修：批发和零售贸易；修理汽车及电单车（G45-G47）。

ICT行业：信息通信技术部门。

零售业：零售业（G47）。

公共事业：电力、燃气、蒸汽和空调；供水、污水收集、废物管理和补救活动（D35-D39）。

建筑业：建筑（F41-F43）。

运输和存储：运输和存储（H49-H53）。

专业技术服务：专业科技活动，兽医活动除外（L69-M74）。

行政和支持服务：行政和支持服务活动（N77-N82）。

住宿业：住宿（I55）。

信息通信：信息与通信（J58-J63）。

房地产：房地产活动（L68）。

图1-26　欧盟国家不同行业员工在工作中受新软件或计算机化设备的影响（2018年）

任务变化如调查项目中的定义："由于引进新的软件或计算机化设备，个人的主要工作任务发生了变化。"

"必须学会如何使用软件/设备"指调查项目"个人必须学会如何使用工作所需的新软件或计算机化设备"。

"需要进一步培训"指调查项目"为了很好地处理与在工作中使用计算机、软件或应用程序有关的职责，个人需要进一步的培训"。

图1-27　欧盟国家感知到数字技术对工作产生影响的具体内容（2018年）

数据包括奥地利、丹麦、爱沙尼亚、芬兰、德国、希腊、匈牙利、立陶宛、卢森堡、挪威、波兰、葡萄牙、斯洛伐克共和国、斯洛文尼亚和西班牙。

增加和减少的计算方法是对上述各国在工作中使用计算机设备的雇员数量进行加权平均。

净影响值是用计算所得的加权平均增加值减去减少值。

图1-28　美国计算机相关工作中需求量最大的技能（2018年）

职业技能需求数据来源于Burning Glass技术公司，并参考了2018年美国在线招聘广告中所要求的技能类别。技能需求数量根据在线空缺职位中要求求职者具备的特定技能类别计算。同一职位可能需要多种技能。图片中的字体大小与职位空缺数量的多少成比例。用蓝色字体表示的每一种技能至少有2%的职位需要该技能。

图中所指的计算机职业是美国劳工统计局2010年标准职业分类系统（SOC 2010）中确定的计算机职业子类。"计算机与信息分析师"对应于SOC 2010的15-112类，"计算机程序员与开发人员"对应于SOC 2010的15-113类；"数据库及网络管理员"对应于SOC 2010的15-114类；"计算机技术支持专业人员"对应于SOC 2010的15-115类。

图1-29　美国对计算机相关工作需求量最大的十大技能（2012—2018年）

图中所指的计算机职业是美国劳工统计局2010年标准职业分类系统（SOC 2010）中确定的计算机职业子类。“计算机与信息分析师”对应于SOC 2010的15-112类，“计算机程序员与开发人员”对应于SOC 2010的15-113类；“数据库及网络管理员”对应于SOC 2010的15-114类；“计算机技术支持专业人员”对应于SOC 2010的15-115类。

职业技能需求数据来源于Burning Glass技术公司，并参考了2012年至2018年美国在线招聘广告中的职位需求。技能需求数量根据在线空缺职位中要求求职者具备的特定技能类别计算。该图只分析了每个8位代码标准职业分类（SOC）2010版中所提供的2 000多个职位所需的技能类别，以尽量降低少数大雇主推动相应增长率的可能性。增长值的计算涵盖整个调查周期。技能是职位招聘公告中列出的所需技能的标准分类版本，由Burning Glass技术公司确定。图中的深蓝色条代表在全部4种职业中至少3种以上需要该技能，并且每一种的增长速度都超过20%。

图1-30　个人互联网使用的复杂程度（2018年）

个人使用互联网的活动包括：

在过去3个月内：为私人（非工作）目的发送电子邮件、访问社交网站、打电话/视频通话、查找商品与服务信息、阅读/下载在线报纸/新闻杂志、上传自己创建的内容到共享网站（如YouTube）、登录网上银行。

在过去12个月内：从互联网下载和安装软件，在线购物，使用软件进行电子演示（幻灯片）。

以下活动的数据为2017年：阅读/下载网络报纸，从互联网下载安装软件，使用软件进行电子演示，上传自己创作的内容到共享网站。

巴西的数据为2016年。

智利、韩国、墨西哥和瑞士的数据为2017年。

图1-31　OECD国家网上银行和网购的扩张（2010—2017年）

左图的数据基于经合组织的估算。

由于数据可用性问题，统计未包括加拿大和新西兰。

除非另有说明，互联网用户是指在过去3个月内使用互联网办理网上银行业务和在过去12个月内使用互联网进行购物的个人。澳大利亚、以色列和美国互联网用户的调查时间定义为3个月。日本互联网用户的调查时间定义为12个月。

澳大利亚的数据为2016/2017财年，截至2017年6月30日。

以色列和日本的数据为2016年。

图1-32　G20国家/地区的互联网用户数（2018年）

除非另有说明，互联网用户是指在过去3个月内访问互联网的个人。加拿大和日本互联网用户的调查时间为12个月。美国2017年的调查时间为6个月，2006年没有指定调查时间期限。印度、印度尼西亚、俄罗斯、沙特阿拉伯和南非均没有指定调查时间期限。

阿根廷的数据为2016年而非2018年。

澳大利亚的数据为2006/2007财年和2016/2017财年，截至6月30日。参考期为2006年的12个月。

巴西的数据为2008年和2016年。

加拿大的数据为2007年和2012年。2006年的资料中不是年龄在16~74岁的人，是年龄为16岁及以上的人。参考期限为12个月。

中国、韩国、俄罗斯和南非的数据为2017年而非2018年。

EU28的数据是2007年而非2006年。

印度的数据是2016年而非2018年。

印度尼西亚的数据是2017年而非2018年，年龄为5岁或5岁以上。

日本的数据是2016年而非2018年，年龄在15~69岁之间。

墨西哥的数据是2017年而非2018年。

土耳其的数据是2007年而非2006年。

美国的数据为2007年和2017年。

阿根廷、中国、印度、印度尼西亚、俄罗斯、沙特阿拉伯和南非的数据来源于国际电联2018年世界电信/ICT指标（WTI）数据库。

图1-34　经合组织国家无线宽带（2009—2017年）

2009年的数据不包括加拿大、德国、立陶宛、墨西哥、荷兰和斯洛文尼亚。2010年的数据不包括立陶宛。

图1-36　跨领域学科的数字化模式（2018年）

采用二值变量来调查科学文献作者是否将数字化工具用于一系列科学活动中，或用于调查一个作者的核心科学活动是否包括使用或开发更先进的数字工具（例如大数据分析）。在因子分析的初始步骤中，考虑到观察到的变量的二元性质，对每一对变量计算四分相关系数。对这些二值特征进行因子分析，应用主成分因子法对得到的两两相关矩阵提取因子。根据对特征值的初步观察，选择的因子数最多为4个。在后续步骤中为了提高因子载荷的可解释性，采用正交旋转法对因子进行旋转，从而产生不相关的因子。

根据观测变量对四个结果因子载荷进行解释和标记。因子“数字生产力工具”对于在重要的科学活动中使用数字工具表现出更高负载性，这类活动包括数据收集和分析、项目管理、研究材料的搜索、手稿的传播和筹资。因子“数据/代码传播”与研究人员共享和提供的数据及代码的可观测变量之间显示出更强的相关性。因子“先进的数字工具/大数据”与使用较先进的数字工具（例如大数据分析、传感器和参与性网络）等问题选项具有更高的相关性，因子“在线展示与交流”与使用数字工具交流研究成果或与其他研究人员互动、使用在线个人/团队档案来报告研究相关活动或成果的关联性更强。“数字生产力工具”和“数据/代码传播”这两个因子对观测变量总体变化的贡献率分别是14%左右，因子“先进的数字工具/大数据”“在线展示与交流”的贡献率则分别为10%左右。

图1–37　科学作者对科学数字化及潜在影响的看法（2018年）

“跨国科研”这一维度包含了被调查者对于“在科学和研究中越来越多地使用数字工具的趋势促进了与国外研究人员和专业技术人员的个人互动”这一正向问题的回答。“科学工作的效率”维度包含了被调查者对于“在科学和研究中越来越多地使用数字工具的趋势使科学及相关工作更快、更有效率”这一正向问题的回答。“科学协作与交互”总结了关于“在科学和研究中越来越多地使用数字工具的趋势促进了协作和跨学科团队合作”这一正向问题的回答。“科研质量”总结了以下两个问题选项的回答：“科学研究中使用数字工具解决了以往的棘手问题”和“在科学研究中使用数字工具有助于科学发现的验证和重现”。“私营部门参与科研的数字化解决方案”包含了对正向问题“在科学和研究中越来越多地使用数字工具的趋势促进了供研究人员和研究管理员使用的新工具和解决方案的创新”的回答。“研究机会和公众参与的包容性”包括对下述正向问题的回答：“在科学和研究中越来越多地使用数字工具有助于拉近科学与公众和社会的距离”以及“在科学和研究中越来越多地使用数字工具给研究人员提供了更平等的机会去追求成功的事业”。“激励和奖励在科学中的作用”包括了对正向问题“在科学和研究中越来越多地使用数字工具的趋势，更易于评估科研的广泛影响以及提供更好的激励”的回答。

图1–38　不同国家/地区的科学家对科学数字化的看法（2018年）

要求调查对象从不同维度对相反的场景进行评分。从1（完全同意负面看法）到10（完全同意正面看法），为了便于解释，每个维度上的平均未加权分数以及各维度的平均值都用偏离中间值的百分比表示。

参考文献

Calligaris, S., C. Criscuolo and L. Marcolin (2018), “Mark-ups in the digital era”,

OECD Science, *Technology and Industry Working Papers*, No. 2018/10, OECD Publishing, Paris, https://doi.org/10.1787/4efe2d25-en.

Calvino, F. and C. Criscuolo (2019), "Business Dynamics and Digitalisation", OECD Science, *Technology and Industry Policy Papers*, forthcoming.

Calvino, F., C. Criscuolo, L. Marcolin and M. Squicciarini (2018), "A taxonomy of digital intensive sectors", OECD Science, *Technology and Industry Working Papers*, No. 2018 / 14, OECD Publishing, Paris, https://doi. org / 10.1787 / f404736a-en.

Casalini, F. and J. López Gonzúlez (2019), "Trade and Cross-Border Data Flows", *OECD Trade Policy Papers*, No. 220, OECD Publishing, Paris, https://doi. org/10.1787/b2023a47-en.

Cisco (2018), "Cisco Global Cloud Index: Forecast and Methodology, 2016 2021 White Paper", San Jose, CA, https:// www. cisco. com / c / en / us / solutions / collateral/service-provider/global-cloud-index-gci/white-paper-c11-738085.html.

ComScore (2018), *Global Digital Future in Focus: 2018 International Edition*, Reston, VA, http://adepa.org.ar/wp-content/ uploads/2018/03/Global-Digital-Future-in-Focus-2018.pdf.

ComScore (2017), *The Global Mobile Report: comScore' s cross-market comparison of mobile trends and behaviours*, Reston, VA, https://www.aaaa.org/wp-content/uploads/2017/10/Global-comScore-Global-Mobile-Report-2017. pdf. Corrado, C., J. Haskel, C. Jona - Lasinio and M. Iommi (2012), "Intangible Capital and Growth in Advanced Economies: Measurement Methods and Comparative Results", *IZA Discussion Papers*, No. 6733.

Dernis, H., M. Squicciarini and R. de Pinho (2016), "Detecting the emergence of technologies and the evolution and co-development trajectories in science (DETECTS): A 'burst' analysis-based approach", *Journal of Technology Transfer*, Vol. 41, No. 5, pp. 930-960, https://doi. org/10.1007/s10961-015-9449-0.

DeStefano T., R. Kneller and J. Timmis (2018), "Cloud computing and firm growth", CESifo Area Conference on the Economics of Digitization, 30 November - 1 December 2018, Munich.

Galindo-Rueda, F., S. Ouellet and F. Verger (forthcoming), "Exploring patterns of advanced technology and business practice use and the link with innovation:

An empirical case study based on Statistics Canada's Survey of Advanced Technologies", *OECD Science, Technology and Industry Working Papers*, OECD Publishing, Paris, https://doi.org/10.1787/18151965.

IFR (2018), *World Robotics 2018 Service Robots*, Statistics, Market Analysis, Forecasts and Case Studies, VDMA Verlag, International Federation of Robotics, https://ifr.org/worldrobotics.

Krisetya, M., L. Lairson and A. Mauldin (2018a), "Submarine Cable Map 2018", *TeleGeography*, Primetrica Inc., https://submarine-cable-map-2018.telegeography.com.

Krisetya, M., L. Lairson and A. Mauldin (2018b), "Global Internet Map 2018", *TeleGeography*, Primetrica Inc., https://www2.telegeography.com/global-internet-map.

Mauldin, A. (2017), "A Complete List of Content Providers' Submarine Cable Holding", November 9, https://blog.telegeography.com/telegeographys-content-providers-submarine-cable-holdings-list.

OECD (2019a), "Identifying and Measuring Developments in Artificial Intelligence", *OECD Science, Technology and Industry Working Papers*, https://doi.org/10.1787/18151965. OECD (2019b), Scoping principles to foster trust in and adoption of AI, Proposal by the Expert Group on Artificial Intelligence at the OECD (AIGO), http://oe.cd/ai.

OECD (2018), "Market Concentration", OECD unclassified document, DAF/COMP/WD(2018)46, https://one.oecd.org/document/DAF/COMP/WD(2018)46/en/pdf.

OECD (2017), *OECD Science, Technology and Industry Scoreboard 2017: The digital transformation*, OECD Publishing, Paris, https://doi.org/10.1787/9789264268821-en.

OECD (2015), "Public perceptions of science and technology", in *OECD Science, Technology and Industry Scoreboard 2015: Innovation for growth and society*, OECD Publishing, Paris, https://doi.org/10.1787/sti_scoreboard-2015-56-en.

Turing A. M. (1950), "I. Computing Machinery and Intelligence", Mind, Vol. LIX, Issue 236, pp. 433460, https://doi.org/10.1093/mind/LIX.236.433.

第2章　发展与福利

2.1　信息产业

过去十几年来，信息产业对整个产业价值增长的贡献相对稳定。但是当前可以观察到其组成发生了变化，重心正在向IT和其他信息服务业转移，OECD国家的ICT制造业和电信服务已经呈下降趋势。随着生产制造业向其他经济体转移（主要是非经合组织经济体），计算机、电子、光学制造及电信服务对总附加值的贡献也有所减弱。与此同时由于生产率的增长和竞争的加剧，单位价格有所下降。在经合组织成员国中，计算机、电子和光学产品占总附加值的平均比重从2006年的1.4%下降到2016年的1.1%，其中芬兰、瑞典和爱尔兰下降得特别明显。电信服务的平均比重也从1.9%下降到1.4%（见图2-1、图2-2）。

就出版业和媒体活动在全部附加值中所占的份额来看，除了爱尔兰（2.8个百分点）和瑞典（1.3个百分点）有显著增长以外，其他大多数国家仍然相对稳定。许多国家其他ICT产业份额的下降被IT与其他信息服务业份额的增长抵消了，后者从平均大概1.6%增长到2.2%。这些服务包括计算机编程与咨询、门户网站、数据处理与托管等与云计算服务密切相关

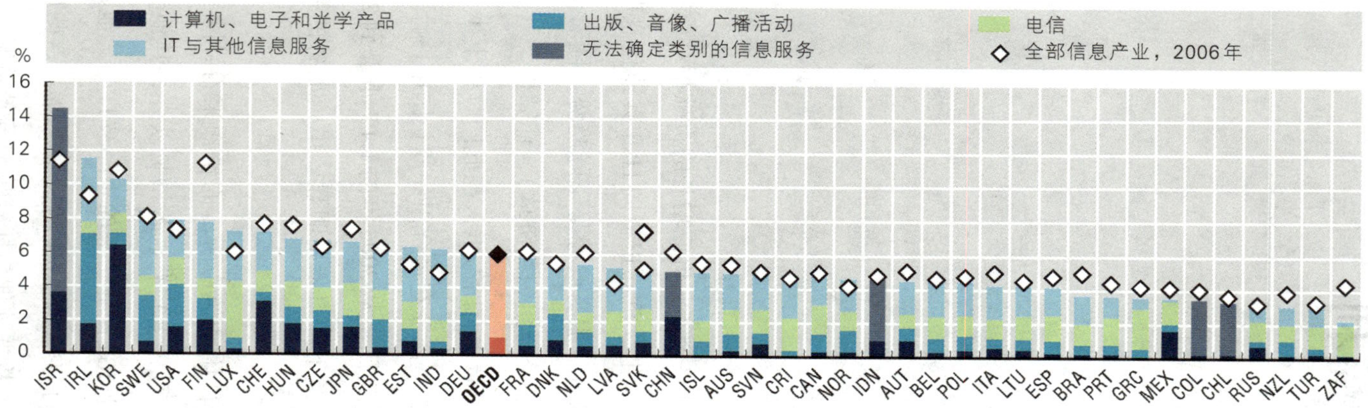

图 2-1　信息产业附加值比重（2016年）

占总附加值的百分比

Source：OECD，STAN Database（http：//oe.cd/stan），National Accounts Statistics，national sources and Inter-Country Input-Output Database（http：//oe.cd/icio），December 2018. See chapter notes. StatLink contains more data.

StatLink https：//doi.org/10.1787/888933929015

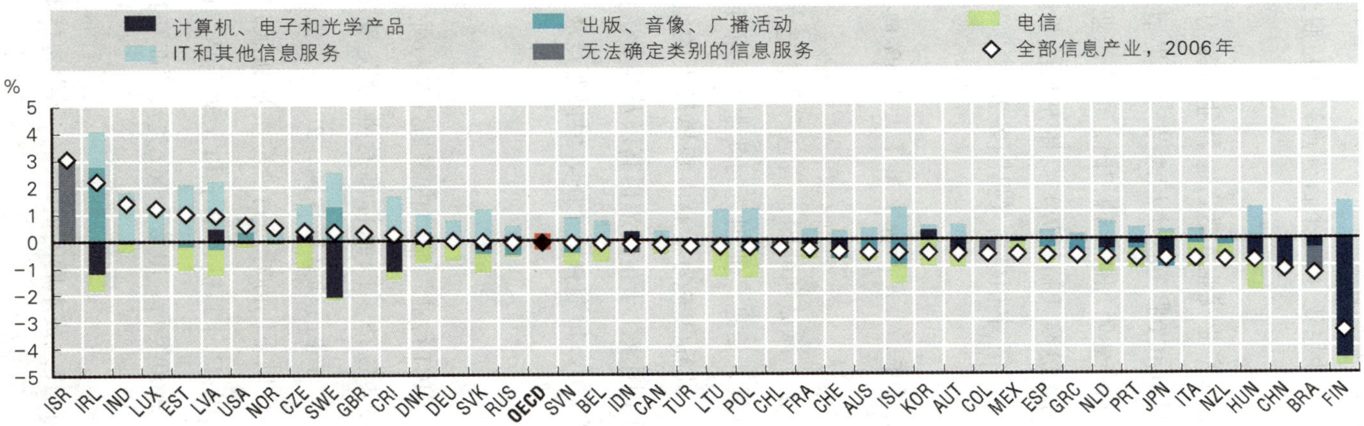

图 2-2　信息产业占总附加值的比重变化（2006—2016年）

百分比

Source：OECD，STAN Database（http：//oe.cd/stan），National Accounts Statistics，national sources and Inter-Country Input-Output Database（http：//oe.cd/icio），December 2018. See chapter notes. StatLink contains more data.

StatLink https：//doi.org/10.1787/888933929034

的活动，对许多企业来说，云计算服务正在日渐取代对信息通信技术产品的直接投资。这一增长趋势在爱沙尼亚（2.1个百分点）和拉脱维亚（1.8个百分点）尤为明显。

2016年，经合组织国家信息产业就业人数占总就业人数的3.7%，高于2006年的3.5%，这反映出转向ICT服务这类相对劳动密集型产业的趋势。尽管在一般情况下，与信息产业附加值比例相比，信息产业就业比例要低得多，但如果某些国家就业份额（和趋势）与附加值的份额比例相当，则可反映出这些国家的劳动生产率相当高（见图2–3）。

你知道吗?

2016年，在经合组织成员国中，信息产业贡献了大约6%的附加值增长与3.7%的就业机会。

在以色列、爱沙尼亚、瑞士、冰岛和韩国，信息产业创造了超过5%的就业机会，但在智利和土耳其，信息产业创造的就业机会不到2%。在几乎所有国家，IT和其他信息服务已成为就业中规模最大的组成部分，瑞士和墨西哥是例外，在这两个国家由于生产率提高以及企业选择从国外采购更多的中间产品，因而ICT所占份额有所下降，但仍然是最大的雇主行业。

定义

信息产业综合了OECD对“ICT行业”和“内容与媒体行业”的定义（OECD，2011）。尽管这个定义包括了国际标准行业分类最新版ISIC Rev.4中具体的（3到4位代码）行业活动（联合国，2008），但由于可获取的数据有限，本节分析中包含以下国际标准行业分类最新版ISIC Rev.4（两位代码）分类中的信息产业：“计算机、电子和光学产品”（26类）、“出版、音像和广播活动”（58 – 60类）、“电信”（61类）、“IT和其他信息服务”（62 – 63类）。

附加值是指总产出减去中间投入成本后的值。在实际中包括毛利润和工资，总体水平相当于国内生产总值。

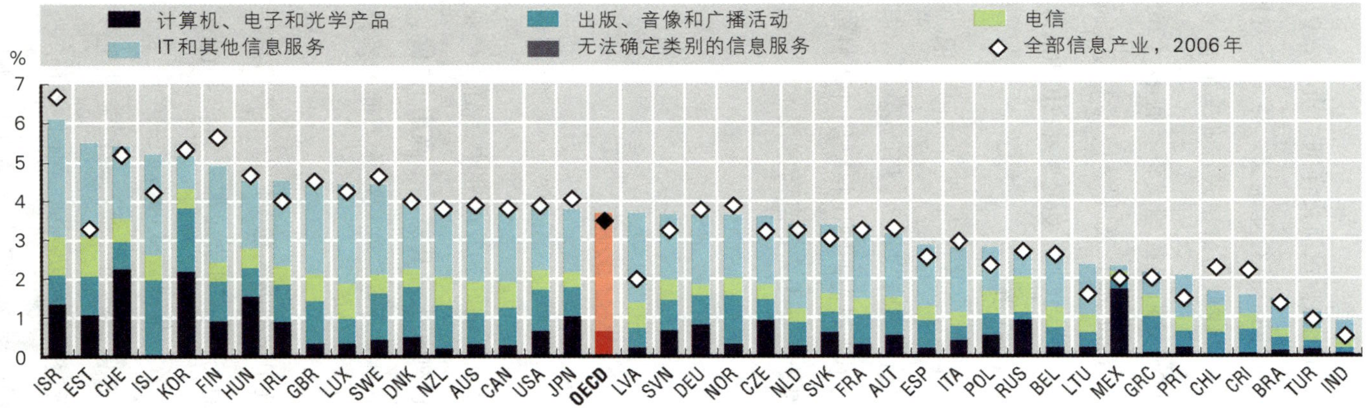

图 2-3 信息产业就业情况（2016年）

占总就业人数的百分比

Source：OECD，STAN Database（http：//oe.cd/stan），National Accounts Statistics and national sources，September 2018. See chapter notes. StatLink contains more data.

StatLink https：//doi.org/10.1787/888933929053

可测性

由于通常按经济活动统计的国民核算没有更详细的资料，因此本节使用基于ISIC Rev.4（两位代码）分类的信息行业定义。尽管下列ISIC Rev.4（三位代码）分类中的行业不属于“信息通信技术行业”的定义范围，但也要包含在内：制造测量、测试、导航与控制设备；钟表（265类）、辐射、电子医疗及电疗设备制造（266类）及光学仪器与摄影设备制造（267类）。此外，“ICT行业”服务包括ICT批发贸易（ISIC Rev.4分类中的4651和4652）以及ICT设备维修（951类）。

各国对经合组织ISIC Rev.4信息行业定义与两位代码的使用方面均存在差异。可以从底层商业统计资料中获得更详细的有效数据，但这些数据很少被作为衡量和分析劳动生产率所必需的国民核算统计资料组成部分而公布。如果能对其展开更详细的统计，那么信息通信技术行业的制造和服务活动分析将更具目的性。

2.2 生产率

2016年，在几乎所有OECD成员国的非农产业中，信息产业的劳动生产率均高于其他产业，其中以色列和土耳其差不多高出1.5倍。这反映了信息产业在机器和设备、软件及研究开发等知识资本方面的投资相对较高（见图2-4）。

由于不同国家在全球价值链中扮演的角色不同（很多信息产业的产品具有高度可交易性），并且信息产业不同组成部分的权重也有差异（如ICT制造业和ICT服务业），因此各国信息产业的劳动生产率是不同的。生产率的巨大差异导致某些国家信息工业与其他行业的劳动生产率比值很高，如印度（接近5比1）、哥斯达黎加和以色列。相比之下，美国的高比例（超过2比1）反映了该国关注于具有相对较高附加值的活动，而韩国

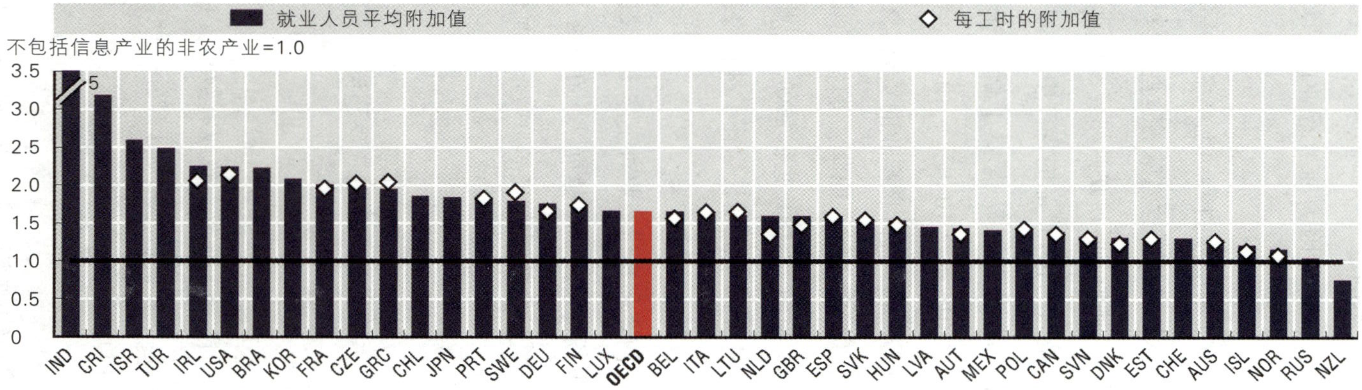

图 2-4 信息产业的劳动生产率（2016年）

与非农产业中其他行产业劳动生产率的比值

Source：OECD，STAN Database（http：//oe.cd/stan），National Accounts Statistics and national sources，September 2018. See chapter notes. StatLink contains more data.

StatLink https：//doi.org/10.1787/888933929091

（2比1）则显示出在信息通信技术制造业方面的实力。对瑞士和挪威等国所观察到的比值相对较低，主要是因为其他行业的平均生产率水平较高。

在芬兰、荷兰和奥地利，ICT制造业的劳动生产率水平明显高于信息通信服务业，大约是其他经济体的两倍。这意味着这些国家专注于高附加值的ICT制造业，如高级组件。相比之下，波兰和爱沙尼亚ICT制造业的低生产率水平则表明这些国家是简单ICT产品的生产中心。

要了解生产率增长的驱动因素，就需要了解每个行业的贡献（OECD，2017a）。在2006年至2016年这10年里，由于经济大衰退的影响，大多数国家的生产率增长放缓，但信息产业的贡献总体上仍然是正的。经合组织各经济体间的贡献有所不同，瑞典、美国和德国的相对贡献最高（超过总数的一半），且总体生产率增长也很强劲。与此同时在法国、芬兰、意大利和挪威，信息产业生产率的增长弥补了其他经济领域的疲软或负增长。

在瑞典、美国和爱尔兰，内容和媒体产业对生产率增长的贡献相对较大。许多国家的电信和信息服务也作出了卓越贡献。在大多数情况下，这意味着ICT技术服务的迅速扩张并伴随着就业率的增长，而在电信领域则主要是源于就业率的大幅降低。

你知道吗？

经合组织信息产业的劳动生产率水平比商业领域的其他行业平均约高出65%。

定义

劳动生产率是每单位劳动投入（就业人数或有数据支撑的工作小时数）所产生的产出（附加值）。工业价值是相对于整个经济（即各国的就业人口平均国内生产总值）计算的，根据各国的生产率水平差异对指标进行了调整。

资讯产业包括ICT制造业及ICT服务业，即ISIC Rev.4第26类及第

58-63类。详情请参阅第2.1节。

不包括信息产业的非农行业是指ISIC Rev.4中的05-25类、27-56类、64-66类和69-82类。

可测性

附加值是以基于结构性商业调查和其他来源的国民经济核算来衡量的。就业人数通常是通过全国劳动力调查来衡量的。此处使用的数据是雇员人数而非工作小时数，因此没有考虑各行业平均工作时间的差异。

评估真实的附加值是一项具有挑战性的工作。例如，大多数国家都假定公共行政、国防、教育、人类健康和社会工作活动等方面的劳动生产率没有变化；因此这些行业都不包括在内。因为房地产服务的产出包括从住宅到自住者的大量“服务”内容，所以也被排除在外。此外，建筑、住宿和餐饮服务等行业的特点是兼职工作和自雇佣程度较高，这可能会影响对实际工作时间的估计。具体细节可参考OECD（2017b）有关生产率衡量问题的讨论。最后利用hedonic通缩指数来评估ICT产品质量可以显著提高实际附加值指标值，从而使行业生产率指标值提高。而且值得注意的是，并非所有国家都采用了这些评估技术，更重要的是尽管服务业（尤其是宽带服务业）也发生了类似的质量变化，但这些技术往往只适用于ICT制造业（见图2-5、图2-6）。

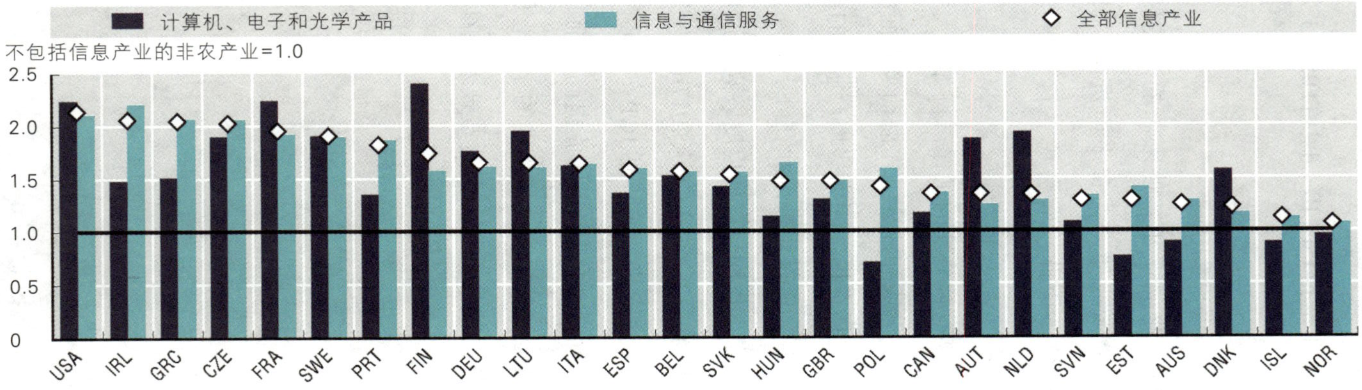

图 2-5　信息产业、制造业和服务业的劳动生产率（2016年）
与非农产业中其他产业劳动生产率的比值

来源：OECD，STAN Database（http：//oe.cd/stan），National Accounts Statistics and national sources，September 2018. See chapter notes. StatLink contains more data.

StatLink https：//doi.org/10.1787/888933929110

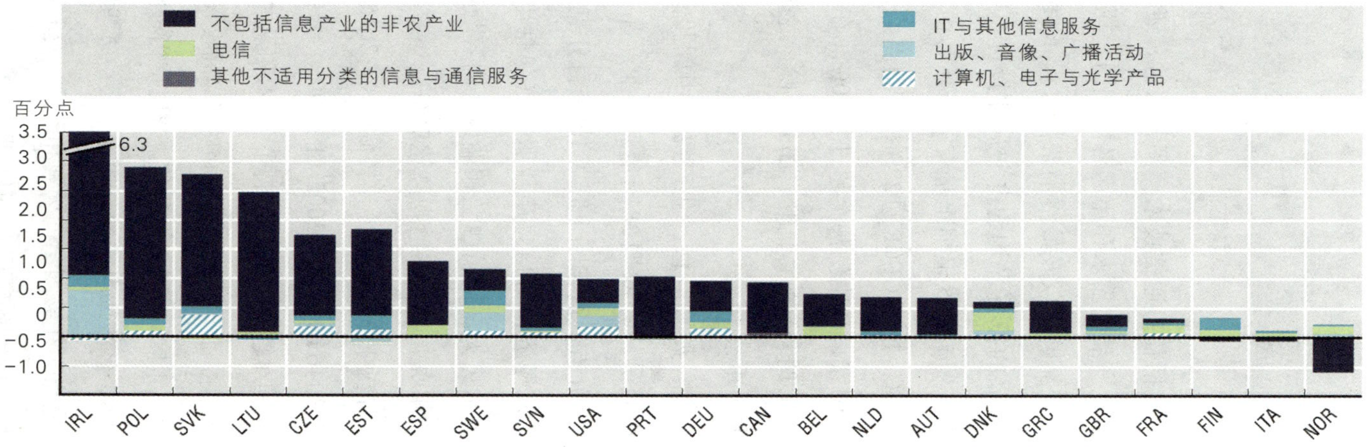

图2-6　信息产业与其他不包括信息产业的非农产业对劳动生产率增长的贡献（2006—2016年）

按年增长率计算的百分比

Source：OECD，STAN Database（http：//oe.cd/stan），National Accounts Statistics and national sources，September 2018. See chapter notes. StatLink contains more data.

StatLink https：//doi.org/10.1787/888933929129

2.3 信息产业的产品需求

信息产业生产的产品不仅包括信息通信技术产品及服务，还包括媒体与内容。不同经济体对这些信息产品的需求和用途各不相同，其主要表现形式为投资、生产所需的中间产品购买以及最终消费需求。

2016年，信息通信技术产品的投资平均约占非居住投资总额（固定资本形成总额或GFCF）的15%，与2005年相比略有下降。其中信息行业的投资尤为强劲，平均占信息通信技术GFCF的27%，在捷克共和国、葡萄牙、瑞典、爱尔兰和美国等国家，该比例甚至超过了30%。在大多数经济体中ICT设备是信息产业中ICT投资的主要组成部分，除此之外，在其他经济体中软件和数据库所占比重最大。

2015年，经合组织经济体购买的信息产业产品占中间投入总额的7.3%，比2005年上升了0.1个百分点。欧盟28国信息产业产品在中间消费中的整体份额下降了0.6个百分点，而美国上升了1.8个百分点，上升率接近9%。从结构来看，高收入经济体对信息产业服务（包括电信、ICT服务、内容与媒体服务）的需求更大。在新西兰和瑞典，内容与媒体产品约占信息产品中间消费总量的40%，在爱尔兰则高达70%。

最终需求（包括家庭消费和企业投资）也显示出类似模式。2015年信息产业产品占经合组织经济体最终需求的6.6%，低于2005年的6.9%。经合组织国家对计算机与电子产品的需求份额相对较高，而包括韩国、日本和爱尔兰在内的ICT生产经济体国家约为2%或更高。而瑞士、卢森堡和瑞典等高收入经济体对ICT服务的需求更大。2005—2015年信息产业产品最终需求比重相对普遍降低。计算机与电子产品尤其突出；36个经济体中有32个国家的最终需求比例下降至1.4%，平均降低了0.7个百分点。在美国、匈牙利和巴西，这种下降趋势尤为明显。内容和媒体服务的购买量也略有下降，但IT服务占最终需求的份额从1.7%上升到2.3%，瑞士、卢森堡、瑞典、以色列和日本达到3%以上。

你知道吗？

信息产业产品约占经合组织非居住投资总额的15%，平均约占经济中间投入和最终需求的7%。瑞典对信息产品的综合需求最高。

定义

信息产业产品是指属于“计算机、电子和光学产品”（ISIC Rev.4第26类）和“信息与通信服务”（58-63类）企业生产的产品和服务。更多信息请参见第2.1节。

固定资本形成总额（GFCF）指常住单位在一定时期内获得的有形或无形资产减去处置的固定资产价值总额（包括新资产或二手资产以及生产者为自己使用而创造的资产）。有形固定资本形成总额包括投资完成且其使用年限在一年以上的住宅、非住宅建筑物、机器设备和知识产权。本章对ICT产品和服务的投资与非住宅GFCF进行了比较，后者不包括住宅投资，只关注生产性固定资产（见图2-7）。

中间消费是作为生产投入的商品和服务（投资产品除外）价值。

最终需求是最终消费（家庭、政府和非营利组织）、商业投资和库存变化的总和。

可测性

ICT投资价值来自国民核算。然而各国关于具体资本形成的数据可用性和及时性有所差别。特别是一些经济体并未将所有ICT项目单独列出，因此导致ICT投资价值在GFCF中所占的比重有所低估。

估算全球信息产业产品流动的主要数据来源是经合组织国家投入产出数据库。个人购买的最终产品和企业购买的中间及最终产品可能在国内生产，也可能进口。但全球生产链中货物和服务的流动并不总能根据传统贸易统计、国家投入产出表或供应使用表加以确定。2018年版的ICIO数据库以上述数据为基础并补充其他额外数据，对64个经济体和36个经济活动之间的商品和服务流动进行了衡量（基于ISIC Rev.4）（见图2-8、图2-9）。

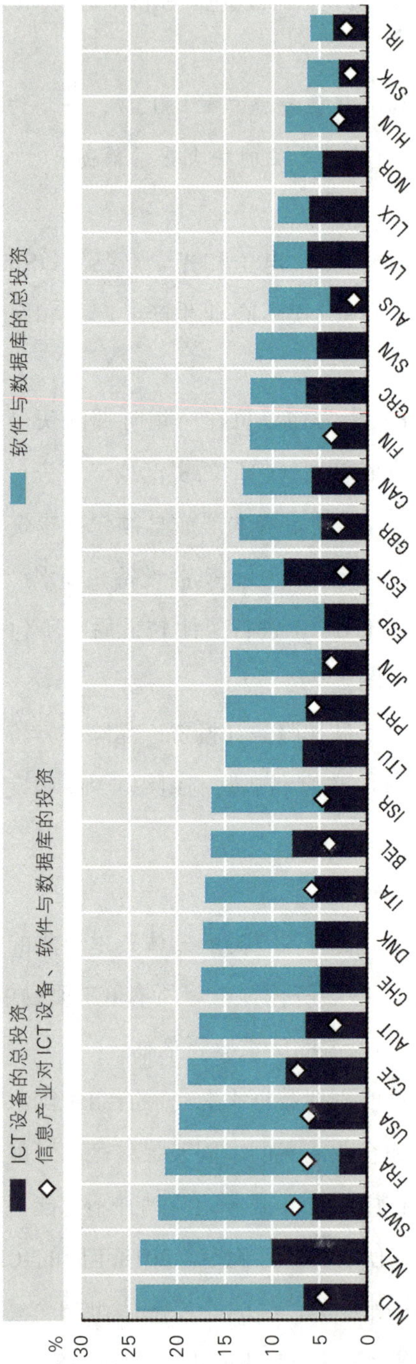

图 2-7　整体经济和信息产业对ICT设备、软件与数据库的投资（2016年）

占非居住GFCF的百分比

Source：OECD，Annual National Accounts Database and national sources，October 2018. See chapter notes. StatLink contains more data.

StatLink https://doi.org/10.1787/888933929148

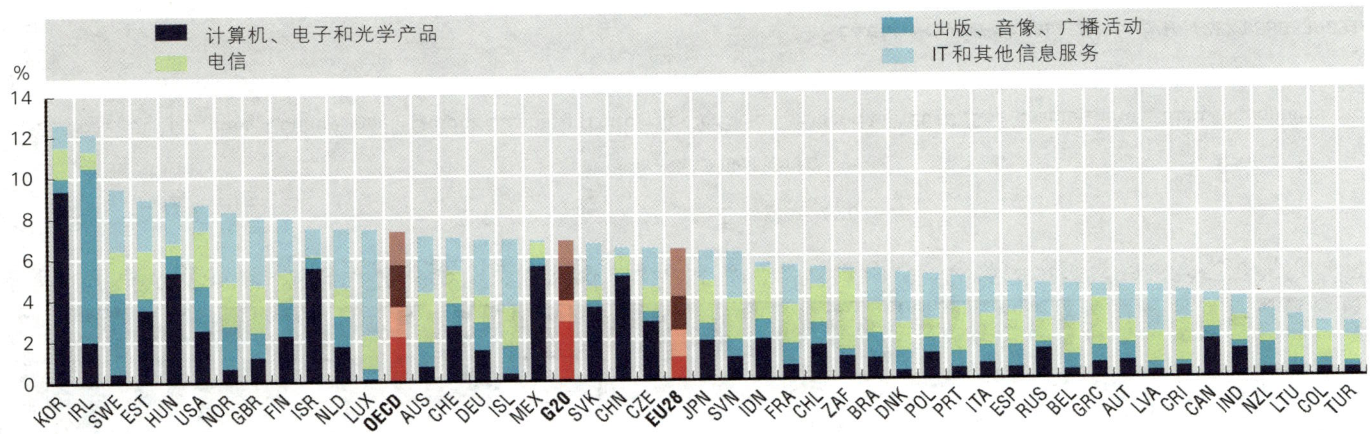

图 2-8　信息产业产品的中间消费（2015年）

占中间产品总消耗的百分比

Source：OECD，Inter-Country Input-Output Database（http：//oe.cd/icio），December 2018. See chapter notes. StatLink contains more data.

StatLink https：//doi.org/10.1787/888933929167

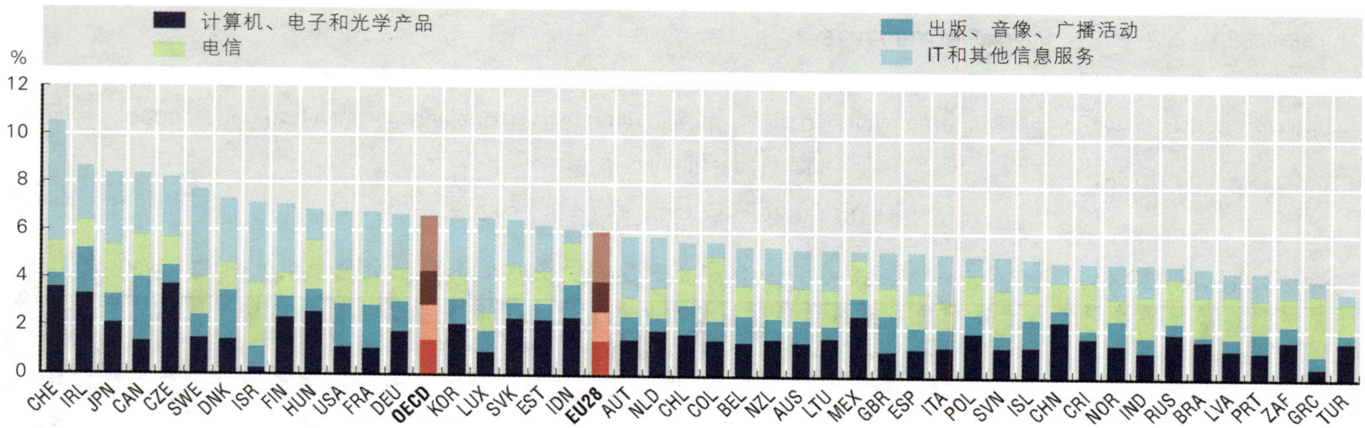

图2-9 信息产业产品的最终需求（2015年）

占最终需求总量的百分比

Source：OECD，Inter-Country Input-Output Database（http：//oe.cd/icio），December 2018. See chapter notes. StatLink contains more data.

StatLink https：//doi.org/10.1787/888933929186

2.4 附加值与就业

衡量信息产业的附加值只能为评估它们在每个经济体的地位提供一部分根据。除了最终产品外，国内信息产业的产出还通过中间产品体现在满足国内外最终需求（包括企业资本投资、家庭与政府消费）的各种商品和服务中。而其他行业的产出也通过国内互联和参与全球价值链（GVCs）体现在许多信息产品中，如智能手机屏幕采用的玻璃。通过国际贸易与投资，全球对信息产业产品和服务的需求可以推动国内许多其他上游产业的活动。将国内信息产业产生的附加值与全球信息产业产品需求所体现的国内其他产业附加值相结合展开分析，是对“广义的信息足迹”进行扩展界定迈出的第一步（OECD，2017a）。

2015年美国、日本和中国在全球广义信息足迹中占据50%，高于2005年的47%，欧盟28国占21%。尽管美国广义信息足迹仍然占近30%，但其份额与日本和欧盟一样呈现下降趋势，同时期中国的占比则从3.4%上升到14.4%。若不考虑其他经济行业为满足全球对信息、最终产品和服务需求而产生的附加值，则可能低估这些产品的经济重要性。在经合组织中，非ICT行业产生的附加值平均约占广义信息足迹的1/4，其中美国不到20%，欧盟将近30%，中国约占36%（见图2-10）。

如果考虑与信息产业相关的国内附加值占国内生产总值（GDP）的比重，可进一步说明扩展信息足迹的重要性。例如，东亚和东南亚经济体在ICT相关附加值中所占的份额最高，2015年新加坡达到本国GDP的18%。在经合组织成员国中，爱尔兰、以色列、日本、韩国、卢森堡、瑞士和瑞典所占比重都超过了10%。总体而言，与大多数其他经合组织国家相似，ICT相关附加值的主要贡献来自ICT服务活动，而韩国稍有不同，其最大贡献来自ICT制造业，爱尔兰则来自内容和媒体（见图2-11）。

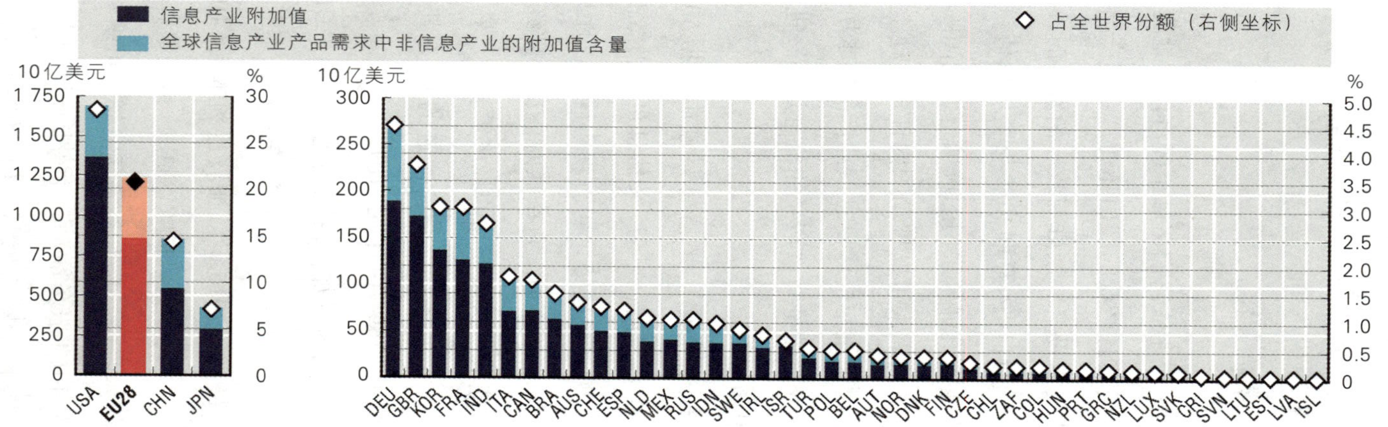

图2-10　信息产业的广义国内附加值（2015年）

单位：10亿美元，各国占全世界份额的百分比

Source：OECD，Inter-Country Input-Output（ICIO）Database，http：//oe.cd/icio and Trade in Value Added（TiVA）Database，http：//oe.cd/tiva，December 2018. StatLink contains more data.

StatLink https：//doi.org/10.1787/888933929205

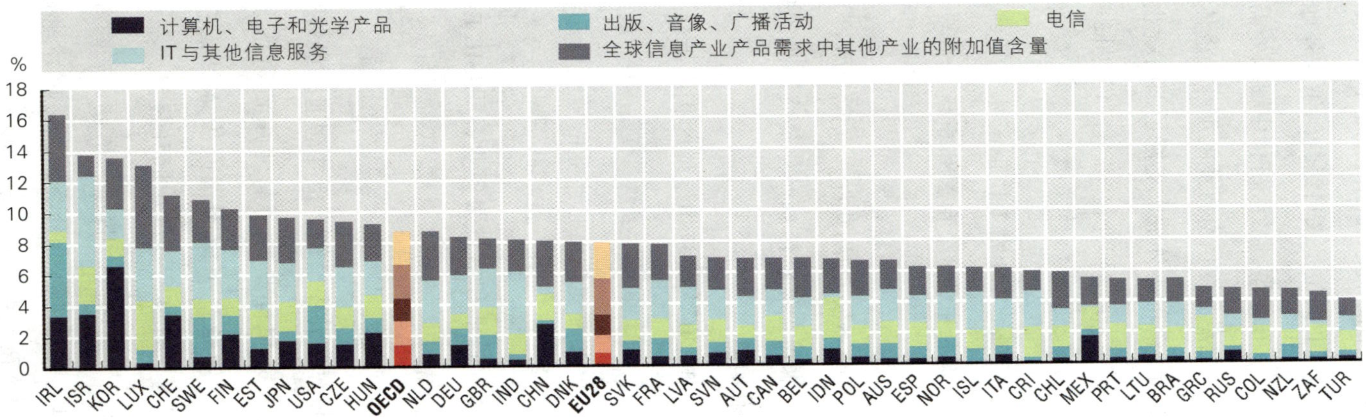

图2-11 信息产业的国内附加值（2015年）

占总附加值的百分比

Source：OECD，Inter-Country Input-Output（ICIO）Database，http：//oe.cd/icio and Trade in Value Added（TiVA）Database，http：//oe.cd/tiva，December 2018. See chapter notes. StatLink contains more data.

StatLink https：//doi.org/10.1787/888933929224

全球价值链的进一步整合意味着国外需求在国内就业中所占比例将持续上升。2015年，经合组织约1/4的就业岗位是来自经合组织以外地区的需求支撑，比2005年上升了2个百分点。在小型开放经济体中，国外需求的作用甚至高达50%以上，特别是具有较强专业性信息行业的那些经济体。然而在加拿大和美国则是相对较低和不断下降的国外需求支撑了国内就业，这种现象反映出加拿大和美国具有更高的国内定位和外包倾向性（见图2-12）。

你知道吗?

2015年，经合组织国家信息产业中1/4的工作由国外市场的消费者支撑，爱尔兰和卢森堡每10个就业岗位中的8个由国外市场的消费者支撑。

定义

每个国家的国内广义信息足迹不仅包括国内信息产业所产生的附加值，还包括国内其他上游产业为满足全球对信息产业最终产品的需求而提供的中间产品和服务所产生的附加值。

信息产业相关附加值是衡量其在国内经济中地位的相应指标，用信息产业产值占国内生产总值（GDP）的比重表示。

由外国需求维持的信息产业就业率包括信息产业的就业份额在出口附加值中所占份额。

信息产业包括信息通信技术制造业和信息服务业，即ISIC Rev.4第26类和58-63类。详情请参阅第2.1节。

可测性

工业附加值一般可从国民核算统计中获得。但要想追踪最终货物和服务中所体现的增值源自哪些国家和行业，则需使用贸易增加值指标(Trade in Value Added，TiVA)，如经合组织国家间投入产出数据库中“最终需求的增值来源”提供了各国和各行业的中间和最终产品以及服务流的估计值，可用于估算各国参与全球经济的相关指标。经合组织ICIO数据库最近采用了以ISIC rev .4为基础的行业分类，通过更好地确定信息服务（例如电信）而改进了对广义信息足迹的衡量。

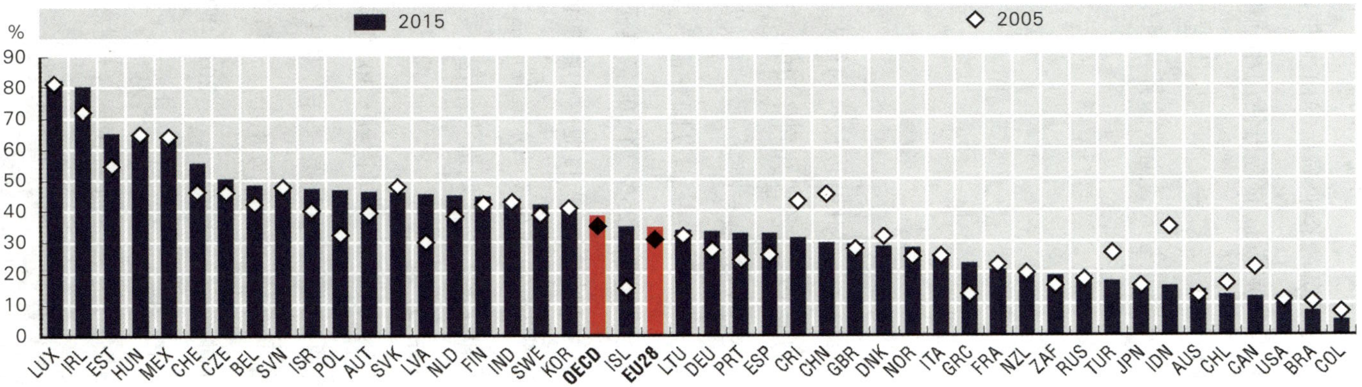

图 2-12　外国最终需求支撑的信息产业就业（2015年）

占信息产业就业的百分比

Source：OECD，Trade in Employment Database，http：//oe.cd/io-emp，December 2018. See chapter notes. StatLink contains more data.

StatLink https：//doi.org/10.1787/888933929243

在制定与工作相关的指标时应考虑一些宽泛的假设。例如，每个行业中生产仅供国内使用的商品和服务的企业与生产出口产品的企业在劳动生产率上相同，而且所有企业给定数量的产出使用相同的进口产品份额。但出口企业可能拥有更高的劳动生产率，在生产中要使用更多的进口产品。因此，在ICIO框架内要尽量考虑到企业的异质性，以减少潜在的偏差。

2.5 数字产品贸易

信息通信技术产品制造业是全球一体化程度最高的行业之一。信息通信技术成品是分布于多个国家的多个生产阶段共同作用的结果。通过比较计算机、电子和光学产品行业的出口总额与附加值，可以发现2015年中国占全球出口总额（5 000亿美元）的35%，但以国外最终需求（“出口增值”）体现的国内增值仅占全球总量的25%（1 500亿美元）。出口总额（以美元结算）高得多是因为其中包括很多来自他国的附加值。此外，中间产品所体现的信息通信技术产业附加值在被纳入最终产品之前可能会有多次跨国经历。计算机、电子和光学产品的制造集中在少数几个经济体，如中国、韩国、美国等（见图2-13）。

近年来，ICT服务贸易有所增长，2017年达到5 300亿美元，占全球服务贸易总额的10%。与信息通信技术产品贸易一样，某些经济体完成了大部分全球信息通信技术服务出口。与电信服务相比，计算机和信息服务的全球出口激增。爱尔兰拥有许多大型跨国公司，是2017年ICT服务的主要出口国，占全球服务总量的16%以上。印度紧随其后为12.5%。中国正在与德国和美国一起成为主要出口国。这五个经济体合计占信息与通信技术服务出口总额的52%，高于2008年的40%（见图2-14）。

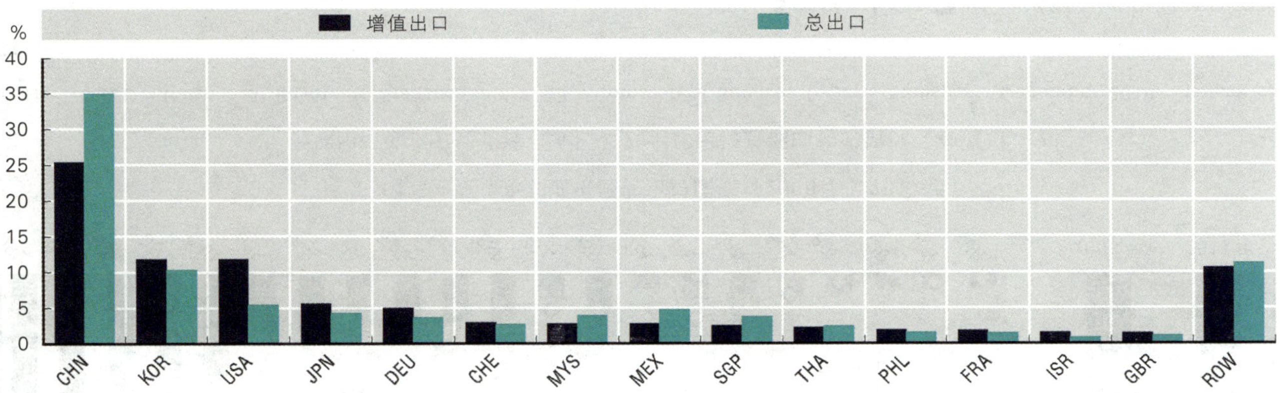

图 2-13　计算机、电子和光学产品排名前 15 位的出口国，按总出口额与附加值计算（2015 年）占全球总额的百分比

Source：OECD，Trade in Value Added（TiVA）Database，http：//oe.cd/tiva，December 2018. See chapter notes. StatLink contains more data.

StatLink https：//doi.org/10.1787/888933929262

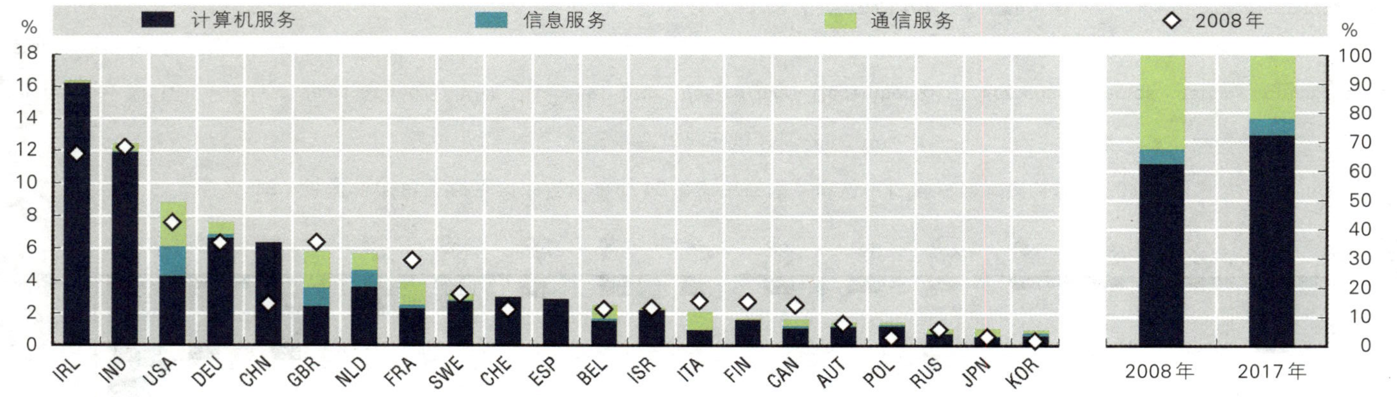

图2-14 主要信息和通信服务出口国家（2008年、2017年）

全球出口的百分比份额（左图）及全球出口总额的构成情况（右图）

Source：OECD，Balance of Payments Statistics and WTO，Commercial Services Exports Statistics，December 2018. StatLink contains more data.

StatLink https：//doi.org/10.1787/888933929281

在全球价值链中，某些产品的区域需求模式可能与区域生产模式不同。将产品的最终需求地点与生产过程中产生附加值和二氧化碳来源进行比较，有助于观察全球工业结构。以前对计算机、电子和光学产品的最终需求大部分来自经合组织国家。然而这一比例从2005年约78%大幅下降到2015年约54%。与此同时中国的最终需求份额增长了2倍多，达到了20%。经合组织国家倾向于更多地使用来自商业服务行业的投入，能源需求较低但附加值贡献较高。2005年至2015年，在北美、欧盟和日本，全球需求、附加值来源和共同排放的比重均有大幅下降。

你知道吗？

中国信息通信技术产品出口占全球的1/3以上，而印度和爱尔兰一共占据信息通信服务贸易的28%。

定义

计算机、电子和光学产品工业参见ISIC Rev.4第26类。

出口附加值是指以国外最终需求为基础的国内附加值。信息通信技术服务出口包括软件，信息通信技术咨询，ICT设备与电信服务的制造、出租和租赁服务，出售给国外客户的其他ICT服务。

最终需求是最终消费（家庭和政府）、商业投资和库存变化的总和。

“增加值来源”将计算机、电子和光学产品的最终价值按照增值点在生产链（矿物提取、初级产品制造、复杂部件制造和最终装配）上产生的位置进行分解。

二氧化碳来源于碳基燃料的燃烧，所产生的气体被排放到地球大气中导致了气候变化。

可测性

附加值贸易数据库提供了对出口和最终需求中所包含的增值来源的估算，其依据来自国家间投入产出表，该表列出了各经济体内部和不同经济体的中间产品、最终产品以及服务的行业间年度流动情况。

TiVA数据库对出口总额的估算不包括再出口，按基本价格计算（利润分配给服务出口而不是商品出口）。ICIO表中所列的贸易总额经过调整以在各国之间达到平衡，从而消除了官方报告的双边贸易统计数据中的不对称现象。因此，TiVA数据库中的贸易总额可能与各国报告的贸易总额不一致。

二氧化碳具体的排放情况反映了国内和国外公司在生产和分配的所有阶段产生的共同排放。其数值是综合ICIO表格以及各国各行业单位生产燃料使用的二氧化碳排放量估值而得到的，数据来源于国际能源机构：www.iea.org/geco/emissions。

2.6　福利与数字化转型

经合组织衡量幸福感与进步框架（http：//www.oecd.org/statistics/measuring -well-being-and-progress.htm）旨在探究决策者和整个社会如何看待数字化变革的进步。该框架识别出幸福感的11个维度，这些是改善生活的重要方面。数字化转型对这些方面的影响尚不清晰，并且在工作生活平衡、社会关系、治理和公民参与等领域都存在风险和机遇。

越来越多以计算机为基础的工作加上网络互联性的改善使得员工的流动性更强。在许多工作中人们不再需要一直待在工作场所。相反“远程办公”可以让员工更灵活地管理自己的时间，更容易履行非工作职责。远程工作有可能提高工作满意度，保持工作与生活的平衡，并改善许多家庭的性别平衡（Billari et al.，2017）。然而这种在线联系可能与雇主期望保持持续联系以及延长常规工作时间有关。还应指出的是远程办公设施的获得和使用使得工作机会更有可能向高技能工人倾斜，而且由于远程办公，将工作与家庭生活结合起来的负担往往更需要女性来承担（Dettling，2016）（见图2-15）。

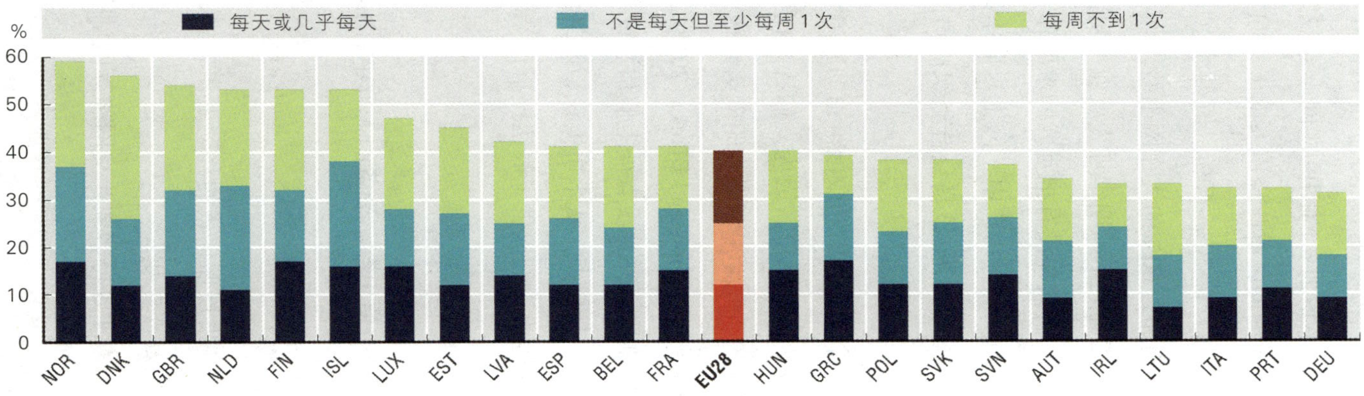

图2-15　过去12个月在家远程办公的个人（2018年）

占在工作中使用所有类型计算机、便携式设备或计算机化设备及机器的人的百分比

Source：OECD，based on Eurostat，Digital Economy and Society Statistics，January 2019. StatLink contains more data.

StatLink https：//doi.org/10.1787/888933929319

工作与人们的自我关注度和幸福感密切相关。互联网在寻找工作机会方面很有用。2017年经合组织平均21%的网民在网上寻找工作机会或发送工作申请，其中16~24岁33%的网民有此经历。网上求职在智利、芬兰和墨西哥尤为普遍，占互联网用户的30%~40%。值得注意的是，2017年芬兰16~24岁的互联网用户中有超过60%的人在网上找工作。而同时期芬兰年轻人的失业率高达20%。相比之下同期年轻人就业率更高的经合组织其他国家，如法国和西班牙，年轻人并没有把互联网求职作为一种潜在的解决方案。事实上在16~24岁的互联网用户中，网上求职率第二高的是冰岛，该国2017年的年轻人失业率为7.7%，是经合组织成员国中失业率最低的国家之一（见图2-16）。

互联网还为人们提供了一个参与公民和政治辩论的新舞台。有时数字化转型在这一方面的影响被视为一种风险，因为人们认为在线政治参与加剧了意识形态分歧。然而最近的研究发现，能表明网络媒体的使用对政治两极分化有影响的证据非常有限（Dubois and Blank，2018）。如果网络上的政治表达来自一个有信仰的地区，并且没有被虚假信息或有针对性的操纵影响，那么这种影响本身并不是坏事。从本质上说，网络为人们提供了一个交流想法的新途径，同时也为人们提供了表达挫折情绪和领悟意义的机会（见图2-17）。

你知道吗？

2018年，在欧盟28国工作中使用数字设备的人群中有1/4的人每周在家远程工作1次以上。

定义

远程办公被广泛定义为ICT发展而促进的移动工作方式，即在家里或在正常工作场所之外的其他地方进行办公。

网络政治参与指的是：个人通过博客或社交网络等网站在互联网上就公民或政治问题发表意见。

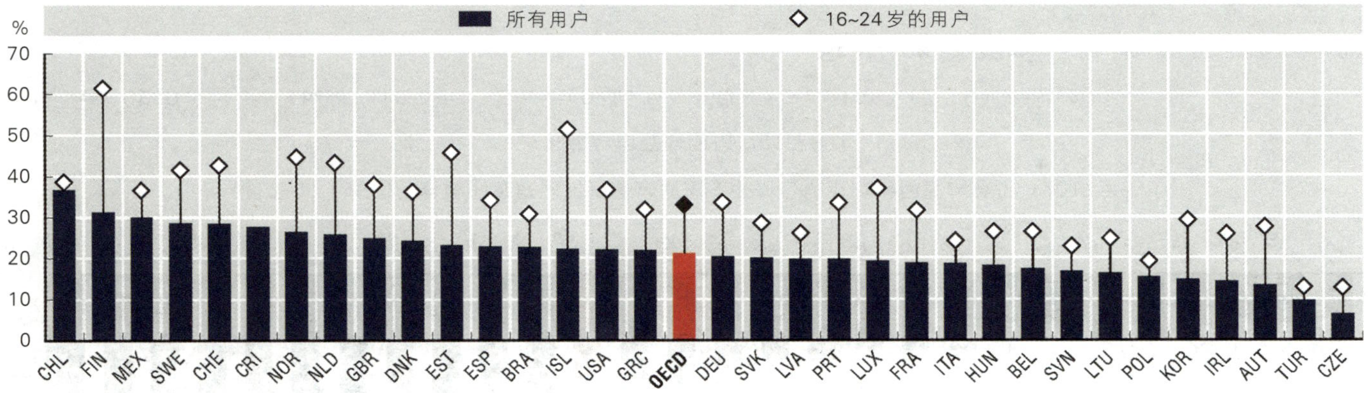

图2-16　不同年龄段的互联网用户通过网络找工作或在网上发送工作申请（2017年）

占各年龄组互联网用户的百分比

Source：OECD，ICT Access and Usage by Households and Individuals Database，http：//oe.cd/hhind，December 2018. See chapter notes.

StatLink contains more data.

StatLink https：//doi.org/10.1787/888933929338

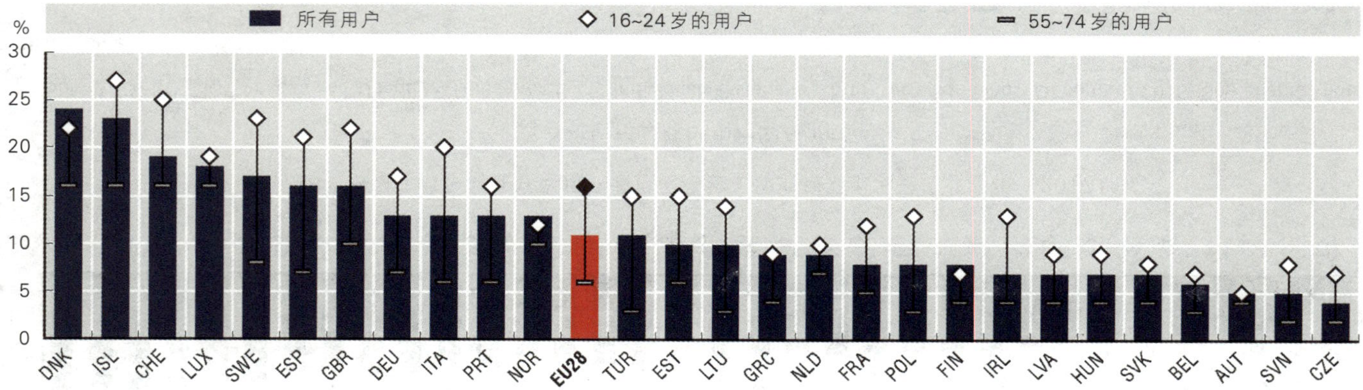

图 2-17　不同年龄段的互联网用户通过网站发表对公民或政治问题的意见（2017年）

占各年龄组互联网用户的百分比

Source：OECD calculations based on Eurostat，Eurostat Digital Economy and Society Statistics，December 2018.

StatLink https：//doi.org/10.1787/888933929357

可测性

这些数据是通过对家庭ICT使用情况的直接调查而采集的，这些调查询问被调查者在调查期限内是否进行了某些特定活动。经合组织关于家庭和个人使用ICT的模式调查（OECD，2015）提出了广泛综合的调查项目，包括远程工作、求职、在线参与政治等。尽管有些国家采用的调查时间有所不同，但一般建议将其设为3个月（即受访者应在调查前3个月内进行了在线活动）。

在理想情况下，衡量数字化转型对幸福感的影响不仅要反映人们对数字技术的使用情况，还要反映使用数字技术是否让人们对自己的生活更满意。目前数据的局限性阻碍了此类调查分析。有关如何衡量数字技术对幸福感的影响所面临的更多挑战在第2.10节和经合组织报告（2019年）中有更详细的讨论。

当衡量互联网在求职或政治参与等活动中的使用情况时，测量使用频率和强度可以提供重要的额外信息。具体的研究设计有助于阐明使用社交媒体对人们社会关系和心理健康的积极与消极影响。特别是对使用社会媒体而产生的因果效应展开纵向研究，可为人们在幸福感的各个维度开展衡量工作提供有价值的观点。

2.7　数字原生代

根据2015年经合组织国际学生评估项目（PISA）的结果，经合组织国家17%的学生首次接触互联网的年龄在6岁或6岁以下。在有数据可查的国家中，被调查的15岁青少年群体中只有不到0.3%称从未接触过互联网。

学生首次接触互联网的年龄因国家而异。在丹麦、爱沙尼亚、冰岛和以色列，超过30%的学生在6岁或6岁以下就开始使用互联网。在接受

PISA调查的国家中，约有2/3的国家中网民首次接触互联网的年龄普遍在7~9岁之间，其余1/3的国家在10岁及以上（见图2-18）。

2015年，在经合组织成员国中15岁青少年群体43%每天在校外上网2～6个小时，与2012年的不到30%相比有大幅增长。巴西和智利的学生每天在校外上网时间占比最多的是“6小时以上”，为30%多（见图2-19）。

年轻一代如此大规模地使用互联网，因此研究人员、政策制定者、教育专业人士以及家长等各种社会行为者越来越关注网络活动对儿童幸福感的影响。来自2015年PISA的新证据提供了学生参与网络活动时的态度和感受。数据显示大多数学生喜欢使用各种数字设备和互联网，但很多人使用网络都面临若干风险，如上网时忘记时间，如果无法上网就感觉不好等问题。

在经合组织成员国中，90%的学生喜欢使用电子设备，61%的学生报告说他们在使用电子设备时会忘记时间。经合组织国家中大约55%的学生表示当没有网络可用时感觉很糟糕。在法国、希腊、葡萄牙和瑞典等国这一比例约为80%，而在爱沙尼亚和斯洛文尼亚，这一比例约为40%。从性别和收入差异来看，在认为自己因没有网络连接而感觉不好的人群中，女孩和弱势学生所占比例分别略多于男孩和非弱势学生（见图2-20）。

你知道吗？

2015年，法国、希腊、葡萄牙和瑞典约有80%的15岁青少年表示如果不能联网自己会感觉很糟糕。

定义

PISA评估的学生年龄在15岁3个月到16岁2个月之间。这些学生必须在学校注册并完成至少6年的正规教育，但对其所就读的机构、所修读的课程以及所接受的教育是全日制还是非全日制则无限制条件。

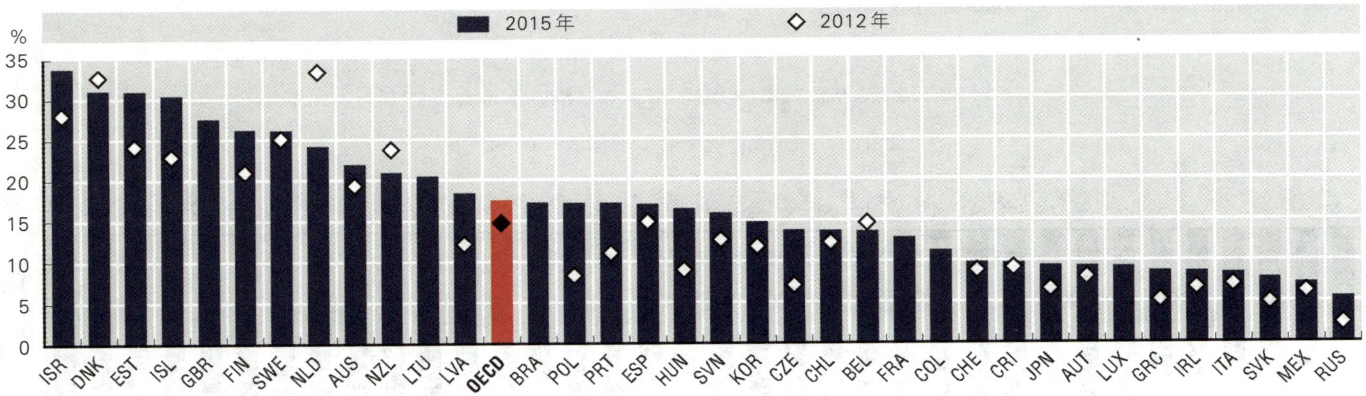

图2-18 首次访问互联网的年龄为6岁及6岁以下的学生（2015年）

占15岁学生总体的百分比

Source：OECD calculations based on PISA 2015 Database，September 2018.

StatLink https：//doi.org/10.1787/888933929376

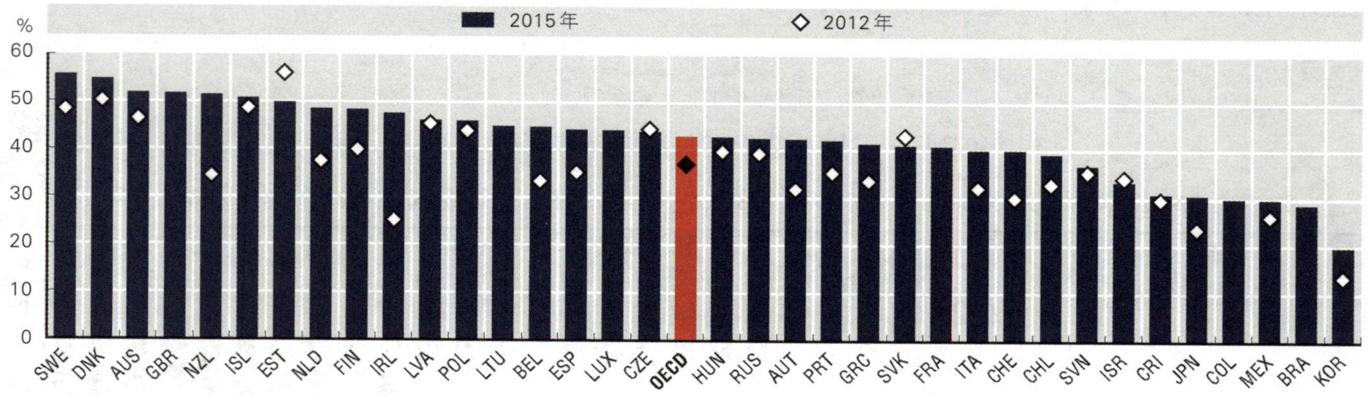

图 2-19　学生在校外上网的时间（2015年）

占15岁学生中平均每个常规工作日上网2到6个小时的比例

Source：OECD calculations based on PISA 2015 Database，September 2018.

StatLink https：//doi.org/10.1787/888933929395

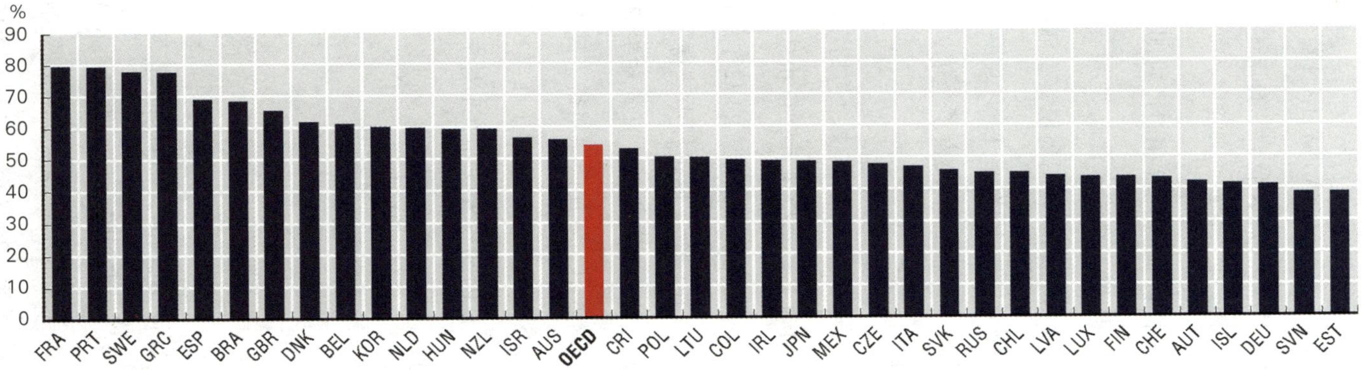

图 2-20　如果没有网络连接会感觉不好的学生（2015年）

占 15 岁学生的百分比

Source：OECD calculations based on OECD PISA 2015 Database，September 2018.

StatLink https：//doi.org/10.1787/888933929414

在“没有网络连接时感觉很糟糕”的学生中，表示“同意”和“非常同意”这一说法的学生比例相当。所有PISA调查中计算得到的比例都是各选项占所有受访者的百分比。调查结果基于学生的自述。

可测性

PISA是一项3年进行一次的国际调查，旨在通过对即将结束义务教育的15岁学生所掌握的技能和知识进行测试来评估世界各地的教育体系。PISA调查评价的是学生把在校学到的知识应用到现实生活中的能力。

PISA 2015年评估了72个经济体中15岁学生的技能。超过50万名年龄在15岁3个月到16岁2个月的学生（样本代表了全球2 800万15岁的学生）参加了国际认可的两小时测试。

ICT熟悉度问卷是该项调查中的一个可选模块，包括家庭和学校的ICT可用性、不同设备和技术的使用频率、学生执行计算机任务的能力以及他们对计算机使用的态度。2015年，参加PISA调查的72个经济体中有47个选择了这个特别模块。尽管该模块在调查实施过程中获得了有价值的信息，但2015年经合组织几个国家（加拿大、挪威、土耳其和美国）并没有实施ICT问卷调查，其主要原因是该调查中的附加问题将带来高成本。

随着PISA多次测试的数据不断累加，评估学生在学校和校外使用ICT的情况变得可行，同时可调查在校内和校外使用ICT对学生在校表现的影响，这是教育政策制定者普遍关注的一个关键问题。

2.8 数字化转型与健康

在线资源可以帮助人们更好地了解和管理自己的健康。然而信息通信技术也会以各种方式对身心健康产生不利的影响，如助长久坐或社交焦虑。

在许多国家互联网正在成为获取医疗服务的一个重要渠道，它既能提供更多的选择，也能提供更多的便利。2018年，欧盟国家16~74岁年龄段平均17%的人在线预约医生，是2012年的2倍多（8%）。在芬兰，2018年有近一半的人在线预约医生，而2012年为26%。丹麦和西班牙的网上就医预约率也相对较高，超过了35%。各种各样的因素影响着在线预约医疗的需求比例和使用率。例如，人口老龄化增加了对医疗保健的需求，人们计算机技能的提高增加了在线预约的使用率，并且在线医疗预约比其他渠道能提供更好的服务（见图2-21）。

2018年在经合组织所有16~74岁的人口中，有一半人在网上获取关于健康的信息。平均而言，女性搜索有关健康信息的可能性比男性高出1/4左右。只有韩国、土耳其、智利和哥伦比亚等国家的男性在网上寻求有关健康信息的比例更高。自2010年以来，几乎所有国家的互联网用户在网上查找健康信息的比例都有所增加，尤其是捷克共和国、希腊、韩国和土耳其，截至2018年这些国家的比例增加了1倍以上。各国之间也存在较大差异，芬兰和荷兰的互联网用户在网上查找健康信息的比例大约是巴西、意大利和智利的2倍（见图2-22）。

互联网和其他数字工具极大地增加了员工管理的信息流，并对员工的压力水平产生了直接影响。有研究记录了工作环境中大量员工管理信息流的新形式，如投资分析、管理决策、价格制定、医生决策、航空、图书馆管理等。这些信息流产生于电子邮件、内部网和消息推送系统等一系列的数字媒介（Eppler and Mengis，2004）。由此产生的信息超载引发了与技术有关的压力：“这是一种个人为应对因不断发展的信息通信技术及使用信息通信技术的要求而产生的身体、社会和认知反应方面的压力”（Ragu-Nathan et al.，2008；Arnetz and Wilholm，1997；Brod，1984）。调查报告显示工作场所的信息超载降低了工作满意度并导致健康状况的下降（Misra and Stokols，2012；Ragu-Nathan et al.，2008），而且电子邮件产生的信息超载与员工精力耗尽和工作参与度的下降相关（Reinke and Chamorro-Premuzic，2014）。根据OECD的计算（OECD，2019），与计算机密集型工作相关的工作压力在丹麦、卢森堡和挪威增加最高，在土耳其、捷克共和国和希腊最低。

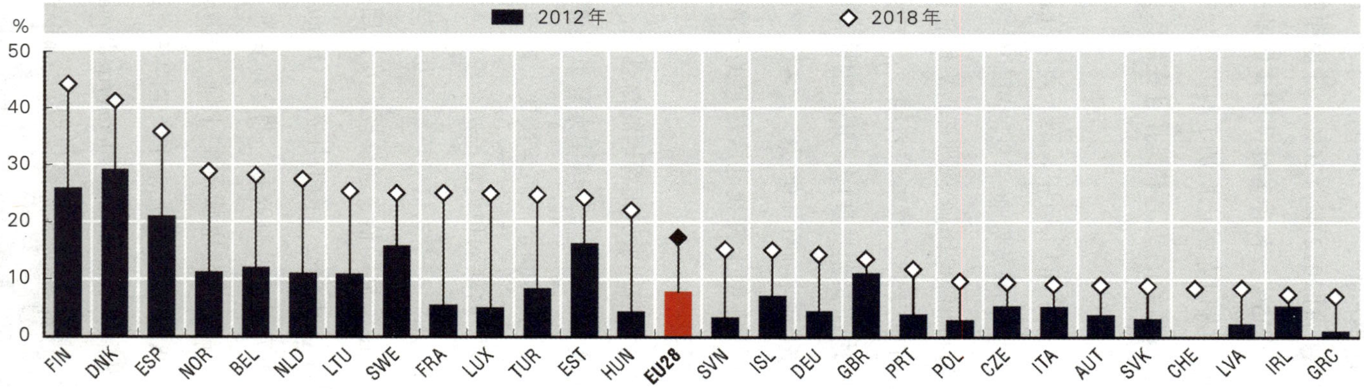

图2-21　在网上预约医生的个人（2018年）

占所有人的百分比

Source：OECD，based on Eurostat，Digital Economy and Society Statistics，Comprehensive Database，January 2019. See chapter notes.

StatLink contains more data.

StatLink https：//doi.org/10.1787/888933929433

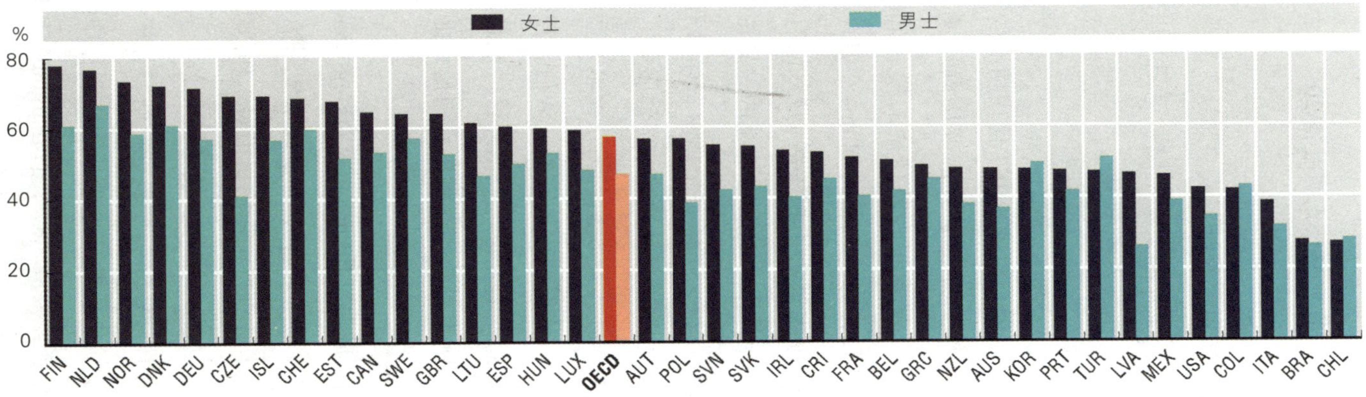

图 2-22　不同性别的人口使用互联网获取健康信息的情况（2018 年）

占每组中所有人的百分比

Source：OECD，ICT Access and Usage by Households and Individuals Database，http：//oe.cd/hhind，January 2019. See chapter notes.

StatLink contains more data.

StatLink https：//doi.org/10.1787/888933929452

你知道吗？

女性上网获取有关健康信息的可能性比男性高20%左右。

定义

工作压力指的是那些在工作中“有时”或“频繁”感受到压力的人。

工作中频繁使用电脑是指在工作中使用电脑、笔记本电脑或智能手机的时间超过一半的工作时间。

可测性

有关在线活动的数据通常是通过对家庭ICT使用情况的直接调查来收集的，这些调查询问被调查者在调查期内是否从事过某项特定活动。OECD针对家庭和个人信息通信技术接入及使用的模式（OECD，2015）提出了很多调查活动。一般建议设置的调查时间为3个月（这意味着被调查者在接受调查前3个月已在网上进行了相关活动）。但有些国家会使用更长的调查时间或根本没有指定期限。这种方法上的差异影响了国家间进行综合比较的可行性。调查数据可反映出各个国家自己具有的特定因素，例如是否使用其他渠道开展某些活动（例如地方保健服务）以扩展和缓解在线医疗的有限资源，调查数据还可反映出各国在体制方面的不同。

虽然一些信息通信技术使用情况调查询问了在线信息搜索行为，但这些调查目前并没有采集搜索信息的有用性、数据质量或消耗成本等方面的数据。考虑到在线信息质量的巨大差异，这种二元衡量只能对个人使用在线信息提供非常局限的初步观点。

通过访问欧洲工作条件调查（European Working Conditions Survey，EWCS）的微观数据，我们可以分析工作中数字技术使用情况与工作压力之间的联系。经合组织通过从事计算机工作的员工对工作压力的自述调查，可评估到工作中感受到压力的人有所增加。衡量这种效应大小的方法是：通过控制年龄、性别、收入和技能水平等变量进行回归分析，再乘以每个国家工作中经常使用电脑的受访者人数。结果显示在工作中经常使用电脑的人在工作中感受到压力的可能性要高5.8%，且在$p<0.01$的水平上具有显著性。计算基于图2-23中被调查国家的统计数据（OECD，2019）。

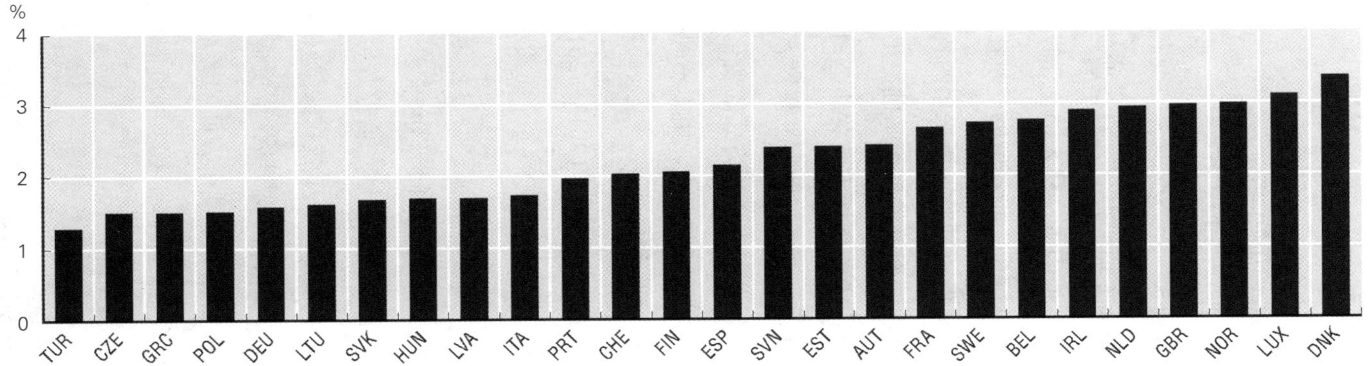

图2-23　因在工作中频繁使用电脑而感到工作有压力的员工（2015年）

占所有员工的百分比

Source：OECD（2019），calculations based on European Working Conditions Survey（EWCS）2015. See chapter notes.

StatLink https：//doi.org/10.1787/888933929471

2.9 路线图：基于数字强度的行业分类

为什么要衡量行业的数字强度？

数字化转型是一个多方面快速发展的现象，对企业业务流程和业务模型等均具有重大影响。因此除了其他因素，技术消化和吸收的速度还取决于公司所在的行业类型。并没有某项单一指标能够反映技术发展和传播的速度，制定综合指标有助于深入了解不同行业所采用的特定技术。

Calvino等人（2018）以7个不同衡量维度为基础提出了一种按数字强度对行业进行分类的方法。该方法中的指标重点关注公司在以下几个方面如何影响行业的数字化转型程度：公司在“数字”资产方面的投资；公司应对市场的方式以及公司与客户和供应商交互方式的变化；公司所需要的人力资本和技能类型；以及公司生产组织方式。由于不同的行业以不同的速度发展，并且采用不同的数字技术和商业模式，某些行业在21世纪初（2001—2003年）的所属类别可能与近几年（2013—2015年）的有所不同。Calvino等人（2018）在研究中根据选定的各个维度来分别衡量每个行业，并提出了一个综合数字强度指标。

这种按数字强度对行业分类的方法旨在提供一个具有可操作性的工具，用以帮助分析师和政策制定者更好地理解和监控数字化转型。该指标并未用于衡量数字经济的规模，而是作为一个替代变量对行业的数字化转型进行实验研究，类似于根据四分位数确认数字化程度而提出的数字化转型指标。现有的行业分类指标往往侧重于某个方面的考量，如研发支出、ICT及信息产业、公司的创新活动等，而基于数字强度的行业分类法则对现有的行业分类指标进行了补充和完善。

挑战是什么？

Calvino等人（2018）使用2001—2015年的信息对12个国家的36个行

业进行了数字强度分类。这些国家分别是：澳大利亚、奥地利、丹麦、芬兰、法国、意大利、日本、荷兰、挪威、瑞典、英国和美国。行业分类依据为ISIC Rev.4，考虑的指标包括：

- 相对于固定投资总额的ICT设备及软件投资；
- 采购与产出相关的信息通信技术中间产品及服务的强度；
- 平均每个员工对应的机器人库存；
- ICT专业技术人才数量与总就业人数的比例（通常称为“ICT专业技术人才强度”）；
- 开展电子商务销售的倾向性。

分别计算每一个行业某项指标的国际平均值，并用该值作为该行业相对于所有其他行业的基准。“全局”分类法将这些维度的基准值汇总为一个综合的总体标准。然后按照行业在整体经济排名中的相对位置从大到小排序，并根据行业在四分位数法中所处的位置进行分类，前25%表示其行业的数字强度为“高”、后25%表示其行业的数字强度为“低”，两者之间所代表的数字强度分别为“中高”和“中低”。图2-24中显示了不同行业在整体排名中的数字强度。颜色越深，则表示该行业的数字强度越高。

官方提供的国际对比数据的可用性、覆盖范围以及所涵盖的国家和年份共同决定了排名指标的选择。与机器学习或3D打印等前沿技术相关的衡量目前还无法按国家、行业和年份收录数据。时间序列部分中的缺失值可以用其他可得替代值加以填补，或者采用外推法或内插法进行数据补全。由于底层数据源的设计局限（如调查表的设计），此处提到的一些指标只适用于部分行业的子类。

设计7个指标中的每一个都面临着具体的挑战。例如，确定“信息通信技术专业人才”职业需要了解的是员工在参与生产信息通信技术产品和服务方面的跨职业差异，而不是他们在工作中使用信息通信技术工具方面的差异。由于缺乏官方数据来源，机器人的使用信息是从国际机器人联合会获得的，并且这组时间序列数据是根据机器人随时间而折旧的数据以及每年机器人的销售数据对机器人库存进行假设性估算而获取的结果。

ISIC Rev.4 行业名称	强度等级	ISIC Rev.4 行业名称	强度等级
农业、林业、渔业	低	批发和零售贸易、维修	中高
采矿和采石	低	运输和储存	低
食品、饮料和烟草	低	住宿和餐饮服务	低
纺织、服装、皮革	中低	出版、音像、广播	中高
木材、纸制品和印刷	中高	电信	高
焦炭和精炼石油产品	中低	IT和其他信息服务业	高
化工及化工产品	中低	金融与保险	高
医药产品	中低	房地产	低
橡胶和塑料制品	中低	法律和会计活动等	高
基础金属和金属制品	中低	科研和开发	高
计算机、电子和光学产品	中高	广告及其他商业服务	高
电子设备	中高	行政和支持服务	高
机械和设备	中高	公共行政与国防	中高
运输设备	高	教育	中低
家具、其他制造业、修理业	中高	人类健康活动	中低
电力、天然气、蒸汽和空调	低	居家护理及社会工作活动	中低
供水、下水道、废物（处理）	低	艺术、娱乐和休闲	中高
建筑业	低	其他服务活动	高

图 2-24　基于数字强度的行业总体排名分类（2013—2015 年）

Source：Calvino et al.（2018）based on Annual National Accounts，STAN，ICIO，PIAAC，International Federation of Robotics，World Bank，Eurostat Digital Economy and Society Statistics，National Labour Force Surveys，US CPS，INTAN-Invest and other national sources.

仍然存在一些挑战尚待解决。例如，信息通信技术（设备和软件）投资的指标只反映了一个行业对信息通信技术资本货物的直接投资；尽管购买的商品（复杂机器）包含众多信息通信技术部件或设备，但并未考虑其他类型的资本所体现的信息通信技术价值。这些都将进一步间接影响到信息通信技术资本来源行业的相对排名。相反信息通信技术产品和服务的购买强度可能被高估，因为数据来源于投入产出表而非供应使用表。供应使用表在产品层面而非行业层面提供信息，将更有助于精准确定在产业中被认定为中间产品的ICT产品和服务。

价格是另一个需要面对的挑战。一些纳入考虑范围的指标需要平减指数但可能无法获取，因此只能使用一些不一定合适的替代指标。例如，使用ICT产品和ICT服务生产行业的产出价格来平减中间产品的购买量，但这种做法可能会忽略国内和国际（进口）价格之间的差异。此外，一般使用国家层面的价格序列消除信息与通信技术和软件投资的通货膨胀影响，但并非每个国家都能对这些国家层面的价格序列进行基础的技术性质量改进（即“hedonic 质量调整”）。

国际行动的选择

衡量数字化转型对不同行业和国家影响的工作将持续进行，其效果与各国改善数据及时性和可用性的程度有关。此外，收集额外的补充数据以及协调各国之间的合作能够令未来的研究涵盖更多数字化转型的重要因素，如人力资本的质量、技术创新成果的产出（如专利）、商标数据的使用服务或数据的生产和使用等。进一步致力于制定信息通信技术的投资特征价格也将有所帮助，同时为信息通信技术中间产品和服务消费构建新的价格指数也非常有用。要想使指标能够及时反映不断更新的动态变化，人们还需随时处理并调整数据与信息。

另一个急需发展的领域是以何种粒度进行数据采集或使用。同一行业的企业拥有相似的技术机会、市场结构、生产性质和知识需求。然而技术在行业内的产生和扩张是有差异的，因此行业层面的数据隐藏了这种显著的异质性，每个行业都可能有相对的“领先者”和“落后者”。因此为了能够及时提供与政策相关的指标，对国家来说重要的是扩大商业调查的范围，以求在微观层面采集更多的数字技术产出和应用的信息，并进一步关注各国相关问卷调查的协调性。

参考文献

Calvino，F.，C. Criscuolo，L. Marcolin and M. Squicciarini（2018），“A taxonomy of digital intensive sectors”，OECD Science，Technology and Industry Working Papers，No. 2018/14，OECD Publishing，Paris，https://doi.org/10.1787/f404736a-en.

2.10 路线图：数字时代的幸福感

为什么要在数字时代制定幸福指标？

尽管官方统计数据详细记录了数字经济的各个方面，但人们对于数字化转型对人类福祉的关键影响仍然知之甚少。了解这种衡量指标所存在的问题很重要，尤其是在当前，政策制定者和统计学家正在致力于制定推动社会进步的措施。经济指标并不足以辅助决策者作出重要的政策决定，有必要采用能综合反映人们生活感受的指标评估社会的数字化进程（Stiglitz，Sen，and Fitoussi，2009）。因此统计数字的范围需要调整和扩大，以确保其涵盖数字化对人们各个方面的影响。

就数字化转型而言，不但要跟踪转型的步伐以及转型对企业、经济和社会的整体影响，同时也要考虑数字化转型对人们自身的影响。目前，在许多方面关于数字化转型对幸福感影响的证据仍然很少。例如，各国很少采集有关人们心理健康或社会生活经历的相关数据，并且采集方式大多并不统一。经合组织幸福与进步衡量框架（http：//www.oecd.org/statistics/measuring-well-being-progress.htm）包括衡量幸福感11个维度的客观指标和主观指标。可使用类似的方法来评估数字化转型如何影响这些结果。

调查是获取自述客观数据及主观数据的重要来源，在数字化转型的背景下有助于深入理解影响人们的各种幸福感因素。这些因素包括工作满意度、远程工作、数码瘾、自述的网络受害经历（如网络欺凌和网络骚扰）以及主观幸福感等。调查数据可用来建立数字化转型背景下人们的生活体验指标，只要有适当的可用数据，便可尝试探究新兴技术的崛起与各种幸福结果之间的因果关系。

挑战是什么？

目前许多基于被调查者自述的指标缺乏官方数据，由于缺乏合适的协变量，这些指标与数字化转型之间的相关性是有限的。许多家庭调查或包含主观幸福感变量以及满意度衡量的其他调查，均未能提供详细的变量描述个人数字设备的使用频率，而且往往并不区分设备类型（如计算机、移动电话和平板电脑）。在数字技术发展的背景下，这种情况阻碍了对人们主观幸福感的评估。同样，关于信息通信技术获取和使用的调查并没有包括对生活或人们情绪状态的评价性问题（“影响”），很显然后者对于评估数字技术对幸福感的影响具有重要意义。

此外，数字技术的使用变得无处不在，仅收集关于人们使用数字技术的二值数据已经不够了。要想了解数字技术对人们生活的影响，必须衡量它们的使用强度、使用频率、上网时间和活动种类。但能包括上网时间或数字设备使用时间等详细变量的国际可比性官方调查很少，尤其是能综合幸福感结果的变量更是少之又少。

关于使用数字技术对人们心理和生理健康、社会联系以及对自我生活的评价存在何种因果影响仍然没有定论。较大型的研究中主要依赖相关数据，而更多的实验研究很少具有国际可比性，且样本规模较小。在一些大型的小组研究（如英国家庭小组调查（British Household Panel Survey，BHPS））中列入一些关于数字技术使用感受、生活变化和影响的自评的问题，可以获取更多关于数字化转型如何影响人们生活体验的观点。

国际行动的选择

从进行国际比较的角度来看，一个重要目标是确保各国采用统一的调查工具和方法。经合组织关于家庭和个人获取及使用ICT模式的调查鼓励经合组织国家对互联网使用的相关措施达成一致。虽然经合组织若干国家已经有选择地采用了该项调查，但具体实施情况仍存在较大差异，特别是欧洲统计系统以外的国家更是如此。此外由于数字技术的使用趋势变化如此之快，因此必须定期收集数据以确保各国之间的可比性。

为了更清楚地了解数字技术使用产生的潜在影响，可在同一调查工具中把幸福感和ICT使用强度都设为因变量。例如，2018年加拿大互联网使用调查中有一个选项采集的信息是，咨询被调查者是否因为觉得自己使用互联网过多而有意识地“休息”。经合组织关于家庭和个人使用互联网模式的调查修订版采纳了该问题。这本出版物中列出了衡量数字化路线图的实现过程，其中采集与幸福感相关数据的可能性与其他重要事项一起被列为优先考虑的对象。

欧洲社会调查（European Social Survey，ESS）将日常互联网使用情况监测项目（以分钟为采样单位）与OECD关于积极影响的推荐性问题（OECD，2013）[①]结合在一起展开了衡量。虽然该方法并不能解释因果关系，但在大多数接受调查的国家中确实发现，对积极影响具有较差体验（在11分制中得分为4分以下）的人在过度使用互联网的用户中更为普遍（见图2-25）。

想要探究数字技术使用与心理健康之间更复杂的主题和结论，关键在于调查设计者应针对新技术的出现及时调整并纳入关于幸福感的协变量。

---

① The ESS question asks for respondents' happiness "taking all things together". Because it does not include a specific reference period, it is not ideal as a measure of positive affect.

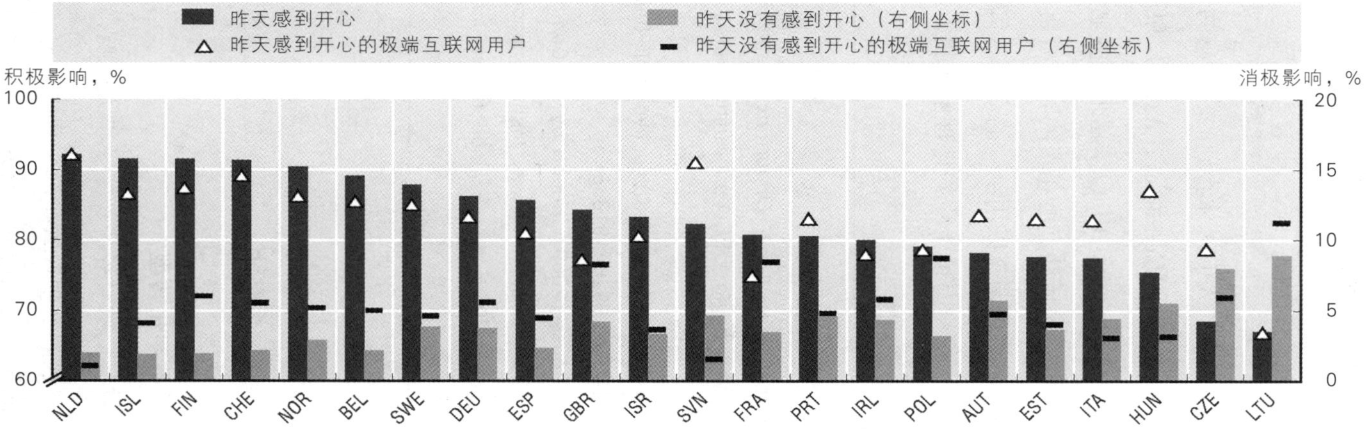

图2-25　过度使用互联网及其积极和消极的影响（2016年）

正常及过度使用互联网用户感受到的积极和消极影响所占的百分比

注释：积极影响力大的被调查者认为自己较幸福，在被要求对幸福感在0到10之间打分时，他们给出的分数为7分以上。积极影响力小的调查者打出的分数为4分以下。过度使用互联网用户是指每天出于工作或个人目的在计算机、平板电脑或智能手机等设备上使用互联网超过6个小时的人。

Source：OECD，based on European Social Survey，Round 8，December 2018.

StatLink https：//doi.org/10.1787/888933929072

除了在信息通信技术调查中包含主观幸福感问题外，数字化转型的深度也为在一般性调查（例如家庭和劳动力调查）中包含详细的信息通信技术变量提供了保证。

此外，一些时间使用调查也包括了人们对体验到的幸福感的评价。例如，美国时间使用调查（American Time Use Survey，ATUS）和法国临时雇员调查（French Enquête Emploi du Temps，EDT）。越来越多地使用数字技术可能会导致人们在更有益于健康的活动上所花费的时间有所减少，如体育锻炼、社交或睡觉。美国时间使用调查采用统一的幸福感体验问题并结合数字设备使用的详细协变量，这将有助于更好地理解新技术如何影响人们的情绪。

参考文献

OECD(2019), *How's Life in the Digital Age? Opportunities and risks of the digital transformation for people's well-being*. OECD publishing, Paris. https://doi.org/10.1787/9789264311800-en.

OECD(2013), *OECD Guidelines on Measuring Subjective Well-being*, OECD Publishing, Paris, https://doi.org/10.1787/9789264191655-en.

Stiglitz, J.E., A. Sen and J-P. Fitoussi(2009), *Report by the Commission on the Measurement Performance and Social Progress*, Institut national de la statistique et des études économiques, Paris, www.insee.fr/en/information/2662494.

2.11 路线图：数字化转型与经济统计

为什么要用经济统计来衡量数字化转型？

近年来，前所未有的广泛数字技术对经济产生了重大影响，改变并打乱了很多生产过程和活动，同时也为整个社会带来了重大利益。消费者越来越多地在网上（电子商务）购买商品和服务，并获得了一系列通常情况下是免费的服务，如搜索引擎、社交网络、媒体等。企业能够利用数字工具和数据来提高生产率和开拓新市场。

变化的速度是前所未有的，很多人对统计信息系统和概念与变化的匹配能力提出了质疑。但从概念的角度来看，至少就当前的GDP核算框架（2008年国民核算体系）而言（Ahmad，Schreyer，2016），这个问题已经解决了。同样显而易见的是，目前统计资料系统在某些方面特别是关于公司、产品和交易的分类等方面已经落后于数字化转型。此外，人们还提出了GDP生产边界和范围的问题，如新型数字化服务可使家庭为自己制作诸如通过网络发布的内容，或者是通过在线平台提供交通和住宿预订服务等。

尽管有证据表明数字化加剧了进行长期衡量的难度，特别是衡量那些变化迅速的行业、产品价格及质量，但如果能用宽泛的测量指标来评价经济活动和通货膨胀，那么这些影响将有所缓和，但并不能解释当前生产力放缓的现象（Ahmad，Ribarsky，Reinsdorf，2017；Reinsdorf，Schreyer，2017）。由于无法使用参与者、产品、交易等信息明确表明数字经济的实际规模，因此对于宏观经济统计到底注意或忽略了数字化的哪些方面仍会是一个问题，这样的现状可能反过来又会使得衡量的假设有错误。以上挑战可以通过使用数字卫星账户来解决，该账户在国民核算框架内描述了关键的数字行动参与者和数字化交易。

发展数字卫星账户有何挑战？

为了应对这一挑战，2017年经合组织创建了一个非正式咨询小组，该小组的主要任务是衡量数字化经济的GDP，目标是开发新的分类和计算工具，以便更好地描述这种数字化现状，并构建可以突出数字化转型规模的指标。

该框架的设计目标从最初就很明确，意在提供一个广义的数字经济整体描述模型，以回应分析者和政策制定者所提出的众多问题，尤其是那些主流统计信息系统目前无法回答的问题。

这些问题本身存在多维性意味着框架不能完全围绕着单一维度构建，如产业（生产者）、消费者（家庭和产业）、产品（数字和非数字的）或交易（数字化和非数字化），因为这些单一维度的方法都只能提供一个局部的视角。尽管如此，制定一个足以反映多个维度政策需求并且统一的框架是可遇而不可求的，但至少可以确保其紧密围绕数字交易的概念展开。不同交易对经济的影响不同，而且在不同账户中的记录方法也有所差别，目前已经达成共识的是，无论使用哪种框架，必须能够识别出交易所具有的“数字化本质”（数字化订购、数字化交付或通过数字中介平台完成）。图2-26展示了统一概念框架的基本结构。

设计该框架最重要的目的是至少在理论上可以从当前的信息集合中快捷地找到可用并符合当前国际会计准则的部分。框架还包括了许多非货币数字支付，如图2-26中第1列所示，虽然这些交易通常并不在GDP的范围内，但可能具有重要的经济影响（如衡量福利方面的影响）。在该框架里特别明确地提到了数据使用问题（见图中第3列）。根据现行的国际会计准则，没有进行货币交易的数据获取行为被视为“免费”。因此这类数据在账目中大多既不属于商品也不属于服务。目前人们的兴趣在于如何将这些流量货币化，以及如何评定这些流量在支撑其商业模式的基础数据库中所具有的价值（见 Ahmad and Ribarsky，2018；Ahmad and Van de Ven，2018），归根结底其终极目标是更好地了解这些流量如何为生产作出贡献。

在国家引入数字供应-使用表（当前国家统计信息系统的核心部分）的基础上，上述原则通过建立数字卫星账户得以付诸实施，从而能够提供有关生产过程、各种商品和服务的原产地（供应）以及目的地（使用）的详细信息（见 Mitchell，2018）。数字卫星账户更进一步地完善了数字化信息，其具体做法是根据订购和交付模式的要求提供关于货品和服务的更详细的分类说明，并且提供更多能体现交易数字化本质的信息，即电子订购（电子商务）、电子交付和平台化交易。同时建议对与数字经济相关的生产

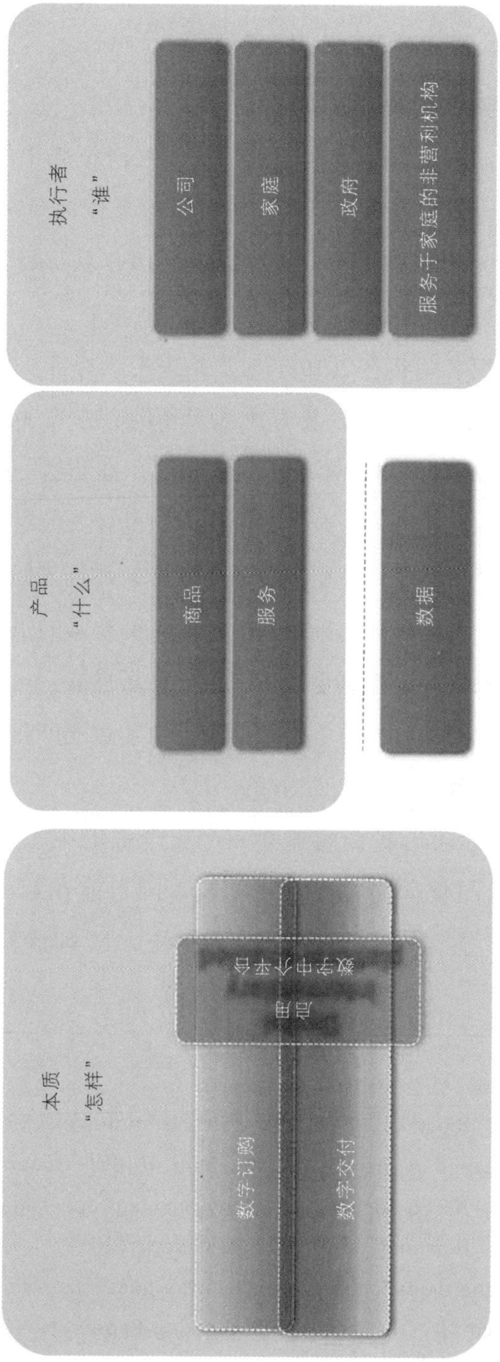
本质
“怎样”
数字订购
数字交付
产品
“什么”
商品
服务
数据
执行者
“谁”
公司
家庭
政府
服务于家庭的非营利机构

图2-26 概念框架

者进行单独的分类和新的分组（例如数字中介平台、电子销售商和依赖于中介平台的企业）。

进一步实施数字卫星账户的国际行动

本项目所提供的模板和标准用于捕捉宏观经济框架中的数字经济信息，得到了该非正式咨询专家组以及国民经济核算咨询专家组（Advisory Expert Group，AEG）的积极支持，并有望在2019年获得经合组织相关机构的正式批准。

按要求经合组织各国将在2019年初开始采用该标准。但由于框架的复杂性、所需资料的新颖性，以及对执行者和供应方式（即框架图中的“如何”部分）作出了新的界定要求，预计各国在推动这一进程的早期阶段无法完全采用该标准。但该标准旨在中期内激励各方应对统计信息和分类系统因数字化而产生的变化并积极推动其发展，并且该标准建立在各国和国际统计界已经开发或启动的确定数字经济关键要素的工作基础上，因此即使在短期内只采取部分措施也能带来重大的新进展。一些国家已经开始填充数字卫星账户的部分，并就电子商务、数字赋能产业、消费者对数字产品和服务的使用等主题制定了指标。

该标准的完成标志着我们向建立一个更全面的卫星账户迈出了第一步，各国应就本国具体的实践方法以及本国目前在解决数字经济具体衡量问题方面的有效建议等进行广泛交流，以对该标准框架给予支持。

参考文献

Ahmad, N. and J. Ribarsky (2018), "Towards a framework for measuring the digital economy", paper prepared for the 35th IARIW General Conference, Copenhagen, Denmark, 20–25 August 2018, www.iariw.org/copenhagen/ribarsky.pdf.

Ahmad, N., J. Ribarsky and M. Reinsdorf (2017), "Can potential mismeasurement of the digital economy explain the post-crisis slowdown in GDP and productivity growth?", OECD Statistics Working Papers, No. 2017/09, *OECD*

Publishing, *Paris*, https://doi.org/10.1787/a8e751b7-en.

Ahmad, N. and P. Schreyer (2016), "Measuring GDP in a digitalised economy", *OECD Statistics Working Papers*, No. 2016/07, https://doi. org/10.1787/5jlwqd81d09r-en.

Ahmad, N. and P. van de Ven (2018), "Recording and measuring data in the system of National Accounts", paper presented at the 12th meeting of the Advisory Expert Group (AEG) on National Accounts, Luxembourg, 27-29 November 2018, https://unstats.un.org/unsd/nationalaccount/aeg/2018/M12.asp.

Mitchell, J. (2018), *A proposed framework for digital supply-use tables*, (OECD, forthcoming).

Reinsdorf, M. and P. Schreyer (2017), "Measuring consumer inflation in a digital economy", paper presented at the 5th IMF statistical forum, Washington, DC, 16-17 November 2017, www.imf.org/en/News/Seminars/Conferences/2017/05/03/5th-statistical-forum.

注释

2.1 信息产业

图2-1 信息产业附加值比重（2016年）

加拿大的附加值比重为2014年的数据。

巴西、中国、哥伦比亚、印度尼西亚、拉脱维亚、新西兰、波兰、葡萄牙、南非、西班牙、瑞典和土耳其的附加值比重为2015年的数据。

中国和印度尼西亚的附加值比重的变化是来自经合组织国家间投入产出数据库的估算值。

图2-2 信息产业占总附加值的比重变化（2006—2016年）

对于巴西、中国、哥伦比亚、印度尼西亚、拉脱维亚、新西兰、波兰、葡萄牙、西班牙、瑞典和土耳其来说，附加值比重的变化为2006—2015年期间。

加拿大附加值比重的变化为2007—2014年期间。

中国和印度尼西亚的附加值比重的变化是来自经合组织国家间投入产出数据库的估算值。

图2-3　信息产业就业情况（2016年）

巴西、印度、日本和卢森堡的就业比例是2015年的数据。

2.2　生产率

图2-4　信息产业的劳动生产率（2016年）

该统计未包括房地产活动（68类），因为该行业的附加值中包括了业主所提供或消费的住宅服务部分。

劳动生产率按每个受雇员工和每小时工作的现价附加值计算，比率是相对于不包括信息产业的非农行业生产率的比值。

最好的做法是根据工作时间而非工作人数来衡量劳动生产率。但有时调查中无法获取每项活动的具体工作时间。这种情况下用就业人数作为替代方案来实现国家覆盖率的最大化。

这两项指标之间的差异反映了每个员工的平均工作时间不同。较高的人均相对附加值反映了每个员工在信息产业中的工作时间更多。

巴西、加拿大和墨西哥劳动生产率的估算基于工作岗位而非就业人数。

图2-5　信息产业、制造业和服务业的劳动生产率（2016年）

该统计未包括房地产活动（68类），因为该行业的附加值中包括了业主所提供或消费的住宅服务部分。

劳动生产率按每个受雇员工和每小时工作的当前价格增加值计算，比率是相对于不包括信息产业的非农行业生产率的比值。

最好的做法是根据工作时间而非工作人数来衡量劳动生产率。但有时调查中无法获取每项活动的具体工作时间。这种情况下用就业人数作为替代方案来实现国家覆盖率的最大化。

这两项指标之间的差异反映了每个员工的平均工作时间不同。较高的人均相对附加值反映了每个员工在信息产业中的工作时间更多。

图2-6　信息产业与其他不包括信息产业的非农产业对劳动生产率增长的贡献（2006—2016年）

该统计未包括房地产活动（68类），因为该行业的附加值中包括了业主所提供或消费的住宅服务部分。

劳动生产率按工作小时计算，比率是相对于不包括信息产业的非农行业生产率的比值。

加拿大的数据是2006—2014年的。

2.3　信息行业的产品需求

图2-7　整体经济和信息产业对ICT设备、软件与数据库的投资（2016年）

固定资本形成总额不包括住房。

澳大利亚、爱沙尼亚和以色列的信息产业是指信息和电信服务（ISIC Rev.4，58至63）。

爱尔兰对信息产业的投资只包括ICT设备（不包括软件）。

图2-8　信息产业产品的中间消费（2015年）

信息产业包括下列ISIC Rev.4分类：计算机、电子和光学产品（26），出版、音像、广播活动（58-60），电信（61），IT和其他信息服务（62，63）。

图2-9　信息产业产品的最终需求（2015年）

信息产业包括下列ISIC Rev.4分类：计算机、电子和光学产品（26），出版、音像、广播活动（58-60），电信（61），IT和其他信息服务（62，63）。

2.4　附加值与就业

图2-10　信息产业的广义国内附加值（2015年）

国内ICT产业的附加值体现在满足国内外最终需求的各种最终产品和服务上。同样，来自其他行业（“非ICT”）的国内附加值（DVA）可以体现在全球消费的最终ICT产品和服务中。

图2-11　信息产业的国内附加值（2015年）

经合组织的估值为未加权平均值。

欧盟28国的估值是加权平均数，其中包括欧盟内部的贸易。

2.5 数字产品贸易

图2-13 计算机、电子和光学产品排名前15位的出口国，按总出口额与附加值计算（2015年）

出口总额的估算不包括再出口，按基本价格计算（即不包括贸易和分销利润率），指计算机、电子和光学产品行业的出口总额。附加值出口是指以国外最终需求所体现的计算机、电子、光学产品产业在国内创造的附加值。

计算机、电子和光学产品行业分类参照ISIC Rev.4中的26类。

2.6 福利与数字化转型

图2-16 不同年龄段的互联网用户通过网络找工作或在网上发送工作申请（2017年）

除非另有说明，互联网用户是指在过去3个月内访问互联网的个人。韩国的调查时间为12个月。在美国，调查时间为6个月。巴西的数据是2016年的。

哥斯达黎加的数据是18~74岁而非16~74岁。

2.8 数字化转型与健康

图2-21 在网上预约医生的个人（2018年）

数据指的是利用互联网通过网站与医生预约的个人。瑞士的数据是2014年的。

图2-22 不同性别的人口使用互联网获取健康信息的情况（2018年）

除非另有说明，互联网用户的调查时间为3个月。加拿大、哥伦比亚和韩国的调查时间为12个月。美国2015年的调查时间为6个月，2010年未指定参考期限。

澳大利亚的数据是2016/2017财年，截至2017年6月30日。

巴西的数据是2016年而非2018年的。

加拿大的数据是2012年而非2018年的。

智利、哥伦比亚、墨西哥和瑞士的数据是2017年而非2018年的。

哥斯达黎加的数据是2017年的，年龄为18~74岁而非16~74岁。

新西兰的数据是2012年的而非2018年的。

美国的数据是2015年的。

图2-23　因在工作中频繁使用电脑而感到工作有压力的员工（2015年）

经合组织通过从事计算机工作的员工对工作压力的自述调查来评估在工作中感受到压力的人所占的比例。衡量效应大小的方法是：通过控制年龄、性别、收入和技能水平等变量进行回归分析，再乘以每个国家工作中经常使用电脑的受访者人数。结果显示，在工作中经常使用电脑的人在工作中感受到压力的可能性要高5.8%，且在$p<0.01$的水平上具有显著差别。计算基于图中被调查国家的统计数据。“频繁使用电脑”指在工作中有超过一半的时间使用电脑，“感觉到有工作压力”的可选项分别为“有时”、“大部分时间”或“总是”。

参考文献

Arnetz, B. B. and C. Wiholm (1997), “Technological stress: Psychophysiological symptoms in modern offices”, *Journal of Psychosomatic Research*, Vol. 43, No. 1, pp. 35-42, https://doi.org/10.1016/S0022-3999(97)00083-4.

Brod, C. (1984), *Technostress: The Human Cost of the Computer Revolution*, Addison- Wesley Publishing Company, Reading, MA, https://doi.org/10.1177/089443938600400428.

Calvino, F., C. Criscuolo, L. Marcolin and M. Squicciarini (2018), “A taxonomy of digital intensive sectors”, *OECD Science, Technology and Industry Working Papers*, No. 2018/14, OECD Publishing, Paris, https://doi.org/10.1787/f404736a-en.

Eppler, M. J. and J. Mengis (2004), “The Concept of Information Overload: A Review of Literature from Organization Science, Accounting, Marketing, MIS, and Related Disciplines", *The Information Society*, Vol. 5, No. 20, pp. 325–344, https://doi.org/10.1080/01972240490507974. Misra, S. and D. Stokols (2012), "Psychological and Health Outcomes of Perceived Information Overload", *Environment and Behavior*, Vol. 44, No. 6, pp. 737–759, https://doi. org / 10.1177/0013916511404408. OECD (2019), *How's Life in the Digital Age?: Opportunities and Risks of the Digital Transformation for People's Well-being*, OECD Publishing, Paris, https://doi.org/10.1787/9789264311800-en.

OECD (2017a), *OECD Science, Technology and Industry Scoreboard 2017: The digital transformation*, OECD Publishing, Paris, http://dx. doi. org / 10.1787 / 9789264268821-en.

OECD (2017b), *OECD Compendium of Productivity Indicators 2017*, OECD Publishing, Paris, http://dx.doi.org/10.1787/ pdtvy-2017-en.

OECD (2015). *Model Survey on ICT Access and usage by Households and Individuals*. OECD publishing, Paris, https:// www.oecd.org/sti/ieconomy/ICT-Model-Survey-Access-Usage-Households-Individuals.pdf.

OECD (2011), *OECD Guide to Measuring the Information Society 2011*, OECD Publishing, Paris, https://doi.org/ 10.1787/9789264113541-en.

Ragu-Nathan T. S., M. Tarafdar, B. S. Ragu-Nathan and Q. Tu (2008), "The Consequences of Technostress for End Users in Organizations: Conceptual Development and Empirical Validation", *Information Systems Research*, Vol. 19, No. 4, pp. 417–433, https://doi.org/10.1287/isre.1070.0165.

Reinke, K. and T. Chamorro-Premuzic (2014), "When email use gets out of control: Understanding the relationship between personality and email overload and their impact on burnout and work engagement", *Computers in Human Behavior*, Vol. 36, pp. 502–509, https://doi.org/10.1016/j.chb.2014.03.075.

United Nations (2008), *International Standard Industrial Classification of All Economic Activities* (ISIC), Rev. 4, https:// unstats. un. org / unsd / publication / seriesm/seriesm_4rev4e.pdf.

第3章　加强接入服务

3.1　连接

宽带通信网络及其所提供的服务支持包括卫生、普惠金融和教育在内的多种经济和社会发展目标。ITU世界电信/ICT指标数据库显示，全球固定宽带用户在短短7年内增长了88%，从2010年的5.32亿个增长到2017年的10亿个。瑞士的固定宽带普及率在经合组织（OECD）国家中最高，几乎每2个居民中就有1个固定宽带用户，而经合组织的平均水平还不到1/3（见图3-1）。

通信运营商已经进一步将光纤部署到自己的通信网络中了，但光纤并不能到达客户所在的所有地方，因此往往还是要依赖“最后一英里”技术，如铜缆、无线电缆和同轴电缆等。因此在一些高收入国家接入到家庭或房屋内部的光纤比例可能相对较低。“最后一英里”技术能够提供相对较高的连接速度，但光纤有最高速度上限。没有建设传统电信网络的国家宽带普及率总体上仍然较低，但由于跳过了传统电信网络而直接采用光纤网络，因此可能更有利，如中国。根据国际电联的统计数据，中国固定宽带订购总量中光纤占据了将近70%。

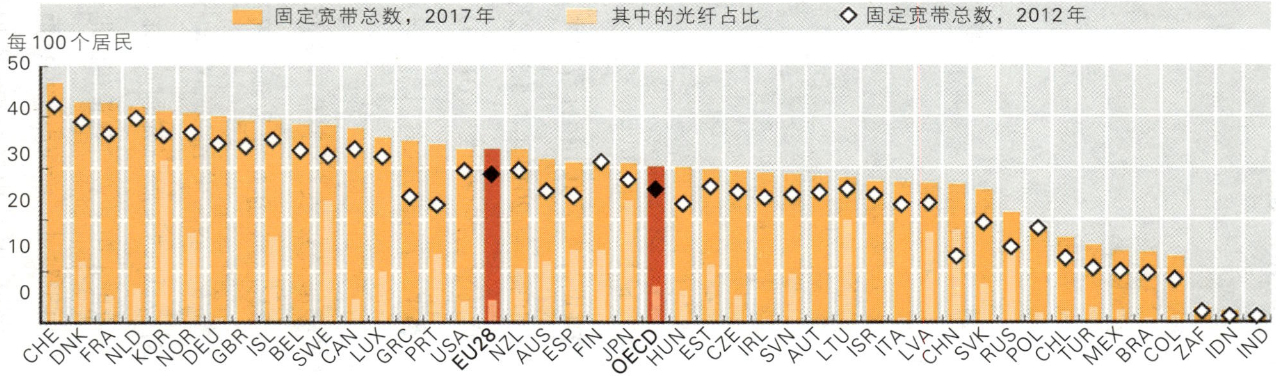

图3-1　固定宽带订购（2017年12月）

每100个居民

Source：OECD，Broadband Portal，http：//www.oecd.org/sti/broadband/broadband-statistics；ITU World Telecommunication/ICT Indicators Database，September 2018 and EU Digital Scoreboard 2017：Strengthening the European Digital Economy and Society.

StatLink https：//doi.org/10.1787/888933929490

对2013—2018年期间经合组织固定宽带组合的平均价格进行比较，结果显示订购“高利用率”宽带服务的成本有所下降，而“低利用率”宽带服务的价格则更为稳定。不同国家之间的价格差异也很大，价格最贵的3个国家的平均价格大约是最便宜的3个国家平均价格的3倍（见图3-2）。

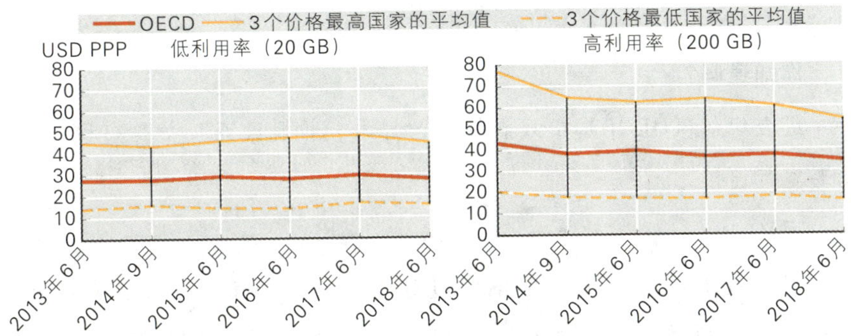

图3-2　经合组织固定宽带每月订购价格趋势（2013—2018年）

OECD平均价格最高及最低的3个国家之间的平均值和价差

Source：OECD calculations based on Strategy Analytics Ltc．Teligen Tariff & Benchmarking Market data using the OECD Methodology，https：//www.strategyanalytics.com，June 2018．StatLink contains more data.

StatLink *https：//doi.org/10.1787/888933929509*

这些一揽子价格提供的是任意给定时间的参考价格，而不是一系列具体的价格。在每个时间点人们选择的多是成本最低的计划，并且可能与早期计划有所不同（例如速度也许变得更快或者数据量会有所增加）。此外，这些衡量不会根据不同国家中影响价格的社会、经济和地理等情况进行调整。然而把所有经合组织国家的平均水平作为一项衡量速度和数据量这两个市场领域趋势的指标是有必要的。但单位价格的下降并不意味着所有用户都能少支付费用；消费者可能会为选择能提供更多数据量、更高速度的优质套餐而支付更多的费用，也可能会为更换套餐支付额外的费用。

电信服务的服务贸易限制指数（STRI）旨在反映政策环境的特征，

此类特征能限制固定、移动和互联网服务的国际自由贸易。常见的限制包括对外国所有权限制，主要供应商的政府所有权限制，审查外国投资以及董事、经理国籍或居住要求的限制。电信部门促进竞争的改革与整个经济中商业服务贸易成本的大幅降低有关。由于电信是一个资本密集型的网络行业，降低基本设施的使用成本及交换成本有利于行业中的新进成员与现有企业竞争。

你知道吗？

经合组织（OECD）中只有韩国、日本、拉脱维亚、立陶宛和瑞典的主要宽带连接为光纤。

定义

固定宽带普及率指的是指通过数字用户线DSL、有线、光纤到户（FTTH）、光纤到建筑（FTTB）、卫星、地面固定无线或其他固定有线技术订购网络服务，且服务类型为256 Kbps及以上（官方下载速度）的客户数量在每百个居民中的比例。

光纤宽带指的是在距离用户所在处所或所在位置的外墙不超过2米的地方终止的光纤订购业务。

高利用率的固定宽带提供200GB的下载数据；低利用率的固定宽带提供20GB的下载数据。

可测性

宽带订购数据通常由通信监管机构提供给经合组织和国际电信联盟，这些监管机构根据通用定义直接从网络运营商采集宽带订购的数据。由于目前还无法区分企业用户和个人消费者用户，因此两者的数据均包含在内。这些数据按各国的人口比例提供。宽带订购普及率并不反映用户的使用价格、实际连接速度或是否有数据上限等信息。因此在一项指标上表现良好的国家可能在另一项指标上表现较差。

经合组织的宽带价格数据是直接从3家网络运营商的网站上收集的，这3家网络运营商的市场总份额至少达到了70%。宽带服务包括所有能提供256 Kbps以上官方速度的DSL、电缆和光纤。这些业务提供运营商的网站上明确公布每月的服务内容，并且一般应在国内最大的城市提供服务。更多信息参见OECD宽带一揽子价格方法（OECD，2017）。ITU还调查了193个成员国中提供1GB及以上数据服务的入门级固定宽带服务的月订购价格。详见https：//www.itu.int/en/ITU－D/Statistics/Pages/definitions/price-methodology.aspx。

经合组织服务贸易限制指数于2014年启动，是一种基于证据的诊断工具，它提供了44个国家的22个行业服务贸易壁垒的最新概况，覆盖了全球80%以上的服务贸易（见图3-3）。该指标将二元化的分级定量数据融合为复合指标。更多相关信息请参见：http：//www.oecd.org/tad/services-trade/methodology-services-traderestrictivenes-index.htm。

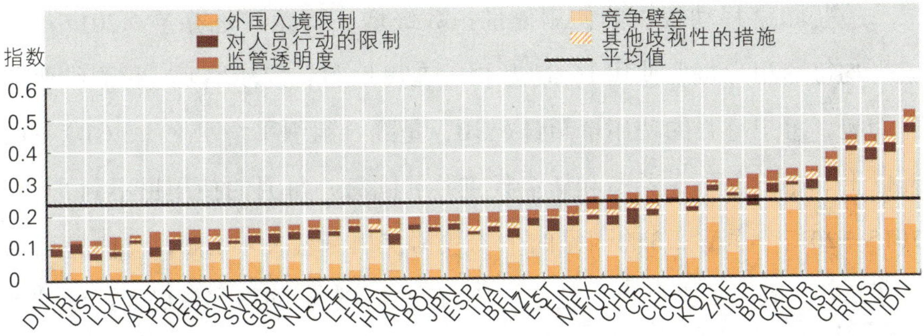

图3-3　电信服务贸易限制指数（STRI）（2017年）

Source：OECD，Services Trade Restrictiveness Index，https：//oe.cd/stri-db，September 2018.See chapter notes. StatLink contains more data.

StatLink https：//doi.org/10.1787/888933929528

3.2　移动连接

自2010年以来，移动宽带用户数量的增长远远超过了固定宽带用户数量的增长，全球用户数从2010年的8.25亿增长到2017年的46亿（国际电联世界电信/信息通信技术指标数据库），目前占全球所有宽带接入方式的82%（经合组织国家该比例为77%）。相对于人口规模而言，移动宽带的使用量远高于固定宽带的使用量。在日本和芬兰，每2个居民大约拥有3项移动宽带订购业务，而经合组织的平均水平是每个居民拥有1项订购业务。在所有国家中，绝大多数用户都订购了语音和数据两项业务。不过在爱沙尼亚和日本，40%以上的用户只订购数据服务（见图3-4）。

移动宽带普及率的增长极其迅速。自2010年以来，中国和印度的移动宽带用户数量增长了约25倍，墨西哥增长了17倍。由于一些国家固定宽带服务的可用性和可承受性相对有限，因此该因素可能是移动宽带订购强劲增长的一个重要原因。例如，2017年，印度移动宽带的新增用户数量超过1.27亿个。

一些国家移动数据的使用量呈指数级增长，尤其是芬兰。2017年芬兰平均每个用户每月使用16 GB数据。在奥地利、爱沙尼亚、拉脱维亚和立陶宛，每户每月的使用量超过6 GB，是经合组织平均水平（3 GB）的2倍以上。相比之下，希腊和斯洛伐克共和国每户每月的使用量不到1 GB。2015—2017年间，2/3的国家的平均数据使用量增长了1倍，立陶宛则增长了5倍。但为了满足人们迅速增长的数据需求，网络容量仍需继续扩大（见图3-5）。

经合组织移动宽带“低利用率”和“高利用率”的具体平均价格对比显示，2013—2018年，移动宽带连接的价格有所下降。不同国家之间的价格差异也很大。2018年移动宽带连接价格，最贵的3个国家的平均价格大约是最便宜的3个国家的5~7倍。

这些相关数据为最低成本计划及每个时期的使用金额提供了一个概览。需要注意的是，这些统计数据追踪的是可获得的价格，而并非消费者的实际消费情况。例如，尽管某一个业务包可能提供的价格更低，但由于合同约定，或者要求额外绑定更昂贵的数据、语音或附加

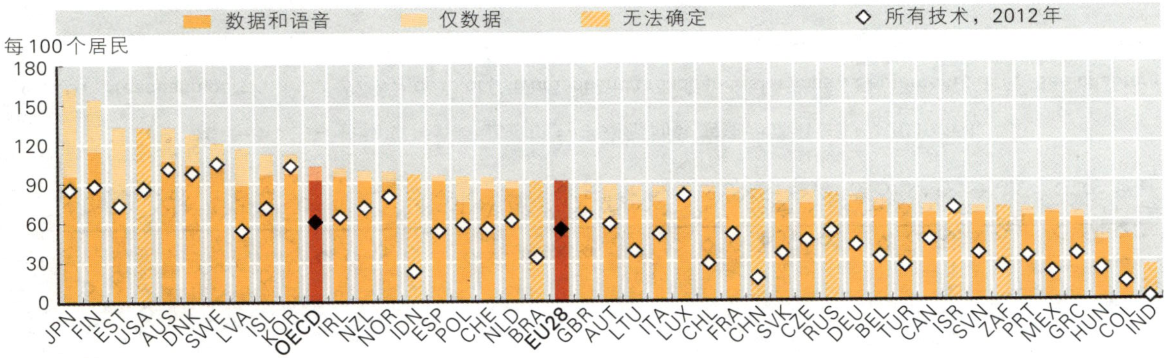

图3-4　不同类型服务包的移动宽带订购量（2017年12月）

Source：OECD，Broadband Portal，http：//www.oecd.org/sti/broadband/broadband-statistics；ITU World Telecommunication/ICT Indicators Database，September 2018 and EU Digital Scoreboard 2017：Strengthening the European Digital Economy and Society.

StatLink https：//doi.org/10.1787/888933929547

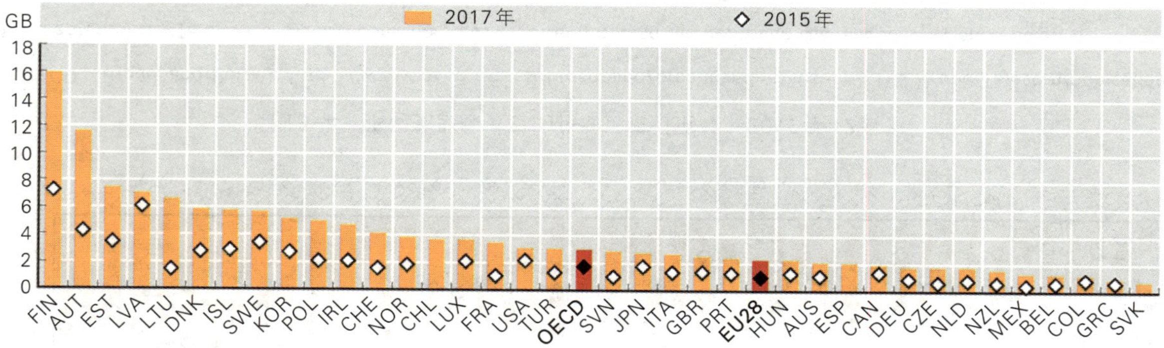

图 3-5　每项移动宽带订购业务的月平均移动数据使用量（GB）（2017 年）

Source：OECD，Broadband portal，http：//www.oecd.org/sti/broadband/broadband-statistics，September 2018．See chapter notes.

StatLink https：//doi.org/10.1787/888933929566

服务（如短信和在线内容），许多用户可能无法接受该低价格的套餐服务。但所有经合组织国家的平均数仍可被视为这两个市场领域总体趋势的指标。

你知道吗?

经合组织国家移动宽带订购数量在2010年至2017年间翻了一番多，每个居民首次达到了拥有1个以上的订购业务（见图3-6）。

定义

移动宽带普及率包括下载速度为256Kbps以上的移动宽带网络订购（例如使用WCDMA、HSPA、CDMA2000 1x EV-DO、WiMAX IEEE 802.16e和LTE），但不包括仅使用GPRS、EDGE或CDMA 1xRTT的网络订购业务。该统计数字的依据是通过手机或电脑（USB/适配器）接入公共互联网的移动宽带用户订购数量，并且只有经常性订购数据/互联网的用户或在过去3个月内已接入互联网的用户才被视为活跃用户。

高使用率的移动宽带提供2 GB的下载数据和900分钟语音通话服务。低使用率的移动宽带提供包括500 MB数据和100分钟语音通话服务。

可测性

移动宽带订购数据（包括数据使用量）通常由通信监管机构提供给经合组织或国际电信联盟，这些监管机构根据通用的定义直接从网络运营商收集此类数据。近年来衡量技术对无线宽带订购情况（尤其是仅包括数据或移动语音数据的订购数据）的统计有很大的改善。鉴于目前还无法区分订购用户是企业还是个人消费者，因此两者混合在一起统计。此外，这些数据通常还与每个国家的人口数量相关。

经合组织国家移动宽带的价格数据直接从网络运营商的网站上收集。一般至少覆盖两家最大的移动网络运营商，合计拥有50%以上的市场份额（按用户数量计算），包括3G和4G移动电话服务，以及后付费、预付费和仅使用SIM卡费用等付费形式。同时包含数据和语音的服务与只包含数据的服务分开统计，但不包括手机本身提供的服务。服务类型一般是运营商网站上明确公布的在全国最大的城市中所提供的包月服务。更多信息详见OECD宽带一揽子价格方法（OECD，2017）。此外，国际电信联盟还从运营商网站收集移动宽带服务的收费数据，关注重点是很多非经合组织国家流行的预付费服务：https：//www.itu.int/en/ITU-D/Statistics/Pages/definitions/ pricemethodology.aspx（见图3-6）。

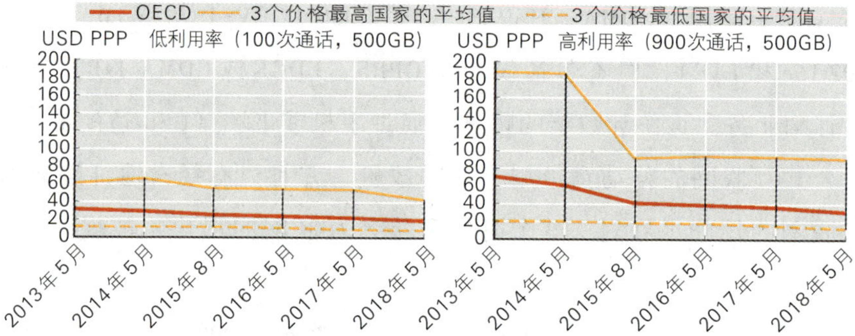

图3-6 OECD移动宽带月订购价格的趋势（2013—2018年）

OECD平均价格最高及最低的3个国家之间的平均值和价差

Source：OECD calculations based on Strategy Analytics Ltc. Teligen Tariff & Benchmarking Market data using the OECD Methodology，https：//www.strategyanalytics.com，June 2018.

StatLink https：//doi.org/10.1787/888933929585

3.3 速度

接入速度决定了企业和消费者能够使用哪些互联网应用程序。就个人（消费者）服务而言速度差别很大，大多数消费者订购的固定宽带速度已经超过10 Mbps。但仍有相当一部分固定宽带速度还在2 Mbps到10 Mbps之间。截至2017年，经合组织国家最为先进的官方下载速度为10 Gbps（10 000 Mbps），但只有少量消费服务能提供该级别的下载速度。在采用了光纤入户技术或有线宽带网络已升级的国家，销售1 Gbps的网络宽带产品越来越普遍。在日本、韩国等人口密度较高的国家和美国越来越多的城市中尤为如此。运营商之间在基础设施方面的竞争激烈，而选择批发式的网络服务零售供应商之间也存在竞争，因此Gigabit级别速度的业务产品最常见。

商业用户、教育机构和公共部门通常可以获得定制的高速宽带产品，如在特定地点的专用线路。但这些服务的订购情况在现有统计资料中无法单独加以区分和分析。

经合组织的许多国家正在实施国家宽带战略，为速度和覆盖范围设定目标。100 Mbps及以上的目标越来越普遍；到2020年，美国的目标是80%的家庭宽带速度达到100 Mbps以上，而挪威和奥地利的目标是分别达到90%和99%的家庭宽带覆盖率。在澳大利亚，"国家宽带网络"的目标是到2020年向所有场所提供大于25 Mbps的下载速度峰值。一些较小国家制定了更高的速度目标：卢森堡的目标是到2020年所有企业和家庭的连接速度达到1 Gbps，瑞典的目标是到2025年宽带覆盖率达到98%（OECD，2018a）。战略实施而产生的影响也将反映在互联网速度指标的变化上。

即使是在网络连接速度达到1 Gbps以上的国家，要把这样高的速度普及到所有地区仍然是一个挑战。用户体验的实际速度低于运营商公布的速度是常见的情况。衡量互联网速度有不同的方法，而且每一种方法都有各自的限制条件和注意事项。因此综合多种渠道以获得全面的速度性能很重要。Ookla和M-lab提供的测量方法可帮助用户自行测试连接速度，为与合同约定速度数据进行对比提供了补充措施。瑞士84%的用户订购的宽带速度超过100 Mbps，而在瑞典和葡萄牙，该比例超过60%。

在瑞典和瑞士，使用Ookla测量到的平均网速刚刚超过100 Mbps，而葡萄牙略低（70 Mbps）。M-lab的测量速度通常较低。总体来说尽管资料还不够全面，但上述方法为全面评价用户的实际宽带速度提供了一种更细致的补充。

你知道吗？

在欧洲，瑞士、瑞典、葡萄牙和比利时拥有的快速宽带接入最多，超过50%的连接速度高于100 Mbps。

定义

互联网速度与1秒钟内通过网络的数据量有关。数字数据最基本的单位是“位”（二进制代码中的0或1）。1千位是1 000位，1兆是1 000个千位，1千兆是1 000个兆位。因此，速度用千比特每秒（Kbps）、兆比特每秒（Mbps）和千兆比特每秒（Gbps）来表示。

可测性

以上数据重点关注的是下载速度（从互联网流向用户设备的数据）。这是一个有关数据可用性的函数，而且也是使用最广泛的网络速度性能衡量指标。但数据反向传输的速度（上传速度）和可靠性也是反映网络整体连接质量的重要因素。对于越来越依赖大量数据和双向流动的数字产品（例如，采用云计算服务或物联网设备）的企业尤为重要。

运营商广告上宣传提供给消费者的速度和用户实际体验到的速度之间存在潜在的差距。监管机构收集相关广告中标明的宽带订购业务下载速度信息，然后将这些信息汇总，以展示按速度等级验证标准划分的订购宽带速度——这是一种“理论”上的订购宽带速度。有必要选择速度等级，因其有助于分析和反映运营商广告速度随时间增长的情况。经合组织宽带门户网站上提供了这些指标：http：//oe.cd/broadband（见图3-7至图3-9）。

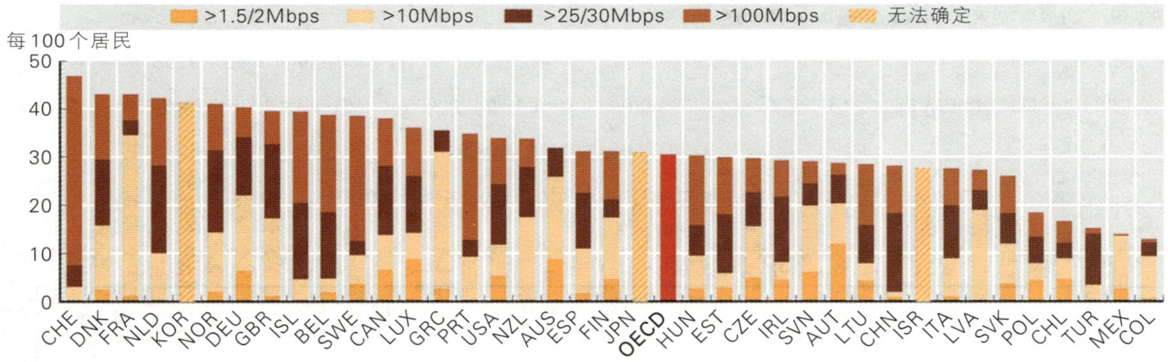

图3-7 按合同约定速度等级的固定宽带订购（2017年12月）

每100个居民

Source：OECD，Broadband portal，http：//www.oecd.org/sti/broadband/broadband-statistics and ITU World Telecommunication/ICT Indicators Database，September 2018.

StatLink https：//doi.org/10.1787/888933929604

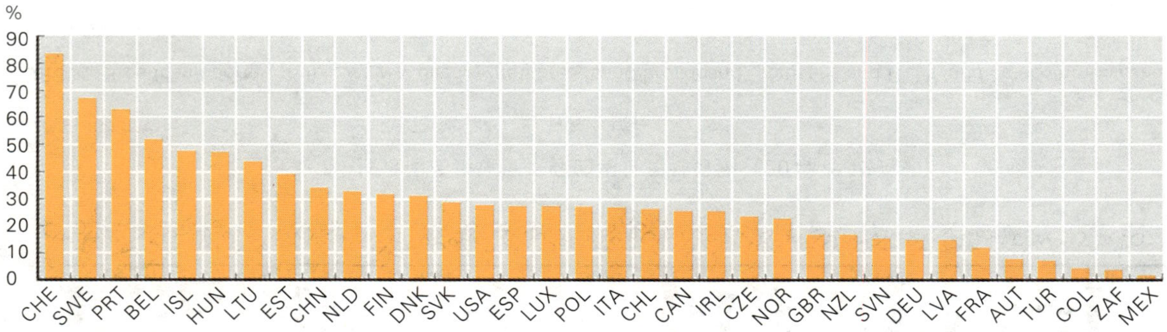

图 3-8　合同约定速度在 100 Mbps 以上的固定宽带订购（2017 年 12 月）

占固定宽带订购的百分比

Source：OECD，Broadband portal，http：//www.oecd.org/sti/broadband/broadband-statistics and ITU World Telecommunication/ICT Indicators Database，September 2018. See chapter notes.

StatLink https：//doi.org/10.1787/888933929623

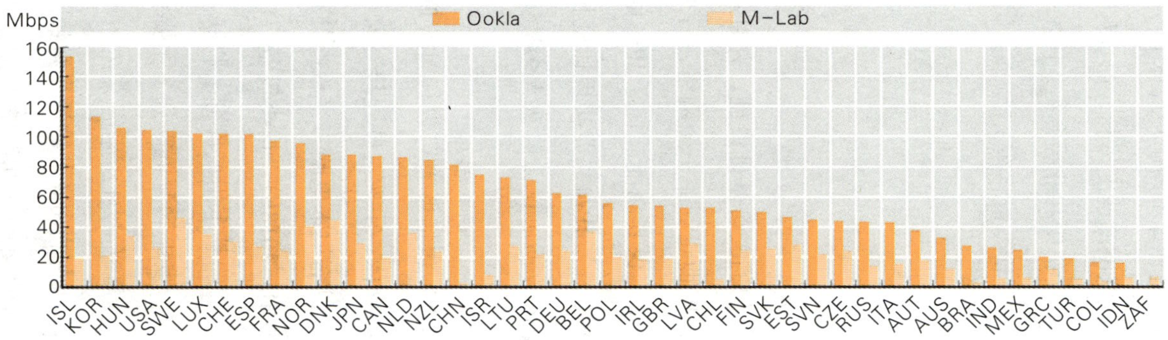

图3-9　固定宽带连接的平均下载体验速度（2018年）

Ookla、M-lab 测量方法

Source：OECD，based on Ookla，October 2018 and M-Lab（Worldwide broadband speed league）as measured between June 2017 and May 2018.

StatLink https：//doi.org/10.1787/888933929642

很多工具可以提供关于体验下载速度及其他类似服务质量的参数。Ookla测试反映了可在“网上”实现的有线或无线宽带速度，而M-Lab网络诊断测试主要用于识别互联网瓶颈，而不是计算不同用户群体上传和下载速度的平均值。两者都无法完全代表整个互联网的速度体验，而且对互联网速度也只能提供局部的观点。不过它们为经合组织和非经合组织国家提供了一些有用的补充指标。包括速度在内的宽带质量衡量将在3.7节深入阐述。

3.4　互联网基础设施

互联网是企业、个人和公共部门的关键基础设施，并且正在持续快速地发展和扩张。互联网最初是为研究而设计的一个网络，后来由于商业化和扩展的要求需要更新数据协议以确保其功能。由于IPv6能提供更大的地址空间，因此1999年开始用IPv6替换IPv4，但实现速度相对较慢。比利时约50%的互联网流量使用IPv6数据协议，但在大多数国家这一比例似乎只有20%或更少（见图3-10）。

物联网（Internet of Things，IoT）包括所有可以通过互联网（无论是否有人的参与）改变状态的设备和物体。虽然这些连接对象可能需要“传统互联网”中的一部分设备参与，但笔记本电脑、平板电脑和智能手机并不包括在物联网的定义之中（OECD，2018b）。这类设备很快就将成为经合组织国家和其他国家人们日常生活的基本组成部分。物联网应用涵盖了卫生、教育、农业、交通、制造业、发电和配电等许多主要经济部门。物联网基础设施的一部分是机器对机器（M2M）通信。在经合组织经济体中，瑞典的手机普及率（每个居民拥有的SIM卡数量）是最高的，主要原因是瑞典提供和注册的M2M类型的SIM卡可供整个欧盟的公司使用。M2M SIM卡的数量正在快速增长，2014—2017年间，经合组织成员国的M2M SIM卡数量翻了一番（见图3-11）。

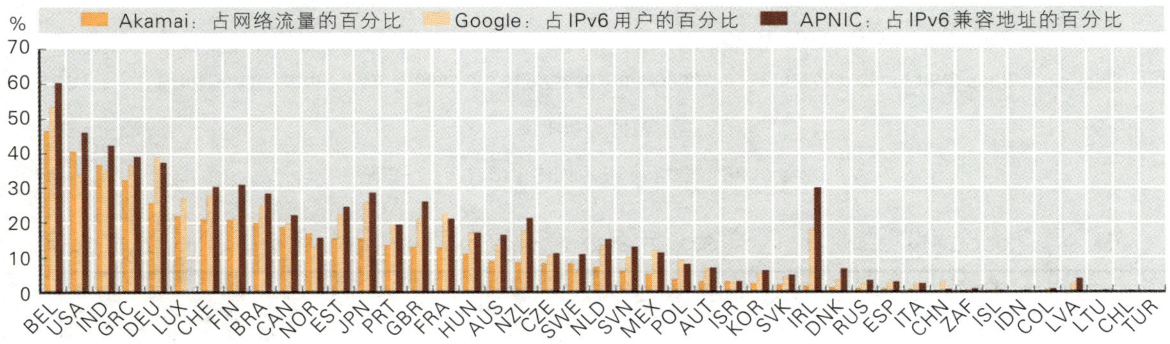

图3-10　各国使用IPv6的情况（2017年）

Source：OECD，based on Akamai，APNIC and Google data，2018. See chapter notes.

StatLink https：//doi.org/10.1787/888933929661

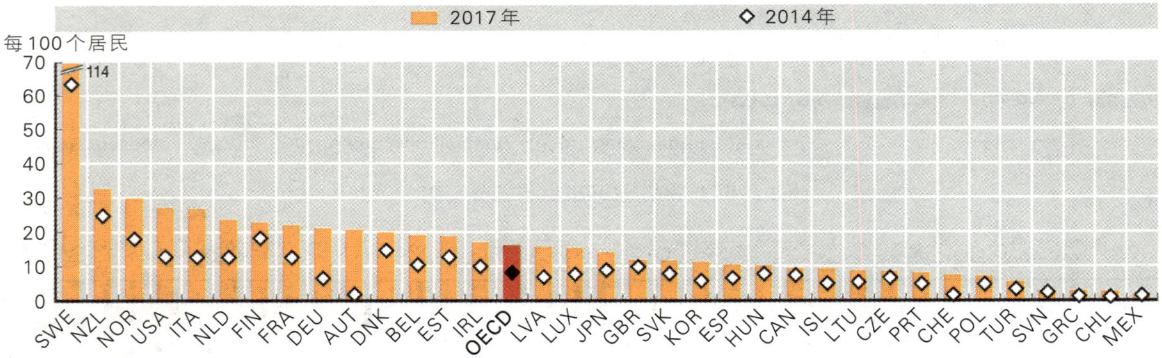

图3-11　M2M SIM卡的使用率（2017年）

每100个居民

Source：OECD，Broadband portal，http：//www.oecd.org/sti/broadband/broadband-statistics，September 2018. See chapter notes.

StatLink https：//doi.org/10.1787/888933929680

数字科技的迅速普及和对数字信息的依赖为保护敏感数据和确保网络通信机密性带来了新挑战。用于交易密码和信用卡号码等敏感信息的安全服务器是电子商务和其他许多在线活动的重要基础设施。根据2018年6月Netcraft的调查数据，2018年6月全球部署了3 260万台安全服务器（执行SSL/TLS协议），相比2017年6月的1 900万台增加了72%。2014年增速明显加快，同比增长20%左右。2018年美国安全服务器的数量最多（1 200万台），占全世界总数的37%，其次是德国（360万台，11%）和英国（160万台，5%）。与英国的服务器总数相比，英国的安全服务器比率也是最高的，2018年为33%，高于1年前的18%。然而相对于服务器总数来说，大多数国家的安全服务器比例仍然很低。例如，美国只有不到3%的服务器主机执行SSL/TLS协议，而经合组织国家安全服务器的比例平均只有3.2%。这只是网络安全的一个具体方面，更多指标可以参看第8章。

你知道吗？

M2M SIM卡是物联网的重要基础技术。2014—2017年，经合组织的M2M SIM卡订购量翻了一番。

定义

互联网协议（IP）由通过互联网所发送数据的规则和格式组成。最新的IPv6在1999年推出，比之前的IPv4提供了更大的地址空间（即可提供的Web地址潜在数量）。

移动网络上的M2M不包含在用户订购的产品中，这是一种供个人导航设备、智能电表、火车、汽车等机器和设备使用的SIM卡，用于移动数据和平板电脑的加密软件也不包含在内。

安全服务器是实现传输层安全（TLS）或安全套接字层（SSL）协议的服务器。互联网浏览器和Web服务器使用它们交换敏感信息。安全服务器依赖于证书颁发机构（如Symantec和GoDaddy等受信任的第三方），由机构颁发包含公钥和所有者信息的数字证书，机构还能确认给定的公钥属于哪个特定网站（见图3-12）。

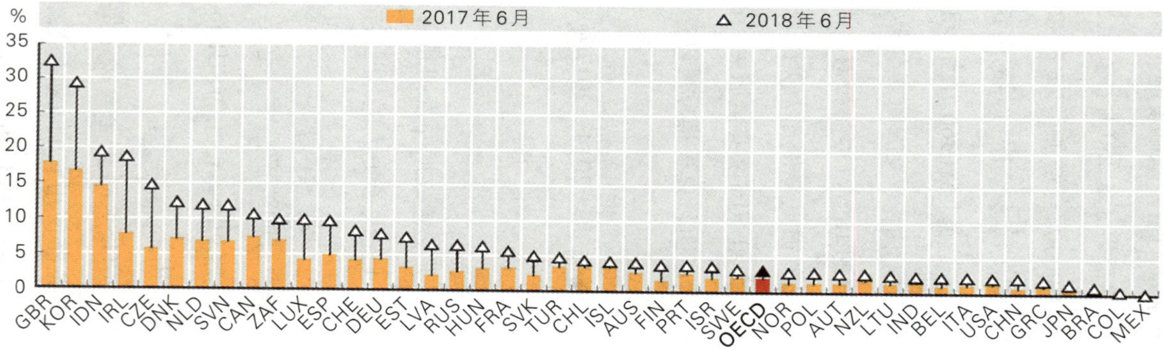

图 3-12　按所在国分类的Web服务器使用数字证书情况（2018年6月）

每个国家使用TLS/SSL的互联网主机的百分比

Source：OECD，based on Netcraft，www.netcraft.com，July 2018. See chapter notes.

StatLink https：//doi.org/10.1787/888933929699

可测性

要想衡量一个不断发展的过程，比如全球范围内各个国家采用IPv6的进程，就需要使用不同的方法来评估互联网的不同部分（OECD，2014）。这些数据提供了一些补充信息，如通过使用IPv6传输的Akamai内容分发网络（Content Delivery Network，CDN）的流量比例，通过IPv6访问谷歌的用户比例，以及APNIC和其他兼容IPv6的区域互联网地址注册中心所提供的互联网地址的比例等。总之，尽管这些补充性信息分别只提供了局部的信息，但综合在一起为采用IPv6提供了一个多方位的全局视角。

经合组织宽带门户网站（http：//oe.cd/broadband）根据经合组织国家通信监管机构和官方统计机构提供的信息发布了主要的电信市场指标。目前经合组织大多数国家在这一系列指标中都提供了M2M SIM卡的相关数据。

Netcraft每月使用电子工具对公共安全网站（不包括安全邮件服务器、内部网和非公共外联网网站）进行安全服务器调查，以确定公共服务器是否已实施TLS或SSL协议。

3.5 宽带普及性

家庭宽带连接是人们获得信息和服务的一个指标。宽带接入存在差异的部分原因是由国家内部的城乡差距造成的，特别是在人均收入较低的国家更为明显。城乡之间在宽带接入方面的差异可能有多种原因，包括固定宽带网络没有延伸到某些农村地区（缺乏可用性）、农村地区的普及率较低等，这些原因可能与提供服务难度较大地区的宽带价格较高、收入较低等因素有关，也可能与宽带质量（速度、延迟、可靠性等）的差异有关。更多信息见第3.7节。

来自监管机构的信息显示，在经合组织的许多国家里，30 Mbps以上的固定宽带不太可能覆盖到农村家庭，因此购买也就没有可选性。但只有达到这样的速度才足以支持对网速要求较高的高清视频等日益普及的应用程序。而在一半的国家，能地处这种高网速地区的农村家庭还不到50%。国家大小、拓扑结构和人口分布等都是重要因素。在卢森堡和荷兰，无论是位于城市还是位于农村，几乎所有家庭的宽带都达到了30 Mbps以上。在日本和韩国，1 Gbps的速度在城市和农村地区都很普遍。然而芬兰和瑞典等国家由于地处广阔而人烟稀少的山区，因此农村高速宽带的可用性要低得多。法国的这一情况尤为突出，2017年30 Mbps以上的固定宽带家庭覆盖率只有52%（见图3-13）。

家庭ICT使用调查通过对家庭购买宽带连接服务的统计数据提供了一个不同视角。但这些数据包括了官方网速低于30 Mbps（最低为256 Kbps）的宽带订购。调查结果显示，在经合组织的许多国家中，城市和农村家庭对这种连接的接受和采用程度大致相当。然而在其他一些国家这一差距仍然很大：在巴西，城市家庭接入宽带的数量是农村家庭的2倍；在希腊和葡萄牙，城市家庭的接入比例比农村家庭超出了20个百分点。自2010年以来，这些国家和其他国家的城市及农村宽带覆盖率都出现了显著增长（见图3-14）。

综合来看，这些统计数据反映出经合组织国家的城乡家庭对网络连接的需求大致相同。然而农村地区的上网速度往往比城市地区慢，这有可能对农村家庭和企业从互联网连接中受益的途径有所限制。

目前绝大多数企业都使用信息通信技术。2018年，经合组织国家平均92%的企业订购了宽带业务。然而速度为30 Mbps以上的比例通常要低得多。例如，欧盟企业拥有30 Mbps以上宽带的比例不到一半，欧盟小型企业的该比例只有40%。尽管如此，自2011年以来，所有国家订购30 Mbps以上宽带的企业比例至少翻了一番。

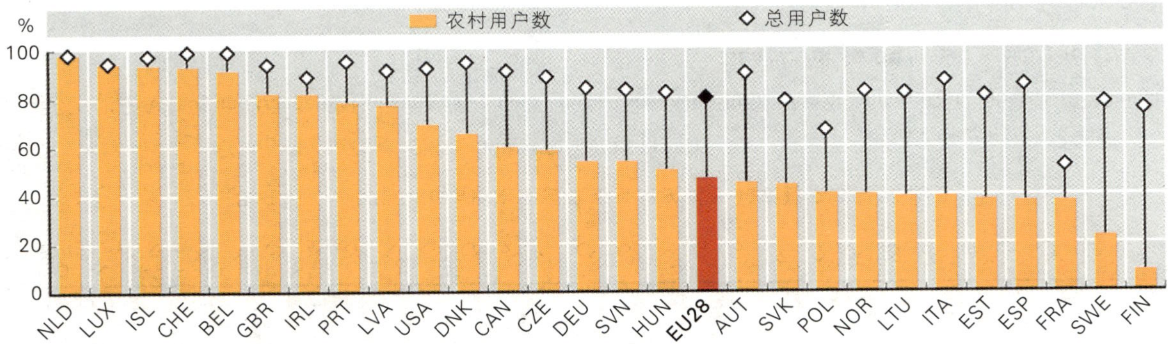

图3-13　固定宽带合同速度为30 Mbps以上可覆盖地区的家庭比例，总用户数及农村用户数（2017年）

Source：OECD calculations based on CRTC，Communications Monitoring Report，2017（Canada）；EC，Study on Broadband Coverage in Europe 2017（European Union）and FCC，2018 Broadband Deployment Report（United States）. See chapter notes.

StatLink https：//doi.org/10.1787/888933929718

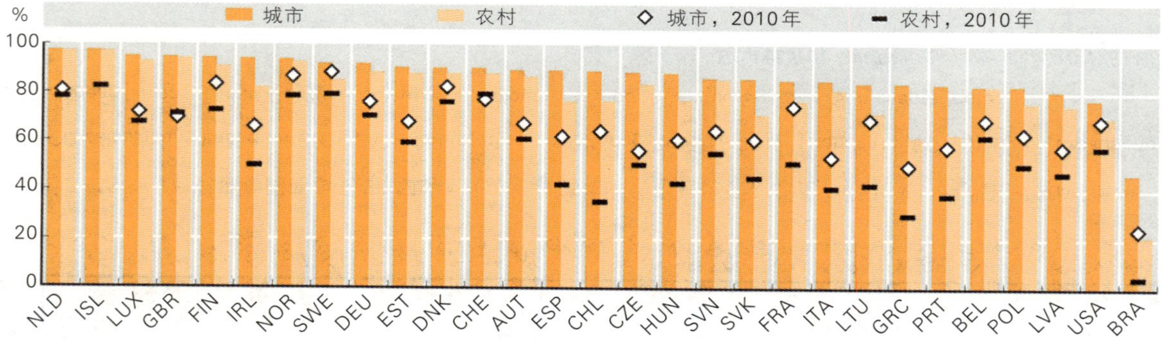

图3-14　拥有256 Kbps以上速度宽带连接的城市和农村家庭（2018年）

占每一类家庭的百分比

Source：OECD，ICT Access and Usage by Households and Individuals Database，http：//oe.cd/hhind，December 2018．See chapter notes.

StatLink https：//doi.org/10.1787/888933929737

你知道吗？

在许多经合组织国家，不到一半的农村家庭位于可提供30 Mbps或更高速固定宽带的地区。

定义

可用性表示在家庭用户自愿的前提下可提供30 Mbps及以上速度的固定商业宽带线路的可能性。

宽带连接指家庭或企业订购的固定线路宽带服务（即官方速度为256 Kbps或以上）。固定宽带包括DSL、有线、光纤到户（FTTH）、光纤到楼（FTTB）、卫星、地面固定无线和其他固定有线技术。

根据经合组织的区域类型定义（Brezzi et al.，2011），如果超过50%的人口居住在人口密度低于150人/平方千米的地区，则该地区被划分为农村地区；如果低于15%的人口居住在人口密度低于150人/平方千米的地区，则该地区被划分为城市地区。在日本和韩国，这个阈值为500人，因为这两个国家的全国平均人口密度超过了300人/平方千米。

企业规模等级的定义为：小型企业（10~49人）、中型企业（50~249人）、大型企业（250人以上）。

可测性

关于宽带可用性的信息由通信监管机构收集和报告。

家庭及企业宽带连接的数据通过ICT使用情况调查采集。尽管与来自监管机构的宽带订购数据相比，这些调查不太适用于收集具体的技术细节，但可收集有用的环境细节。这些调查一般每年进行一次，但澳大利亚和加拿大的频率更低一些。经合组织鼓励通过家庭和个人ICT接入及使用模式调查（OECD，2015a）以及企业获取和使用信息及通信技术模式调查（OECD，2015b）中的指导方针积极收集该领域的可比性信息（见图3-15）。

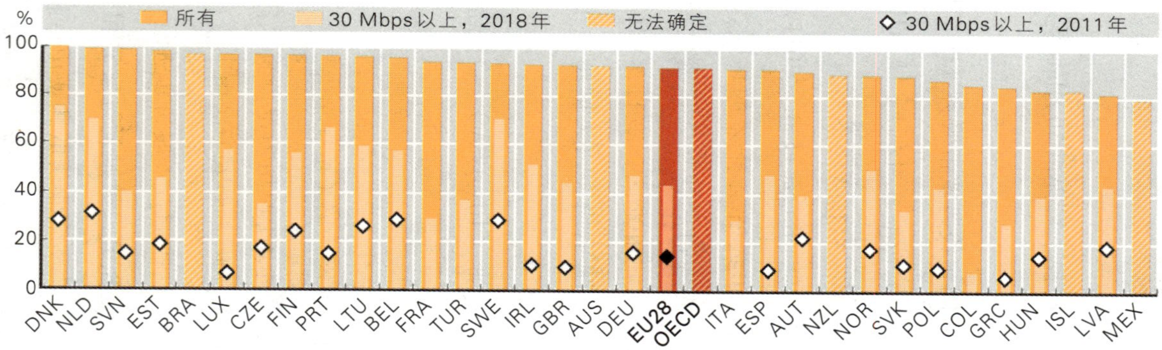

图3-15　企业宽带的连接速度（2018年）

占所有企业的比例

Source：OECD，ICT Access and Usage by Businesses Database，http：//oe.cd/bus，December 2018. See chapter notes.

StatLink https：//doi.org/10.1787/888933929756

经合组织的区域类型仅基于人口密度，但不能区分是人口密集的中心地区还是偏远地区。为了考虑这些差异，在研究中将其扩展并列入了一个附加标准：某地区50%的人口到达人口中心所需的驾车时间（Brezzi et al.，2011）。目前，这种扩展后的调查方法仅针对北美和欧洲地区展开。

3.6 路线图：物联网的衡量

为什么需要衡量物联网的指标?

“物联网”（IoT）指的是随着时间的推移，互联网上日益增多的设备和物体连接。随着固定网络与移动网络、电信与广播之间的融合，物联网代表着未来ICT与经济和社会的融合。与以往新兴技术的发展类似，物联网有望为进一步的创新、增长以及社会繁荣作出实质性贡献，决策者和其他利益方需要证据为未来几年内的决策提供信息。为此《坎昆宣言》（https：//oe.cd/DigitalEcoDeclaration）邀请经合组织进一步就物联网等新兴技术合作开展工作，使各国能够充分利用这些技术的优势，并加强国际可比性统计数据的收集（OECD，2016）。

挑战是什么?

物联网预计将呈指数级增长，并能在相对较短的时间内连接数十亿台设备（OECD，2015）。在许多家庭和工作场所将出现与能源管理、安全、娱乐、交通、健康、制造和其他活动相关的物联网设备。因此一个关键性问题是，对于政策决策者最具意义的物联网要素应该如何进行优先衡量。例如，当物联网应用于制造业时，也被称为“工业4.0”，决策者不仅希望知道有多少机器人在运行，还希望知道有多少机器人连接了物联网。此外，对于自动驾驶车辆，决策者不仅需要知道有多少单元连接在一起，还需要知道这些单元对通信基础设施的潜在需求，如大量数据的流动需求。

例如，一辆完全自动驾驶的汽车所产生的数据可能远远超过数千名移动用户所产生的数据总量，因此可能对蜂窝频谱、数据中心位置、更快的宽带接入要求和响应能力等方面的决策产生深远的影响。自动驾驶汽车和其他技术也会带来隐私和安全方面的问题（如位置跟踪技术和摄像头等），还有互操作性、编码和标准化等问题。因此物联网的统计定义和指标应尽可能支持这些不同的政策领域和目标。

除了通信基础设施需求增长的信息外，需要衡量的另外一个关键问题是物联网对生产力、GDP和发展的影响。为了评估物联网对GDP的影响，制定关于物联网规模的适当指标是很重要的。美国经济分析局（BEA）明确指出了这一点，并尝试衡量数字经济对GDP的影响（Barefoot et al.，2018），但其中的物联网组件难以衡量，因为定位连接设备等“数字”组件的复杂性和固有的不易检测属性使得计算附加值的工作难以进行。

国际行动的选择

为了发展物联网的衡量，首先必须给出一个明确的定义。经合组织对物联网的定义如下：物联网包括所有可以通过互联网改变状态（无论是否有人的参与）的设备和物体。虽然这些连接对象可能需要“传统互联网”中一部分设备的参与，但笔记本电脑、平板电脑和智能手机不包括在物联网的定义之中（OECD，2018b）。

鉴于不同类型的连接设备有不同的网络需求，经合组织还开发了一个物联网分类框架。那些关键的物联网应用，如远程手术和自动化车辆等需要高可靠性和低延迟性（计算机优化中的最小延迟）连接，而用于农业的传感器可能对延迟或网络速度不那么敏感。尽量考虑子类属性（如大规模机械化通信及关键物联网），这样的做法既符合经合组织国家对物联网国家（如来自法国、日本、韩国、葡萄牙）信息的需要，也与其他发展物联网业务的利益相关者（如爱立信和思科）衡量物联网的方法一致（见图3-16）。

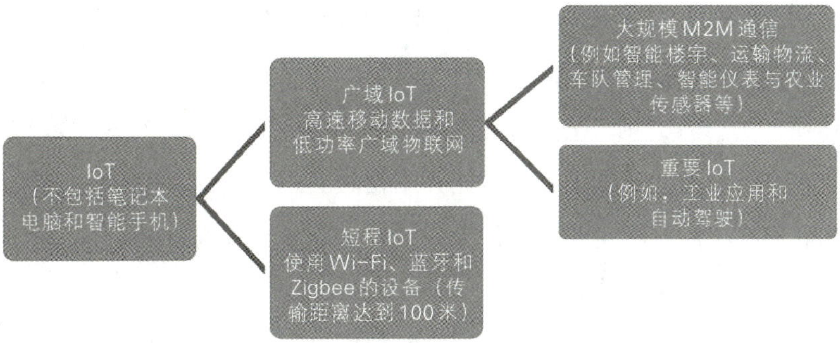

图3-16　用于衡量目的的OECD物联网分类

Source：OECD，2018.

数据收集的关键问题之一是确定最佳数据来源。例如，有关机器人的连接数据是一个关键挑战：机器人生产商和连接供应商都可能有相关数据，但如何确定使用哪一个数据源或者如何同时使用这两种数据？关于自动驾驶汽车的信息也可以通过国家车辆登记机构、汽车生产商或网络供应商获得。到目前为止，经合组织已经收集了蜂窝无线网络中机器对机器（M2M）连接数量的相关数据。然而随着物联网设备越来越多地基于互联网协议（IP）以及其独立性平台（可在移动、固定和其他网络上运行），如何衡量此类设备的数量以及评估它们对通信网络的影响将日益成为挑战。

社会对物联网设备推广的兴趣及政策引导了家庭与企业ICT使用调查进行一系列问题设置。就家庭而言，兴趣主要集中在智能家电（澳大利亚、加拿大、欧洲国家、日本、韩国、墨西哥和美国）和可穿戴设备（日本和韩国）的使用。调查存在的主要问题是家庭调查能否作为跟踪物联网设备使用发展的可靠数据来源，因为受访者可能对自己的设备是否处在连接状态并不知情。

ICT商业使用调查的重点是与RFID相关的问题（澳大利亚、欧洲国家、韩国和日本）。一种很有潜力的衡量方法是对企业使用先进技术情况进行调查，如加拿大统计局的先进技术调查（SAT）。这类调查提供了一个非常独特的机会，一方面可以对先进技术与商业实践应用之间的联系进行建模，另一方面则为先进技术与创新行为之间的联系进行建模。[①]在基于技术进行分类的基础上，才可能介绍物联网相关的技术和应用问题，分析物联网在不同规模企业和部门中的推广，以及物联网和商业实践对企业创新及绩效的共同影响。

除了统计调查之外，广泛的物联网应用也为衡量提供了新的机会，比如物联网搜索引擎可以扫描互联网上连接的设备，由“智能仪表”生成来自传感器的数据，以及无人驾驶汽车之间相互传输的数据。

参考文献

Barefoot, K., D. Curtis, W. Jolliff, J. R. Nicholson and R. Omohundro (2018), "Defining and Measuring the Digital Economy", *Bureau of Economic Analysis Working Papers*, 3/15/2018, https://www.bea.gov/system/files/papers/WP2018-4.pdf.

OECD (2018), OECD (2018), "IoT measurement and applications", *OECD Digital Economy Papers*, No.271, OECD Publishing, Paris, https://doi.org/10.1787/35209dbf-en.

OECD (2016), "Ministerial Declaration on the Digital Economy ('Cancún Declaration')", The Digital Economy: Innovation, Growth and Social Prosperity, 2016 Ministerial Meeting, 21-23 June, Cancun, Mexico, www.oecd.org/sti/ieconomy/Digital-Economy-Ministerial-Declaration-2016.pdf.

OECD (2015), OECD Digital Economy Outlook 2015, *OECD Publishing, Paris*, http://dx.doi.org/10.1787/9789264232440-en.

① 2014年SAT调查收集了先进材料处理、供应链和物流技术（包括RFID技术）等方面的数据，先进的商业智能技术（包括软件即服务）数据，先进的设计和信息控制技术（包括传感器网络和集成）数据以及先进的加工和制造技术（包括带有传感和视觉系统的机器人）数据。

3.7 路线图：宽带质量的衡量

为什么需要宽带质量指标？

了解宽带连接的实际性能（即宽带质量）对于达到消费者、决策者和监管机构的各种目标要求都至关重要。宽带性能是消费者作出明智选择的基本性能指标，因为它反映了用户体验到的质量，并使用户能够评估官方速度和实际速度之间的差异。对于决策者和监管机构来说，能够评估宽带性能至关重要，因为可以借此确保在线服务的可访问性，确定服务能否达到其整体市场发展的目标（如竞争力、覆盖范围等）。经合组织2012年的任务是评估稳健数据集的可用性，并将其用于完成随时间而变化的同类比较，除此以外经合组织还致力于保障实现长期范围内衡量速度与其他服务质量之间的协调发展（OECD，2012）。

衡量宽带连接质量的一个关键指标是下载和上传速度。其检测可以参考广告速度（服务商对可达的最大理论速度的描述）或实际的体验速度。虽然在经合组织国家宽带较为普及，但在用户可用的速度以及用户可从中受益的应用程序方面存在着巨大差异。为了反映这些差异，经合组织宽带门户网站（https：//oe.cd/ broadband）提供了按速度等级分类的固定宽带订购数据，订购的宽带速度最低为256 Kbps，最高在100 Mbps以上。但这是广告中的速度而并非实际体验的速度，一般来说用户实际体验的速度可能要低得多。

除了宽带速度，其他诸如延迟或数据包的丢失等质量因素也变得越来越重要。一项质量指标是延迟。它是指网络上两个设备之间的信息传输时间，是决定许多高级应用程序效果的关键，如虚拟现实和增强现实、远程机器人、全自动车辆和触觉技术（存在于远程手术和工业物联网应用程序中）。这些都需要超可靠的宽带质量。在这方面，无论是启用第五代（5G）宽频无线网络或是扩大移动和固定网络所需的固定通信回程部署（例如光纤），都将有助于满足上述技术日益增长的需求。另一项质量指标是数据包丢失，这种情况在无线网络中更为常见并且会极大影响网络的可靠性，从而影响远程手术或空中交通监控这类需要无差错实时交付的关键服务。除了安全因素和在灾难发生时网络的鲁棒性之外，这些因素还影响着数字服务接入和应用的方式，进而影响企业和消费者所产生的价值。因此宽带质量的全面评估应该包括这些因素。

一个关于通信网络协同质量评价的例子来自韩国的国家信息协会（NIA）。评价的重点主要是覆盖范围和速度，包括通信网络在沿海、山区或海上航线等具有挑战性的环境中的连接速度。它还包含了监管机构的官方测试、运营商的自我评估和用户质量评估等多种视角。

此外，还应在不同的“访问划分”范围内分别对质量加以考虑，如不同规模的企业之间，或不同收入或地点的家庭之间。因为如果不考虑质量，在许多国家城市和农村地区宽带普及率的差距看起来似乎很小。事实上，在一些国家，如卢森堡、挪威和英国，农村家庭比城市家庭更有可能使用宽带。然而有证据表明，尽管近年来农村地区的网络连接取得了很大的进步，但连接速度仍然相对较慢，并且比起城市地区的连接更不可靠（见第3.5节）。由于已经认识到以上现状对经济和社会进一步发展的限制，经合组织的多个国家已经在国家宽带战略或区域发展战略范围内制订计划，以缩小城乡之间存在的数字鸿沟。为了更具体地评估各国内部和各国之间的数字鸿沟，必须提供有关宽带连接质量方面的可比性资料。

挑战是什么？

经合组织宽带订购的统计数据显示，通信运营商宣传的下载速度可能与用户体验到的平均速度全然不同。因此对速度全面而细致的评估需要包含多个角度和来源，包括连接技术（例如光纤）、用户类型（例如零售或商业）和用户实际体验的速度指标等信息。

经合组织收集有关连接技术的信息，但与其他指标一样，目前还无法区分企业和零售客户。经验速度的指标可从以下的市场参与者处获得：内容分发网络（如Akamai）、在线服务提供商（如Netflix）、在线速度测试工具（如Ookla和M-Lab，见第3.5节），以及其他运营互联网关键组件的公司。这些数据可以提供所有类型用户的概况，但每个数据都只能提供关于宽带体验速度和互联网综合体验的部分观点。

此外，并不是所有经合组织国家都有关于农村和偏远地区高速宽带网络可用性的统计数据。尽管“国家宽带地图”很有用，但如果能够获得农村和城市地区速度分级覆盖的数据，将更有助于进行跨国比较，并有助于对宽带接入质量存在的差距进行有意义的评估。

关于服务可靠性的更广泛和更细致的信息（例如中断、数据包丢失率等）并不可用。

新的机遇出现在“众包”和数据公开方面，因为这些方式能够通过向消费者提供前所未有的信息而赋予他们权力。然而这些来源无法一直为特定政策和监管目标提供所需的信息。由于影响结果的因素很多，在获得和接受国际一致性协议的道路上，衡量宽带质量比衡量电信业务订购面临更大的潜在障碍。

国际行动的选择

2014年6月，作为2012年宽带衡量研讨会的后续工作，经合组织发布了一份关于接入网速检测的报告（经合组织，2014）。报告研究分析了迄今为止官方速度检测的相关方法及其优缺点、新型测量方法的优点，以及在经合组织国家采用统一测量方法所面临的挑战。经合组织国家的网络速度测试可参看以下链接：http：//www.oecd.org/internet/speed-tests.htm。

在此基础上，可以采集农村和城市地区速度分级覆盖率数据的典型案例（例如NIA，2017）并构建其他方面的模型，为调节指标提供标准。

还有一种方法是整理和比较来自第三方的信息，这些第三方有足够的规模来生成有用指标，以衡量世界各地不同网络的表现（如Akamai内容分发网络、Netflix流媒体体视频服务和STEAM等在线游戏服务）。此外，还可参考各个网络的速度数据和国家级别的汇总统计数据（经合组织，即将发布）。

参考文献

NIA(2017), *2017 Evaluation Report for the Quality of Communication Services*, Ministry of Science and ICT, https://iac.nia.or.kr/board_files/91/download. OECD (forthcoming), "Operators of the Future", OECD Digital Economy Papers, OECD Publishing, Paris.

OECD(2014), "Access Network Speed Tests", *OECD Digital Economy Papers*, No.237, OECD Publishing, Paris, http://dx.doi.org/10.1787/5jz2m5mr66f5-en.

OECD(2012), OECD Workshop on broadband metics(London, June 2012): Summary of recommendations, https://one.oecd.org/document/DSTI/ICCP/CISP(2012)13/FINAL/en/pdf.

注释

3.1 连接

图3-3 电信服务贸易限制指数（STRI）（2017年）

STRI指数的取值范围在0和1之间，1表示限制最严格。该指数值是根据STRI监管数据库计算的，该数据库的信息衡量以最惠国为基础，没有考虑特惠贸易协定。

3.2 移动连接

图 3-5 每项移动宽带订购业务的月平均移动数据使用量（GB）（2017年）

EU28指的是EEA（欧洲经济区），2015年EU28的数据用的是2016年第二季度的数据，2017年的数据用的是2017年第三季度的数据。其中2016年第二季度的数据包括欧盟国家和挪威，但不包括瑞典和英国。2017年第三季度的数据包括欧盟国家和挪威。

瑞士2017年的数据是基于经合组织的估算。

3.3 速度

图 3-8 合同约定速度在100Mbps以上的固定宽带订购（2017年12月）

中国和南非的数据来源于国际电联世界电信/ICT指标数据库。

3.4 互联网基础设施

图3-10 各国使用IPv6的情况（2017年）

Akamai：内容分发网络流量的百分比；谷歌：通过IPv6访问谷歌的用户百分比；APNIC：东南亚和大洋洲有效IPv6地址的百分比。

图3-11 M2M SIM卡的使用率（2017年）

匈牙利、拉脱维亚和墨西哥的数据是2015年而非2014年的。

瑞士2017年的数据是基于经合组织的估算。

图3-12 按所在国分类的Web服务器使用数字证书情况（2018年6月）

证书中的公共名称与主机名匹配，且证书的数字签名未被检测为自签名的站点。

3.5 宽带普及性

图3-13 固定宽带合同速度为30 Mbps以上可覆盖地区的家庭比例，总用户数及农村用户数（2017年）

农村地区：对欧盟国家而言，农村地区是指人口密度低于每平方千米

100人的地区。在加拿大，农村地区是那些人口密度低于每平方千米400人的地区。就美国而言，农村地区是指人口密度低于每平方英里1 000人或每平方千米386人的地区。

固定宽带覆盖：欧盟国家使用NGA技术（VDSL、FTTP、DOCSIS 3.0）覆盖，且能够提供至少30 Mbps的下载速度。在美国使用的固定地面宽带覆盖范围应可提供速度最低为25 Mbps的下载服务和3 Mbps的上传服务，数据是2016年的。

图3-14　拥有256 Kbps以上速度宽带连接的城市和农村家庭（2018年）

巴西的数据是2016年而非2018年的。地区根据NSO编制的地方立法被定义为城市或农村。所报告的数据覆盖城市（人口密集）和农村（人口稀少）。

智利的数据为2012年和2017年的。2012年，大城市（人口密集地区）是指人口密度在每平方千米500人以上、总人口在5万人以上连续分布的局部地区。农村地区是指不属于人口密集地区或连续分布的局部地区的中间区域。中间区域指的是密度超过100人/平方千米且不属于人口密集区域的连续分布局部地区，或者是总人口至少达到50 000人或邻近人口稠密区。

瑞士的数据是2012年和2017年的。

英国的数据是2009年而非2010年的。

美国的数据是2017年而非2018年的。人口密度类别是根据一个家庭在主要城市的位置、大都会统计区（MSA）的平衡与否划分的。为了保护被调查者的隐私，这些信息在公开数据集中已经重新进行了编辑。从2017年开始CPS附录不再分别询问家庭使用移动宽带的位置是在家里还是外面。取而代之的做法是只询问家庭是否有人在使用移动数据套餐（不考虑地点）。为了估算家庭移动宽带接入情况，被调查者的移动数据使用和居家互联网使用都包括在家庭使用情况中。

图3-15　企业宽带的连接速度（2018年）

澳大利亚的数据是2015/2016财年的，截至2016年6月30日。

巴西的数据是2016年的。宽带是按连接类型而不是下载速度来定义的。该定义包括：DSL、电缆调制解调器、光纤、无线电、卫星和3G/4G。

哥伦比亚的数据指的是企业使用的主要互联网连接类型的数据。

冰岛的数据是2014年的。

韩国的数据包括固定宽带和移动宽带的数据。

新西兰的数据是2015/2016财年的，截至2016年6月30日。

参考文献

Brezzi, M., L. Dijkstra and V. Ruiz (2011), "OECD Extended Regional Typology: The Economic Performance of Remote Rural Regions", *OECD Regional Development Working Papers*, No. 2011/06, OECD Publishing, Paris, https://doi.org/10.1787/5kg6z83tw7f4-en. OECD (2018a), "Bridging the rural digital divide", *OECD Digital Economy Papers*, No.265, OECD Publishing, Paris, https://doi.org/10.1787/852bd3b9-en.

OECD (2018b), "IoT Measurement and Applications", *OECD Digital Economy Papers*, No. 271, OECD Publishing, Paris, https://doi.org/10.1787/35209dbf-en.

OECD (2017), "Revised OECD Telecommunication Price Baskets", OECD unclassified document, DSTI/CDEP/ CISP (2017) 4/FINAL, http://www.oecd.org/sti/broadband/DSTI-CDEP-CISP(2017)4FINAL.pdf.

OECD (2015a), "Model Survey on ICT Access and usage by Households and Individuals". OECD publishing, Paris, https://www.oecd.org/sti/ieconomy/ICT-Model-Survey-Access-Usage-Households-Individuals.pdf.

OECD (2015b), "Model Survey on ICT Access and Usage by Businesses". OECD publishing, Paris, https://www.oecd. org/sti/ieconomy/ICT-Model-Survey-

Usage-Businesses.pdf.

OECD(2014),"The Economics of Transition to Internet Protocol version 6(IPv6)", *OECD Digital Economy Papers*, No.244, OECD Publishing, Paris. http://dx.doi.org/10.1787/5jxt46d07bhc-en.

第4章　提高有效使用率

4.1　用户成熟度

2018年，经合组织国家16~74岁的人群中86%是互联网用户，77%的人每天使用互联网，与2006年约58%的互联网用户和约36%的每日互联网用户相比，呈现出持续上升的势头。经合组织国家以外的互联网使用情况往往达不到如此普遍，巴西、中国和南非的上网人数不到60%，印度和印度尼西亚的互联网使用率不到40%。移动技术在推动互联网普及方面发挥了特别重要的作用，经合组织国家70%的用户通过移动设备访问互联网。欧盟28国由于“没有访问需求”（内容无用或无趣）而选择在家中不上网的家庭所占比例从2006年的20%下降到2017年的6%。

即便是在经合组织国家和社会群体之间互联网的使用情况仍然存在很大差异。2018年，冰岛、丹麦、挪威和卢森堡的16~74岁人群中互联网用户所占比例超过97%，而墨西哥和土耳其只有约70%的人使用互联网。在印度尼西亚和印度这一比例约为30%。在智利、韩国和冰岛，几乎所有的互联网用户每天都上网，而如此频繁地使用互联网在日本和波兰并不常见（见图4-1）。

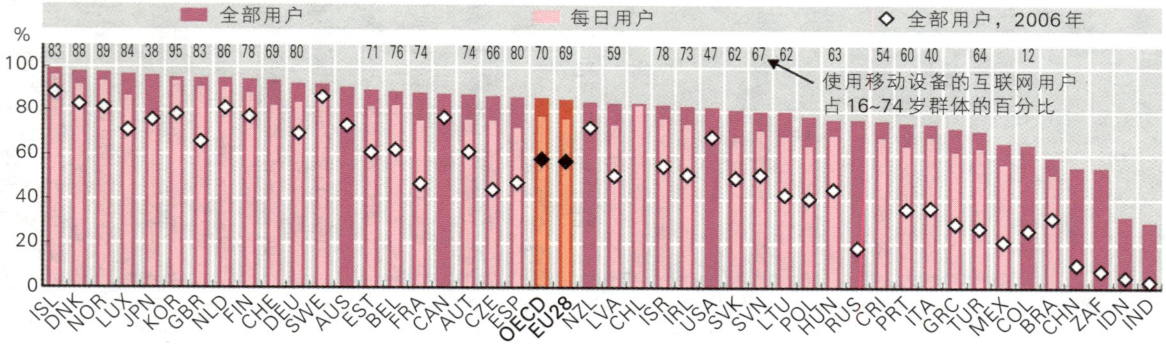

图4-1　全部、每日和移动互联网用户（2018年）

占16~74岁群体的百分比

Source：OECD，ICT Access and Usage by Households and Individuals Database，http：//oe.cd/hhind；Eurostat，Digital Economy Statistics；ITU，World Telecommunication/ICT indicators Database and national sources，December 2018. See chapter notes. StatLink contains more data.

StatLink https：//doi.org/10.1787/888933929775

各国通过互联网开展的活动类型差异很大，这与各国不同的制度、文化、经济因素、人口年龄和受教育程度有关。使用互联网从事较复杂活动的情况也因国家而异，并受对在线服务的熟悉程度、信任度和技能等诸多因素的影响。尽管英国和荷兰等国家在线购物更为流行，但在所有的经合组织国家中最主要的网络活动是社交，在德国、瑞士和法国尤为如此。几乎所有国家2018年的网购比例都高于2010年。尤其是在调查初期接受网购程度较低的墨西哥等国家，这一增长趋势最为显著。

个人在互联网上从事活动的次数和复杂性可以体现他们作为互联网用户的成熟度。该项指标是根据欧洲共同体统计局为欧洲统计系统各国提供的独立微观数据得到的。在样本所涉及的大多数国家中，2016年超过半数的人对互联网进行了“复杂而多样的使用”，包括电子金融、在线学习和与创意相关的活动（如上传原创性内容）。然而在波兰和意大利进行此类活动的个人则不到40%。尽管互联网的使用日益普及，但各国在互联网使用的多样化和复杂性方面存在着显著差异，这揭示了在互联网使用方面存在的数字鸿沟。

你知道吗？

在经合组织国家超过3/4的人每天使用互联网，2/3的人使用互联网进行网上购物。

定义

互联网用户是指在接受调查前3个月内有上网经历的人。不同国家的调查时间不同（见本章注释）。每日用户指的是在不包括假期在内的常规一周内每天访问互联网的个人。

云存储是使用互联网作为存储空间以保存用于私人目的的文件。内容创作是指在社交网络等共享网站上传自己创作的内容。

在互联网上从事多样性和复杂性活动的个人：平均而言开展活动最多样复杂的个人（在调查提供的11种网络活动中参与了超过8

种活动）。在这些人参与的活动中电子金融、在线学习和与创意相关的网络活动占据了大多数，其中一些相对更复杂的网络活动则由少数人完成。

可测性

互联网使用和在线活动等数据通常是通过对家庭ICT使用情况的直接调查而收集的。调查询问了被调查者在调查时间内是否进行过某些特定的活动。OECD针对家庭和个人信息通信技术接入和使用的模式（OECD，2015a）进行了广泛的调查活动。一般建议调查时间为3个月（受访者在接受调查前3个月内已进行过网络活动）；但有些国家使用更长的调查时间或没有设置有效调查时间（见图4-1）。

欧洲共同体关于家庭和个人使用信息通信技术的调查提供了有关个人在线活动的信息。这些活动可分为11个主要领域：通信、社交网络、获取信息、娱乐、创意、学习、电子健康、电子银行、电子金融、电子政府和电子商务。因互联网的多样化和复杂性，在其使用过程中分为不同使用个体类别，可采用k-means聚类算法根据个体在线活动的相似性对其进行分组辨识。在整个经合组织国家的样本集上运行该算法，数据来源于“欧洲共同体关于家庭和个人使用ICT的调查”（2016）（见图4-2、图4-3）。

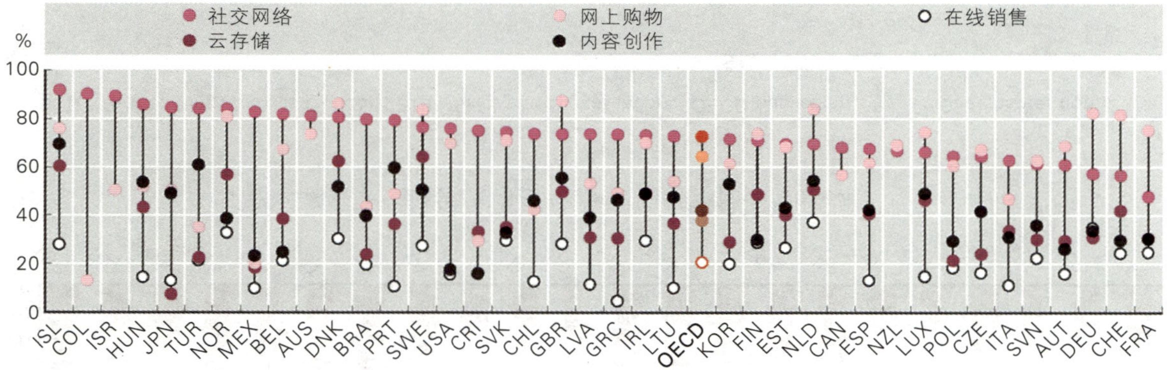

图4-2　特定在线活动互联网用户的增长情况（2018年）

占互联网用户的百分比

Source：OECD，ICT Access and Usage by Households and Individuals Database，http：//oe.cd/hhind，December 2018．See chapter notes.

StatLink contains more data.

StatLink https：//doi.org/10.1787/888933929794

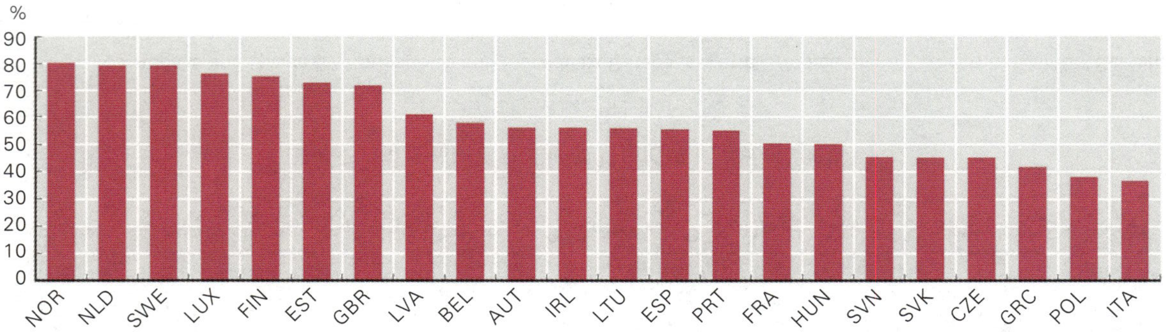

图 4-3　互联网使用多样化和复杂化的个人（2016年）

占所有个人的百分比

Source：OECD（forthcoming），Skills Outlook 2019：Skills and Digitalisation，OECD publishing，Paris．See chapter notes.

StatLink https：//doi.org/10.1787/888933929813

4.2 电子商务

在经合组织国家，很少有企业不采用任何形式的信息通信技术，但由于公司本身和行业构成存在差异，信息通信技术工具融入业务流程的程度因国家而异。

2018年芬兰使用云计算的企业比例最高（65%）。同期德国的云服务使用率（22%）低于经合组织（OECD）的平均水平（30%），但德国企业对客户关系管理（CRM）软件的使用率最高，仅次于荷兰（两国均为47%左右）。韩国使用射频识别（RFID）的企业比例最高（42%），但使用大数据分析技术的企业比例最低（3%）（见图4–4）。

2017年，经合组织国家平均有23%的企业通过电子商务展开销售，比2009年只增长了4个百分点。同时各国之间仍然存在很大差异。新西兰有一半的企业开展网络销售，而墨西哥只有不到1/10。关于“使用电子销售”定义上的差异可能是造成一些国家之间存在差异的原因，但在很多情况下，一个更为关键的原因可能是大公司比小公司在某些经济制度上更为优越（OECD，2017a）。2018年平均有43%的大型企业从事电子销售，而小型企业该比例只有21%（见图4–5）。

企业可使用各种工具和技术来支持其电子商务活动。2018年欧洲共同体企业ICT使用情况调查中的特别表格可用于调查企业的数字成熟度。这个表格包括一些相对先进的网站功能：访问者可在线定制或设计商品及服务，可在线追踪订单状态；企业在网站上可为常客提供个性化内容；企业可使用在线广告服务。除丹麦以外，其他所有国家的大多数企业都不使用这些功能。虽然平均32%的企业在一定程度上会利用这些网站功能，但只有6%的企业采用相对复杂的网络销售策略，将一个或多个此类网站特色功能与在线广告相结合。在互联网普及率特别高的国家这一比例要高得多——荷兰为12%，丹麦和瑞典为11%（见图4–6）。

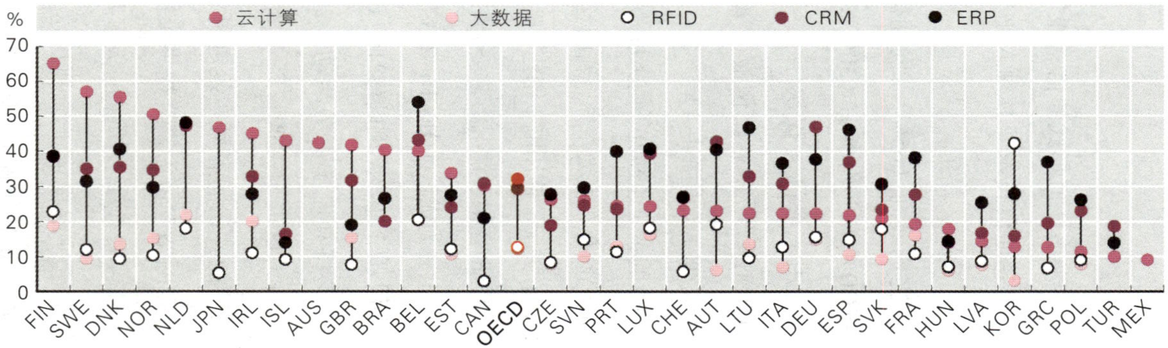

图 4-4　不同技术类型企业特定ICT工具和活动的发展情况（2018年）

占企业雇员人数为10人以上企业的百分比

Source：OECD，ICT Access and Usage by Businesses Database，http：//oe.cd/bus，December 2018．See chapter notes.

StatLink https：//doi.org/10.1787/888933929832

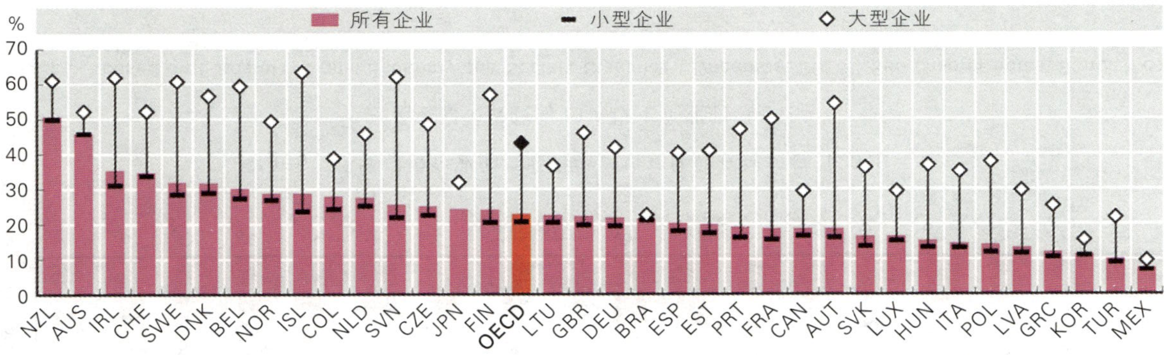

图4-5　不同规模企业开展电子商务销售的情况（2017年）

占每一就业规模类别企业的百分比

Source：OECD，ICT Access and Usage by Businesses Database，http：//oe.cd/bus，December 2018. See chapter notes. StatLink contains more data.

StatLink https：//doi.org/10.1787/888933929851

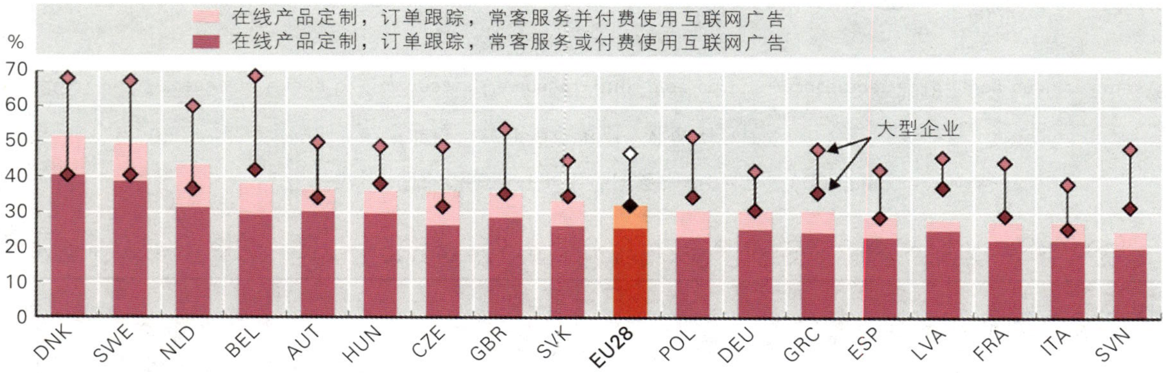

图 4-6　不同规模企业的高级网络销售功能和在线广告（2018 年）

占企业雇员人数为 10 人以上企业的百分比

Source：OECD，based on Eurostat，Digital Economy and Society Statistics，December 2018. See chapter notes. StatLink contains more data.

StatLink https：//doi.org/10.1787/888933929870

上述的电子商务特征和服务所具备的功能会随企业规模和企业所服务市场的地理位置（以及其提供的产品性质等其他因素）变化。特别是在有些情况下，一个专注于服务当地市场的小型企业即便拥有一个在线网站，它们也可能认为没必要关注线上销售或网络营销，相比之下，平均14%的大型企业会提供1个或多个这样的先进的网站功能并使用在线广告服务，在丹麦、瑞典和比利时，这样的大公司比例超过25%。

你知道吗？

2017年，在调查所报告的经合组织国家中，95%的公司拥有宽带连接，但只有23%的公司通过电子平台进行销售。

定义

企业资源计划（ERP）系统是用于管理内部信息流的软件工具。客户关系管理（CRM）软件是用于管理公司与客户、员工与供应商之间交互的程序。

云计算是指通过互联网访问的ICT服务，包括服务器、存储器、网络组件和软件应用程序。

大数据分析是指对电子通信和机器对机器通信所产生的海量数据进行分析。

电子商务交易描述的是通过计算机网络，使用专门为接收订单或下达订单而设计的方法销售和购买商品或服务（OECD，2011）。

常客功能是指网站上为经常性或规律性访客提供的个性化内容。

企业规模等级定义标准：小型企业（10~49人）、中型企业（50~249人）、大型企业（250人以上）。

可测性

并非所有经合组织国家都进行了具体调查，但这些数据一般是通过对企业使用ICT情况进行直接调查而收集的。除了调查中存在的差异外，大多数指标都符合代表信息通信技术工具功能和潜在用途的一般性定义。例如，在ERP系统中可以找到具有不同功能的各种软件，这些系统的复杂程度及实现程度存在着实质性差异。云计算服务和大数据服务也提出了类似问题（OECD，2017a）。

对电子商务的衡量方法出现了几个挑战，并可能影响国际可比性。例如，如何采用不同的方法采集和评估数据、对异常值的处理方法、评估跨国公司开展电子商务程度的方法等。其他一些问题还包括调查所涵盖的行业范围上存在的差异，缺乏对相关参与者的衡量方法（B2B，B2C等）。技术融合给新型电子交易的处理和调查带来了更多的挑战，特别是那些通过移动电话、短信或使用可实现近场通信的设备（NFC）而产生的交易。

4.3　业务技能

获得和使用信息通信技术的能力对各种规模的企业都日渐重要。2017年平均约12%的员工从事使用信息通信技术频率较高的职业，充分表明了这些工作的信息通信技术含量较高。此外，许多其他工作中也至少有一部分任务涉及信息通信技术。从2011年到2017年，几乎所有国家信息通信技术密集型职业的员工比例都有所增加。在英国、美国和卢森堡，超过16%的员工正在从事信息通信技术密集型职业。

新技术可以提高员工的能力。尤其是云计算技术正在开辟一系列新的业务流程。它采用按需使用和付费的方式为企业特别是新创企业和小型企业提供强大的计算服务。2018年OECD地区近30%的企业报告其使用了云计算服务，该比例高于2014年的22%。使用云计算的趋势在不同国家、不同行业、不同规模的公司之间存在很大差异。经合组织国家平均只有27%的小企业使用云计算服务，中型企业的该比例为39%，大型企业的该比例为55%。

数据存储和处理成本的下降促进了海量数据的采集和大数据分析技术的采用。2018年在有统计数据的国家中平均有12%的企业使用过大数据分析技术。在荷兰这一比例上升到22%，在比利时和爱尔兰，这一比例超过20%。尽管由于云计算和更易用的分析工具使所有企业采用大数据分析技术都变得比以往更加可行，但大公司仍然是大数据分析技术的最大用户，比利时和荷兰超过一半的大公司采用过大数据分析技术。大数据分析需要访问足够大的数据池，而大公司更可能拥有这类大量的数据。与此同时，中小企业也更加有能力利用从其他来源获得的数据来补充自己的数据。

开发大数据的潜力还需要具备特定的技能，比如并行处理或可视化工具等新的数据分析技术。在很多情况下，过渡到大数据分析需要企业和机构在组织惯例方面有所变革，同时还应制定符合数据保护原则的数据存储及交换规则（如良好的记录）。管理人员在引导应用方面扮演着关键的角色，他们的技术知识水平是企业能否采用和有效使用云服务及大数据分析等技术的重要因素。例如，在澳大利亚，云计算服务的知识储备不足是最常见的限制因素，影响了将近1/5的企业（ABS，2017）。

你知道吗?

2018年，经合组织地区近30%的企业报告使用了云服务，其比例在各国有所不同，芬兰是65%，墨西哥、波兰和土耳其约为10%。

定义

ICT任务密集型职业在工作中涉及的ICT任务范围较广，往往既包括使用互联网、使用文字处理软件或电子表格软件，又包括编程。ICT任务密集型职业包括：商业服务和行政经理（ISCO职业分类121类）；销售、市场和发展经理（122类）；信息和通信技术服务管理人员（133类）；专业服务经理（134类）；物理和地球科学专业人员（211类）；电工学工程师（215类）；建筑师、规划师、测量师和设计师（216类）；大学和高等教育教师（231类）；金融专业人员（241类）；管理专业人员（242类）；销售、市场推广和公共关系专业人员（243类）；软件及应用程序开发人员和分析师（251类）；数据库和网络专业人员（252类）；信息通信技术操作和用户支持（351类）（Grundke et al.，即将发表），见图4-7至图4-9。

企业规模类别：小企业（10~49人）、中型企业（50~249人）、大型企业（250人以上）。

云计算是指通过互联网访问服务器、存储设备、网络组件和软件应用程序的ICT服务。

大数据分析是指通过电子通信方式和机器对机器的通信方式对各种活动中产生的海量数据进行分析。

可测性

通过调查经合组织（OECD）国际成人能力评估调查（PIAAC）中11个项目的结果，使用探索性因子分析方法，可对职业的ICT任务强度进行评估，该项目与工作中ICT任务的执行有关。具体方法见Grundke等人2017年的研究。

云服务和大数据分析使用的数据是通过对企业ICT使用情况的直接调查收集的。一般使用通用性问题，不会涉及受访者使用特定功能、工具或设备的细节。调查一般每年进行一次，但在一些国家达不到这个频率。经合组织鼓励通过企业获取和使用信息通信技术模式调查（OECD，2015b）中的指导方针，积极收集该领域的可比性信息。

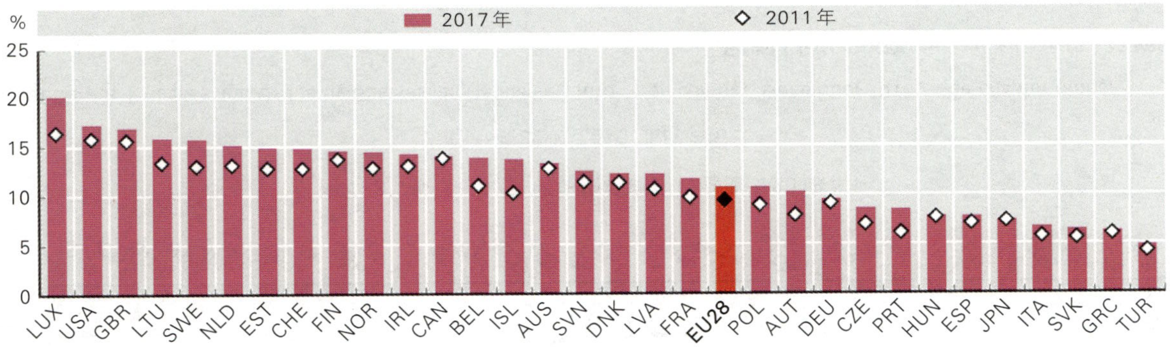

图4-7　ICT任务密集型行业的员工（2017年）

占所有员工的百分比

Source：OECD calculations based on European Labour Force Surveys，national labour force surveys and other national sources，December 2018. See chapter notes. StatLink contains more data.

StatLink https：//doi.org/10.1787/888933929889

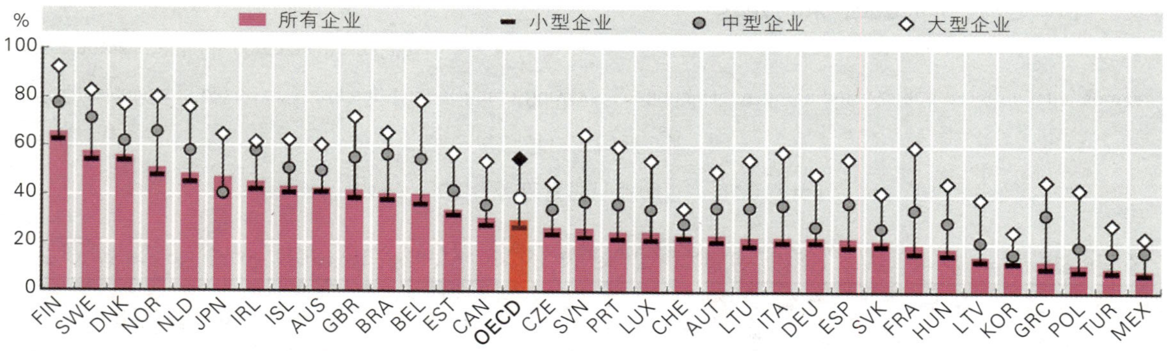

图 4-8 购买云计算服务的不同规模企业（2018年）

占每一类就业规模企业的百分比

Source：OECD，ICT Access and Usage by Businesses Database，http：//oe.cd/bus，December 2018. See chapter notes.

StatLink https：//doi.org/10.1787/888933929908

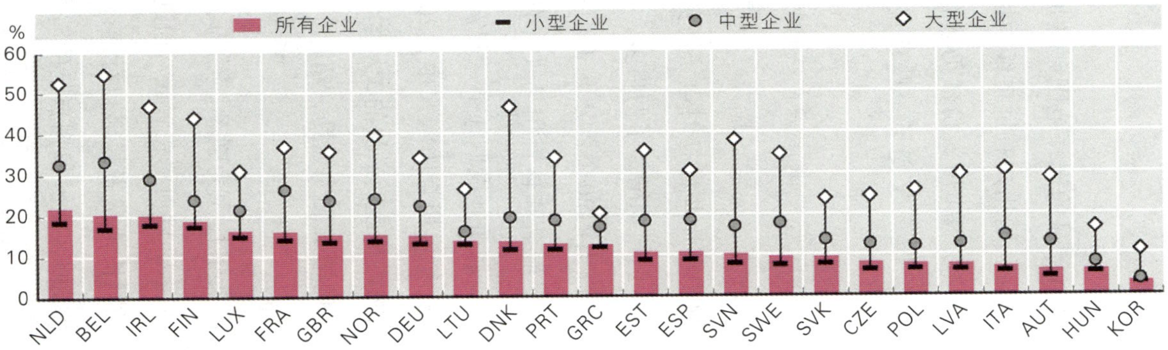

图4-9　不同规模企业开展大数据分析的情况（2018年）

占每一类规模企业的百分比

Source：OECD，ICT Access and Usage by Businesses Database，http：//oe.cd/bus，December 2018. See chapter notes.

StatLink https：//doi.org/10.1787/888933929927

4.4 电子消费者

电子商务可极大地扩大消费者对产品的选择范围并增加购物体验的便利性。2018年，64%的经合组织互联网用户有过在线购物经历，高于2010年的48%。尽管网络销售在企业收入中所占份额仍然有限（欧盟国家为17%），但电子商务的出现已经极大改变了一些产品的传统分销渠道。

在参与调查的所有国家中，2018年互联网用户在线购物的比例均高于2010年，其中英国高达87%。在丹麦、荷兰、瑞典、德国、瑞士和挪威，超过80%的网民进行网络购物。在一些最初对电子商务接受水平较低的国家，如立陶宛和墨西哥，该比例同期增加了两倍多。16~24岁人群网购的用户比例比55~74岁用户平均高出约20个百分点（见图4-10）。

2018年最常在网上购买的商品是服装和体育用品（曾有过这两类商品网购经历的欧盟网民比例为44%）、旅游和度假住宿（37%）、赛事门票（27%）和读物（24%）。在几乎所有参与调查的国家中，2013年至2018年期间服装和体育用品一直位于网购增长速度最快的3大类产品之列。在爱尔兰和荷兰，网购衣服的网民比例增长最为强劲，超过了20个百分点（见图4-11）。

爱沙尼亚的在线旅游和住宿消费增长尤为强劲，约为30个百分点。这一领域受数字化转型的影响十分显著。以前消费者通常通过旅行社预订旅游加住宿等产品；然而现在互联网使消费者能够自行选择预订这些商品，而且通常可以分开预订，这使得顾客能够根据自己的需求定制商品，从而更有可能节省开支。

另一个受在线（流媒体）服务影响较大的产品是电影和音乐，这一产业位列电子商务增长最快的类别之一，尤其是在北欧国家。

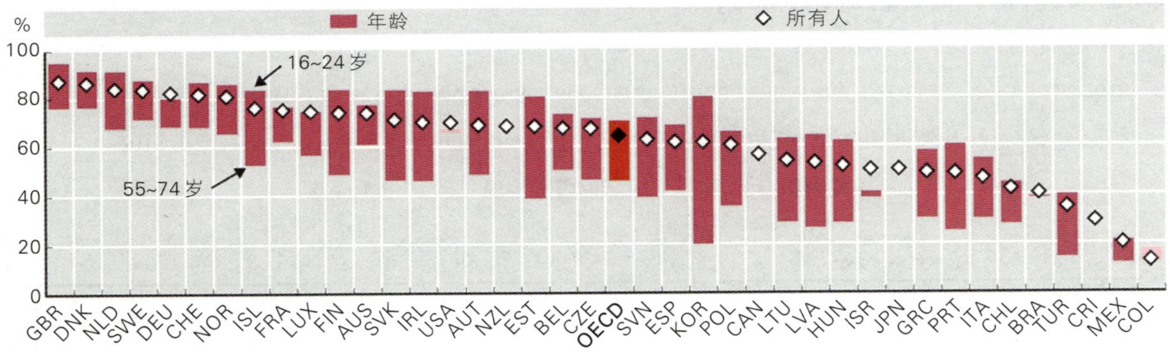

图4-10　过去12个月在网上购物的不同年龄段消费者（2018年）

在每个年龄段互联网用户中所占的百分比

Source：OECD，ICT Access and Usage by Households and Individuals Database，http：//oe.cd/hhind，December 2018．See chapter notes．

StatLink contains more data.

StatLink https：//doi.org/10.1787/888933929946

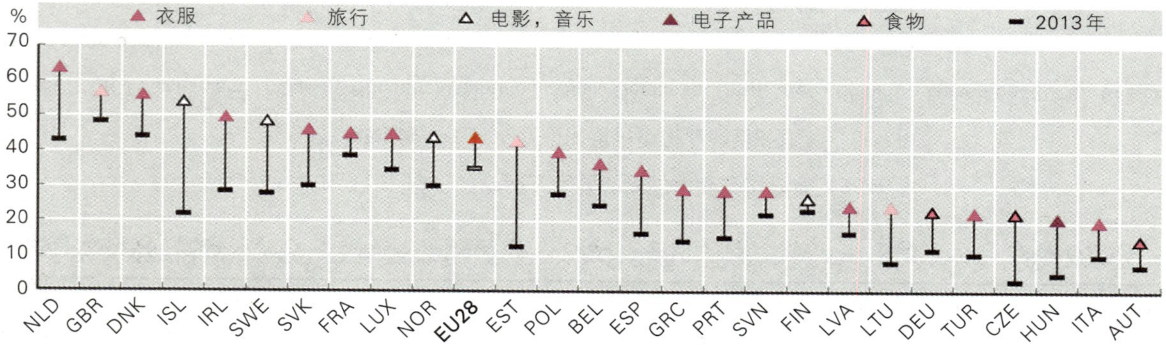

图4-11　在线订购增长最快的产品（2013—2018年）

2018年在线订购每种产品的互联网用户比例（三角形）以及与2013年相比的变化（横线）

Source：OECD，based on Eurostat，Digital Economy and Society Statistics，Comprehensive Database，December 2018. StatLink contains more data.

StatLink https：//doi.org/10.1787/888933929965

然而在经合组织国家中，平均约有1/3的互联网用户不进行网上购物。在欧盟该比例为69%，这些不在网上购物的互联网用户道出了更喜欢线下亲自购物的原因。尽管在瑞士、荷兰、瑞典、英国和德国等国家电子商务普及率普遍都很高，但以上几国不在网上购物的互联网用户比例高达70%以上。

更让人们担忧的是，使用电子商务所存在的潜在障碍与在线购物所需的技能有关。没有网上购物经历的欧盟互联网用户中有20%遇到了此类障碍，而西班牙和葡萄牙的这一比例约为40%——相当于这两个国家中所有互联网用户的15%~20%。如果来自互联网上卖家的竞争导致实体商店关闭，这些用户将无法在线下购买某些产品，那么这一障碍就可能成为一个需要关注的政策性问题（见图4-12）。

你知道吗？

尽管顾客在购买前无法试穿，但服装却是网上购买最广泛的产品类别。

定义

互联网用户是指在调查前3个月内有上网行为的个人。某些国家可能采用不同的调查时间（见本章注释）。

电子商务交易描述的是通过计算机网络进行的，使用以接收或下达订单为目标的专用方法而进行的货物和服务的销售和购买（OECD，2011）。

可测性

这些数据通常是通过对家庭信息通信技术使用情况的直接调查采集的，采集方法与采集互联网使用情况的数据一样，即询问被调查者在调查时间内是否从事过某些活动。OECD关于家庭和个人信息通信技术接入和使用的模式调查（OECD，2015a）给出了全面的调查内容。其建议调查时间为3个月（即被调查者在接受调查前3个月内应进行过网上购物），有些国家使用更长的调查时间或没有设定调查时间。在进行国际比较时对这种因调查方法而产生的差异应加以考虑并处理。

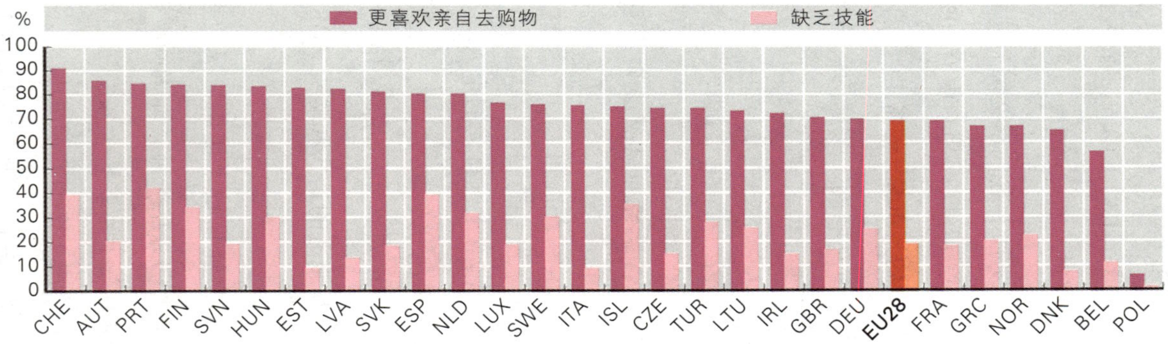

图 4-12　过去 12 个月内因为喜欢亲自购物或缺乏技能而不愿网购的个人（2017 年）

占过去 12 个月未进行网购的互联网用户的百分比

Source：OECD，based on Eurostat，Digital Economy and Society Statistics，Comprehensive Database，September 2018. See chapter notes.

StatLink https：//doi.org/10.1787/888933929984

一些调查还会收集额外的有关信息，如网上购买产品类型的详细信息或进行某些网络行为时存在的障碍。此外还可调查安全和隐私等方面存在的其他问题（见第8章）。

在电子商务的衡量方法上也存在着几个可能影响数据国际可比性的挑战，如不同的惯用数据采集方法、数据评估方法和异常值处理方法等。尤其是跨国公司开展的电子商务最难衡量。在关于需求方面的调查中，消费者通常对某些类型的问题很难保持准确的记忆，如所购买的商品源自哪个国家，而且很大一部分用户未必知道自己在线购物的网站源头，或者可能无法准确记住所花费的金额。此外，通过互联网下载或流媒体传输的数字产品越来越普遍，对于这类产品消费者很难确定其原产国。

4.5 电子公民

公共政府机构正致力于采用数字技术使工作流程、服务和信息变得更容易获得并减轻负担。经合组织国家个人使用互联网与公共机构互动的比例从2010年的45%上升到2018年的56%。然而各国之间的差距仍然很大，北欧国家高达80%，而日本只有7%，哥伦比亚低至6%。

在所有国家中，接受正规教育程度较低或未接受正规教育的人群互联网使用率仍然远远低于其他群体，约为受过高等教育的互联网使用者的一半。国家间存在的差异反映了各国在互联网使用率、电子政府服务可用性、用户在线完成行政程序的倾向性及数据可比性方面存在差异（见图4-13）。

其中一个重要的典型例子就是提供数字化报税系统。所有经合组织国家和BRIICS国家都提供了网上报税服务，该服务至少可以支持个人所得税、企业所得税或企业增值税等某些税种的申报服务。在巴西、意大利、智

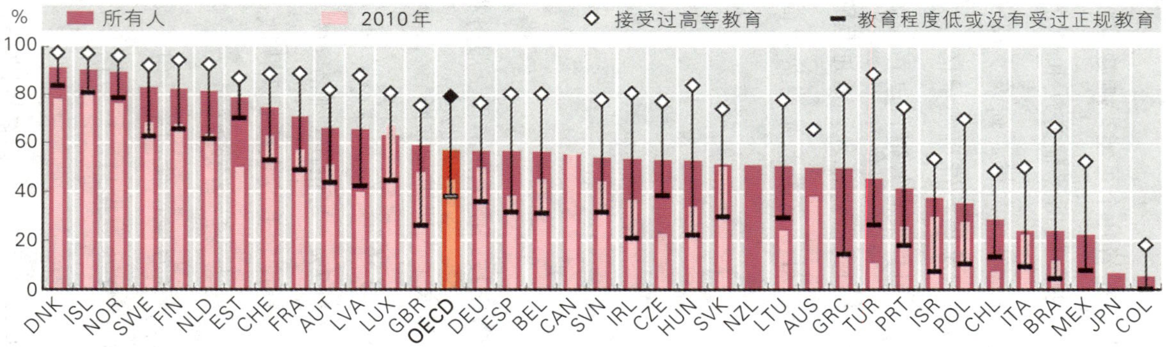

图4-13　在不同教育程度群体中使用互联网与公共部门互动的个人（2018年）

占每个群体中人数的百分比

Source：OECD，ICT Access and Usage by Households and Individuals Database，http：//oe.cd/hhind，December 2018．See chapter notes.

StatLink contains more data.

StatLink https：//doi.org/10.1787/888933930003

利、荷兰、葡萄牙、爱尔兰、韩国、澳大利亚和印度，在线申请个人所得税和企业所得税的用户数非常多。形成这一趋势的主要原因是政府强制性地推动在线税务服务。但应该指出的是，在不同国家要求本国企业和个人在网上提交纳税申报单的比例差别很大，尤其是个人。以爱沙尼亚为例，虽然通过网上申报个人所得税并非强制性的规定，但99%的个人所得税表格都是通过这个渠道提交的（见图4-14）。

尽管许多国家都有在线支付设施，但关于使用情况的数据却很少。在挪威，100%的个人和企业所得税以及增值税都是在网上支付的，意大利、爱尔兰和新西兰在网上支付的税款超过80%。相比之下，在巴西通过代理支付比在线支付更受欢迎。

2018年，以无法获得在线提交渠道为由而不向公共部门在线提交表格的人数比例普遍较低，在大多数有调查数据的国家约为2%或更低。在这方面，德国显示出明显的差异：超过7.2%的德国人表示，他们需要发送的表单无法在线提交。而一些国家在线提交渠道的不可用性似乎有所增加，这很有可能反映出被调查者对在线表单不可用性的认识有所提高，因为调查显示他们可能更倾向于寻求在线提交表单的方法，而并不是急于拒绝现有的在线提交表单渠道（见图4-15）。

你知道吗？

所有经合组织国家和BRIICS国家都提供了某些类型的个人所得税或营业税在线纳税申报途径。

定义

个人与政府机构的网上互动既包括简单地收集政府网站上的资料，也包括通过互联网发送填好的表格，但不包括通过电子邮件（针对企业）或亲手发送的电子邮件（针对个人）进行的互动 。需要指出的是，在线提交表格的必要性以及在线提交渠道的可用性因国家而有所不同。

公共机构是指提供公共服务和行政活动的机构。这些机构可能由地方、区域或国家一级授权行使职责。

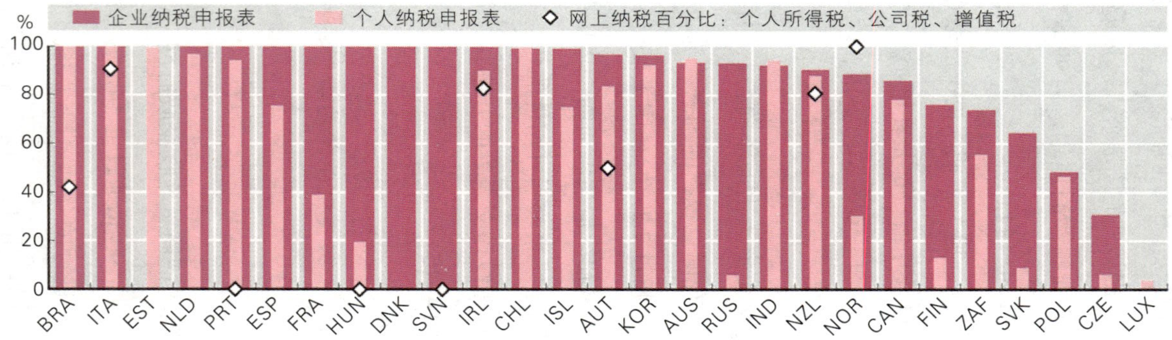

图4-14 网上申报个人和企业所得税的比例（2015年）

占报税和缴税的百分比

Source：OECD（2017b）. See chapter notes. StatLink contains more data.

StatLink https：//doi.org/10.1787/888933930022

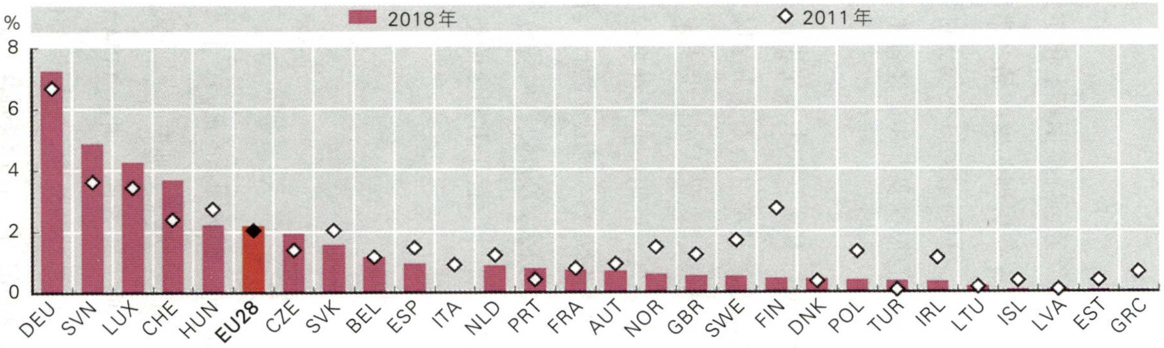

图 4-15 因服务可用性而没向公共部门在线提交表格的个人（2018年）

占所有人数的百分比

Source：OECD，ICT Access and Usage by Households and Individuals Database，http：//oe.cd/hhind，December 2018. See chapter notes.

StatLink https：//doi.org/10.1787/888933930041

纳税申报单是由纳税人或其代表申报的收入、销售和其他细节。通常由税务机关提供该表格。企业纳税申报单涉及企业收入，而个人纳税申报单仅涉及个人或家庭收入。

可测性

经合组织成员国和合作经济体的税务当局根据标准化定义向经合组织提供报税数据。这些数据是国家税务系统管理的副产品。然而许多国家不提供在线纳税申报单的数据，仅有很少的国家提供在线支付信息，因此限制了各国所有税收的可比较性。各国的报税要求和途径各不相同，更多信息参见OECD（2017b）。

个人与公共机构的互动数据是通过对家庭和个人使用信息通信技术的调查而采集的。经合组织积极鼓励通过其家庭及个人ICT接入和使用模式调查（OECD，2015a）收集可比性信息。欧洲共同体关于家庭及个人使用信息通信技术的调查收集了更多的信息，可用作被调查者在此期间是否确实需要提交正式表格的证明。该因素取决于不同国家的行政体系，并被纳入欧盟数字经济和社会指标（欧盟委员会，2018）。但经合组织其他国家没有此类详细资料，因此本章提出的指标没有作出相应调整。

4.6 能促进有效使用的因素

扎实的读写能力、计算等认知能力、解决问题的能力、学习能力和创造性思维能力综合在一起是个人适应数字化转型规模、速度和范围所需的关键素质。

成人技能调查是经合组织国际成人能力评估调查（PIAAC）中的一个调查，旨在衡量几项关键的成年人信息处理技能，包括读写能力、计算能力和在技术丰富的环境中解决问题的能力。由于能为各个国家成人技能提供具有国际可比性的标准化描述，因此与其他调查来源相比，这种基于测试的技能评估具有更明显的优势。

在PIAAC中，读写和计算能力的评估涵盖了工作、个人生活、教育和培训、社会、经济和环境等一系列内容。在3级、4级和5级所执行的任务分别对应于计算和读写方面的高等级熟练程度。除了少数例外情况，在计算和读写能力评估中各国表现优异和表现较差的人比例相当。日本、芬兰、瑞典和荷兰16~64岁的人群中，在计算和读写能力方面处于最高水平的比例为60%，而在土耳其、智利和印度尼西亚，这一比例不到15%（见图4-16）。

PIAAC对在技术丰富的环境中解决问题能力的评估针对的是个人使用ICT技术处理特定问题的能力。它包含3个级别，其中2级和3级表示最复杂的任务。在所有有调查数据支撑的经合组织国家中，16~65岁人群中超过30%处于技能评估的最高水平，其中大多数人处于第2级而非第3级（第3级表示技能评估中的最高水平，见图4-17）。

培训是提高个人技能以满足其个人数字技能需求的一个重要途径。随着数字技术的广泛使用，包括大规模在线开放课程（MOOCs）在内的其他培训渠道已经变得更为普遍，对年轻人而言更是如此。2018年，欧盟28国中约有11%的互联网用户参加免费在线培训课程或自学提高计算机、软件及应用程序的使用技能；只有3%的学生参加了自费培训课程。约12%的互联网用户表示曾接受过同事或主管的在职培训，9%的人参加过雇主出资或直接提供的培训课程（见图4-18）。

你知道吗?

在技术含量高的环境中具有良好解决问题技能的年轻员工所占比例几乎是最年长员工的5倍。

定义

数学能力指的是能够获取、使用、解释和交流数学信息和思想，以满足成年人在生活中参与和管理各种情况下数学需求的能力。评估包括在现实环境中掌控某个情境或解决某个问题，对以多种方式表示的数学内容、数学信息和数学思想作出反应。

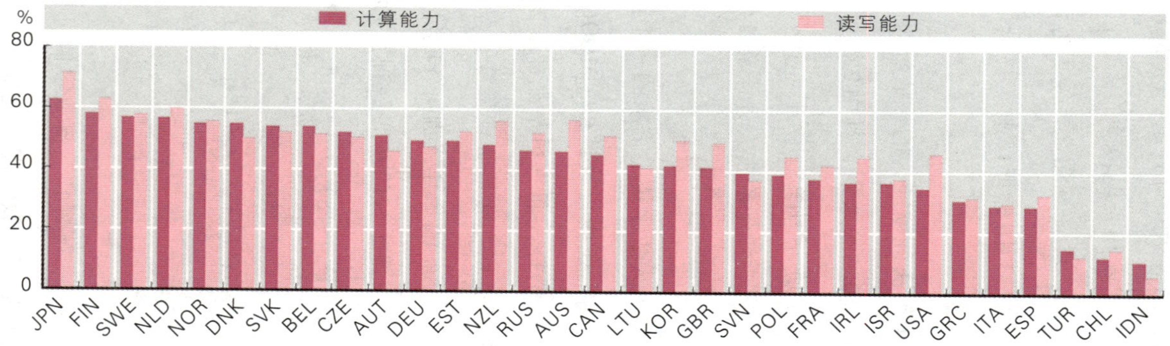

图4-16　计算和读写能力的熟练程度（2012年或2015年）

16~65岁人群中等级为3级、4级、5级的百分比

Source：OECD calculations based on Survey of Adult Skills（PIAAC）Database，September 2018. See chapter notes.

StatLink https：//doi.org/10.1787/888933930060

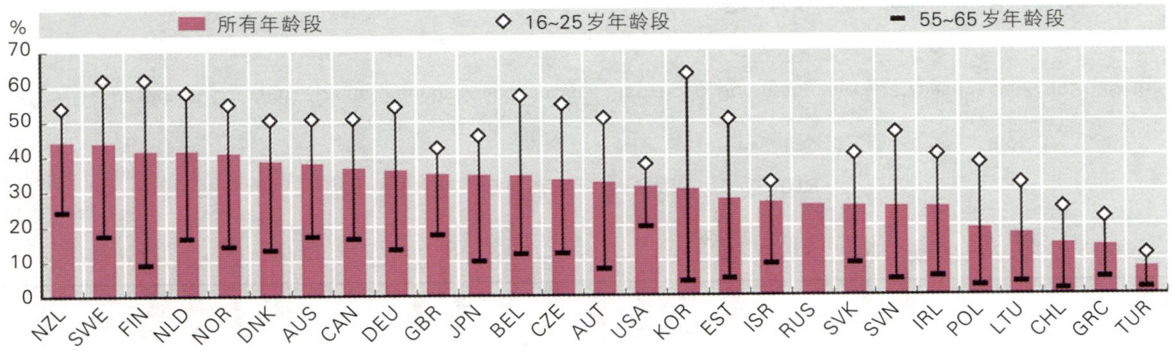

图4-17　不同年龄段人群在技术丰富的环境中解决问题的熟练程度（2012年或2015年）

16~65岁人群在每个年龄段中达到2级和3级的百分比

Source：OECD calculations based on Survey of Adult Skills（PIAAC）Database，September 2018．See chapter notes.

StatLink https：//doi.org/10.1787/888933930079

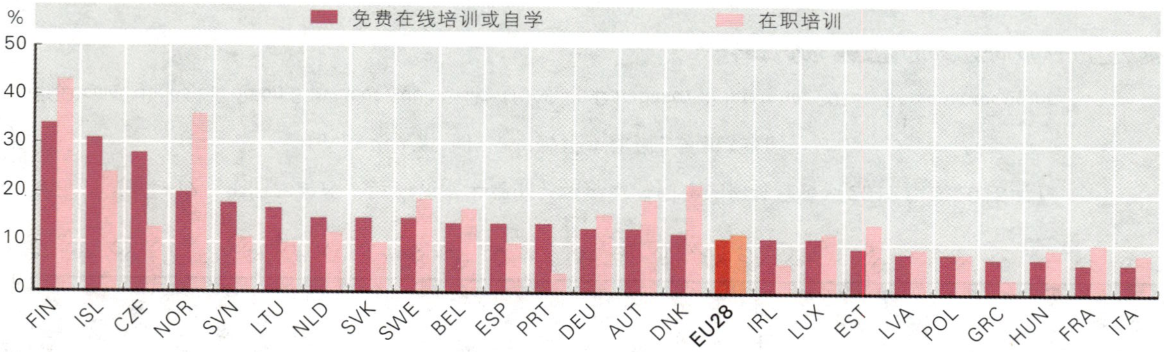

图4-18　通过培训提高数字技能的个人（2018年）

占互联网用户的百分比

Source：OECD，based on Eurostat，Digital Economy and Society Statistics，Comprehensive Database，December 2018. See chapter notes.

StatLink https：//doi.org/10.1787/888933930098

读写能力是指为了进入社会、实现目标、探寻知识和潜在的事物而具备的对书面文字的理解、评价、使用等能力。评估包括对给定词汇和句子等书面意思的认读到对复杂文本的理解、解释和评价等一系列技能，但不涉及文本的生产（写作）。

在技术丰富的环境中解决问题的能力是指利用数字技术、通信工具和网络来获取和评估信息、与他人交流以及执行实际任务的能力。评估的重点是通过制定适当的目标和计划，利用计算机和计算机网络来获取和使用信息，为解决个人、工作和公共目标等问题所需的能力。

工作中的培训包括在工作中进行的非正式学习活动，通常来源于同事或主管等其他人的指导。工作中的培训作为一个独立项目进行调查，与雇主支付或提供的培训无关。

可测性

分析的内容包括认知技能和非认知技能（通常在学校只学习到一部分的技能，这些技能与人们的态度和个性有关）。在技术丰富的环境中，通过对读写、计算和解决问题能力的评估测试来衡量认知技能。而非认知技能和社会技能的衡量方法是根据经合组织国际成人能力评估调查（PIAAC）中员工在工作时执行任务的相关信息确定的。

由于法国、意大利和西班牙没有参加相关评估测试，因此在技术丰富的环境中解决问题的统计图基于PIAAC评估中的一部分国家数据。

4.7 路线图：衡量电子商务

为什么需要电子商务指标?

自20世纪90年代中期以来，电子商务一直是政策制定者的优先考虑事项。1998年，在渥太华举行的经济合作与发展组织电子商务部长级会议上确认了电子商务是全球经济增长和经济发展的驱动力（OECD,

1998）。2016年，经合组织关于数字经济的部长级宣言呼吁制定政策“刺激电子商务发展、协助减少跨境及国内电子商务中的障碍，保障消费者和企业的利益”（OECD，2016）。

近年来电子商务的发展势头日益强劲。不断有新的参与者出现并承担新的角色。电子商务中原有的互联网接入等障碍已大大减少，而诸如安全和隐私方面存在的新障碍正在变得更为突出。最为重要的是，出现了释放电子商务潜能以促进经济增长和提升消费者福利的新机遇（OECD，2019）。随着技术的变革，新型商业模式改变了电子商务的格局，令消费者保护、税收、竞争和环境等领域的政策面临着一系列挑战。要设计、监管和执行这些政策必须有全面稳健的电子贸易统计数字作为基础。但消费者行为、运营商行为以及网络平台影响的相关统计信息仍然缺乏。

挑战是什么？

经合组织在2001年首次制定了电子商务的统计定义。在此基础上，经合组织及伙伴国家通过对信息通信技术使用情况的2次专门调查采集了个人和企业的电子销售及电子购买数据。电子商务的定义及其在调查中的实施情况会因新兴科技的发展和应用而定期作出调整。这一定义也是经合组织数字供应-使用表和数字贸易测量框架的核心组成部分。

然而通过信息通信技术使用调查来衡量电子商务在方法上也面临挑战。这些挑战包括如何采用不同的方法采集和评估数据，如何处理异常值，如何评价跨国公司开展电子商务的程度，以及如何根据调查中所记录的范围进行数据插补等。此外，调查部门的覆盖范围和参与者的信息受限也是问题。而技术融合给新型交易的处理（和调查）带来了额外的挑战，特别是那些通过移动电话、短信或使用支持近场通信（NFC）的设备进行的交易。

虽然信通技术使用调查成功衡量了电子商务在个人和企业的扩张情况，但事实证明，采集关于电子商务交易价值和跨境电子商务流动的信息更为困难。被调查的个人往往很难回忆起网上消费的价格，也很难明确自己所购买的商品到底来源于国内还是国外供应商。许多企业的财务系统并不区分线上和线下交易，也不识别客户和供应商的地理位置。此外，由于企业对消费者的交易（B2C）中通过互联网下载或流媒体传输的数字产品快速增加，因此被调查对象很难确定产品的原产国。

除了调查数据之外，研究中还使用了其他几个数据来源评估包括跨境交易在内的电子商务交易，如来自公司报告、支付数据、包裹运输或互联网流量等数据的汇总（UNCTAD，2016）。然而这些数据都只能对电子商务提供局部的观测信息，甚至可能存在潜在的偏见。整合公司报告的方法通常仅限于公司的亚群体（如大事务所、在线零售商等）。支付数据通常限于特定的支付方式，也可能包含某些与电子商务无关的交易（如通过NFC实现的支付）。此外，由于支付处理可以外包给第三国，因此跨境支付的地理位置并不总能如实反映跨境电子商务的地理位置。大部分包裹运输只涉及实物产品而不提供关于货物价值的详细信息。更重要的是，并非所有的包裹运输都是电子商务交易产生的结果。有时零售商网站互联网流量的起点地址也被用作跨境交易的替代指标，但这并没有考虑货物运输所产生的价值。

国际行动的选择

改善电子商务衡量标准的国际举措主要有三个方面。第一个方面是提高通过信息通信技术使用调查采集的数据质量。例如，一个由芬兰牵头的7个欧洲国家组成的联盟（欧盟统计局，2017）测试了一系列新问题以感知电子商务的发展态势，包括需求驱动的订单、订购和预订、窗口购物、长期订单、市场和集团内部交易。这项工作的结果反映在欧洲信息通信技术使用情况调查中，其他国家可以考虑将其纳入调查。

第二个方面是将电子商务的一些问题纳入可能更适合衡量电子商务交易量的其他调查中。一般来说，衡量电子商务的价值需要详细的信息，而信息通信技术调查无法收集到这些信息。相反，结构性商业调查框架似乎更适合于公司报告自己的电子销售和电子购买价值（欧盟统计局，2017）。同样，对于个人来说，将电子购物记录作为家庭支出调查的一部分可能会更容易实现，因为家庭支出调查通常包括了日常支出日记。由于结构性商业调查和家庭支出调查都纳入了国民核算体系并在各国之间协调进行，因此国际组织可在组织这些调查方面发挥重要作用，以收集更有效的相关电子商务信息。

第三个方面，私人大数据来源（如银行、信用卡公司等）能提供那些调查效率不太高的领域所反映的观点。例如，在网上购物的企业和个人，特别是后者，通常会忽略卖家的位置，这一问题由于网络平台而变得更加复杂。私人数据可能成为官方调查统计的有效补充。经合组织和西班牙对外银行之间的合作就是一个比较典型的例子，西班牙对外银行客户信用卡交易分析为了解在线消费者的消费模式及确定国内和跨境支出流向的主要因素提供了新的观点（OECD，2019b）（见图4-19）。

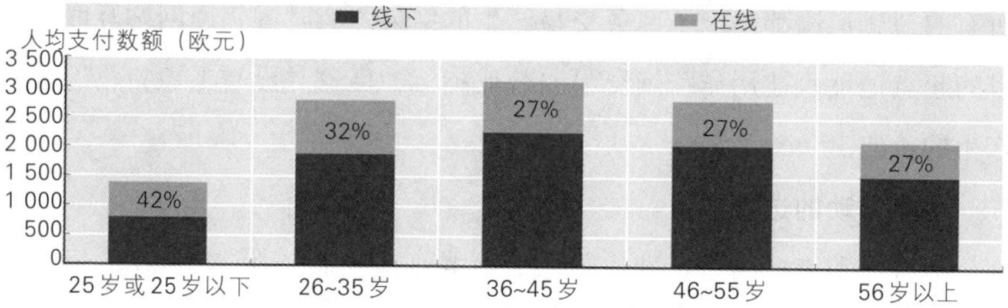

图4-19　西班牙不同年龄段人群的线下和线上支付情况（2016年）

人均支付数额（欧元）

Source：OECD calculations based on BBVA data，November 2018.

StatLink https：//doi.org/10.1787/888933930117

参考文献

Eurostat（2017），*Statistics on the Usage of Information and Communication Technologies 2016, questionnaire improvements WP5: Improving, designing and testing questions on e-commerce, e-mediaries and sharing economy for the ICT Household survey*, Final Report, Eurostat, Luxembourg.

OECD (2019a), "A dynamic e-commerce landscape: Developments, trends and business models", OECD Digital Economy Papers, *OECD Publishing*, Paris, forthcoming.

OECD(2019b), "BBVA big data on online credit card transactions and the patterns of domestic and cross-border e-commerce in Spain. An analysis based on the gravity model of trade", OECD Digital Economy Papers, *OECD Publishing*, Paris, forthcoming.

OECD(2016), "Ministerial Declaration on the Digital Economy('Cancún Declaration')", The Digital Economy: Innovation, Growth and Social Prosperity, 2016 Ministerial Meeting, 21-23 June, Cancun, Mexico, www.oecd.org/sti/ieconomy/Digital-Economy-Ministerial-Declaration-2016.pdf.

OECD (1998), OECD Ministerial Conference "A Borderless World: Realising The Potential Of Global Electronic Commerce", Ottawa, 7-9 October 1998, Conference Conclusions, www.oecd.org/officialdocuments/publicdisplaydocumentpdf/?cote=sg/ec(98)14/final&doclanguage=en.

UNCTAD (2016), "In search of cross-border e-commerce trade data", *UNCTAD Technical Notes on ICT for Development*, No.6, United Nationals Conference on Trade and Development, Geneva, https://unctad.org/en/PublicationsLibrary/tn_unctad_ict4d06_en.pdf.

4.8 路线图：衡量云计算服务

为什么需要云服务指标？

新的技术和新的商业模式正在从根本上改变企业获取和使用软硬件的方式（DeStefano et al., 2019）。云服务允许企业和个人通过网络按需获得IT服务，这标志着ICT供应模式的转变。数据处理和存储发生在远程数据中心，这些数据中心通常具有可伸缩和弹性的模块设计。这些新技术和模式可为企业，尤其是中小型企业提供降低成本的机会并增加灵活性。

这无疑会对企业产生更为广泛的影响，比如通过降低使用门槛可以让更多的人获得最新技术，但由云计算所提供的商业ICT服务在转型过程中最重要、最根本的影响是对现金流的影响。简单地说，公司现在可以在“随用随付”的基础上使用强大的信息通信技术，从而避免了在服务器、维护等方面的巨额资本支出；对于已建立的公司来说，资金管理更加容易，云服务的可扩展性也降低了风险；对于新成立的公司来说可以减少融资需求，从而让更多的初创公司有机会融资。

这种转变的结果是，信息通信技术在企业生产成本环节的地位变得不再明显（财务报告中所显示的记录可以反映这一点），但与此同时信息通信技术对企业的生产活动却变得越来越重要。同时，向云服务的转移可能会降低目前鼓励购买ICT设备和软件的政策效力。因此，衡量云服务至关重要，这种衡量不但可确定云服务对企业层面性能和总体生产力的影响，并且可以管理相关的基础设施需求（例如带宽）和其他政策影响。经合组织数字供应和使用表的框架中列出了一个单独的产品类别，以获取企业购买云服务的数量（见2.11节）。

挑战是什么？

在任何有可靠互联网连接的地方都可以使用云服务，并且该服务可由全球任何数据中心的资源组合“生产”。即使指定客户的数据存储在特定的数据中心，也仍然可以在其他一个或多个位置对其进行复制（例如数据备份），并可通过网络动态地确定应该访问和处理数据的位置。这意味着云服务的生产位置也可以动态变化，并且最终用户为这些服务所支付的款项可能会涉及不同的经济领域。存在的主要挑战是如何衡量并确保云计算基础设施的最终所有者、基础设施所在的单位以及最终用户之间交易的一致性。同时这也加剧了与数字交易服务相关的其他挑战。

此外，云服务的资本替代性质可能对经济统计数据（包括GDP记录）产生实质性影响。从根本上说，公司（或其他企业）继续在其业务流程中按传统方式使用信息通信技术，将其用于数据存储、处理、访问、分析等。然而它们访问这些组成模块的方式正在发生巨大变化，从本地供应的模式转向用于访问云服务的本地终端。就国民核算而言，这意味着从对服务器等硬件的投资转向增加中间消费支出的投资，在其他条件不变的情况下会降低企业层面的附加值。为了全面了解云计算的替代规模，可能需要在业务调查中包含一些关于云计算服务的特定问题。

根据现有的核心产品分类（CPC）方法，在8 315类“信息技术托管（IT）基础设施供应服务”中可能会获取一些与云服务有关的交易信息。但为了给云服务提供完整的视图，可能需要考虑特定云服务产品或子产品的明细类别。此外，源数据和产品类别并非总能与云计算的一般性定义保持一致（BEA，2018）。这使得很难评估云服务消费的增长率，也很难将其与企业ICT投资的减少进行比较。

这一转变还意味着ICT投资将集中在少数云服务提供商的资产负债表上，其中许多提供商在多个国家提供服务并拥有数据中心。原则上无论这些投资项目是自行开发还是从第三方采购，这种资本的形成将在国家统计数据中按软件、建筑和ICT硬件等投资类别进行统计。但应该考虑找到一个明确的方法，基于云服务基础设施的类别通过对云服务生产商的相关支出汇总来估算这一投资。

价格变化的衡量也很重要。现有的平减指数并不总能反映云服务质量的快速改善。有研究者通过使用云服务提供商存档的在线价格表和新闻稿构建了一个云服务价格指数，结果发现按质量调整后的价格下降速度甚至比报价还快（Coyle and Nguyen，2018）。这种方法也面临着重大的挑战，如每个供应商提供的产品种类繁多，但对这些产品的支出权重没有考虑。此外，质量改进往往是持续进行的。一个更复杂的因素是云计算服务的激增，这些服务往往是免费的，或者是通过一个“免费增值”的模式提供给最终用户。

该模式提供免费服务，但需要为一些额外功能（比如额外提供存储空间）付费。这种模式在针对个人非企业的产品中尤其常见，比如个人电子邮件服务。此类服务在基于交易的衡量中可能是无法计算的，并且被作为付费软件的替代品。

商业ICT使用调查显示了每个国家有多少公司使用云服务。可以通过收集生产成本、销售和生产力方面所使用的服务和体验的额外细节信息，从而获得相关的场景和政策信息。然而要了解云服务的范围和影响，必须找到对支付金额、使用云服务的数量以及ICT投资对云服务替代程度的衡量方法。即将实施的“2019年加拿大数字技术和互联网使用调查”将尝试从企业的角度衡量云服务的销售。不过，ICT使用情况调查可能需要辅以其他数据采集的方式（如云服务支出）。一个较为契合的替代调查数据是结构性统计数据中的企业支出部分。然而在CPC中并没有一个特定的云服务类别，因此要想提供这样的表现形式可能还需依赖于实验性质的附加明细数据采集手段。

云服务提供商本身可能提供许多相关信息，包括安装容量、使用容量和使用云服务的应用程序类型等信息（见图4-20）。然而从这些大型跨国公司获取数据是具有挑战性的。因此有必要确定可行的战略，将其负担降至最低（例如由多个国家提出单独的数据要求）。云服务提供商担忧的另一个重要问题是此类信息的商业敏感性。

国际行动的选择

考虑到云服务作为关键数字技术的显著作用，在经合组织正在开发的数字供应-使用表中把它单独列为一类（见第2.11节）。下一步是按国家分别收集关于云服务的单独数据，以支撑未来修订CPC时将云服务列为单独类别的可行性。除此以外经合组织和其他机构应该在以前工作的基础上建立以统计为目的的云服务定义和分类国际协议，并且在商业ICT使用调查中运用这些定义和分类，以期建立对不同云服务使用的新见解。

此外还可与一些大规模的云服务公司达成保密协议，向经合组织提供标准化数据。在此基础上通过对数据的聚合提供云服务市场的总体概况，同时降低商业敏感性。由于云服务提供商很可能在一定程度上掌握着客户所在的地理位置（基于支付发生的地址），因此这种方法可能有助于揭示云服务在不同国家之间的流动情况。

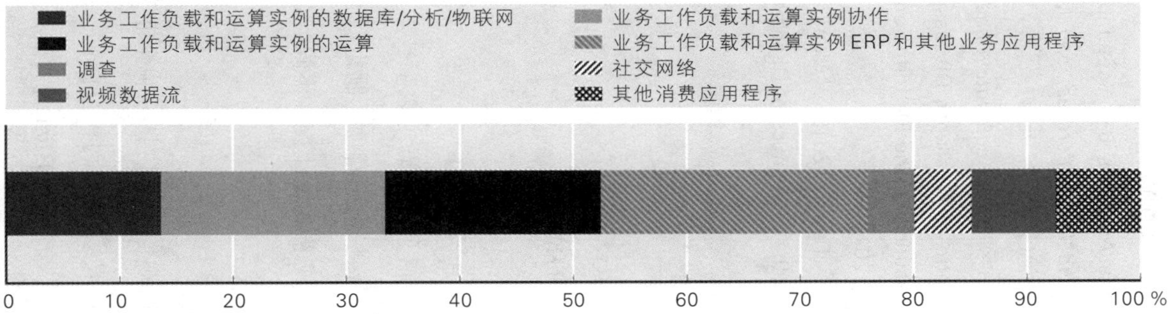

图4-20　全球数据中心工作负载和运算实例，按应用程序分类（2016年）

占总数据中心工作负载和运算实例的百分比

Source：OECD，based on Cisco（2018）. See chapter notes.

StatLink https：//doi.org/10.1787/888933930136

参考文献

BEA(2018),"*Cloud computing in the U.S. National Accounts*",Bureau of Economic Analysis, Presentation at the OECD Workshop on Measuring Online Platforms and Cloud Computing in National Accounts,6-7 September 2018,Paris.

Cisco(2018), *Cisco Global Cloud Index: Forecast and Methodology, 2016-2021*,San Jose,CA.

Coyle D. and D. Nguyen(2018),"*Cloud computing and blue skies national accounting*",Economic Statistics Centre of Excellence Discussion Paper,Presentation at the OECD Workshop on Measuring Online Platforms and Cloud Computing in National Accounts,6-7 September 2018,Paris.

DeStefano T.,R. Kneller and J. Timmis(2018),"Cloud computing and firm growth",CESifo Area Conference on the Economics of Digitization,30 November-1 December 2018,Munich.

4.9 路线图：调查微观数据的潜力

为什么需要基于微观数据的指标？

关于数字技术扩张的企业级信息对于确定数字技术对企业业务流程、绩效和生产力的影响至关重要。这些观点有助于制定适当的政策以提升数字化转型中的企业绩效。与部门或宏观统计数据不同，公司层面的数据可以解释企业特征的异质性。

挑战是什么？

虽然国家统计局总是根据微观层面的信息编制企业ICT使用情况的统计数据，但其主要目标仍然是获取综合性指标。此外，统计调查的设计宗旨并非与其他调查结合重复使用，而且由于反向选择标准，联合样本往往较小，更倾向于为大公司或是单个公司提供有限的时间序列。

目前的保密规则阻碍了来自不同国家的微观数据汇总。例如，和欧盟关于创新的调查数据不同，目前欧盟统计局安全中心没有关于在商业中使用ICT的匿名调查数据。此外，个别分析的结果在各国之间很少具有可比性。不过有几个国家的社会组织系统地将调查数据与行政数据来源相结合，开始重新设计数据采集方法，制定新的（多维且与分配相关的）统计指标进行微观分析，通过国际研究项目展开相关研究和分析。

为了挖掘ICT企业层面数据的潜力，经合组织于2018年展开了一项探索性研究。[①]该研究的初始阶段探索变量之间的关联、不同行业之间采用ICT的模式差异，以及企业间结构方面的差异。

研究结果提供了一些观点和见解。主要可以从两个维度解释企业在使用信息通信技术（英国略高于50%，意大利、波兰和瑞典为90%以上）行为上存在的大部分差异。第一个维度（占可解释变量的2/3）与生产的组织和管理有关。其主要的基本变量是员工之间联网计算机的普及、信息通信技术专家的存在、人员的IT培训和电子商务工具的采用（企业资源管理和客户关系管理）。第二个维度主要由网络销售的相关变量组成，包括网站是否拥有购物车功能以及跟踪订单的可能性，这些并不需要企业内部技术能力。

上述4个国家中的企业被分为以下3个集群：

（1）“ICT使用率低”——主要由技术含量低、相对较小的公司组成；

（2）“仅面向Web”——包含大量的传统服务活动；

（3）“ICT吸收程度高”。

这4个国家中属于以上3个集合的企业和就业比例有所不同，但在“ICT吸收程度高”的集合中所有国家中的劳动生产率远高于其他两个集合。

---

① 在经合组织数字经济测量和分析工作组（WPMADE）的支持下，一组来自意大利、波兰、瑞典和英国的国家社会组织（NSOs）自愿对2017年欧共体企业微观数据ICT使用情况调查进行了协同微观数据分析。意大利的NSO（Istat）开发并发布了通用代码。

这一探索性分析还允许更深入地研究ICT有关的企业特征并加以采用。例如，研究发现，虽然在从事高科技制造业（HTM）和知识密集型服务业（KIS）的企业中，经营规模较大、生产率较高的企业在信息通信技术密集型集群中有较强的代表性，但在其他行业中经营规模较小的企业也占据了相当大的比例。因此需要展开进一步的调查来了解这些公司采用ICT的动因。

意大利统计研究所（Istat）加入了额外变量来进一步丰富其分析，通过将信息通信技术调查的数据与记录员工特征的商业档案和登记簿关联起来获取补充变量。这表明劳动力受教育程度和企业联网计算机数量的增加对企业起到的作用相似，生产资本密集度和工作年限在数字成熟度方面都发挥了积极作用（见图4-21）。

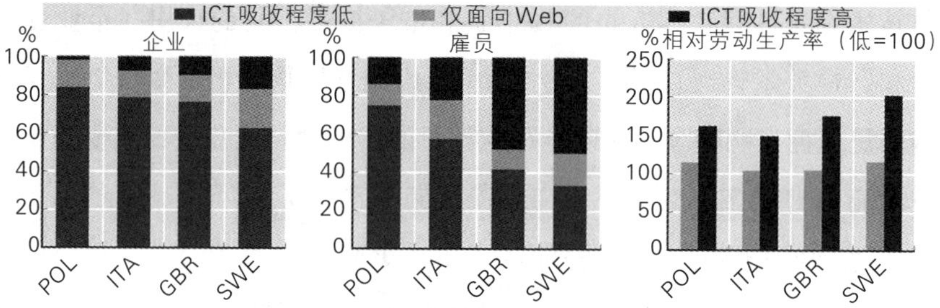

图4-21　各国企业数字成熟度（2017年）

相对于“ICT吸收程度低”群体的百分比和水平

Source：OECD，ICT usage by businesses micro-data exploratory project，preliminary results，November 2018. See chapter notes.

StatLink https：//doi.org/10.1787/888933930155

国际行动的选择

经合组织率先采用分布式方法对保密的微观数据进行实证分析。该组织提供了一个共同框架，通过该框架专家们可以开会确定共同的研究和政策问题，商定指标和计量经济学模型，并在内部开发软件程序，然后由能够获得本国微观数据的研究人员分别独立进行相同的分析并汇总结果，最后，经合组织和参与国对这些数据进行比较和分析。

经合组织基于分布式方法的第一个大规模开创性项目利用了20个国家的创新调查数据（OECD，2009）。OECD正在实施的最新项目是DYNEMP项目（https：//oe.cd/dynemp），该项目现在已进入第三个阶段，它利用企业注册信息数据分析就业动态、新企业和配置效率。此外，还有MULTIPROD项目（https：//oe.cs/multiprod），其目标是研究总生产率的微观驱动力。经合组织还开发了一个微观数据实验室，在微观层面上编辑和连接大规模行政及商业数据集，通常这样的工作需要许可协议。利用有关专利、商标、设计权、科学出版物和公司信息的大型数据集可以分析新兴技术及其与公司业绩的联系。本出版物中的几个指标使用了这些数据集。

在过去几年中，人们尝试努力发掘信息通信技术企业层面调查数据的潜力。①经合组织正在进行的实践表明该方法具有巨大潜力，有助于进一步深入理解企业的数字化转型，并有助于开展协作和尖端研究。事实上，进行系统和协作分析可能会产生富含信息的综合指数，同时可对选择调查变量提供有用的标准。此外，对不同来源数据进行整合的可行性是一种战略资产，有助于更好地了解为将负担减至最低而未能纳入ICT使用调查的各个方面因素。

采用分布式方法分析信息通信技术使用的微观数据是获取机密数据的一种务实的手段，它为决策者提供所需的证据基础，从而提高了官方统计数据的相关性和可用性。这类方法也有助于将相互关联的微观数据发展为各国的统计基础设施，从而增加了研究人员获取微观数据的机会。

---

① 例如，经合组织支持的ICT-Enabled Innovation 项目将ICT与一些国家的创新调查联系起来（Spiezia，2011）。欧盟资助的“ESSLimit”项目将欧洲15个国家的ICT、创新和商业调查联系起来（欧盟统计局，2012），ESSLait项目致力于将微观数据用于ICT影响分析（欧盟统计局，2013），该项目还使用了出口和ICT技能等其他变量。

参考文献

Eurostat(2013), ESSnet on Linking of Microdata to Analyse ICT Impact(ESS-Lait), 2013, https://ec.europa.eu/eurostat/cros/content/final-reporting- esslait-project_en.

Eurostat(2012), ESSnet on Linking of Microdata on ICT usage(ESSLimit), 2010 2012, ESSnet on Linking of Microdata on ICT usage(ESSLimit), 2010 2012.

Spiezia, V.(2011), "Are ICT Users More Innovative? An Analysis of ICT-Enabled Innovation in OECD Firms", *OECD Journal: Economic Studies*, Vol. 2011/1, https://doi.org/10.1787/eco_studies-2011-5kg2d2hkn6vg.

注释

4.1 用户成熟度

图4-1 全部、每日和移动互联网用户（2018年）

除非另有说明，互联网用户是指在过去3个月内访问互联网的个人。对于加拿大、哥伦比亚和日本，调查时间为12个月。美国2017年的调查时间为6个月，2006年的调查没有指定时限。新西兰2006年的调查时间为12个月。印度、印度尼西亚、俄罗斯和南非的调查没有指定时限。

澳大利亚的数据截至6月30日的2016/2017财年和2006/2007财年，参考期为2006年的12个月。巴西的数据为2016年和2008年的。加拿大的数据为2012年和2007年的。2006年的资料是指年龄在16岁及以上的人而非16~74岁的人，参考期限为12个月。以色列的数据是2016年而非2018年的，年龄为所有20岁以上的人，而不是16~74岁的人。日本的数据是2016年而非2018年的，年龄在15岁到69岁之间。智利、中国、哥伦比亚、哥斯达黎加、印度尼西亚、韩国、墨西哥、俄罗斯、南非、瑞士和美国的数据是2017年而非2018年的。欧盟28国的数据是2007年的而不是2006年的。

所有用户的注释：

哥伦比亚的数据是2008年而非2006年的。

新西兰的数据是2012年而非2018年的，参考期为2006年的12个月。

土耳其和美国的数据是2007年的而不是2006年的。

哥斯达黎加的数据是2017年的而不是2018年的。

中国、印度、印度尼西亚、俄罗斯和南非的数据来源于国际电联2018年世界电信/ICT指标（WTI）数据库。

印度的数据是2016年而非2018年的。

印度尼西亚的数据包括5岁或5岁以上的人。

每日用户的注释：

意大利的数据是2017年而非2018年的。

哥斯达黎加的数据是经合组织根据科学、技术和电信部提供的数据进行估算得到的结果。

俄罗斯的数据来自2018年国际电联、世界电信/ICT指标（WTI）数据库，数据参考的是2016年而不是2018年的，年龄段为15~72岁而不是16~74岁。

手机用户的注释：

哥斯达黎加的数据是经合组织根据科学、技术和电信部提供的数据进行估算得到的结果。

韩国的参考期限为12个月。

新西兰的数据来源于新西兰统计局，指的是年龄在15~74岁之间的人，截至2012年而不是2018年，移动接入包括使用蜂窝设备和无线网络以及同时使用两者的个人。

图4-2　特定在线活动互联网用户的增长情况（2018年）

除非另有说明，互联网用户是指在过去3个月内访问互联网的个人。加拿大、哥伦比亚、日本、韩国和新西兰的调查时间为12个月，美国为6个月。

澳大利亚的数据是2016/2017财年的，截至2017年6月30日，“通话”（2012/2013）除外。

巴西的数据为2016年的。

加拿大和新西兰的数据是2012年的。

智利、哥伦比亚、韩国、墨西哥、瑞士和美国的数据是2017年的。

哥斯达黎加的数据是2017年的，年龄为18~74岁，不是16~74岁。

以色列的数据是2016年的，年龄在20岁以上，不是16~74岁。

日本的数据是2016年的，年龄在15~69岁而非16~74岁。“内容创造”和“云存储”的数据是2015年的。

图4-3　互联网使用多样化和复杂化的个人（2016年）

平均而言，互联网使用多样化和复杂化的个人是指执行活动的数量和种类最多（11种主要在线活动类型中超过8种）的个体。他们在电子金融、学习和创造力的活动中所占的比例也更大——执行这类活动的个人群体范围最小并被认为执行较为复杂的活动。

4.2　电子商务

图4-4　不同技术类型企业特定ICT工具和活动的发展情况（2018年）

除非另有说明，只考虑拥有10名或10名以上员工的企业。

巴西的数据是2017年的。

加拿大除了云计算（2012）外，数据均为2013年的。

日本的数据是2016年的，企业仅指雇员人数在100人以上而非10人以上的企业。

韩国的数据除云计算（2015）外均为2016年的。

瑞士的数据是2015年的，包括5名雇员以上的企业而非10名雇员以上的企业。

ERP、CRM和RFID的数据是2017年的。

大数据：英国的数据是2016年的。

云计算：澳大利亚的数据是截至2015/2016财年6月30日的。加拿大的数据是指企业在“软件即服务”（如云计算）方面的支出。冰岛的数据是2014年的。墨西哥的数据是2012年的。

RFID：冰岛的数据是2014年的。

图4–5　不同规模企业开展电子商务销售的情况（2017年）

除非另有说明，只考虑雇员人数在10人以上的企业。小型企业被定义为雇员人数在10~49人之间的公司，中型企业被定义为雇员人数在50~249人之间的公司，中小型企业被定义为雇员人数在10~249人之间的公司，大型企业被定义为雇员人数在250人及以上的公司。澳大利亚的数据是截至2015/2016财年6月30日的。

巴西的数据包括手动输入的电子邮件及其他类似方式。

加拿大的数据为2013年的；中型企业员工为50~299人，大型企业员工为300人以上。网上的在线销售可能包括互联网上的EDI销售以及网站销售，但不包括通过手动输入的电子邮件或潜在客户的销售。

日本的数据指的是雇员人数在100人以上而非10人以上的企业，中型企业雇员为100~299人，大型企业雇员为300人以上。

墨西哥2012年的数据指的是通过互联网而不是通过计算机网络接收订单的企业。

新西兰的数据是截至2015/2016财年6月30日的。

瑞士的数据是2011年的。

图4–6　不同规模企业的高级网络销售功能和在线广告（2018年）

常客功能是指在网站上为周期性或经常性访客提供个性化的内容。

4.3 业务技能

图4-7 ICT任务密集型行业的员工（2017年）

ICT任务密集型职业的定义依据：Grundke，Horvat and M. Squicciarini（即将发表），“ICT intensive occupations：A task-based analysis”，OECD Science，Technology and Innovation Working Papers，OECD Publishing，Paris.

ICT任务密集型职业按照2008年修订的国际职业分类标准（ISCO-08）的3位代码分类定义：商业服务和行政经理（121类）；销售、市场和开发（122类）；信息和通信技术服务管理人员（133类）；专业服务经理（134类）；物理和地球科学专业人员（211类）；电工学工程师（215类）；建筑师、规划师、测量师和设计师（216类）；大学和高等教育教师（231类）；金融专业人员（241类）；管理专业人员（242类）；销售、市场推广和公共关系专业人员（243类）；软件和应用程序开发人员和分析师（251类）；数据库和网络专业人员（252类）；信息通信技术业务和用户支持（351类）。

加拿大的数据是2016年的。

日本的数据是2015年的。

图4-8 购买云计算服务的不同规模企业（2018年）

澳大利亚的数据是截至2015/2016财年6月30日的。

巴西的数据是2017年的，由4个不同项目的数据汇总而成。

加拿大的数据是2012年的，是指在软件即服务应用程序（如云计算）上付费的企业。中型企业雇员人数为50~299人。大型企业雇员人数在300人以上。

冰岛的数据是2014年的。

日本的数据是2016年的，企业雇员人数在100人以上。中型企业的雇员人数为100~299人。大型企业的雇员人数为300人以上。

韩国的数据是2015年的。

墨西哥的数据是2012年的。

瑞士的数据是2015年的，涉及的是雇员人数为5人以上的企业。

图4–9　不同规模企业开展大数据分析的情况（2018年）

韩国和英国的数据是2016年的。

4.4　电子消费者

图4–10　过去12个月在网上购物的不同年龄段消费者（2018年）

在哥伦比亚和美国，浅蓝色代表的年龄差距正好相反。年龄在55~74岁之间的人比年龄在16~24岁之间的人网上购物倾向略高。

除非另有说明，互联网用户被定义为在过去12个月内访问互联网的个人。澳大利亚和以色列的调查时间为3个月。美国为6个月。

澳大利亚的数据是截至2016/2017财年6月30日的。2016/2017年度调查中所提出的问题措辞与其他国家略有不同："过去3个月，您个人是否因以下任何一个原因访问互联网：购买商品或服务？"

巴西的数据是2016年的。

哥斯达黎加的数据是18~74岁而非16~74岁的人。

智利、哥伦比亚、哥斯达黎加、韩国、墨西哥、瑞士和美国的数据是2017年的。

加拿大数据是2012年的。

以色列的数据是2016年的，年龄在20岁以上而不是16~74岁的人；在20~24岁而不是16~24岁，在过去3个月内使用互联网购买商品或服务的人，包括所有类型的商品和服务。

日本的数据是2016年的，对象年龄是15~29岁而不是16~24岁。

新西兰的数据为2012年的数据，包括在过去12个月内通过互联网进行个人消费的人，并且这些消费是在线支付的。

图4–12　过去12个月内因为喜欢亲自购物或缺乏技能而不愿网购的个人（2017年）

"缺乏技能"指的是那些在过去12个月中因为缺乏必要的技能而没有

通过互联网订购商品或服务的个人。

“喜欢亲自购物”是指在过去的12个月中，由于喜欢亲自购物、喜欢亲眼看到产品、对特定的商店有忠诚度或由于习惯而没有通过网络订购商品或服务的个人。

4.5 电子公民

图4-13 在不同教育程度群体中使用互联网与公共部门互动的个人（2018年）

除非另有说明，数据均指过去12个月分别进行的在线活动。

澳大利亚的数据是截至2010/2011财年和2012/2013财年6月30日的。数据指“在过去12个月内曾使用互联网从政府机构网站下载正式表格的个人”以及“在过去12个月内曾使用互联网填写或向政府机构网站递交表格的个人”。

巴西的数据是2016年而非2018年的。

哥伦比亚和瑞士的数据是2017年而非2018年的。

加拿大的数据是2012年而非2018年的。

智利的数据为2009年和2017年的。

以色列的数据是2016年而不是2018年的，对象是20岁以上而不是16~74岁的人，是20~24岁而不是16~24岁的人。其过去3个月在互联网上获得政府办公服务，包括下载或填写官方表格的资料。

新西兰的数据对象是2012年和过去12个月使用互联网从政府部门获取信息的个人。

在日本，过去12个月的数据是指2016年而不是2018年的，是15~69岁而不是16~74岁的人，15~29岁而不是16~24岁的人，在过去12个月内其通过官方公共网站使用互联网发送填好的表格。

墨西哥的数据是2016年而非2018年的。使用的电子政府服务包括以下类别：“联络政府”、“查阅政府资料”、“下载政府表格”及“执行政府程序”。

图4–14　网上申报个人和企业所得税的比例（2015年）

冰岛的企业纳税申报数据是2014年的。

图4–15　因服务可用性而没向公共部门在线提交表格的个人（2018年）

瑞士的数据是2014年和2017年的。

土耳其的数据是2012年而不是2011年的。

4.6　能促进有效使用的因素

图4–16　计算和读写能力的熟练程度（2012年或2015年）

以下23个国家的数据指的是2012年PIAAC第1次调查的第1轮结果：澳大利亚、奥地利、比利时（佛兰德斯）、加拿大、捷克共和国、丹麦、爱沙尼亚、芬兰、法国、德国、爱尔兰、意大利、日本、韩国、荷兰、挪威、波兰、俄罗斯（莫斯科除外）、斯洛伐克共和国、西班牙、瑞典、英国（英格兰和北爱尔兰）和美国。其余国家的数据来源于2015年PIAAC第1次调查的第2轮结果。

英国的数据仅涉及英格兰。

俄罗斯PIAAC的样本不包括莫斯科市辖区的人口。因此公布的数据并不代表16~65岁俄罗斯全体居民，而是指不包括莫斯科市辖区居住人口的俄罗斯居民。

图4–17　不同年龄段人群在技术丰富的环境中解决问题的熟练程度（2012年或2015年）

以下21个国家的数据指的是2012年PIAAC第1次调查的第1轮结果：澳大利亚、奥地利、比利时（佛兰德斯）、加拿大、捷克共和国、丹麦、爱沙尼亚、芬兰、德国、爱尔兰、意大利、日本、韩国、荷兰、挪威、波兰、俄罗斯（莫斯科除外）、斯洛伐克共和国、瑞典、英国（英格兰和北爱尔兰）和美国。其余国家的数据来源于2015年PIAAC第1次调查的第2轮结果。

英国的数据仅涉及英格兰。

俄罗斯PIAAC的样本不包括莫斯科市辖区的人口。因此公布的数据并不代表16~65岁的俄罗斯的全部居民，而是指不包括莫斯科市辖区居住人口的俄罗斯居民。

图4-18　通过培训提高数字技能的个人（2018年）

数字技能是指计算机、软件或应用程序的使用技能。

4.8　路线图：衡量云计算服务

图4-20　全球数据中心工作负载和运算实例，按应用程序分类（2016年）

服务器工作负载和运算实例定义为一组虚拟或物理的计算机资源，这些资源被分配来运行特定的应用程序，从而为一个或多个用户提供计算服务。工作负载和运算实例是一种通用衡量，用于描述许多不同的应用程序——从小型轻量级的软件即服务应用程序到大型计算专用云数据库应用程序。在本研究中，如果不是虚拟化的服务器，那么一个工作负载和运算实例相当于一台物理服务器。当存在虚拟化时，一台虚拟机或一个容器（可互换使用）被视为一个工作负载和计算实例。每台服务器的虚拟机数量取决于各种因素，其中包括工作负载和运算实例的处理与存储需求以及部署管理程序的类型。在云环境中可同时部署非虚拟化服务器和虚拟化服务器，即在一个虚拟化服务器上部署许多虚拟机。当前，工作负载和运算实例从终端用户设备迁移到远程服务器，从基于营业场所的网络迁移到云网络，这种日益增加的改变对传统运营商和云数据运营商都提出了新的网络要求（Cisco，2018）。

参考文献

ABS(2017),"Business use of information technology statistics,2015-16",Australian Bureau of Statistics,Release no. 8129.0,20/07/2017,http://www.abs.gov.

au/ausstats/abs@.nsf/mf/8129.0.

European Commission (2018), Digital Economy and Society Index 2018 Report, https://ec.europa.eu/digital-singlemarket/en/desi.

Grundke, R., Horvát, P. and M. Squicciarini (forthcoming), "ICT intensive occupations: a task-based analysis". *OECD Science, Technology and Innovation Working Papers.*

Grundke, R., S. Jamet, M. Kalamova, F. Keslair and M. Squicciarini (2017), "Skills and global value chains: A characterisation", *OECD Science, Technology and Industry Working Papers*, 2017/05, OECD Publishing, Paris. http://dx.doi.org/10.1787/cdb5de9b-en.

OECD (forthcoming), Skills Outlook 2019: Skills and Digitalisation, OECD publishing, Paris.

OECD (2017a), *OECD Science, Technology and Industry Scoreboard 2017: The digital transformation*, OECD Publishing, Paris, http://dx.doi.org/10.1787/9789264268821-en.

OECD (2017b), *Tax Administration 2017: Comparative Information on OECD and Other Advanced and Emerging Economies*, OECD Publishing, Paris, https://doi.org/10.1787/tax_admin-2017-en.

OECD (2015a). "Model Survey on ICT Access and usage by Households and Individuals". OECD publishing, Paris, https://www.oecd.org/sti/ieconomy/ICT-Model-Survey-Access-Usage-Households-Individuals.pdf.

OECD (2015b). "Model Survey on ICT Access and Usage by Businesses", OECD publishing, Paris, https://www.oecd. org/sti/ieconomy/ICT-Model-Survey-Usage-Businesses.pdf.

OECD (2011), *OECD Guide to Measuring the Information Society 2011*, OECD Publishing, Paris, https://doi.org/ 10.1787/9789264113541-en.

OECD (2009), *Innovation in Firms, A Microeconomic Perspective*, OECD Publishing, Paris, https://doi.org/10.1787/9789264056213-en.

第5章　释放创新

5.1　知识库

知识投资是推动和适应数字化转型的关键。知识投资在其他领域的表现形式包括对教育、信息通信技术（ICT）、软件等无形资产和研发（R&D）的投资。

高等教育在世界范围内扩展，可支持高学历人才的供应并能满足对技能（特别是认知技能）日益增长的需求。决策者特别关注科学家、工程师和信息通信技术专家的人才供给，因为他们是技术变革以及正在进行中的数字化变革的直接参与者（OECD，2017a）。2016年，OECD的大专毕业生中有23%拥有自然科学、工程以及信息通信技术（Natural Science，Engineering，and Information and Communication Technologies，NSE and ICT，其中包括数学和统计学）学位。在德国和印度，NSE和ICT毕业生约占所有大学毕业生的1/3。

在OECD地区，2016年NSE和ICT专业中31%的毕业生是女性。这表明在人数上女性比男性少很多。女性毕业生的比例在日本为16%，智利为18%，但在印度为43%，波兰为44%，这两个国家在这一领域最为接近性别平等（见图5-1）。

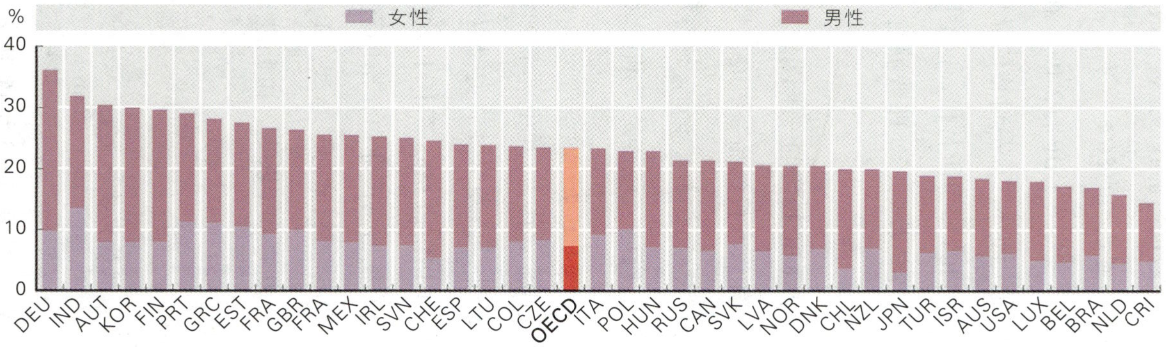

图 5-1　自然科学、工程及信息通信技术（NSE和ICT）专业的高等教育毕业生，按性别分类（2016年）

占所有高等教育毕业生的百分比

Source：OECD calculations based on OECD，Education Database，September 2018.

StatLink https：//doi.org/10.1787/888933930174

在国民核算中记录的知识资本（Knowledge-based Capital，KBC）投资是知识库的一个重要因素，包括软件、数据库、研发以及其他知识产权产品。计算机软件和数据库（不包括数据的价值）是大多数国家ICT投资的主要组成部分，从拉脱维亚的23%到法国的86%不等。与2006年相比，2016年OECD在ICT资产方面的投资稳定在GDP的2.4%。在数字化转型时代仍然能维持这种稳定，其部分原因是ICT产品价格的降低，还有部分原因是传统资本投资被云计算及其他ICT服务所替代，这类服务允许用户通过互联网和其他系统获取软件、存储数据、处理数据而无须直接购买ICT资产（见图5-2）。

在大多数国家，软件和数据库占KBC投资的一半以下。OECD成员国中平均62%的产品由“研发和其他知识产权产品”组成，其中包括创意、艺术和文学原创作品。通常研发资产投资占绝大部分，这些积累既是在本国开展研发的结果，也是进口研发资产（通常是专利实体的形式）的结果。

研发是知识库的一个重要组成成分，作为一种追求新知识的行为，研发有助于推动数字技术的进步。企业是研发绩效的主要驱动因素，2016年OECD成员国的平均研发支出占GDP的1.6%，韩国和以色列的支出比例分别高达3.3%和3.8%。这些国家在信息产业中作出的贡献尤其重要，占本国所有业务研发的一半多一点。在爱沙尼亚、芬兰、美国、土耳其和爱尔兰，信息产业也占本国业务研发的40%以上，由此进一步证实了信息产业具有知识密集的属性（见图5-3）。

你知道吗?

印度每年有近60万名信息通信技术的大学毕业生，大约是美国的5倍。

定义

自然科学、工程和ICT研究领域在2013年国际教育标准分类（ISCED）的对应类别为：05自然科学、数学和统计；06信息及通信技术；07工程、制造和建筑。

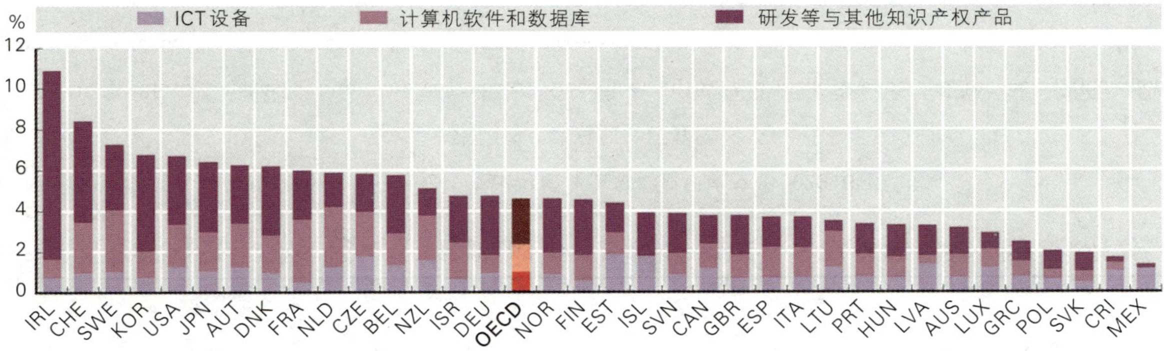

图5-2 ICT设备、计算机软件与数据库、研发等知识产权产品的投资（2017年）

占国内生产总值的百分比

Source：OECD，National Accounts Statistics；Eurostat，National Accounts Statistics and national sources，February 2019. See chapter notes. StatLink contains more data.

StatLink https：//doi.org/10.1787/888933930193

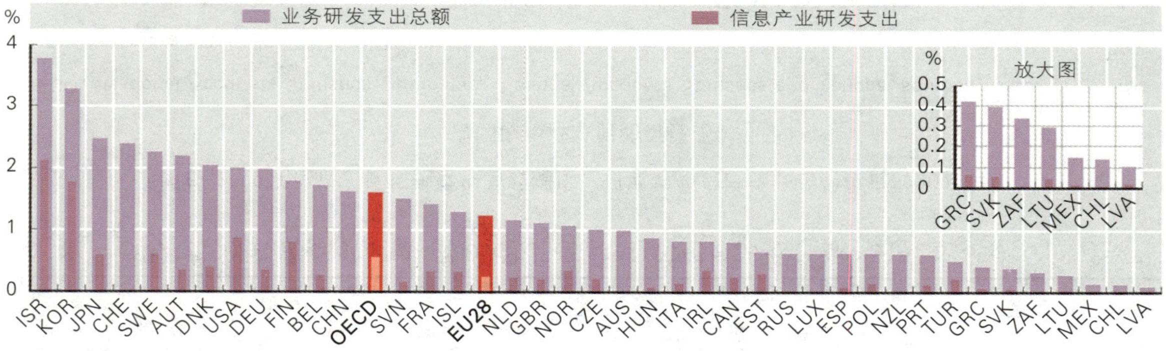

图5-3　业务研发支出总额及信息产业研发支出（2016年）

占国内生产总值的百分比

Source：OECD，ANBERD Database，http：//oe.cd/anberd，December 2018，and Main Science and Technology Indicators Database，http：//oe.cd/msti，July 2018．See chapter notes．StatLink contains more data.

StatLink https：//doi.org/10.1787/888933930212

高等教育毕业生是指在2016年获得ISCED-2011第5~8级学位的人。

ICT投资是指“信息和通信设备”以及“计算机软件和数据库”的固定资本形成总额（GFCF），但不包括数据库中数据的价值。

企业研发支出（BERD）包括企业的所有研发支出，不区分资金来源。

信息产业包括信息和通信科技制造及信息服务业，即ISIC Rev.4 26类及58~63类。详情请参阅第2.1节。

可测性

各教育领域的毕业生指标是基于联合国教科文组织统计研究所、经合组织和欧盟统计局联合收集的年度数据计算的。采集这些数据旨在为全球60多个国家教育系统提供关键的国际可比性信息：http：//www.oecd.org/education/database.htm。

ICT投资的价值来自国民核算。但具体资本形成数据的可用性和实时性各不相同，并且由于一些经济体没有将所有信息通信技术的项目独立核算，所以导致了对其价值的低估。

BERD是通过官方调查的企业研发支出的数量和性质来衡量的。这些调查或商业登记等相关资料也提供了如就业人数和所从事的主要生产活动类型（即主要增值来源）等有关背景资料。按照OECD《2015年Frascati手册》（http：//oe.cd/frascati）中的建议，这是按行业对研发活动进行分类的主要方式。

5.2 科学成果与数字化

科学知识的进步是开发新数字技术的关键。在过去10年里，中国对计算机科学期刊的贡献差不多增加了2倍，在该领域科学文献的成果上超过了美国。然而在世界范围内被引用最多的文献（指按文献类型和领域划分的前10%）中，中国所占比例接近7%，仍低于世界平均水平，并且远低于美国17%的水平。尽管如此，中国已经成为全球第2大计算机科学出版物生产国，自2006年以来中国计算机科学出版物的高引比例也增加了1倍以上。在意大利、以色列、卢森堡和波兰等国家，计算机科学领域的研究成果相对引用率比这些国家的总体科学成果高出许多。瑞士学者在计算机科学领域发表的作品将近20%可以进入世界高引科学文献的前10%。尽管卢森堡的科学生产水平要低得多，但这一比例达到了25%（见图5-4）。

科学活动大量使用数字工具，并以新数据和新软件的形式生成数字资产。2018年OECD一项新的试点调查——科学作者国际调查（ISSA）侧重于衡量科学的数字化程度。初步研究结果表明，平均60%以上的科学出版物产生了新的数据和新的软件代码。据报告，平均而言研发强度较高的国家产生新软件代码等科研成果的比例也更大，成果中既有单独产生的，也有与新数据结合而产生的。超过45%的韩国受访者声称他们正在开发新代码。大部分开发是结合数据进行的，在墨西哥这一比例为20%，并且数据生成的范围更广泛，分布也更均匀。在计算机科学和决策科学领域，超过50%的受访者有代码类成果，紧随其后的是物理学和天文学领域。代码类成果在艺术、人文学科和化学学科中最不常见，只有不到10%的比例（见图5-5）。

科学研究是技术进步和创新的重要基础。通过鉴别专利文件中引用的非专利文献，特别是科学文献，就有可能深入了解科学进步与新发明之间的联系。数字技术主要建立在与数字相关的学科上，电子或信息工程领域的文章被引用的比例为37%，计算机和信息科学的文章被引用的比例为20%。然而，数字技术可以应用于更广泛的领域，因此除了艺术、语言等领域，数字专利技术也借鉴了其他众多领域的科学成果，特别是物理科学（12%）和医学领域（见图5-6）。

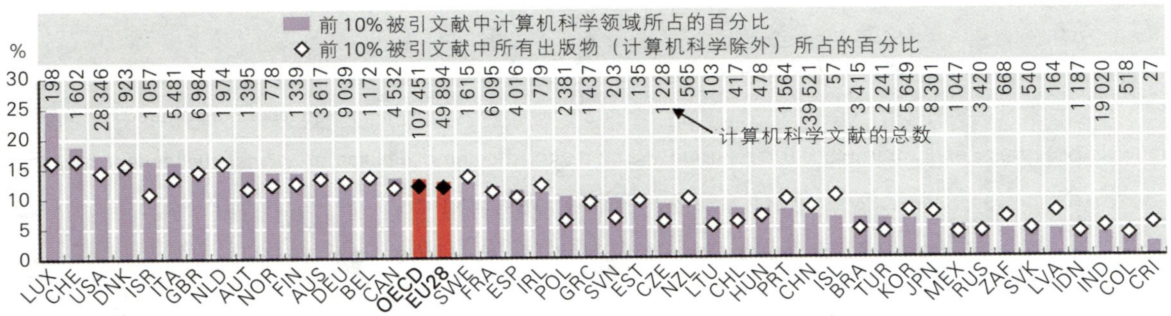

图5-4　计算机科学领域各国引用次数在前10%的文献（2016年）

占文献总数的百分比，按领域分类，采用分数表示

Source：OECD calculations based on Scopus Custom Data，Elsevier，Version 1.2018；and 2018 Scimago Journal Rank from the Scopus journal title list（accessed March 2018），January 2019. See chapter notes. StatLink contains more data.

StatLink https：//doi.org/10.1787/888933930231

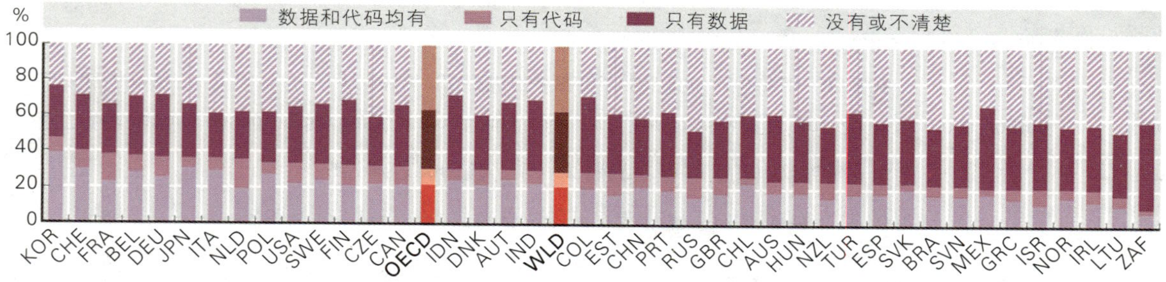

图5-5　按居住国/地区划分的新数据及新代码类科学成果（2017年）

占2018年ISSA调查回收结果的百分比

Source：OECD，International Survey of Scientific Authors（ISSA）2018，preliminary results，http：//oe.cd/issa，December 2018. See chapter notes. StatLink contains more data.

StatLink https：//doi.org/10.1787/888933930250

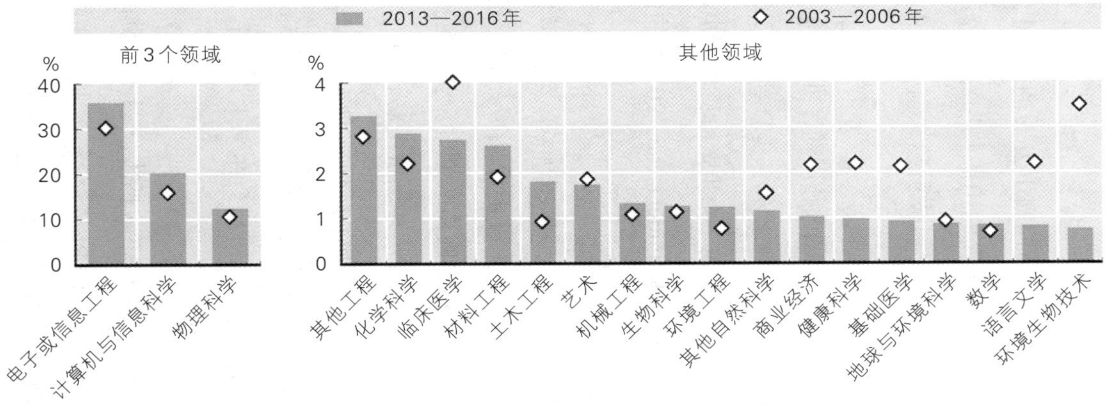

图5-6 数字专利中包含的科学知识，按科学领域分类（2003—2006年、2013—2016年）

ICT中IP5专利族引用科学文献所属的前20个领域的分布情况

Source：OECD calculations based on data elaboration courtesy of the Max Planck Institute for Innovation and Competition，and OECD，STI Micro-data

Lab：Intellectual Property Database，http：//oe.cd/ipstats，December 2018. See chapter notes. StatLink contains more data.

StatLink https：//doi.org/10.1787/888933930269

你知道吗?

美国与中国在计算机科学方面的高引科学出版物差距已从2006年的500%缩小到2016年的70%。

定义

计算机科学出版物由专门在该领域期刊上发表的可引用文献（文章、会议论文和综述）组成。“被引频次最高的出版物”是指经过对所属的科学领域和文献类型进行标准化处理后位列被引频次前10%的论文（OECD and SCImago Research Group，2016）。

研究数据包括等级量表、文本记录、图像和声音等可作为科学研究主要数据来源的内容。代码包括定制开发的软件和代码、实验室笔记本，以及其他所有能被计算机支持的、能描述研究工作的每一个步骤和所遵循协议的文档。

数字（ICT）专利的识别使用Inaba和Squicciarini（2017）的IPC代码列表。

可测性

确定研究成果的有关数字内容是一项重大挑战。尽管书目索引在解释性和覆盖范围上还存在限制，但它是一种能说明成果目标的现成数据来源。由于数字研究的普及，仍然使用出版商的期刊分类方法会导致对科研数字化强度的低估。较为可行的替代方法是浏览出版物的内容或直接与作者联系。OECD ISSA 2018年调查中采用了后面这种方法收集关于数字工具的使用情况和科学对数字化进程贡献的有关观点（见第5.6节）。不过需要指出的是，并非所有的“数据科学家”都会在学术期刊上发表文章，但学术期刊是识别和联系作者的基础。

已发表的专利文件应包含参考文献，包括本发明所依据的现有技术基础，包括以前的专利和非专利文献（NPL）。分析专利文件中引用的专利和科学文献之间的关系有助于揭示科学与创新之间的联系。马克斯·普朗克（Max Planck）数字图书馆已经开发出了将NPL与科学参考数据联系起来的可靠方法（Knaus and Palzenberger，2018）。这一研究是马克斯·普朗克创新与竞争研究所采用科睿唯安（Clarivate™）科学网站上提供的信息中所包含的数据而展开的分析（Poege et al.，2018）。

5.3　创新成果

全球信息通信技术（ICT）市场的竞争要求创新和技术发展能够具备有吸引力的设计，并且确保其辨识度，让消费者能够识别出市场所提供的复杂新产品。

2013—2016年间，以专利为代表的数字相关技术在OECD国家提交的所有IP5专利族中约占33%，较10年前的份额（36%）略有下降。相比之下，中国在信息通信技术专利族中的份额增加了1/4，其IP5专利作品成为信息通信技术领域最专业的组成部分。在俄罗斯、印度和葡萄牙，与信息通信技术有关的专利比例翻了一番多，在爱尔兰增加了近2/3，这也是一些技术公司在上述国家建立和开展业务的结果。

对2003—2006年及2013—2016年期间在美国申请的用于保护“产品界面和外观”的设计专利进行比较，可以看出ICT产品设计的重要性。与总体设计相比，ICT设计在美国市场略有增长，增加了0.1个百分点。相比之下，欧洲的ICT设计在所有设计申请中的比例均有所下降，降低了0.8个百分点，在日本降低了2.5个百分点（见图5-7）。

与此同时，中国在美国申请的信息通信技术设计专利的比例翻了一番（从13%增加到26%），在日本注册的信息通信技术设计份额增加了近1/3（达到了21%），在欧洲市场的注册设计份额（16%）继续保持原有水平。这组数据说明了中国是如何从ICT制造领域转移到ICT设计领域的（见图5-8）。

在所有市场中，由OECD国家机构注册的ICT相关商标比例都在增长。2014—2017年欧洲市场的增幅最大（比2004—2007年上升了6个百分点，增至37%），美国市场有类似的增长（上升了5个百分点，增至24%），日本市场的商标申请增幅非常强劲（上升了23个百分点，增至36%）（见图5-9）。

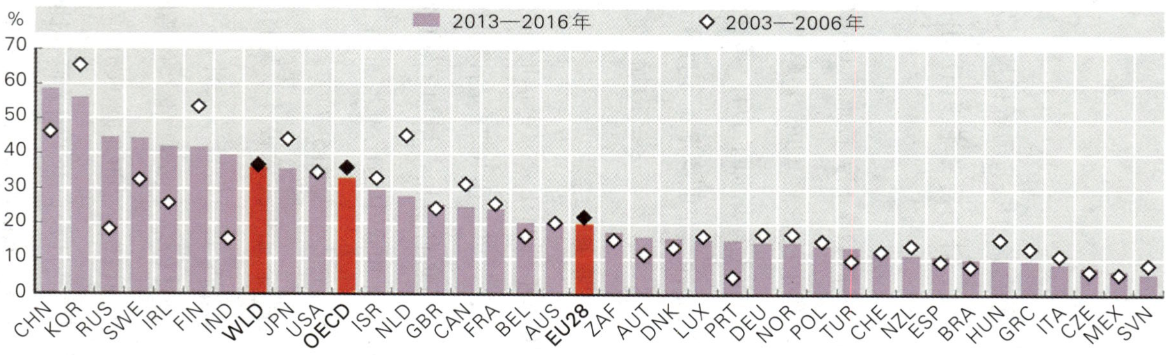

图 5-7　与信息通信技术相关的专利（2003—2006年、2013—2016年）

占 IP5 专利总数的百分比，按专利权所属国为单位统计

Source：OECD，STI Micro-data Lab：Intellectual Property Database，http：//oe.cd/ipstats，November 2018．See chapter notes．StatLink contains more data.

StatLink https：//doi.org/10.1787/888933930288

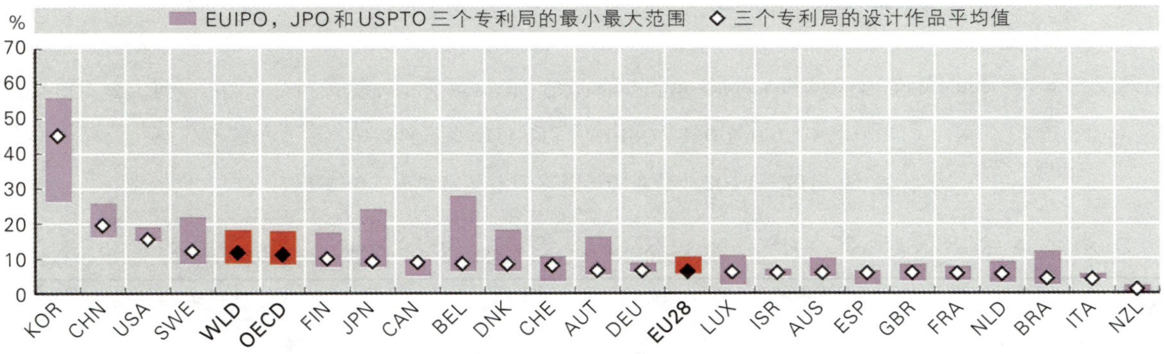

图5-8　与ICT相关的设计（2014—2017年）

占总设计数的百分比，EUIPO，JPO和USPTO

Source：OECD，STI Micro-data Lab：Intellectual Property Database，http：//oe. cd / ipstats，September 2018. See chapter notes.

StatLink contains more data.

StatLink https：//doi.org/10.1787/888933930307

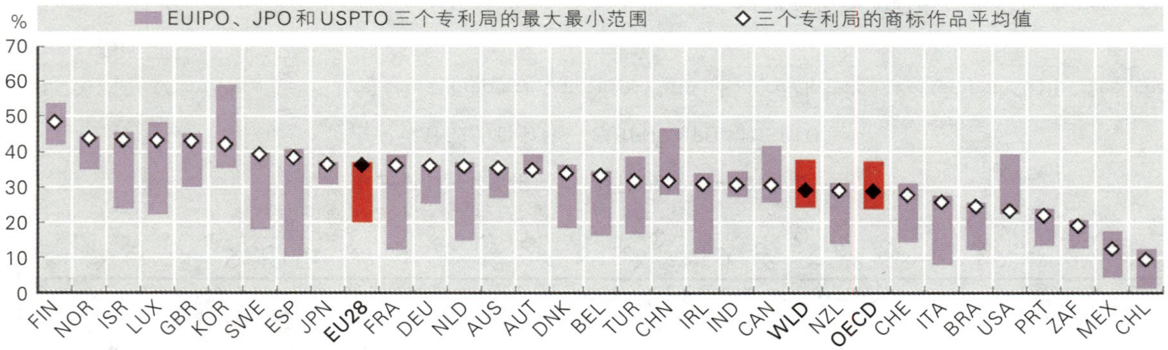

图5-9　与信息通信技术相关的商标（2014—2017年）

占商标总数的百分比，EUIPO、JPO及USPTO

Source：OECD，STI Micro-data Lab：Intellectual Property Database，http：//oe. cd / ipstats，September 2018. See chapter notes. StatLink contains more data.

StatLink https：//doi.org/10.1787/888933930326

总体而言，OECD国家似乎正在逐步走向ICT知识产权捆绑战略，相对来说这些战略更加强调产品的界面和外观以及从品牌中提升价值。相反，BRIICS国家，特别是中国、印度和俄罗斯似乎正在推行技术追赶战略，并通过设计和品牌策略保护其产品（OECD，2017a）。

你知道吗？

数字资产在韩国知识产权作品中占55%~65%，包括专利、商标和设计权。

定义

专利可以保护技术发明（即产品或工艺提供了做某事的新方法或解决某问题的新技术方案）。IP5专利族是指在全球至少两个专利机构申请的专利，并且其中至少有一个属于五大知识产权局，即欧洲专利局（EPO）、日本专利局（JPO）、韩国知识产权局（KIPO）、美国专利商标局（USPTO）和中华人民共和国国家知识产权局（NIPA）。

使用国际专利分类（IPC）代码可识别数字技术中的专利（Inaba and Squicciarini，2017）。

设计用于保护产品的形状，在配置或装饰等方面具有新颖性或独创性。

商标是一种与众不同的标志（如文字和符号），用来区分本公司与其竞争对手的商品或服务。

识别与ICT相关的设计和商标采用OECD的实验性方法，分别以WIPO Locarno和Nice的分类为基础，将规范性的方法与ICT关键词相结合。

可测性

知识产权（IP）遵循属地原则。专利、设计和商标只在其注册国家受到保护。利用专利优先权日（即一项专利在一个国家首次提出申请后，在规定时间内又向其他缔约国提出申请时，申请人有权要求以第一次提出的日期作为后一个申请的申请日期，从而扩大了保护的地域范围）的信息可以重建专利族，并可避免在计算知识产权资产时产生重复。但对商标和外观设计不能采取这样的方法，因为这两种知识产权几乎没有提供关于相同注册的信息。在美国，外观设计通过美国专利商标局（USPTO）授权的外观设计专利得到保护；在欧洲，外观设计通过欧盟知识产权局（EUIPO）等得到保护；在日本，外观设计通过日本专利局（JPO）的工业设计注册得到保护。与专利的情况相反，数据的可用性约束不允许重建受IP5保护的设计和商标作品。

5.4 市场准入

数字化和信息通信技术（ICT）的传播彻底改变了企业和市场的运作方式，数字密集型经济部门与其他经济部门在行业活力方面存在着重大差异。高水平的行业活力与高生产率相关联。基于OECD DynEmp3数据库的分析表明，数字密集型行业的特点是行业更有活力，表现为就业再分配率更高，拥有更多的新创公司（更多讨论参见Calvino & Criscuolo，2019）。

为了评估市场进入和行业活力在顶级数字密集型行业中的作用，对企业平均进入率、退出率和企业进入5年后的就业增长率这3个关键指标展开了分析。在分析所涉及的所有国家中，数字密集型行业的进入率高于平均水平，同时这些国家的退出率也较高。各国样本的差异非常显著，奥地利、荷兰和土耳其在高度数字密集的经济领域与其他经济领域之间存在的差距最大（见图5-10）。

对新公司进入市场后5年内平均就业增长率的研究表明，在高度数字密集型行业中幸存下来的新公司平均增长速度比其他经济领域的新公司更快。尽管这种趋势在大多数国家都存在，但差异程度各不相同。其中，哥斯达黎加、葡萄牙和芬兰的差异最大，而匈牙利、土耳其、荷兰和日本的差异较小（见图5-11）。

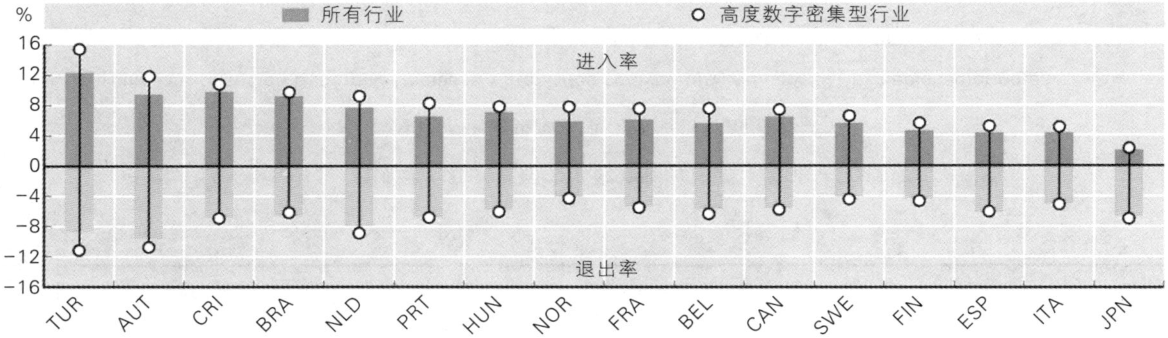

图5-10　行业活力、平均进入率及退出率（1998—2015年）

高度数字密集型行业和所有行业

Source：OECD calculations based on DynEmp3 Database，http：//oe.cd/dynemp，January 2019．See chapter notes.

StatLink https：//doi.org/10.1787/888933930345

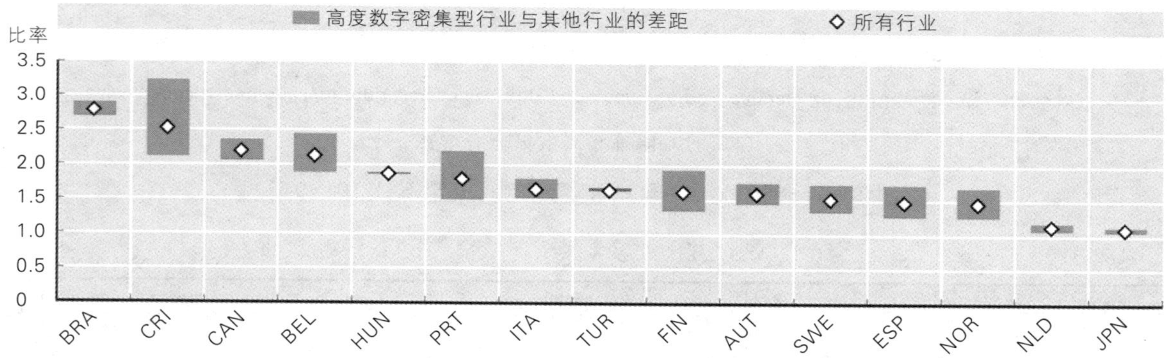

图5-11　行业活力和入职后的平均就业增长率（1998—2015年）

高度数字化密集型行业与所有行业的差距

Source：OECD calculations based on DynEmp3 Database，http：//oe.cd/dynemp，January 2019．See chapter notes.

StatLink https：//doi.org/10.1787/888933930364

数字密集度较高的行业所呈现出的较高行业活力可能与数字技术的扩张有关，也与随之广泛出现的新应用技术和新型商业模式有关。这与一个我们已知的事实相符，即这些技术一般都具有较低的进入壁垒，并且往往能促进互动、加快信息流动并占据市场，从而能创造更多的实验机会。信息通信技术是一种高度普及的通用技术，它不仅能够在创造信息通信技术的行业刺激进入和创新，在其他数字密集型行业也同样能刺激进入和创新。

新成立的创新型企业获得的融资既包括债务融资，也包括股权融资。风险资本是股权融资尤其是年轻的科技公司的重要融资来源。现有行业层面的数据显示，2017年风险投资主要集中在许多国家的ICT领域，尤其是立陶宛、卢森堡、西班牙、英国和美国。其中美国是最大的风险投资市场，每10美元风险投资中有4美元流向了ICT行业，占GDP的0.17%（见图5-12）。

你知道吗？

与其他经济部门相比，数字密集型行业往往更具活力，扩张速度更快。

定义

市场进入率是进入单位的数量除以进入单位和现存单位的数量之和。

市场退出率是退出单位的数量除以退出单位和现存单位的数量之和。

入职后就业增长率是指第t+5年的留任员工总人数与第t年的留任员工总人数之比。

高度数字密集型行业是指按数字密集程度计算分布在前1/4的行业。其包括计算机和电子学；机械和设备；运输设备；电信；信息技术；法律和会计；科学研发；市场营销和其他业务服务；管理和技术支持服务。见Calvino et al.（2018）文献中的表3。

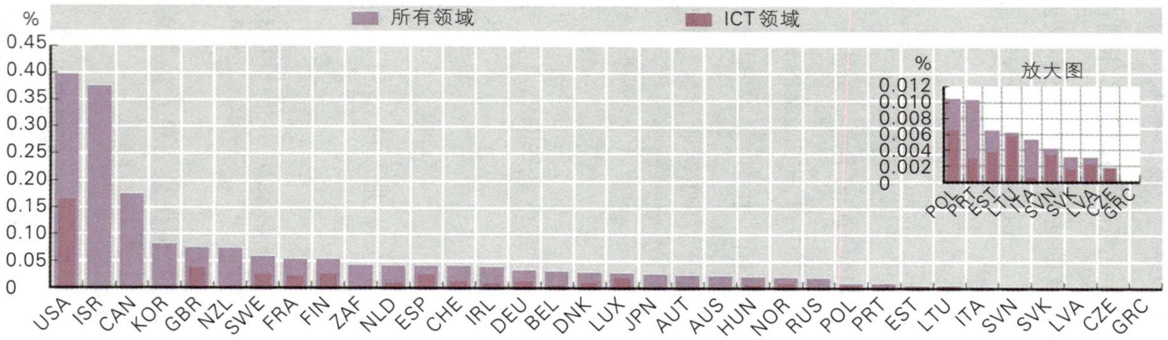

图 5-12　信息通信技术领域风险投资（2017年）

占GDP的比例

Source：OECD，Entrepreneurship Financing Database，November 2018. See chapter notes.

StatLink https：//doi.org/10.1787/888933930383

风险资本是由专业公司提供的私人资本，它们是主要的资本供给者（保险、养老基金、银行等）与资本使用者（私人初创公司和高增长公司）之间的中介，其股票在任何股票市场上都不能自由交易。

可测性

使用OECD DynEmp3数据库中的“转移矩阵”及年度流量数据，可计算1998—2015年间“高度数字化密集型行业”和“所有行业”中各行业与年份之间的未加权平均数。“转移矩阵”总结了从t年到t+j年的各统计群体的增长轨迹。分析的重点是跟踪5个年份的市场进入群体（t=1998、2001、2004、2007、2010，j=5）。这些数据是基于制造业和非金融市场服务业的，日本只有制造业数据可用。自主创业、焦炭和房地产行业不在分析范围内。Calvino和Criscuolo 2019年的报告中提供了详细的数据覆盖范围表。

有关风险资本的数据来自国家或地区风险投资协会和商业数据提供商。国际上对风险投资没有标准定义，也没有按发展阶段进行细分的标准。OECD创业融资数据库将原始数据汇总起来以适应OECD对风险资本按阶段分类的做法。风险投资受到各国税收和创新激励制度差异的影响。

5.5 公开政府数据

技术正在深刻地影响着政府的开放性。快速的技术进步使社会的数据量显著增加，其中包括政府部门产生的数据量。开放政府数据（OGD）可以强化公共治理，具体方法是通过以公民为本的方式改善公共服务的设计，提高公共部门的效率和反应能力，促进公共部门的诚信和问责制。政府通过确保OGD的可用性、可访问性并从公共部门、私营部门、公民等不同参与者的角色，设计更多以经验证据为基础的包容性政策，刺激公共部门内外的创新，激发数据驱动的公民参与，更好地为公民的个人决定提供信息，并提高公众对政府的信任度。向政府各部门提供数据和经验有助于政府更好地制定政策、加强协调，可使企业和民间团体有效发挥作用并作出贡献。

OECD的开放—利用—可重用政府数据（Open-Useful-Reusable government data，OURdata）指标衡量了政府在促进数据可用性、可得性方面以及激励政府内外数据使用和重用方面所做的努力。法国、英国和韩国在促进OGD方面特别先进，而其他一些国家仍然没有达到OGD的最佳常规标准（OECD，2017b）（见图5-13）。

大多数国家都有“默认开放”的政策，因此在数据可访问性方面得分相对较高（OECD的平均得分为0.2，潜在得分为0.33）。可及性（无障碍）条款在大多数国家的得分也相对较高（平均0.22分）。然而，中央或联邦政府推动数据重用的程度（例如“黑客竞赛”和“共同创造”活动）与政府内部推动数据重用（通过对公务员的培训和信息会议）的程度差异很大，因此反映出政府支持数据重用的得分相对较低（平均0.12分）。此外，除了韩国以外，很少有国家监测数据公开对经济、社会及公共部门绩效的影响。OECD国家大多数政府定期就数据需求征询利益相关者的意见，但很少有国家开发中央或联邦的数据门户网站并将其作为交换、协作和众包平台（用户可以在众包平台上提供反馈，以便持续改进）。由于政府持有的许多数据与公民直接或间接相关，政府持有此类数据（如隐私方面的数据）并可能将其公之于众，公民可能会由此而产生担忧，因此与利益相关者的协商还应包括公民代表。要想促进数据再利用并产生积极影响，赋予用户权利，为企业、社会和政府组织提供交流平台是下一步需要采取的重要举措（见图5-14）。

全球开放数据索引（GODI）为理解掌握15个关键领域的政府数据开放程度提供了补充。政府预算、国家统计、政府采购和国家法律的信息通常是公开度最高的，而水质、政府支出和土地所有权信息的公开度则是最低的（见图5-15）。

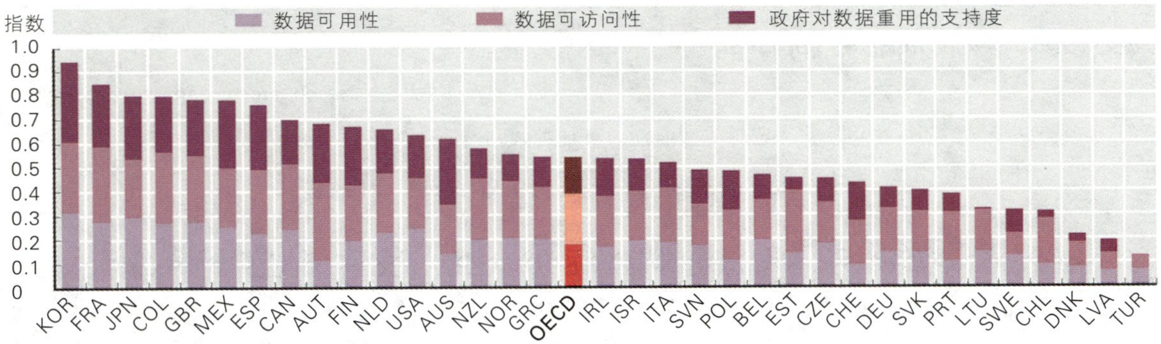

图 5-13　开放—利用—可重用的政府数据指数（2017 年）

1.0 =满足所有开放标准

Source：OECD（2018）. See chapter notes.

StatLink https：//doi.org/10.1787/888933930402

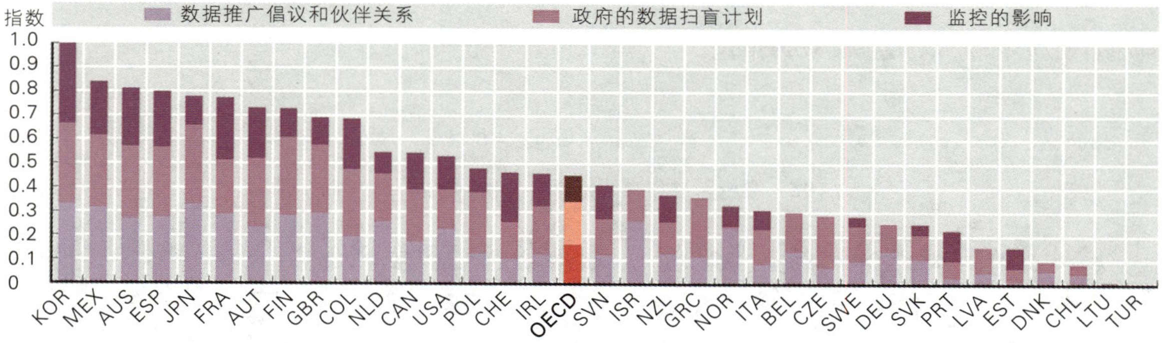

图5-14 政府对数据利用和再利用的支持（2017年）

1.0 =满足所有开放标准

Source：OECD（2018）. See chapter notes.

StatLink https：//doi.org/10.1787/888933930421

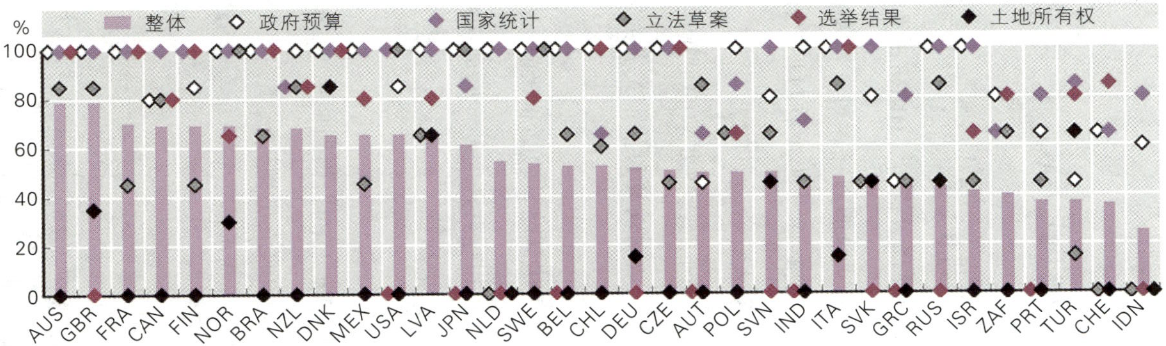

图 5-15　特定类别及整体的全球开放数据指数（2016 年）

100 = 满足所有开放标准

Source：OECD，based on Open Knowledge International，http：//index.okfn.org，October 2018. See chapter notes.

StatLink https：//doi.org/10.1787/888933930440

你知道吗？

韩国和法国在促进开放政府数据的可用性、可访问性和可重用性方面拥有最先进的体系。

定义

政府数据包括国家、地区、地方和城市政府、国际政府机构和其他公共机构掌握的数据。

当一个国家在所有的组成维度上都有衡量值时，OURdata 指数为最大值 1，当其在任何组成维度上都不存在衡量值时，OURdata 指数为 0。

数据可用性总结了政府默认开放政策的内容、利益相关者参与数据发布的优先顺序以及国家门户网站上战略性开放政府数据（OGD）（例如，全国选举结果、国家公共支出和国家人口普查）的可用性。

数据可访问性总结了关于 OGD 发布的正式要求的可用性和实施情况，包括公开许可、公开格式、描述性元数据以及利益相关者为提高数据质量而参与的程度。

数据可重用性总结了现有的可重用策略，包括积极的数据推广计划和伙伴关系，如通过针对不同（潜在）用户群体而开展的活动；政府的数据扫盲计划，鼓励公务员使用公开的政府数据，并监测对公共部门绩效的影响或更广泛的社会及经济影响。

开放数据和内容可供任何人以任何目的自由地使用、修改和共享。全球公开数据指数（GODI）评估了从政府支出到天气预报等 15 个关键领域的政府数据，当数据有公开许可、机器可读、易于下载、最新且免费时，该指数取最大值 100。

可测性

OECD 关于政府公开数据的调查在 2016 年末进行，主要由来自 OECD 国家的首席信息官提供 OGD 相关的现行做法、步骤等材料，并对这些做法和步骤进行了分析，以确保结果的可靠性。该数据集包括 140 个数据点，仅涉及中央或联邦政府。细节可参见 OECD（2017b）。

GODI由社会团体的参与者集思广益而成，对15个关键领域政府数据的公开程度进行了个人视角的评估。有关完整信息请参见：https：//index.okfn.org/about/。

5.6 路线图：科学数字化

为什么需要科学研究数字化的相关指标？

2015年在韩国大田举行的经合组织（OECD）部长级会议上，OECD成员国部长及伙伴会议在联合声明（www.oecd.org/sti/daeje-declaring-2015.htm）中确认，数字技术的快速发展正在给科学、技术和创新（Science，Technology and Innovation，STI）带来革命性的变化。这些技术正在改变科学家们工作、合作和发表成果的方式，加深了对获取科学数据和出版物的依赖，为公众参与和参加科学及创新开辟了新途径，促进了企业与公共机构在研究方面的合作，推动了创新驱动的转型。OECD有责任对这一转变进行持续观测，并召集国际社会共同研究STI的数据和指标，提出新的思路和解决方案，以获取制定指导政策所需的经验证据。2016年OECD蓝天论坛（http：//oe.cd/blue-Sky）将衡量科技创新数字化确定为优先目标，并将其作为未来统计分析工作的基本推动因素（OECD，2018）。

挑战是什么？

要想追踪和监测数字化扩大的可能性及数字化产出所投入的资源，需要更广泛的数据基础设施来提供高水平的细节。随着时间的推移，研究领域不断发展演变，借鉴现有成果的新型研究范式不断涌现。传统的做法和分类虽然是不可或缺的，但并不足以追踪科学研究数字化及其对数字化转型的影响。新的文本挖掘工具能够从定性来源提取相关信息，从而产生描述研究性质、方法和目的的指标。如果基础数据足够丰富和全面，并且数据挖掘技术使用合理，就可以在一定程度上准确估计人工智能相关的科学成果比例或资助机构所支持的人工智能工具研发项目的比例。然而，原则上支持这类分析的数据库通常是零散的，难以访问并且难以整合和使用。

数据用户越来越希望访问细粒度高的详细信息，这种精细性与保密性很难协调，并且取决于使用数据制定决策的方式，如果符合利益，可能会促进个人或组织有选择性地公开信息。由于项目资金和职业决策受定量指标的影响，数字时代的科学衡量路线图必须解决的问题是如何在数据可用性与开发新资源所产生的完整性之间进行权衡。另一个关键挑战是如何将科学数字化措施与政策相联系。

国际行动的选择

利用数字系统获取的信息衡量科学研究及其数字化转型的举措得到了独立非营利组织、学术界和企业联合会的支持，这些组织促进了标准的采用。而这些标准的目标是辨识科学活动多个维度中的文档、项目、数据和代码等各种数字对象，能对这些对象持续识别和检索，并能对它们进行解释、链接或确定这些对象所归属的个人和组织。ORCID 标识（https://orcid.org）是一个关于科研新型数据基础设施的典型例子，在研究人员、研究机构、众多出版商和研究资助者的服务中获得了很高的采用率。尽管具有这些特征的STI数据基础设施其主要动机是促进科学和管理的过程，而不是统计，但这些数据可以为更高质量的统计和指标提供基础。行政报告要求往往规定了官方调查可以从受访者那里收集到什么证据。科学和科学管理界的不同团体会努力确保信息的完整性，但其中也存在着职业和商业利益，以及协调各个方面的重大挑战。

由于目前在快速发展的科学领域中有些维度的可用信息资源存在着局限性，因此经合组织一直在尝试开发一种专门的调查工具。OECD 科学作者国际调查（ISSA）是一项基于全球的调查，于2015年首次试行，旨在探索不断变化的科学出版格局；ISSA 2018年版研究了科学是如何走向数字化的。ISSA 探索了一系列与所有科学领域存在潜在相关性的关键维度：

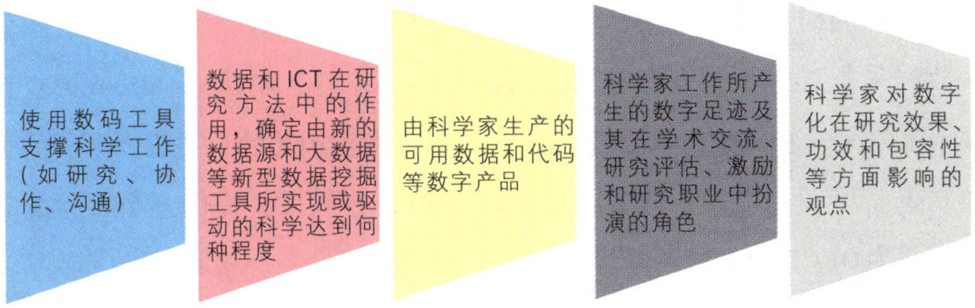

ISSA 2018年的调查结果显示，科学数字化不仅仅局限于计算机科学或IT工程等科学领域。调查结果还表明，在一般学术实践中更广泛地采用IT技术或利用数据驱动均具有巨大的潜力。ISSA 2018年的调查也凸显出一个问题，采用研究的数字足迹作为新科学指标的基础存在着潜在的局限性（见图5-16）。

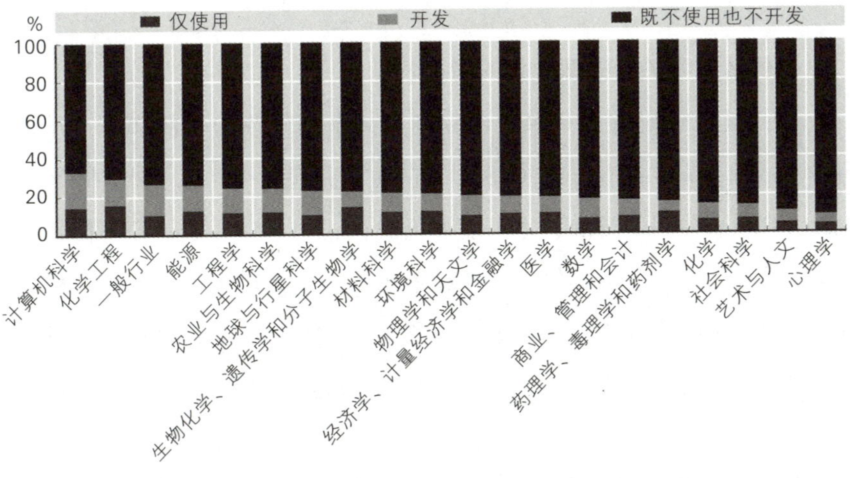

图5-16　跨科学领域的大数据使用和发展情况（2018年）

Source：OECD International Survey of Scientific Authors（ISSA），2018，preliminary results，http：//oe.cd/issa，January 2019. See chapter notes.

StatLink https：//doi.org/10.1787/888933930459

ISSA的研究经验证实：在数字时代进行此类调查，尤其是当试图确保数据采集者和被调查者之间的信任时，存在着几个挑战。ISSA调查在根本上只是一种探索机制，旨在发展与政策高度相关的重要议题所需的工作知识。该调查有助于为各国内部的分布式数据采集提供一个可行的基础，并为OECD和全球科学界之间的持续对话提供一个机制。

参考文献

OECD(2018),OECD Science,Technology and Innovation Outlook 2018:Adapting to Technological and Societal Disruption,OECD Publishing,Paris,https://doi.org/10.1787/sti_in_outlook-2018-en.

5.7 路线图：衡量开源软件

为什么需要关于开源软件的指标？

公开其源代码并且可供自由复制、共享和修改的软件称为“开源软件”（open source software，OSS）。[①]它通常是使用在线版本控制存储库（如GitHub）共同编写的，也可能被集成在一个“包”中，并上传到一个“包管理器”平台上，供他人下载和重用。无论是对于一个单一的程序还是一个组织内部的程序，甚至是全球范围内的程序，一般都提倡代码尽可能抽象和可重用，因为反复地重写代码是一种低效行为（Hunt and Thomas，1999）。

开源创新已经成为数字创新中无处不在的元素。当前的开放源码工具，如Apache服务器、Linux操作系统和无数的机器学习库是数字经济运行的基础。甚至以专用软件闻名的市场参与者现在也看到了OSS的价值。

① 有关开源软件更全面的定义，请参阅开放源码计划https://opensource.org/osd-annotated。

2018年，微软是对GitHub平台上开源项目贡献最大的组织（GitHub，2018），微软还斥资75亿美元收购了GitHub，而IBM以340亿美元收购了开源操作系统Red Hat（见图5-17）。

尽管OSS对企业生产率的提高作出了贡献（Nagle，2014），但和其他免费资产一样，它是一种以零成本提供的产品，因此不计入国民核算体系。而由这些免费资产提供的资本服务价值也为零。同样，越来越多的学术成果采取有影响力的软件形式，但这些软件也没有计算在内。①

要想更好地理解和衡量数字化转型是如何塑造经济的，就有必要了解OSS。因此，数字供应和使用表列出了“免费服务和资产”这个产品类别，并邀请各国制定方法来评估这些产品的货币价值。

挑战是什么？

OSS的衡量在概念上和实践中都面临着很多困难。由于OSS通常是多种角色合作的产物，因此要确定它的产生到底应该归功于谁是不容易的，而评估它的价值也是困难的。此外，从网上获得的数据有时可能不完整或难以解释。

国民核算系统等统计框架通常要求某一产品的生产者和消费者是确定的，但在OSS中这种区别往往很模糊。开源开发主要依赖于用户都能够参与修正和改进软件。虽然协作式编程网站页面上通常显示一个项目是由某用户或组织管理的，但是代码本身却可能由许多其他用户共同编写，甚至可能是由一个用户编写而交由另一个用户“提交”（或批准）的。

此外，OSS贡献的质量也是难以衡量的。也许用修改程序的行数来衡量在某种程度上会有所帮助，但前提条件是程序语言行数越多越好（而实际上行数多也可能反映出编程的低效率）。还有一种替代方案是将程序的受欢迎程度及软件包的下载次数作为参考，受欢迎程度可通过用户将软件

① 一些关于OSS在学术成果中贡献的评估工作已经在进行中(参见http://depsy.org)。

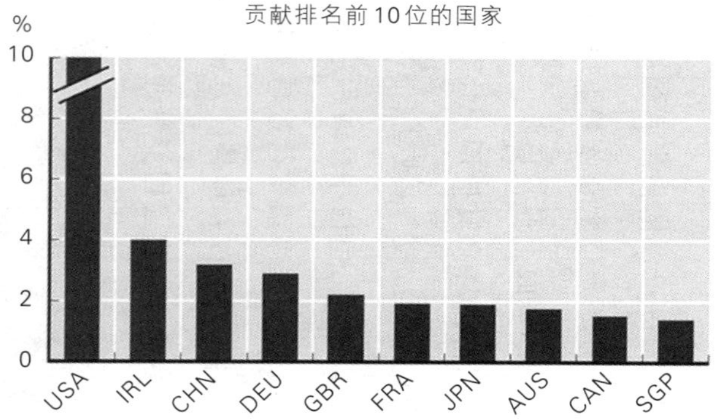

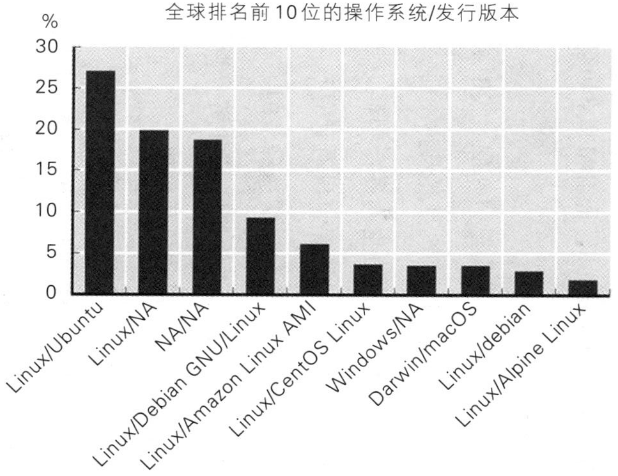

图5-17　贡献排名前10位的国家及全球排名前10位的操作系统/发行版本（2016—2018年）

Python包下载次数的百分比

Source：OECD，based on Pypi Database on Google BigQuery，accessed on 28 November 2018.

StatLink https：//doi.org/10.1787/888933930478

包标记为书签并表示出兴趣的次数来评估（就像在GitHub中的做法）。用户还可以使用软件包之间依赖关系的信息（即某一个软件包的运行需要其他包的支持），或通过分析不同软件包使用的实际编码脚本程序来构建额外的质量指标。

考虑到软件使用和开发人员配置文件的潜在多样性，为代码标定货币价值也面临困难。Robbins等（2018）综合了平均工资、中间投入、资本服务成本和代码行数，估算出四种主要编程语言（R、Python、Julia，JavaScript）的OSS在全球的价值为30亿美元。

衡量开源软件还包括可用数据的绝对数量和质量，还要考虑可用数据一般是非结构化数据的事实，这些非结构化数据通常是不完整的，需要运用计算能力和高级编程技能来采集和使用。例如，许多平台用户只公开用户名而不公开全名，在他们的地理位置或从属关系上往往没有填写信息。[①]此外，由于使用了远程服务器，从IP地址获得的地理数据可能无法准确反映用户或编程者的位置。

举例来说，数据显示Python软件包下载最频繁的地点位于美国（超过65%），其次是爱尔兰和中国。然而，操作系统的数据表明，很大一部分下载可能来自远程云服务器。这在Amazon Linux AMI发行版（下载比例超过6%）中最为明显，该发行版用于Amazon Web Services云服务器。而云服务器的虚拟位置很可能导致这种国家级别的统计数据也不准确。

国际行动的选择

一些参与者（如libraries.io）已经开始对不同来源的数据展开汇总、编辑和协调，这种做法有助于对烦琐多样的数据来源进行处理。OECD可以与这些参与者合作，对部分现有数据集进行汇总和协调，以期获得可用于开展国际比较的国家级数据。

---

① 尽管在某些情况下可使用来自包管理器的数据确定其信息，如OECD(2018)的数据。

OECD的2018年奥斯陆（Oslo）手册进一步提出了一个关于知识流动的潜在性调查问题，即询问一个组织是否使用了开源代码。OECD 2018年科学作者国际调查还包括了与在线平台、知识库的代码开发和共享有关的问题（见5.6节）。OECD可进一步协助开发以开支和调查为基础的方法，用于评估开源软件开发的用途、时间和成本。

OECD已经分析了开源软件模式的性别差异（OECD，2018）以及人工智能开源软件模式（OECD，即将发表），并可进一步评估OSS对数字化转型的价值和贡献。其他潜在的工作途径包括了解开源协作网络引发的溢出效应，理解OSS成果与其他形式的科学创新成果（如科学出版物和专利）之间的关系。

参考文献

Ahmad, N. and J. Ribarsky (2018), "Towards a framework for measuring the digital economy", paper prepared for the 16th Conference of IAOS, Paris, France, 19-21 September 2018, http://www.oecd.org/iaos2018/programme/IAOS-OECD2018_Ahmad-Ribarsky.pdf.

Hunt, A. A. and D. T. David (1999), "The Pragmatic Programmer: From Journeyman to Master", Addison-Wesley Longman Publishing, Reading, MA, https://www.nceclusters.no/globalassets/filer/nce/diverse/the-pragmatic-programmer.pdf.

GitHub(2018), "The State of the Octoverse", https://octoverse.github.com.

Nagle, F. (2017), "Open source software and firm productivity". *Harvard Business School Research Papers*, No. 15-062, https://dx.doi.org/10.2139/ssrn.2559957.

Robbins, C.A., G.Korkmaz, J.B.Santiago Calderón, D.Chen, C.Kelling, S.Shipp and S.Keller(2018), "Open source software as intangible capital: Measuring the cost and impact of free digital tools", paper from 6th IMF Statistical Forum on Measuring Economic Welfare in the Digital Age: What and How? 19-20 November, Washington DC, https://www.imf.org/en/News/Seminars/Conferences/2018/04/06/6th-statistics-forum.

OECD (forthcoming), "Identifying and Measuring Developments in Artificial Intelligence", *OECD Science, Technology and Industry Working Papers*, https://doi.

org/10.1787/18151965.

OECD (2018), "Bridging the digital gender divide: include, upskill, innovate", OECD, Paris, http://www.oecd.org/internet/bridging-the-digital-genderdivide.pdf.

5.8 路线图：将互联网作为统计数据来源

为什么使用互联网作为统计数据来源？

互联网已经成为经济和社会不可或缺的基础设施。通过网络提供经济交易、交流和信息的行为已越来越多。许多此类在线行为都会留下数字"足迹"，利用工具可以对来自互联网的信息进行浏览、收集、解释、过滤和组织，从而可以观察到这些痕迹，为使用互联网作为统计数据来源（Internet as a statistical data source，IaSD）提供了基础。在线数据可以与统计调查或离线的行政数据来源等传统手段收集的数据结合使用，或作为其替代品。例如，在线零售商的网站可能是价格信息统计的有效数据来源，而社会媒体可提供有关就业、人口及社会福利的信息。

尽管基于互联网的社区和行为研究历史相对较短（Hewson et al., 2016），但研究表明，在线数据可以为国家统计组织（NSOs）在统计价值链的不同阶段提供所需的各种统计活动要素：

■确定感兴趣的人群并抽样调查。互联网数据可以根据互联网的使用情况（如拥有自己的网站或活跃于线上市场的企业）对统计单位的注册情况进行有效更新，从而支持数据采集流程的设计。

■数据采集。在许多情况下，网络浏览技术可以检索在线信息，但这些信息可能在及时性、细节和详尽程度上无法进行比较（Bean，2016）。与采用传统调查方法采集的数据相比，这些数据是即时的；如互联网搜索模式可以为即将到来的经济衰退或人口健康问题提供早期预警信号。互联网的使用有可能释放NSO资源并减少响应负担，以便在最有效的地方开展调查。

■验证/补充。从互联网上获取的信息可以用来核实调查其他来源数据。此外，利用在线信息来确定受访者和非受访者之间的共性有助于进行缺失数据的插补，以确保统计数据能够代表目标人群。

■传播。国家统计局通过网络发布统计数据，为优化IaSD作出了贡献，这些统计数据可供专家及包括其他国家统计局和国际组织在内的感兴趣的用户使用。

在许多国家统计局中使用IaSD已经成为现实，或者正逐步在生产环境中进行相关测试（如加拿大统计局、美国人口普查局）。这为实现基于主题、对象、关系和网络的衡量（CBS，2012）开辟了一条途径，使文本、图像、声音和视频文件等大量数据得到了充分利用。特别值得关注的是，通过内容和服务中介在交易和社交媒体平台上的用户之间生成数据。一个典型的例子是“十亿价格项目（Billion Prices project）”，这是一个学术倡议，其目的是通过交易数据对官方与其他基于互联网零售商的通货膨胀衡量标准进行比较。在某些情况下官方数据可能会受到质疑或得以证实，这也暗示着可能存在潜在的引领性指标（见图5-18）。

网站元数据、转向其他网站的超链接、日志、cookie和网站及订阅者分析也是理解数据流和网络效应的关键数据来源。此外，来自智能手机或个人携带的可穿戴设备的行为数据记录了个人的位置、身体活动和健康状况等数据，提供了新的数据统计方法，能够描述以前无法衡量的现象，测量个人的实际行为用于替代以往的个人报告行为。因此，IaSD可能有助于解决潜在的反应和报告偏差，尤其是在与敏感现象相关的调查中。

挑战是什么？

互联网数据采集方式包括使用机器人/爬虫程序以及通过应用程序编程接口（API）传递数据。除了软件和基础设施要求的技术问题之外，IaSD还要求所使用的数据已经经过法律审查，以便可用于预期的统计用途。国家非营利组织可能缺乏使用在线私人数据的合法权利，但可为此建立立法基础。

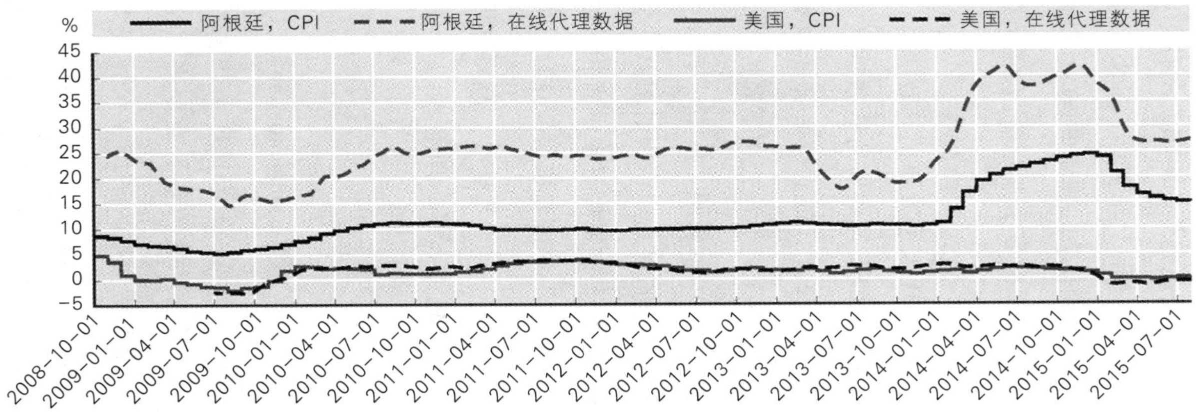

图 5-18　官方 CPI 与基于互联网数据的消费者物价通胀率比较（2008—2015 年）

阿根廷与美国年度消费者物价指数通胀率（2008—2015 年）

Source：OECD calculations based on Cavallo and Rigobon（2016）.

StatLink https：//doi.org/10.1787/888933930497

互联网自身的性质呈现出大数据的所有特征（即海量、更新频率快、一致性、复杂性、利益群体代表性）。这些数据的处理需要使用非常规的工具，而NSOs工作人员可能没有经过充分的培训或没有充足的设备来使用这些工具。此外，边界约束并不适用于互联网，而NSOs的活动大多限于自己的管辖范围。因此，将互联网信息与现实世界的实体联系起来是特别具有挑战性的。最重要的是，人们很难评估从网上检索到的数据的完整性和来源。

每个用例都需要根据其自身的优点进行评估。政府对行政程序的透明度要求使国家组织能够可靠地在线获取政府行政数据（例如采购或拨款数据、专利申请）。网上的信息公开（或封锁）会受到组织目标的影响。例如，在线招聘信息可能并不等同于该公司招聘广告上发布的职位要求，而是提供了一种就业市场的浏览机制，或者一家公司可能会为提升自己在某些领域的形象而发布招聘信息，但同时对其他业务保密。为了确保数据的完整性，IaSD议程要求主要信息提供者相信他们在线提供的信息将不会对自己不利，而信息用户需要确信信息提供者不会通过报告虚假信息或隐瞒信息而获取利益。为了实现这一点，IaSD经常的做法是让参与者确认隐私保护协议（例如在平台所有者、平台用户和NSOs之间制定的协议）。

国际行动的选择

OECD的“优秀统计实践倡议”（Recommendation on Good Statistical Practice）提出建议：国家统计局作为一个集体探索和挖掘基于互联网的数据来源，并将这些来源与现有的官方统计数据来源相结合。联合国统计司（UNSD）提供了一份基于互联网的国家统计局大数据项目清单（https：//unstats.un.org/bigdata/inventory.cshtml）。为了确保这些来源于官方的统计数据的质量，在制定明确的大数据（包括互联网和私人数据）使用政策时，必须考虑到获取、法律、技术和方法等各个方面的影响。

采取国际行动对于示范和相互学习特别重要，尤其是在质量保证方面更为重要。国际行动也有利于衡量跨司法管辖区的现象，如全球化或跨国分析（Schreyer，2015）。在适合良好统计实践的条件下，集体行动可推动消除“互联网足迹”的歧义性，并增强互操作性标准的制定和采用。国家统计局可以越来越多地利用信息共享并促进全球互联网信息共享的发展，这在未来可能成为检验跨国现象的重要统计基础设施。例如，目前一项由私有非营利性国际财团所领导的工作主要致力于整合组织的在线注册，管理由政府和公共机构单独发布的行政数据源，并使这些数据实现在线访问和使用。

作为一个集体组织，NSOs和国际组织（包括OECD）应与互联网平台所有者开展富有成效的对话，因为这些平台促进了在线活动比例的增加，并能获得相关的数字足迹。

参考文献

Bean, C.(2016), Independent Review of UK Economic Statistics: Final Report, *UK Government*, London, www.gov.uk/government/publications/independent-review-of-uk-economic-statistics-final-report.

Cavallo, A.and R.Rigobon(2016), "The Billion Prices project: Using online data for measurement and research", *Journal of Economic Perspectives*, Vol.30, No.2, pp.151-178.

CBS(2012), *ICT, Knowledge and the Economy*, Central Bureau of Statistics, the Netherlands, www.cbs.nl/en-gb/publication/2012/48/ict-knowledge-and-the-economy-2012.

Hewson, C., C.Vogel and D.Laurent(2016). Internet Research Methods, 2nd edition, Sage Publications Ltd., London, https://uk.sagepub.com/en-gb/eur/internet-research-methods/book237314.

OECD(2015), *Recommendation of the OECD Council on Good Statistical Practice*, OECD, Paris, www.oecd.org/statistics/good-practice-toolkit/Brochure-Good-Stat-Practices.pdf.

Schreyer, P. (2015), "Use of geospatial and web data for OECD statistics", presentation for the CCSA Special session on Showcasing Big Data, 1st October 2015,

Bangkok，https://unstats.un.org/unsd/accsub/2015docs-26th/Presentation-OECD.pdf.

注释

5.1 知识库

图5-2 ICT设备、计算机软件与数据库、研发等知识产权产品的投资（2017年）

投资是基于固定资本形成总额的信息。

对于德国、韩国和西班牙，信息和通信技术设备是根据最终可获得的比例估计的。

冰岛的数据对应于商业部门对“办公机器和电脑”的投资。

墨西哥的数据仅包括信息和通信技术设备（即“计算机硬件和电信”）。

图5-3 业务研发支出总额及信息产业研发支出（2016年）

根据ISIC Rev.4的定义，“信息产业”包括“计算机、电子和光学产品”（26类）下的ICT制造业、“出版、音像和广播活动”（58～60类）下的信息服务（61类）、“电信”（61类）和“IT和其他信息服务”（62～63类）。

除澳大利亚（2015）、新西兰（2015）、南非（2015）和瑞士（2015）外，企业研发总支出（BERD）数据均为2016年的。

我们无法获得澳大利亚、中国、卢森堡、新西兰、俄罗斯、南非和瑞士的信息产业研发支出的估计数字。信息产业的数据与总BERD数据对应的参考年份相同，如果该数据缺失，则以最近一年的份额为基础：奥地利（2015）、比利时（2015）、加拿大（2015）、智利（2015）、法国（2013）、希腊（2015）、爱尔兰（2015）、韩国（2015）、拉脱维亚（2015）、波兰（2015）、瑞典（2015）。

OECD和欧盟28国的估计数值对应于成员国在购买力平价中以GDP加权的研发强度平均值。信息产业的数据不包括澳大利亚、卢森堡、新西兰，OECD成员国的数据不包括瑞士，欧盟28国的数据不包括保加利亚、克罗地亚、塞浦路斯、卢森堡和马耳他。

5.2 科学成果与数字化

图5-4 计算机科学领域各国引用次数在前10%的文献（2016年）

“高引文献”是指按科学领域和文件类型（文章、综述和会议论文）归一化后，被引用次数位列前10%的文献。对被引用次数相同的文档采用文献计量指标Scimago进行排名，该指标基于引文来源信息对期刊进行排名，是衡量研究文献卓越程度的替代性指标。Scimago指标采用分数计数法计算属于不同经济体机构的作者对文献的贡献。在多学科或通用期刊上发表的论文按照ASJC引用和被引论文代码进行贡献分配。

计算机科学包括以下子领域：人工智能、计算理论与数学、计算机图形学与计算机辅助设计、计算机网络与通信、计算机科学应用、计算机视觉与模式识别、硬件与架构、人机交互、信息系统、信号处理和软件。

图5-5 按居住国/地区划分的新数据及新代码类科学成果（2017年）

这是一个实验指标。它并不代表所有国家的研究人员，只代表返回有效的实验调查问卷结果在75份以上的国家。

图5-6 数字专利中包含的科学知识，按科学领域分类（2003—2006年、2013—2016年）

统计数据指的是引用科学出版物的信息通信技术相关技术中的IP5专利族，根据归档日期和科学领域使用分数计数法。ICT专利使用Inaba和Squicciarini（2017）的IPC代码列表确定。科学领域来源于由马克斯·普朗克创新与竞争研究所采集和整合的数据，并基于对非专利文献引用与科学文章数据之间的关联（见 Poege et al.，2018）。根据 OECD Frascati 手册（2015），将科学领域汇总到研发领域。其中 2013—2016 年的数据不完整。

5.3 创新成果

图 5-7 与信息通信技术相关的专利（2003—2006 年、2013—2016 年）

数据基于 IP5 专利族，按照申请日期根据申请人的居住地使用分数计数法。ICT 专利使用 Inaba 和 Squicciarini（2017）的 IPC 代码列表确定。只包含在调查期间拥有超过 250 个专利族的经济体。2015 年和 2016 年的数据不完整。

图 5-8 与 ICT 相关的设计（2014—2017 年）

数据是以欧盟知识产权局（EUIPO）、日本专利局（JPO）提交的设计应用以及在美国专利和商标局（USPTO）提交的设计专利申请，按照申请日期，根据申请人的居住地使用分数计数法统计的。ICT 的相关设计参考 Locarno 分类方法中的 14-01 至 14-04、14-99、16-01 至 16-06、16-99、18-01 至 18-04 和 18-99 亚类。只有在统计期间内向 EUIPO 提交了 100 项以上设计、向 USPTO 提交了 100 项设计专利或者向 JPO 提交了 25 项以上设计的国家才被纳入统计范围。2014—2017 年的数据不完整。

图 5-9 与信息通信技术相关的商标（2014—2017 年）

数据是以欧盟知识产权局（EUIPO）、日本专利局（JPO）和美国专利商标局（USPTO）申请的商标，按照申请日期根据申请人的居住地使用分数计数法统计的。与信息通信技术相关的商标设计是指 Nice 分类中的商品类别 9、28、35、38、41 或 42，并且在商品和服务描述中包含了与信息通信技术相关的关键词。只有统计期间在 EUIPO 和 USPTO 注册的商标超过 250 个，在 JPO 注册的商标超过 25 个的国家才被纳入统计范围。2017 年只包含部分数据。

5.4 市场准入

图5-10 行业活力、平均进入率及退出率（1998—2015年）

每个国家的数据报告了1998—2015年间STAN a38个行业在有数据可统计的年份中未加权平均进入率和未加权平均退出率，重点分别是“高度数字密集型行业”组和“所有行业”组。Calvino和Criscuolo（2019）的文献提供了信息范围表。

这些图是基于制造业和非金融市场服务的数据，不包括自主创业、焦炭和房地产行业。日本的数据只包括制造业的数据。根据数字强度进行的行业分类来源于Calvino等（2018），研究中考虑了这两个时期中任何一个时期的前四分位数。由于方法上的差异，数字可能与官方公布的统计数字有所偏离。一些国家的数据仍处于初步统计阶段。

图5-11 行业活力和入职后的平均就业增长（1998—2015年）

对匈牙利和土耳其来说，尽管两者之间的差值很小，但反而是其他行业进入市场后就业增长略高于高度数字密集型行业。

该数字报告了在t+5时的总就业人数与在t时的总就业人数之比。每个国家都报告了1998—2015年间STAN a38个行业和数据可用年份的未加权平均值，研究重点是高度数字密集型行业与其他行业群体之间的差距。其中有些国家的统计开始时间可能是1998年、2001年、2004年、2007年和2010年。具体的信息和统计年份范围可查阅Calvino和Criscuolo（2019）的研究。

这些图是基于制造业和非金融市场服务的数据，不包括自主创业、焦炭和房地产行业。日本的数据只包括制造业的数据。行业分类所根据的数字强度来源于Calvino等人（2018）的研究，他们考虑了这两个时期中任何一个时期的前四分位数。由于方法上的差异，数字可能与官方公布的统计数字有所偏离。一些国家的数据仍处于初步统计阶段。

图5-12 信息通信技术领域风险投资（2017年）

以色列的数据为2014年的。

日本和南非的数据为2016年的。

就美国而言，数据包含除了风险投资公司之外的其他投资者的风险投资，但不包括100%由公司和/或商业天使基金提供的投资。

数据提供商包括：Invest Europe（欧洲国家）、ABS（澳大利亚）、CVCA（加拿大）、KVCA（韩国）、NVCA/ Pitchbook（美国）、NZVCA（新西兰）、PwCMoneyTree（以色列）、RVCA（俄罗斯）、SAVCA（南非）和VEC（日本）。

5.5 公开政府数据

图5-13 开放—利用—可重用的政府数据指数（2017年）

指标的每个组成部分最大值为0.33。

图5-14 政府对数据利用和再利用的支持（2017年）

指标的每个组成部分最大值为0.33。

图5-15 特定类别及整体的全球开放数据指数（2016年）

开放的数据及其内容可以被任何人以任何目的自由使用、修改和共享。全球开放数据指数（GODI）评估了15个关键领域的政府数据，当数据有公开许可、机器可读、易于下载、最新且免费时，该指数取最大值100。

政府数据涵盖的15个领域是：政府预算、国家统计、政府采购、国家法律、行政区域、立法草案、空气质量、国家地图、天气预报、公司注册、选举结果、定位、水质、政府支出和土地所有权。

5.6 路线图：科学数字化

图5-16 跨科学领域的大数据使用和发展情况（2018年）

这是一个实验指标。“大数据”发现，有些团队使用或开发具有规模性、复杂性和异质性特征的数据，并且这些数据只能采用非常规的工具和方法处理。在调查中，“Hadoop”的使用就是一个例子。研究结果不包括有效返回调查问卷少于75份的科学领域。

参考文献

Calvino, F.and C.Criscuolo(2019), "Business Dynamics and Digitalisation", OECD Science, *Technology and Industry Policy Papers*, forthcoming.

Calvino, F., C.Criscuolo, L.Marcolin and M.Squicciarini(2018), "A taxonomy of digital intensive sectors", *OECD Science, Technology and Industry Working Papers*, No.2018/14, OECD Publishing, Paris, https://doi.org/10.1787/f404736a-en.

Inaba, T.and M.Squicciarini(2017), "ICT: A new taxonomy based on the international patent classification", *OECD Science, Technology and Industry Working Papers*, No.2017/01, OECD Publishing, Paris, http://dx.doi.org/10.1787/ ab16c396-en.

Knaus, J. and M. Palzenberger (2018), "PARMA. A full text search based method for matching non-patent literature citations with scientific reference databases. A pilot study", Technical Report by the Max Planck Digital Library, Big Data Analytics Group, Munich, http://dx.doi.org/10.17617/2.2540157.

OECD(2017a), "OECD Science, Technology and Industry Scoreboard 2017: The digital transformation", OECD Publishing, Paris, http://dx. doi. org / 10.1787 / 9789264268821-en.

OECD(2017b), *Government at a Glance 2017*, OECD Publishing, Paris, http://dx.doi.org/10.1787/gov_glance-2017-en.

OECD(2015), *Frascati Manual 2015: Guidelines for Collecting and Reporting Data on Research and Experimental Development*, The Measurement of Scientific, Technological and Innovation Activities, OECD Publishing, Paris, https://doi.org/10.1787/9789264239012-en.

OECD and SCImago Research Group(CSIC)(2016), Compendium of Bibliometric Science Indicators, OECD, Paris, http://oe.cd/scientometrics.

Poege, F., S.Baruffaldi, F.Gaessler and D.Harhoff(2018), "Tracing the path from Science to Innovation-A Novel Link between Non-Patent Literature References and Bibliometric Data", Working Paper, Max Planck Institute for Innovation and Competition, Munich, https://www.ip.mpg.de/en/projects/details/tracing-the-path-from-scienceto-technology.html.

第6章　确保所有人拥有良好的就业

6.1　数字时代的工作与就业

2011年至2017年间，信息通信技术专业人员这份职业和其他信息通信技术任务密集型职业几乎对所有国家的就业增长都作出了积极贡献，包括那些就业水平总体下降的国家。这段时期卢森堡的就业率增加了21%，信息通信技术专业人员占新增就业岗位的1/10，而另外3个占比高的岗位也是属于其他的信息通信技术任务密集型行业。同时期内美国的就业增长了10%左右，在这些新增就业中有1/3属于信息通信技术任务密集型职业（见图6–1）。

信息通信技术专业人员最有可能在信息行业工作，而信息通信技术任务密集型岗位则普遍存在于各个部门。在参与调查的国家中，信息行业雇员中信息通信技术专业人员大约占到1/4到1/2。在大多数国家，其他行业的ICT任务密集型职业在所有行业的ICT岗位中所占比例相对较小。这能够体现出与信息通信技术相关就业情况的特征，即平均每雇佣1名信息通信技术专业人员，就要雇佣4名除信息通信技术专业人员以外的ICT任务密集型职员（见图6–2）。

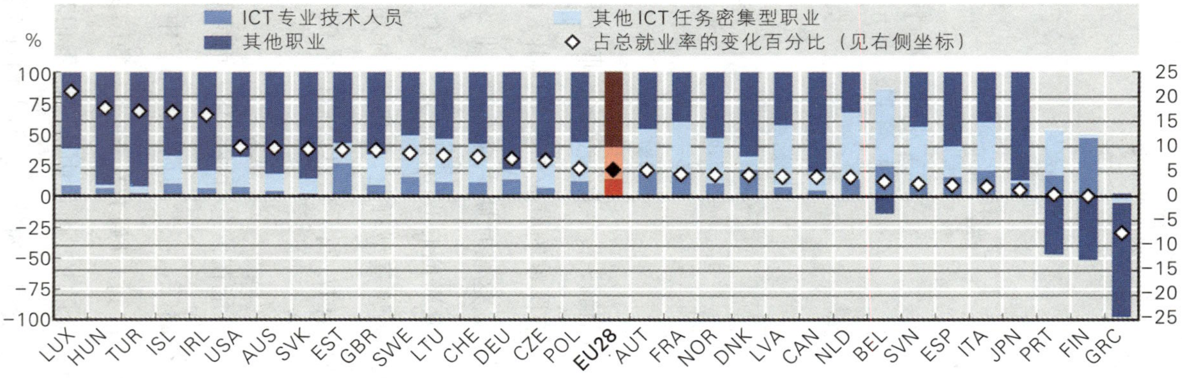

图6-1　各职业对总就业变化的贡献率（2011—2017年）

占总就业绝对变化的百分比

Source：European Labour Force Surveys，national labour force surveys and other national sources，December 2018. See chapter notes.

StatLink https：//doi.org/10.1787/888933930516

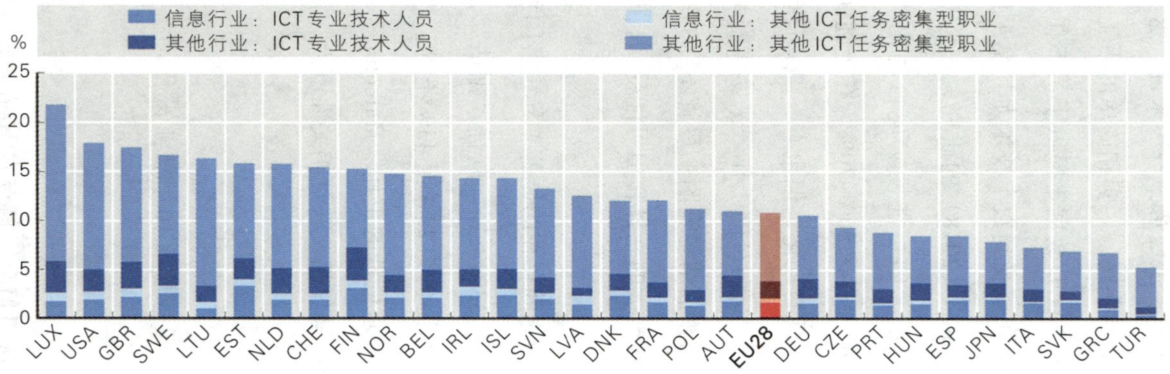

图6-2　信息行业与其他行业中的ICT专业技术人员和其他ICT任务密集型职业（2017年）

占总就业人数的百分比

Source：European Labour Force Surveys，national labour force surveys and other national sources，December 2018. See chapter notes.

StatLink https：//doi.org/10.1787/888933930535

数字技术以何种方式改变就业，由此产生怎样的影响，是员工、雇主和政府最关注的问题。确定最有可能被技术取代的任务以及从事这些任务的员工，将有助于明确就业的未来发展趋势。一般来说，这类最容易被数字技术取代的任务包括基本的信息交换、买卖和简单的手工操作等。经合组织国际成人能力评估调查（PIAAC）数据集提供了员工在工作中所执行任务的详细分类。每个员工都有可能受到数字技术尤其是工作任务自动化的影响。根据Nedelkoska和Quintini（2018）的研究，在调查样本所包含的全部国家中，14%的工作有很大的可能性实现自动化（超过70%），32%的工作面临重大变化的可能性高达50%~70%。在上述工作中，工作人员所执行任务的一部分可以实现自动化，但也有一部分目前还不能实现自动化。同时，该研究还预测，约有1/4的工作未来实现自动化的概率不到30%。总的来说，这些研究的预估结果表明：尽管不同的职业、行业和国家之间影响的性质和程度存在很大的差异，但可能受到自动化影响的工作范围是相当广泛的（见图6-3）。

这些统计结果还凸显出各国之间存在的显著差异，各国可能受自动化影响的就业岗位占比分别从6%至33%不等。同样，据估算，未来发生变化可能性大的工作占所有工作的比例为23%至43%不等。然而，这些受影响的工作并非一定是对技能要求最低的工作。Marcolin等（2018）的研究表明，技能与任务的常规强度呈负相关并且相关性不大，而与中等常规强度的工作相关性并不显著。

你知道吗？

2011年至2017年期间，欧盟每增加10个就业岗位，就有4个属于信息通信技术任务密集型职业。

定义

信息通信技术专业人员是从事信息通信技术系统开发、维护和操作工作，且将此工作作为其主要职业的个人。此处“操作工作”的定义对应于以下ISCO-08的职业分类：133类（信息通信技术服务经理），215类（电

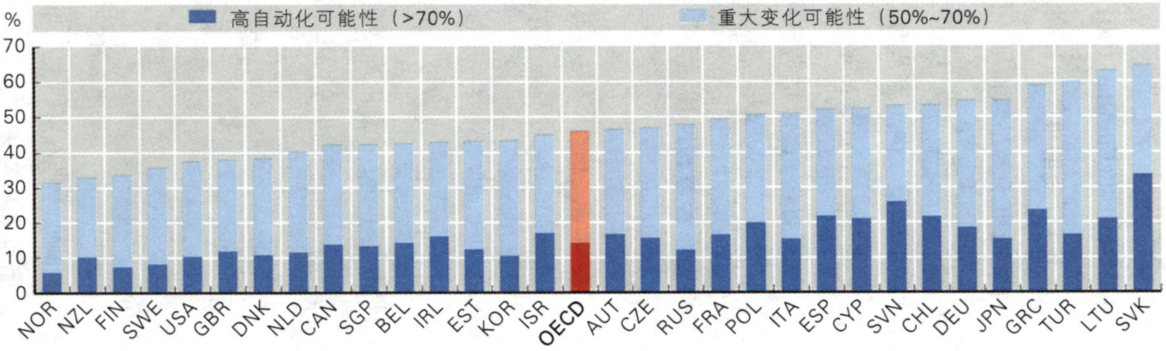

图6-3　工作实现自动化或发生重大变化的可能性（2012年或2015年）

在所有工作中的占比

Source：Nedelkoska and Quintini（2018）. See chapter notes.

StatLink https：//doi.org/10.1787/888933930554

工工程师），251类（软件、应用程序开发人员及分析师），252类（数据库及网络专业技术人员），351类（信息通信技术操作及用户支持专业技术人员），352类（电信和广播专业技术人员）以及742类（电子、电信安装及维修专业技术人员）。更多细节见OECD和Eurostat（2015）。

ICT任务密集型职业在工作中包含ICT任务的可能性很高，其中较简单的任务包括使用互联网、文字处理软件或电子表格软件等，而较复杂的任务有编程等。有关ICT任务密集型职业内容的详细信息请参阅第4.3节。

信息行业结合了OECD对“ICT部门”及“内容和媒体部门”的定义（OECD，2011）。尽管这个定义包括详细的（即三位编码或四位编码）ISIC Rev.4分类中的工业活动（联合国，2008），但是考虑到数据的可用性，在本研究分析中采用以下ISIC Rev.4部门分类（两位编码）：“计算机、电子和光学产品”（26类），“出版、音像和广播活动”（58～60类），“电信”（61类），“其他信息服务”（62～63类）。

可测性

为了突出不同职业群体对两个不同时期之间全部就业变化的相对贡献情况，各个国家可针对就业水平变化进行“归一化”处理。用每一个职业群体就业变化占国家绝对就业总数的百分比表示其增加或减少。收益和损失分别代表正变化职业组之和与负变化职业组之和。尽管总的净变化值保持不变，但在使用更精细的职业分类的情况下，总收益和总损失会产生不同的评估值。

6.2 就业动态

2006—2016年间，经合组织国家的总就业人数增长了6.9%（净增约3 800万个工作岗位）。对这些净变化贡献的研究表明，数字密集程度最高的行业对很多国家的就业增长作出了巨大贡献：经合组织国家每增加10个就业岗位中就包含4个数字密集型岗位；数字密集型行业在斯洛伐克共和国创造的就业岗位高达80%。相比之下，经合组织高数字密集型行业对就业的平均贡献要小得多（3.7%），原因是波兰、智利和墨西哥等国家虽然对就业有相对强劲的积极贡献，但其正效果被希腊、芬兰、意大利和其他国家的负效果抵消了。在2006—2016年期间，几乎所有国家的总就业人数均有所下降，其中降幅最大的是低数字密集型行业，而中低数字密集型行业的就业率也出现了下降。总体而言，数字密集型行业对就业增长的贡献比其他行业更大（见图6-4）。

信息通信技术技能需求旺盛。在雇员的受教育程度和其他技能等所有条件均相同的情况下，一项工作的信息通信技术任务强度越高，时薪通常就越高。然而，据调查，各国从事信息通信技术任务密集型工作的报酬差别很大。韩国和美国ICT工作强度比全国平均水平高10%的雇员，其时薪比平均水平高出3.5%以上。相反，在以色列和土耳其，职员在ICT任务密集型工作中获得的报酬则相对较低（大约只有1%）。ICT任务密集型工作的报酬取决于该国对ICT技能的供需和工资结构等多个因素（OECD，2017；Grundke et al.，2018）（见图6-5）。

最近人们对劳动力市场中ICT专业技术人员供需之间存在的潜在失衡现象表示担忧（OECD，2017b）。根据欧洲国家现有的数据，一半以上有信息通信技术专业人员职位需求的公司认为招聘存在困难。目前各业务部门信息通信技术相关职业的空缺职位数量尚不清楚。尽管相对于所有企业而言该比例很小，但在有ICT专业技术人员需求的全部企业中，认为自身的通信技术专业人员职位空缺难以填充的企业所占比例已经由2012年的平均3%变为2018年的约5%，上升了近两个百分点。据报告，在招聘ICT专业技术人员方面，大多数国家有困难的企业所占比例均有所上升，其中斯洛文尼亚和意大利的增幅尤为明显。2012—2018年，这两个国家难以填补的ICT专业职位空缺增加了2倍。荷兰的比例最高，2018年为9%，几乎是2012年的3倍。但2018年冰岛和波兰存在信息通信技术专业职位空缺问题的企业与2012年相比明显减少（见图6-6）。

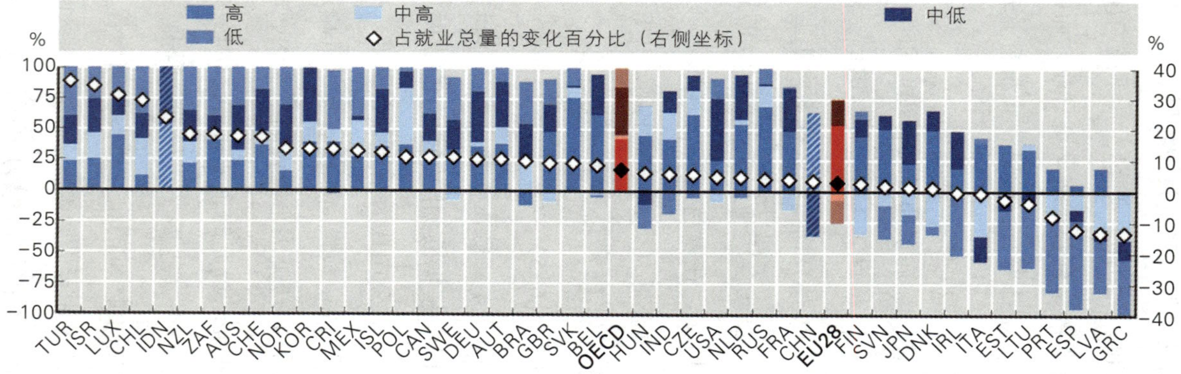

图6-4　不同数字强度行业对总就业变化的贡献率（2006—2016年）

占总就业绝对变化数的百分比

Source：OECD calculations based on STAN Database，http：//oe.cd/stan，National Accounts Statistics，national sources and Inter-Country InputOutput Database，http：//oe.cd/icio，December 2018．See chapter notes．StatLink contains more data．

StatLink https：//doi.org/10.1787/888933930573

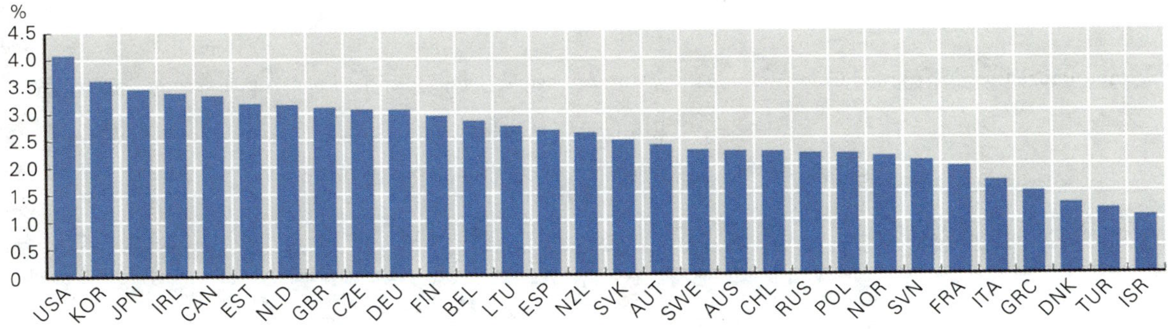

图6-5　ICT任务的劳动力市场回报（2012年或2015年）

全国平均ICT任务强度每增长10%时对应的时薪变化百分比

Source：OECD（2017a），calculations based on the Survey of Adult Skills（PIAAC）Database，June 2017. See chapter notes.

StatLink https：//doi.org/10.1787/888933930592

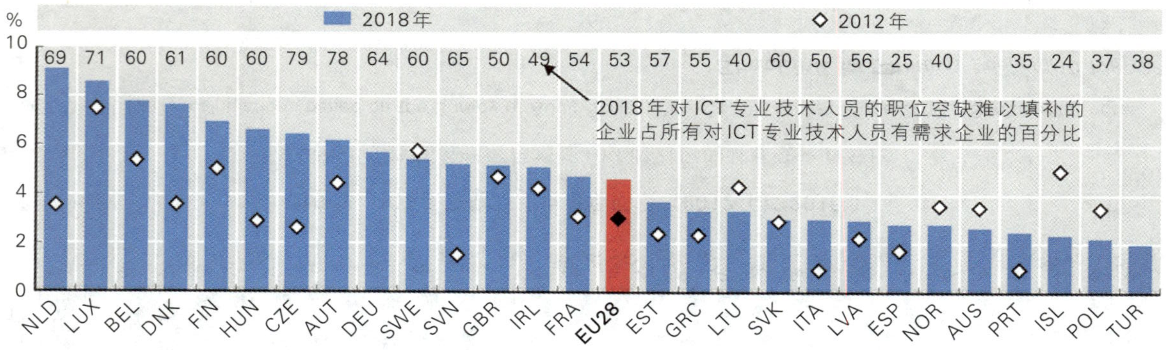

图 6-6　对ICT专业技术人员空缺难以填补的企业（2018年）

占所有企业的百分比

Source：OECD，ICT Access and Usage by Businesses Database，http：//oe.cd/bus，December 2018. See chapter notes. StatLink contains more data.

StatLink https：//doi.org/10.1787/888933930611

你知道吗？

2006—2016年，经合组织国家新增的3 800万个就业岗位中约2/5属于高度数字密集型行业。

定义

使用多维度（ICT投资、ICT中间产品、机器人的使用、在线销售和ICT专业技术人员等），按照四级数字强度（即高、中高、中低、低）对行业进行分类，然后按四分位数进行分组（Calvino et al.，2018）。数字密集程度高的行业包括运输设备、信息通信技术服务、金融和保险、法律和会计、研发、广告和营销。数字密集程度为中高的行业包括ICT设备和机械，批发与零售，出版、音像和广播（更多信息参见第2.9节）。

信息通信技术工作强度描述了信息通信技术工作（包括使用互联网、文字处理或电子表格软件等简单任务以及使用编程语言等复杂任务）在工作中执行的频率。

在欧洲共同体关于企业ICT使用情况的调查中，ICT专业技术人员被定义为“以开发、操作或维护ICT系统或应用程序为主要工作的员工”。

可测性

为了突出不同数字强度的行业对就业损益的相对贡献情况，各个国家就业水平的变化可进行“归一化”处理。用每个数字密集型行业的就业变化量占该国就业变化绝对总量的百分比表示其增加值或减少值。因此，尽管总的净变动值保持不变，但使用更精细的职业分类（例如ISIC Rev.4两位编码分类）会对总增加值和总减少值产生不同的评估值。

根据对经合组织国际成人能力评估调查（PIAAC）中11个项目的反馈结果，采用探索性因子分析法对工作的ICT任务强度展开评估，该项目与工作中ICT任务的表现有关。具体方法参见Grundke等2017年的研究。劳动力市场的工作强度回报率计算方法是以PIAAC数据为对象，采用普通最小二乘法（ordinary least squares，OLS）对扩展的Mincer工资方程进行回归分析。以每小时工资收入的对数值作为因变量，控制变量包括年龄、受教育年限、性别以及其他可测量的技能变量，还包括行业虚拟变量等（Grundke et al.，2018）。

6.3 工作中的ICT技能

信息通信技术正在改变着工作和劳动力。不同工作在ICT任务强度（即承担ICT任务的频率）方面有所不同，软件、金融、销售和市场营销等工作ICT任务强度一般比较高，而住宿、食品、卫生和社会工作等的平均ICT任务强度往往相对较低。各国平均ICT任务强度不等，俄罗斯和土耳其约为40%，斯堪的纳维亚国家则将近60%。几乎在所有国家中女性所从事工作的平均ICT任务强度都大于男子，其中东欧国家和俄罗斯的差异最为明显，而日本和韩国是仅有的例外，男性所从事工作的平均ICT任务强度明显超过女性（见图6-7）。

就工作中所执行的ICT相关任务而言，欧盟28国最常见的活动是"收发电子邮件或向数据库输入数据"，在工作中使用计算机或计算机化设备的人群中，每周至少执行一次此类活动的人超过80%。另外，创建或编辑电子文档也是较为常见的活动，每周至少执行一次此类活动的人超过60%。欧盟国家近1/4的员工每周至少有1次出于工作目的使用社交媒体，如使用社交媒体关注新闻等，但调查数据中并未区分员工是主动发布工作内容还是被动使用网络社交媒体。

欧盟平均有30%的员工每周至少一次使用在线应用程序来接收工作任务或指导，包括通过网络平台寻找工作的人、电子商务配货中心的员工（掌握产品在仓库的位置）、通过智能设备上的应用程序接受指示的医院员工（确定病人在医院的位置），以及其他各种各样的情况。大约11%的人定期从事"开发和维护IT系统及软件"的工作。其中比例最高的是斯洛文尼亚（18%），最低的是斯洛伐克共和国（4%）（见图6-8）。

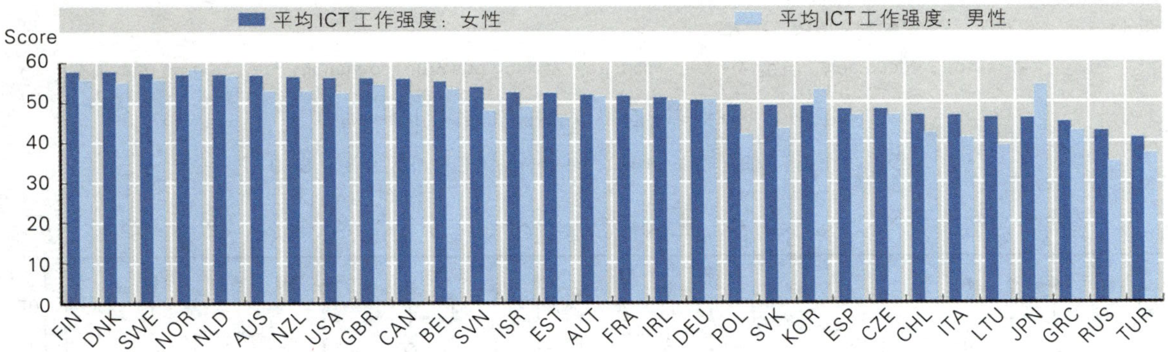

图6-7　按性别分类的ICT工作强度（2012年或2015年）

平均值

Source：OECD calculations based on the Survey of Adult Skills（PIAAC）Database，October 2018. See chapter notes. StatLink contains more data.

StatLink https：//doi.org/10.1787/888933930630

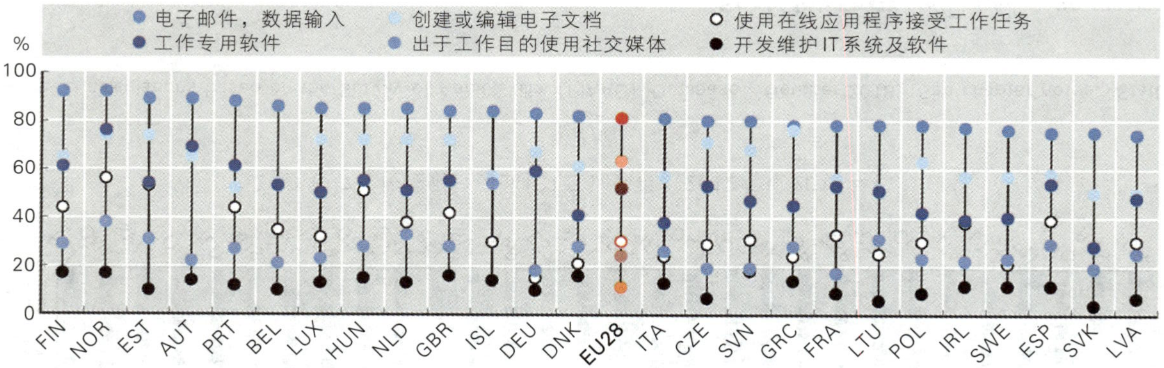

图6-8　每周至少在工作中执行1次计算机任务的个人（2018年）

占工作中使用计算机或计算机化设备的所有个人的百分比

Source：OECD，based on Eurostat，Digital Economy and Society Statistics，January 2019. See chapter notes.

StatLink https：//doi.org/10.1787/888933930649

自我评估可用于反映员工的技能与其工作所需的ICT任务匹配的程度如何。2018年，在欧盟使用计算机或计算机化设备的员工中，约有64%的人表示他们的技能与工作职责中的ICT要求非常吻合。与此同时，11%的受访者表示需要进一步培训，以应对工作中与ICT相关的需求。但这一数字低于认为自己的ICT技能未得到充分利用的人群比例：平均25%的人认为自己的数字技能超过了工作的要求。各国之间的差异较大，在西班牙、法国和意大利，近20%的员工认为自己需要得到更深入的信息通信技术培训，而在德国、挪威和冰岛，1/3以上的员工认为自己掌握的信息通信技术高于工作的要求（见图6-9）。

你知道吗?

在大多数经合组织国家，平均来看，女性承担的ICT任务比男性更繁重。

定义

一个员工的工作中ICT任务强度描述了他在工作中承担ICT任务的频率。所涉及的信息通信技术任务包括：使用文字处理软件和电子表格软件；使用编程语言；通过互联网进行存款、买卖等交易；使用电子邮件和互联网；利用信息通信技术进行即时讨论；阅读及撰写信件、电子邮件和备忘录以及在工作中使用电脑等。详情参见Grundke等（2017）的研究。

计算机和计算机化设备包括计算机、笔记本电脑、智能手机、平板电脑、其他便携式设备，以及除此之外用于生产线、运输或其他服务的电脑设备或机器。通过应用程序接收任务包括使用应用程序接收任务或指令(不包括电子邮件)。

特定的专用软件是指用于设计、数据分析和处理等方面的专业软件。

工作中的数字技能匹配基于个人在使用电脑、软件或应用程序方面技能的自我认知。当被调查者同时拥有多个职业时，以其最主要的有偿工作为准。

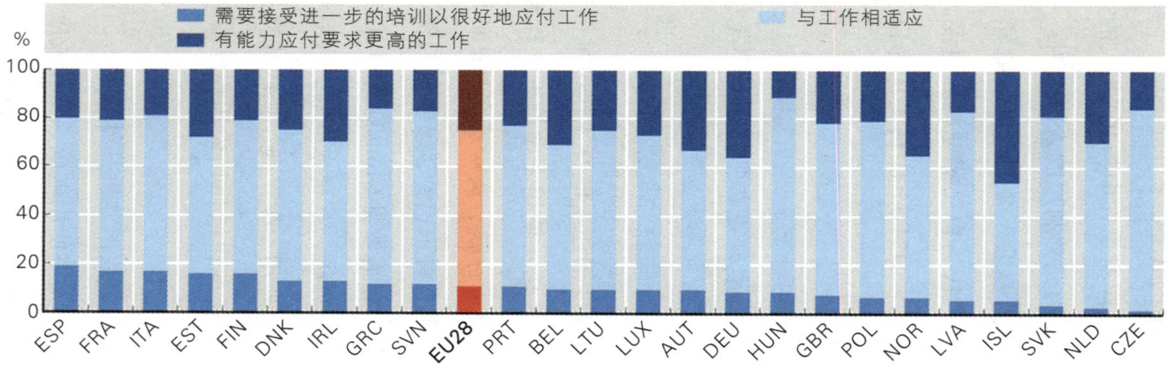

图6-9　工作中的数字技能匹配程度（2018年）

占在工作中使用电脑或计算机设备的所有个人的百分比

Source：OECD，based on Eurostat，Digital Economy and Society Statistics，January 2019.

StatLink https：//doi.org/10.1787/888933930668

可测性

根据经合组织国际成人能力评估调查（PIAAC）与工作中ICT任务绩效相关的11个项目的反馈结果，采用探索性因子分析法对工作的ICT任务强度展开评估。Grundke等（2017）给出了详细的方法。与早期的研究相比，这种方法有助于对员工在工作中所执行的任务与他们被赋予的技能进行区分。

2018年欧洲共同体针对家庭和个人使用信息通信技术的调查包含了一个关于在工作中使用信息和通信技术的特殊模块。该模块提供了与在工作活动中使用信息通信技术相关的各方面信息，包括一些定期开展的ICT相关活动类型以及一些与数字技能匹配或不匹配的要素。

6.4 教育与培训

在数字化转型的背景下，拥有与科学、工程和信息通信技术有关的技能和资格证书对于个人发展特别有价值。2016年经合组织国家所有的大学毕业生中，6%的人拥有自然科学、数学和统计学学位；工程、制造和建筑领域的毕业生占14%；信息通信技术领域的毕业生将近4%。同时需要指出的是，其他领域的现代学位课程也能赋予学生相关的信息通信技术技能。例如，有越来越多的艺术、平面设计、新闻信息专业的毕业生（占OECD国家大学毕业生的6%）参与数字化内容的制作和管理（见图6-10）。

以公司为基础的培训是学术资格及其他资格的重要补充和强化手段。在高度数字密集型行业，员工接受培训的可能性比其他行业平均高出7个百分点，但在参与调查的国家中，各国之间差异很大。总体而言，与数字化技术不密集的行业相比，高度数字密集型行业的雇主更愿意接受经过正规培训、获得官方资格的应聘者，而不愿意接受经过在职培训的人（见图6-11）。

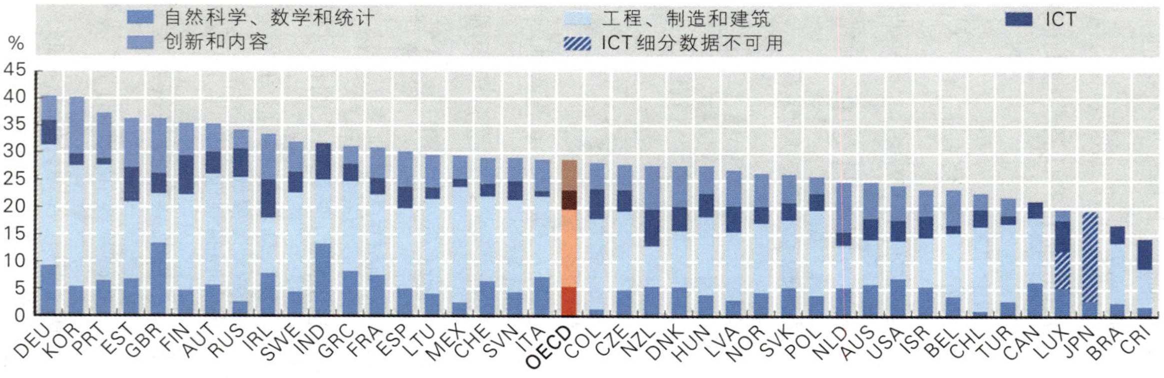

图6-10　自然科学、工程、信息通信技术、创新与内容教育领域的高等教育毕业生（2016年）

占所有高等教育毕业生的比例

Source：OECD calculations based on OECD Education Database，September 2018. See chapter notes.

StatLink https：//doi.org/10.1787/888933930687

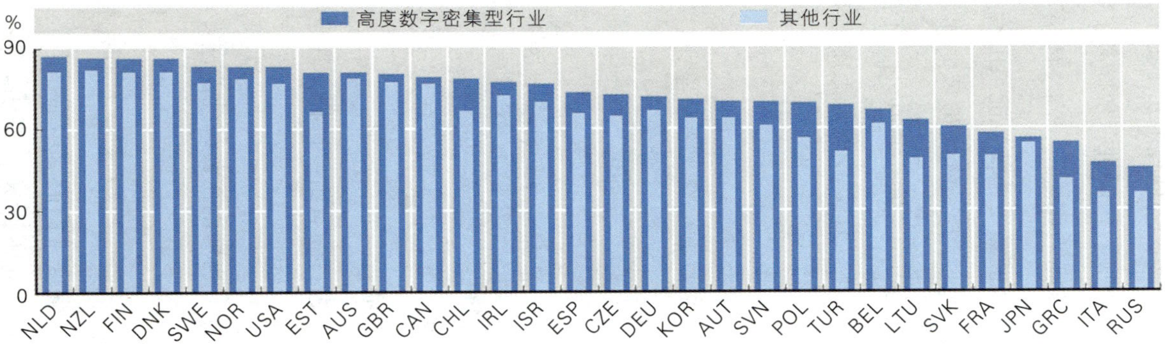

图6-11　高度数字密集型行业和其他行业接受在职培训的员工（2012年或2015年）

占每个行业员工的百分比

Source：OECD calculations based on the Survey of Adult Skills（PIAAC）Database，June 2017．See chapter notes．StatLink contains more data.

StatLink https：//doi.org/10.1787/888933930706

从事非常规工作或ICT密集型工作的员工通常比其他员工拥有更高的技能。公司培训有助于激励和奖励员工，并使员工的能力更符合公司需求。培训还可能有助于减少收入不平等，为低技能员工提供驾驭数字化转型所需的技能。然而有证据表明，大多数培训进一步提高了中等技能和高技能员工而非低技能员工的水平。在所有国家中，高技能员工接受培训的比率最高，平均约为75%，而中等技能员工和低技能员工接受培训的比率分别为55%和40%。在这些国家中，平均30%（俄罗斯和希腊）到76%（荷兰、丹麦和芬兰）的员工接受过培训。除土耳其外，在接受培训的员工中，低技能员工占比1/4或1/4以下，而高技能员工占比1/4（奥地利）至3/4（俄罗斯）（见图6-12）。

你知道吗?

低技能员工最需要接受培训以适应数字化工作场合，但与其他员工相比，该群体接受企业培训的可能性最小。

定义

具有高等教育程度的毕业生是指已经获得国际教育标准分类（ISCED）2011版第5级到第8级学位的人。

创意和内容的研究领域包括艺术（包含平面设计）、新闻和信息。

企业培训是由雇主提供（或资助）的雇员培训。

正式培训是指在工作场所以外进行的有组织培训，其目的是获取正式的资格证书。

在职培训可以在公司内部进行，也可以在公司外部进行，但通常不能获得正式的资格证书。

使用多维度（ICT投资、ICT中间产品、机器人的使用情况、在线销售和ICT专业技术人员），按照4级强度（即高、中高、中低、低）对数字密集型行业进行分类，然后按四分位数进行分组。高度数字密集型行业是指数字密集程度排名前1/4的行业，包括运输设备、信息通信技术服务、金融和保险、法律与会计、研发、广告和营销。更多信息参见第2.9节。

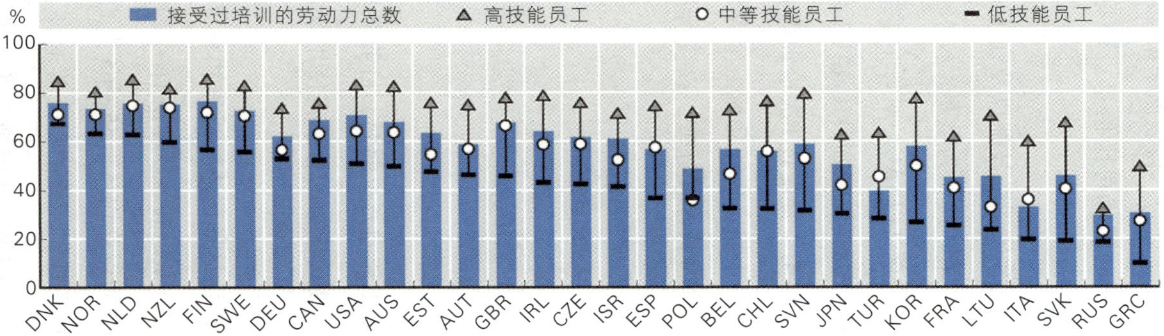

图6-12　不同技能水平员工接受在职培训的人数（2012年或2015年）

占各类员工总数的百分比

Source：OECD calculations based on the Survey of Adult Skills（PIAAC）Database，October 2018．See chapter notes.

StatLink https：//doi.org/10.1787/888933930725

可测性

教育领域的毕业生指标是根据联合国教科文组织统计研究所、经合组织和欧盟统计局联合收集的年度数据计算的。该数据采集程序旨在提供全球60多个国家在教育系统关键方面的国际可比信息。详见http：//www.oecd.org/education/database.htm。

基于公司的培训能使员工掌握工作所需的技能以及在不同工作之间转换的技能，后者在日新月异的技术变革时代尤为重要。技术变革正在改变着工作的性质。国际成人能力评估调查（PIAAC）对每个参与国家中数以千计的对象展开调查，并收集了关于员工参加培训（及其工作生活的其他方面）的资料。培训数量是依据每年至少接受过1次培训的雇员人数计算的。公共和私营部门均包括在内。由于频率可能会掩盖个人和国家之间培训时间长度的差异，因此对这些数字进行加权处理，以获得每个国家的代表性统计结果。

6.5 适应性

数字化转型已经并将继续改变工作的方方面面。目前很多工作都涉及计算机的使用，未来人们很可能需要适应新的计算机使用方式，如在由人类和AI组成的“团队”中工作。

能为学习新事物做好准备，并且具备创造性思维和解决问题的特质，可帮助人们适应工作的数字化转型并从中获益。在所有国家中，25～34岁的人在学习意愿和创造性思维方面的得分均高于55～65岁的人。在芬兰、斯洛伐克共和国、斯洛文尼亚和俄罗斯，女性的得分普遍高于男性，而在比利时和日本则恰恰相反。各国之间的年龄和性别差异一般高于个别国家内部的差异。这既突出了文化和社会因素在塑造个人品性方面的作用，也强调了制定针对性应对政策的必要性（OECD，2017a），见图6-13。

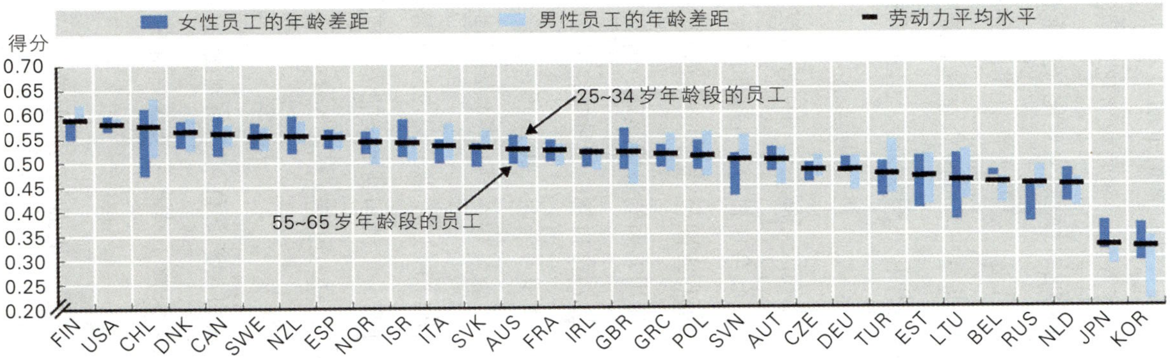

图6-13　不同性别和年龄人群的学习意愿（2012年或2015年）

平均得分

Source：OECD（2017a），calculations based on Survey of Adult Skills（PIAAC）Database，June 2017．See chapter notes.

StatLink https：//doi.org/10.1787/888933930744

政府在帮助员工和雇主适应数字化所带来的变化方面可发挥重要作用。2016年，经合组织各国政府在制定积极的劳动力市场政策方面的平均支出为GDP的0.4%。许多国家最主要的举措是通过培训帮助人们获得工作所需的技能，包括信息通信技术技能。随着数字化转型的推进，技能需求可能会随着更多日常任务的自动执行而发生变化（见第6.1节）。其他计划可帮助人们找到并尝试做可能合适自己的工作（见图6-14）。

数字化转型也带来了新的商业机遇。尽管政府在创业激励方面的支出比大多数其他政策要少得多（西班牙和法国除外），但这种支持仍可以帮助人们创建基于数字技术的公司。

除了员工自身的适应性，管理者在决定雇主采用何种新技术和如何适应数字化转型方面扮演着重要角色，社会合作机构（工会和雇主组织）在确保员工和企业获得技术变革所带来的福利方面也有帮助。通过社会对话和集体谈判，社会合作机构可以宣传技术使用方面的最优策略，并帮助雇主调整工作时间和工作组织方式。此外，社会合作机构能帮助提高劳动力对市场的适应性，例如在大规模裁员时提供培训和再培训。2016年，经合组织国家拥有谈判权的工薪阶层中平均32%的员工有集体合同。尽管在快速变革的时代工会等社会合作机构所覆盖的人数有所下降，覆盖范围也有所缩小，但在寻求量身定制的解决方案、管理过渡时期、预测和满足技能需求等方面，社会合作伙伴的作用可能比以往任何时候都更为重要（见图6-15）。

你知道吗？

经合组织的政府将0.13%的国内生产总值用于培训失业人员及面临非自愿失业风险的员工。数字化转型提高了对此类支撑的需求。

定义

学习意愿建立在6个PIAAC问题的基础上，涉及求知欲、调查能力、学习欲望和解决问题的能力。

积极劳动力市场政策的公共支出是指中央和地方政府针对那些已失业但有工作意愿或面临非自愿失业风险的个人（“目标人员”）划拨的计划支出。

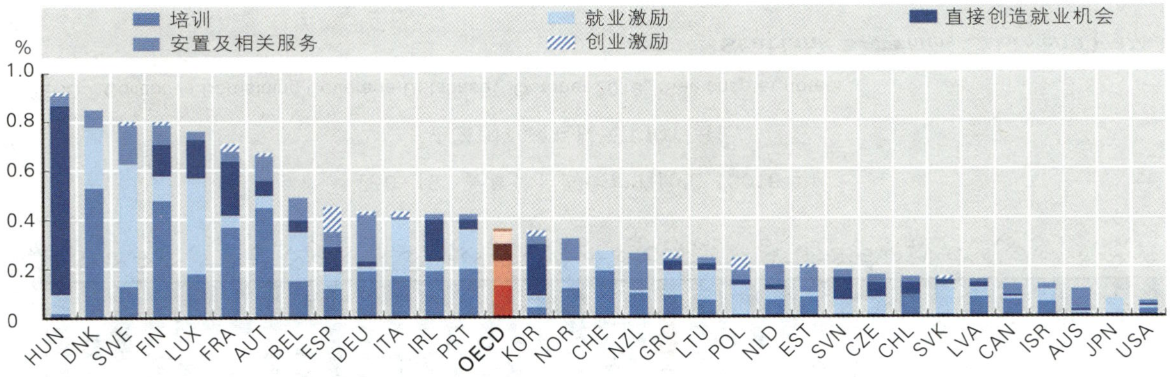

图6–14　积极劳动力市场政策的公共支出（2016年）

占GDP的百分比

Source：OECD，Labour Market Programmes Database，October 2018．See chapter notes.

StatLink https：//doi.org/10.1787/888933930763

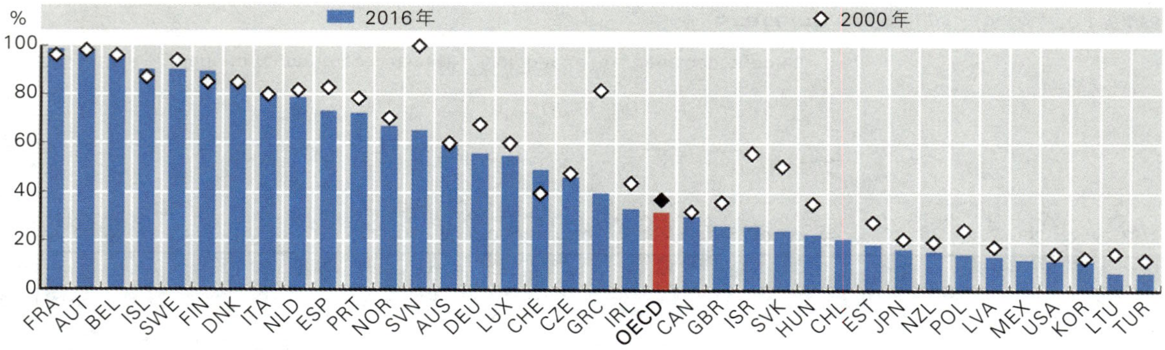

图6-15　受集体合同保护的员工（2016年）

占各国有谈判权员工的百分比

Source：OECD，Collective Bargaining Coverage Database，October 2018. See chapter notes.

StatLink https：//doi.org/10.1787/888933930782

培训包括在特定机构和在特定工作场所对特定人员开展的培训两种。

就业激励措施包括雇主承担大部分劳动力成本的计划方案，以及在一段固定时间内用某个特定人员代替1名雇员的轮岗或分担工作计划。

直接创造就业机会是指在一定时期内由公共资金负担大部分劳动力成本的新就业机会。

安置及相关服务通常由公共就业服务处或其他公共资助机构提供，包括就业咨询、工作机会介绍、信息服务等。启动激励措施鼓励目标人群开办企业或成为个体经营者。

集体谈判的定义是“一个或多个雇主、一个或多个雇主组织与一个或多个员工组织之间，为确定工作条件和雇佣条款、规范劳资关系、规范雇主或其组织与员工组织或各员工组织之间的关系而进行的所有谈判”（国际劳工组织，1981）。

可测性

采用探索性因子分析方法制定了对学习意愿和创造性思维的评价指标。该指标依赖于PIAAC中6项与新体验和创造性思维有关的项目，包括“将新想法与现实生活联系起来”和“喜欢学习新事物”等。Grundke等（2017）给出了详细的方法。

经合组织关于劳动力市场公共支出数据的主要来源是国家预算中与个人劳动力市场相关的方案，以及执行这些方案的机构所提供的账目和年度报告等资料。

6.6 路线图：平台型员工

为什么需要制定平台型员工的评价指标？

平台型员工是指使用应用程序（如Uber）或网站（如亚马逊土耳其网站）与客户进行匹配，以提供服务换取金钱的个人。平台型员工可提供多种多样的服务，包括运输、编程和编写产品说明等。

在线工作平台的出现以及它带来的新型工作形式具有促进就业的潜力，能够使雇员和雇主（尤其是雇主）有更多的灵活性，从而成为过渡到正常就业的一种手段。然而，平台在促进工作安排灵活性的同时也可能提供了更多的低质量工作岗位，职业前景并不乐观，甚至可能导致劳动力市场分化（Mira d'Ercole and MacDonald，2018）。此外，自营职业者通常不享有与全职终身雇员相同的劳动力市场保护，而且可能面临低工资的境况（Broecke，2018）。

由于缺乏平台工作人员的数量、特点以及工作任务特点的统一可比性统计数据，政策的提出和建议受到了阻碍（Mira d'Ercole and MacDonald，2018）。因此，目前特别需要获取在线平台在不同时期、不同国家以及与现有劳动力市场之间具有可比性的统计数据。

人们曾多次尝试估算平台型员工的人数。最初尝试在现有数据源的基础上使用假设。随后研究人员和私人机构进行了一系列具体的调查。最近经合组织成员国的官方统计机构在劳动力工作平台调查和互联网使用情况调查中提出了相关问题。然而，无论是在不同国家之间的调查中，还是在同一国家的内部调查中，对平台工作人员数量估算结果的差异都很大（见图6-16）。

挑战是什么？

目前还没有公认的平台工作标准定义，对许多受访者的调查显示他们对平台工作的概念理解有限。例如，美国劳工统计局在2017年的调查问卷中对平台工作进行了详细的描述。然而很多受访者误解了这一定义，如被问到“在工作中是否使用电脑或手机应用”时，他们的答案为“是”，很显然该问题想得到的答案与人们的理解有出入。在删除了明显不正确的调查答案（如发型师回答自己的工作完全在网上进行）后，平台工作人员的估算数量从3.3%下降到了1%（美国劳工统计局，2018）。

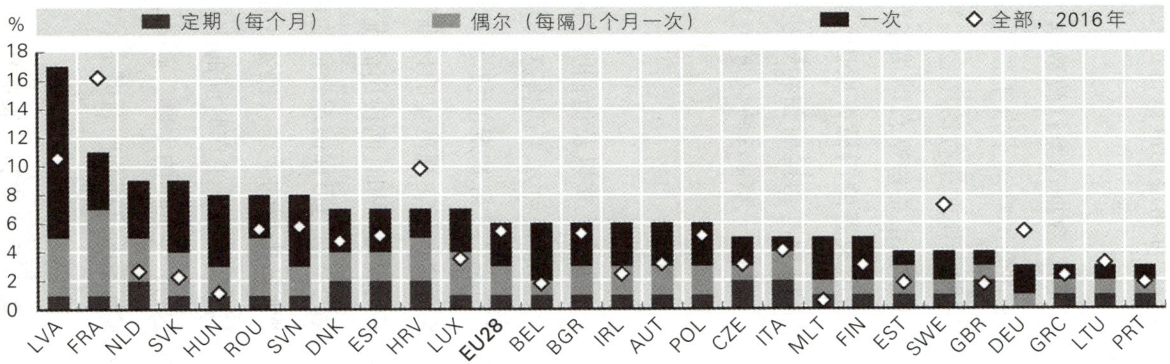

图6-16　在平台上提供服务的个人（2018年）

占所有人的百分比

Source：European Commission（2018）. See chapter notes.

StatLink https：//doi.org/10.1787/888933930801

在获取平台工作人员特征及其工作和任务特征信息过程中存在的另一个挑战是平台工作人员的数量较少（大多数估计结果在0.5%~2%），因此导致样本量较小。这可能会影响人口中非常小的群体特定特征的统计精度（O'Farrell and Montagnier，2019）。

虽然使用诸如社会保障数据或税收数据这类行政数据可以克服样本量的问题，但这些数据也存在不足并会影响对平台工作人员的衡量。一些行政数据集可能不会记录作为辅助工作而执行的平台工作。此外，由于数字工作平台监管的模糊性，数据集中一些平台型员工的数据可能会被删除（例如由于低于增值税报告所设置的门槛等原因）。网络平台存在的监管类别不明确的趋势（如临时叫车与提前预约司机的界限模糊）也给行政数据的使用带来了障碍。此外，各国行政制度的差异也会限制数据的可比性。

国际行动的选择

有几种方法可用于定量评价平台工作人员以及他们所承担工作任务的特征，每一种都有各自的优缺点，采用哪种方法最合适取决于对研究目标、可用资源以及研究人员或统计机构的实际情况的权衡。

未来可能采取的步骤包括：各国合作制定规范化的标准问题，将其纳入劳动力调查、信息通信技术使用情况调查和时间使用情况调查等，以便估算平台工作人数。同时也有必要为不同的目标确定合适的调查内容。例如，某项调查可能适用于平台提供服务类型的主题（例如，服务是通过实体还是在线方式提供的），但并不适用于关于工作时间的主题，也不适用于平台工作是受访者的主要工作还是次要工作的主题。此外，在将此类问题纳入正式调查之前，可能需要在问题的排序和问题提示信息的使用方面进行更多的实验。

政府机构和网络平台之间以改善税收征管为目的进行合作也有助于改善行政数据的来源。例如，爱沙尼亚税收和海关局（ETCB）已与两个拼车平台达成协议，它们将与ETCB共享数据。然而，司机必须首先同意分享自己的数据，但这可能会带来选择性偏差问题（OECD，2018）。与此同时，法国从2019年起规定在线平台有义务向税务机关报告个人的年度总收入（Code Général des Impôts，article 1649，quarter A bis）。

最后，使用一些可供选择的大型数据集也可以为了解平台工作人员的特征提供有用的观点。例如，摩根大通研究所（JP Morgan Chase Institute）的经济学家通过使用在线平台收款人的支票账户数据调查了平台型员工的特征（Farrell，Greig and Hamoudi，2018）。网上劳动指数（OLI）则衡量了不同国家和职业在一段时间内对在线劳动平台样本的使用情况。尽管没有估算在线工作者的绝对数量，但该指数确实能捕捉其发展趋势。

参考文献

Broecke, S. (2018), "Protecting workers from low pay in the future world of work: Are piece rate minimum wages part of the answer", forthcoming.

Bureau of Labor Statistics (2018), "Electronically mediated work: new questions in the Contingent Worker Supplement", Monthly Labor Review, September 2018, www.bls.gov/opub/mlr/2018/article/electronically-mediated-work-new-questions-in-the-contingent-worker-supplement.htm.

European Commission (2018), *The use of collaborative platforms*, Flash Eurobarometer, No.467, October 2018.

Farrell, D., F. Greig and A. Hamoudi (2018), The Online Platform Economy in 2018: Drivers, Workers, Sellers, and Lessors, JP Morgan Chase Institute, Washington, DC.

O'Farrell, R. and P. Montagnier (2019), "Measuring platform-mediated workers", OECD Digital Economy Papers, OECD Publishing, Paris, forthcoming.

Mira d'Ercole, M. and M. MacDonald (2018), "Measuring platform and other new forms of work: Issues paper", 15th meeting of the Committee on Statistics and Statistical Policy (CSSP), OECD internal document, SDD/CSSP(2018)10, Paris.

OECD (2018), *Tax Challenges Arising from Digitalisation-Interim Report 2018: Inclusive Framework on BEPS*, OECD/G20 Base Erosion and Profit Shifting Project, OECD Publishing, Paris, https://doi.org/10.1787/9789264293083-en.

6.7 路线图：数字时代的技能

为什么需要数字时代的技能指标？

数字化转型给国家技能发展系统带来了两大挑战。首先，尽管人们日益认识到未来公民和员工的技能状况将与过去大不相同，但由于技术的迅速变化，很难确定所需的基本技能。然而一旦确定了这些技能，随之而来的挑战则是确保技能发展系统能够进行足够快的调整以适应对新技能的需求。

数字时代的技能指标是应对这两个挑战的关键：确定技能的新需求以及监测技能发展系统的成果。

挑战是什么？

数字化转型正从三个方面增加对新技能的需求。首先，信息通信技术产品和服务——如软件、网页、电子商务、云计算、大数据等——要求信息通信技术专业人员具备编程、开发应用程序和管理网络的技能。其次，各行各业的员工需要获得常用的信息通信技术技能，以便能够在日常工作中使用这些技术（例如在线获取信息、使用软件等）。最后，信息通信技术的使用正在改变开展工作的方式，并增加了对信息通信技术补充技能的需求（如汇总和分析信息、在社交网络上交流、在电子商务平台上发布品牌产品等能力）。

工作的自动化和工作组织方式的改变也可能会显著影响员工的相关技能组合（OECD，2016a）。自动化正在改变人类和机器之间的任务分配。机器人往往是具有技能偏向性的——它们能够辅助熟练员工，替代非熟练员工（Autor，2015；Nedelkoska and Quintini，2018；OECD，即将发表）。此外，数字技术允许企业以新的方式分配工作以及增加对临时工的使用。随着创新型网络平台的引入，新型中介公司正在将个人供应商与个人客户连接起来，将一些全职、长期的工作变成不均衡的“按需分配”的任务流。

然而，目前的技能统计数据不足以证明这些变化发生的范围和速度。大多数统计基于在正规教育中获得的教育成就、具有标准化内容的职业培训或具有编码和可预测任务的职业分类。随着学科之间的界限逐渐消失，工作的任务内容发生了变化，新任务所需的技能也发生了变化。然而，目前的技能统计资料很少用于设计技能发展系统。

此外，数字技术正在为技能发展创造新的机会。大规模在线开放课程（MOOCs）、开放教育资源（OER）和在线离线混合教学正在改变着学习方式，使更多的人获得灵活且高质量的资源。然而，目前能反映这些变化的可用统计数据太少，需要提供更详细、更实时的统计数据用于预测长期趋势，确定新出现的技能需求，以及提供充足的教育和培训。

国际行动的选择

为了得到更好的技能统计，至少应在以下4个领域内加强国际协作：工作任务调查、技能评估、专家和基于科学的技能评估，以及在线职位空缺。这四个领域各有其局限性，但它们的结合能够提供有用且及时的见解，有助于洞察数字化驱动的技能需求变化（Spiezia，2018）。

工作任务调查对于辨识工作特征如何随时间变化以及推断这些变化对技能需求的影响非常有用，但很少有国家进行这种调查。美国职业信息网络（O*NET）是最著名的工作任务调查之一（https：//www.onetonline.org/），英国的用人单位技能调查提供了关于技能需求和培训投资的全面概况，包括职位空缺、技能短缺、员工技能差距、教育毕业生及年轻人招聘等（https：//www.gov.uk/government/publications/ukces-employer-skills-survey-2015-uk-report）。在德国，BIBB/ BAuA劳动力调查（https：//www.bibb.de/en/2815.php）提供了关于工作以及教育和就业之间关系的信息。工作任务调查较罕见的一个主要原因是开发和实施这种调查的成本很高。

更重要的是对员工技能的评估一般基于自我报告，而非对员工实际技能水平进行正式的评估。因此，技能评估调查可以作为一种进一步了解技能需求的关键补充工具。

经合组织国际成人能力评估调查（PIAAC）和经合组织国际学生评估项目（PISA）是著名的国际技能评估项目。在工作任务调查中，PIAAC询问了一系列关于工作特点和工作技能的问题。此外，PIAAC还对参与者进行正式的测试以评估读写技能、计算技能以及在技术丰富的环境中解决问题的能力（即运用这些工具有效地获取、处理、评估和分析信息）。

PIAAC的目标是成年人，而PISA则是对15岁学生在科学、数学、阅读、协作解决问题及金融素养方面的技能和知识展开测试。与PIAAC一样，PISA对这些技能进行正式的测试而不依赖于受访者的自我评估。

对于专家和基于科学的技能评估有用的方法是，请专家评估目前由人类完成的哪些任务已经能够或在短时间内将能够由数字技术完成。Frey和Osborne（2013）的研究估计，美国未来几十年内面临着高度自动化风险的职业数量高达47%，该研究引起了广泛的关注和引用。2016年经合组织请11名计算机科学家重新研究了PIAAC的测试问题，并找出其中机器已经有能力作答的问题。专家的评估表明，计算机在三个技能领域——识字、计算和解决问题方面——的表现水平可与许多雇员相媲美。OECD国家中每天使用这三种PIAAC技能且显示其熟练程度明显超出计算机重复工作能力的员工比例只有13%（Elliot，2017a）。Elliot（2017b）基于计算机科学研究文献的调研认为：IT能力可以提供大多数当前工作所需的推理、视觉和运动技能。分析表明，只在语言技能方面，目前相当多的工作对技能的要求明显超出了研究文献中IT所显示出的能力。为了使这一方法对技能发展政策更有效果，应在更为深入地考虑具体工作任务和职业的前提下，在不同国家中系统地进行专家和基于科学的评估。这显然是官方统计应进一步予以关注和投入的一个方面。

最后，在线职位空缺可提供职位招聘特点、求职者和职位发布时间的信息，并且还有很大的潜力可供挖掘。在线职位空缺能够实时跟踪劳动力市场的动向，发现活跃数据。此外，还能够根据技能、教育和经验方面的大量工作要求分析工作概况的变化。但在线职位空缺也存在缺点，如覆盖范围有限、样本有偏差，而且国际可比性较低，但随着数据收集和数据处理技术的发展，未来这些缺点是可以被克服的。

参考文献

Autor, D.H. (2015), "Why are there still so many jobs? The history and future of workplace automation, *Journal of Economic Perspectives*, Vol. 29/3, pp. 3-30, http://dx.doi.org/10.1257/jep.29.3.3.

Elliott, S. (2017a), Computers and the Future of Skill Demand, Educational Research and Innovation, OECD Publishing, Paris, https://doi.org/10.1787/9789264284395-en.

Elliott, S. (2017b), "Projecting the impact of information technology on work and skills in the 2030s", in J. Buchanan et al. (eds.), *The Oxford Handbook of Skills and Training*, Oxford University Press, Oxford, http://dx.doi.org/10.1093/oxfordhb/9780199655366.001.0001.

Frey, C.B. and M.A. Osborne (2013), The Future of Employment: How Susceptible are Jobs to Computerization? Oxford Martin School, Oxford.

Nedelkoska, L. and G. Quintini (2018), "Automation, skills use and training", *OECD Social, Employment and Migration Working Papers*, No. 202, OECD Publishing, Paris, https://doi.org/10.1787/2e2f4eea-en.

OECD (forthcoming), "Determinants and impact of automation: An analysis of robots' adoption in OECD countries", *OECD Digital Economy Papers*, OECD Publishing, Paris.

OECD (2016a), "New forms of work in the digital economy", *OECD Digital Economy Papers*, No. 260, OECD Publishing, Paris, http://dx.doi.org/10.1787/5jlwnklt820x-en.

OECD (2016b), "New skills for the digital economy", *OECD Digital Economy Papers*, No. 258, OECD Publishing, Paris, http://dx.doi.org/10.1787/5jlwnkm2fc9xen.

Spiezia, V. (2018), "Getting skills right: Measuring the demand for skills in the digital economy" in Eurostat (ed.), *Power from Statistics: Data, Information and Knowledge Outlook Report 2018*, European Commission, Brussels, http://dx.doi.org/10.2785/721672.

注释

6.1 数字时代的工作与就业

图6-1 各职业对总就业变化的贡献率（2011—2017年）

根据《国际职业分类标准》（ISCO-08）2008年修订版，信息及通信技术专业职位的定义为三位编码：信息通信技术服务经理（133类）；电工工程师（215类）；软件、应用程序开发人员及分析师（251类）；数据库及网络专业技术人员（252类）；信息通信技术操作及用户支持专业技术人员（351类）；电信和广播专业技术人员（352类）；电子、电信安装及维修专业技术人员（742类）。

ICT任务密集型职业的定义来源于Grundke，R.，Horvát，P.and M. Squicciarini即将发表的论文"ICT intensive occupations：A task-based analysis"（OECD Science，Technology and Innovation Working Papers）。

其他ICT任务密集型职业包括（ISCO-08三位编码类别）：商业服务与行政经理（121类）；销售、市场与发展经理（122类）；专业服务经理（134类）；物理与地球科学专业人员（211类）；建筑师、规划师、测量师与设计师（216类）；大学和高等教育教师（231类）；金融专业人员（241类）；行政管理专业人员（242类）；销售、市场营销及公共关系专业人员（243类）。

加拿大的数据是2011—2016年的。

日本的数据是2011—2015年的。

图6-2 信息行业与其他行业中的ICT专业技术人员和其他ICT任务密集型职业（2017年）

信息通信技术专业技术人员的职业遵循2008年修订的《国际标准职业分类》（ISCO-08）三位编码：信息通信技术服务经理（133类）；电工工程师（215类）；软件、应用程序开发人员及分析师（251类）；数据库及网络专业技术人员（252类）；信息通信技术操作及用户支持专业技术人员（351类）；电信和广播专业技术人员（352类）；电子、电信安装及维修专业技术人员（742类）。

ICT任务密集型职业的定义来源于Grundke，R.，Horvát，P. and M. Squicciarini即将发表的论文“ICT intensive occupations: A task-based analysis”（OECD Science，Technology and Innovation Working Papers）。

其他ICT任务密集型职业包括（ISCO-08三位编码类别）：商业服务与行政经理（121类）；销售、市场与发展经理（122类）；专业服务经理（134类）；物理与地球科学专业人员（211类）；建筑师、规划师、测量师与设计师（216类）；大学和高等教育教师（231类）；金融专业人员（241类）；行政管理专业人员（242类）；销售、市场营销及公共关系专业人员（243类）。

信息行业包括下列ISIC Rev.4分类：计算机、电子和光学产品（26类）；出版、音像和广播（58～60类）；电信（61类）；IT及其他信息服务（62类、63类）。

丹麦、爱尔兰、日本、葡萄牙、土耳其和欧盟28国为2015年的数据。

图 6-3 工作实现自动化或发生重大变化的可能性（2012年或2015年）

如果某项工作实现自动化的可能性达到70%以上，就认为它的自动化风险很高。面临重大变化风险的工作是指那些自动化程度大概在50%~70%的工作。数据来源：Nedelkoska and Quintini（2018），“Automation，skill use and training”，OECD Social，Employment and Migration Working Paper，No. 202，OECD Publishing，Paris，https://doi.org/10.1787/2e2f4eea-en.

以下23个国家和地区参与了PIAAC第1轮调查，其数据是2012年的：澳大利亚、奥地利、比利时（佛兰德斯）、加拿大、捷克共和国、丹麦、爱沙尼亚、芬兰、法国、德国、爱尔兰、意大利、日本、韩国、荷兰、挪威、波兰、俄罗斯（不包括莫斯科）、斯洛伐克共和国、西班牙、瑞典、英国（包括英格兰和北爱尔兰）、美国。其余国家为PIAAC第1轮调查中的第2批次数据，采集于2015年。

俄罗斯在PIAAC调查中的样本不包括莫斯科市的辖区人口，因此其公布的数据并不代表俄罗斯16~65岁的全部居住人口，只代表不包括莫斯科市辖区居民的俄罗斯人口。

6.2 就业动态

图 6-4 不同数字强度行业对总就业变化的贡献率（2006—2016年）

数字强度是根据Calvino等（2018）的文献中所描述的分类来定义的。

巴西、中国、哥斯达黎加、印度、印度尼西亚和俄罗斯的数据是2006—2015年的。

根据ISIC Rev.4的定义，低数字密集型行业包括：农业、狩猎、林业和渔业（01~03类）；采矿和采石（05~09类）；食品、饮料和烟草（10~12类）；电、燃气和水的供应；污水处理、废物管理和修复活动（35~

39类）；建筑（41～43类）；运输和储存（49～53类）；住宿和餐饮服务活动（55～56类）；房地产活动（68类）。

根据ISIC Rev.4的定义，中低数字密集型行业包括：纺织品、服装，皮革及相关产品的制造（13～15类）；化工、橡胶、塑料、燃料和其他非金属矿物制品的制造（19～23类）；基本金属和金属制品，机械和设备除外（24～25类）；教育（85类）；人类健康和社会服务（86～88类）。

根据ISIC Rev.4的定义，中高数字密集型行业包括：木材、纸制品；印刷（16～18类）；机械设备（26～28类）；家具；其他制造；机械设备的修理和安装（31～33类）；批发和零售业；汽车和摩托车的修理（45～47类）；出版、音像和广播活动（58～60类）；公共管理与国防；强制性社会保障（84类）；艺术、娱乐和文娱活动（90～93类）。

根据ISIC Rev.4的定义，高数字密集型行业包括：运输设备（29～30类）；电信（61类）；计算机程序设计、咨询及其他信息服务（62～63类）；金融及保险活动（64～66类）；专业、科学和技术活动；行政和辅助服务活动（69～82类）；其他服务活动（94～96类）。

广义的数字密集型行业包括高和中高数字密集型行业。

图6-5　ICT任务的劳动力市场回报（2012年或2015年）

信息通信技术工作强度指标基于探索性因子分析法评定ICT在工作中的使用情况。它依赖于经合组织国际成人能力评估调查（PIAAC）中的11个项目，内容涉及使用互联网、使用文字处理软件、使用电子表格软件等简单任务以及编程等复杂活动。Grundke等（2017）给出了详细的指标计算方法。

劳动力市场的工作强度回报率计算方法是以PIAAC数据为对象，采用普通最小二乘法OLS对扩展的Mincer工资方程进行回归分析。以每小时工资收入的对数值作为因变量，控制变量则包括年龄、受教育年限、性别等从业者的个人变量，包括Grundke等（2018）研究中提到的其他可测量的技能变量，还包括行业虚拟变量等。

以下23个国家和地区参与了PIAAC第1轮调查，其数据是2012年的：澳大利亚、奥地利、比利时（Flanders）、加拿大、捷克共和国、丹麦、爱沙尼亚、芬兰、法国、德国、爱尔兰、意大利、日本、韩国、荷兰、挪威、波兰、俄罗斯（不包括莫斯科）、斯洛伐克共和国、西班牙、瑞典、英国（包括英格兰和北爱尔兰）、美国。其余国家为PIAAC第1轮调查中的第2批次数据，采集于2015年。

俄罗斯在PIAAC调查中的样本不包括莫斯科市的辖区人口，因此其公布的数据并不代表俄罗斯16~65岁的全部居住人口，只代表不包括莫斯科市辖区居民的俄罗斯人口。

图6-6　对ICT专业技术人员空缺难以填补的企业（2018年）

澳大利亚的数据为2015—2016财年的数据，截至2016年6月30日。

冰岛的数据是2017年而非2018年的。

葡萄牙的数据是2014年而非2012年的。

6.3　工作中的ICT技能

图6-7　按性别分类的ICT工作强度（2012年或2015年）

信息通信技术工作强度指标基于探索性因子分析法评定ICT在工作中的使用情况。它依赖于经合组织国际成人能力评估调查（PIAAC）中的11个项目，内容涉及使用互联网、使用文字处理软件、使用电子表格软件等简单任务以及编程等复杂活动。Grundke等（2017）给出了详细的指标计算方法。

以下23个国家和地区参与了PIAAC第1轮调查，其数据是2012年的：澳大利亚、奥地利、比利时（佛兰德斯）、加拿大、捷克共和国、丹麦、爱沙尼亚、芬兰、法国、德国、爱尔兰、意大利、日本、韩国、荷兰、挪威、波兰、俄罗斯（不包括莫斯科）、斯洛伐克共和国、西班牙、瑞典、英国（包括英格兰和北爱尔兰）、美国。其余国家为PIAAC第1轮调查中的第2批次数据，采集于2015年。

俄罗斯在PIAAC调查中的样本不包括莫斯科市的辖区人口，因此其公布的数据并不代表俄罗斯16~65岁的全部居住人口，只代表不包括莫斯科市辖区居民的俄罗斯人口。

图6-8　每周至少在工作中执行1次计算机任务的个人（2018年）

计算机和计算机化设备包括计算机、笔记本电脑、智能手机、平板电脑、其他便携式设备和计算机化设备或机械，如用于生产线、运输或其他服务的计算机化设备或机械。

通过应用程序接收任务包括使用应用程序接收任务或指令（不包括电子邮件）。工作类软件是指用于设计、数据分析、处理等方面的专业软件。

6.4　教育与培训

图6-10　自然科学、工程、信息通信技术、创新与内容教育领域的高等教育毕业生（2016年）

“创意与内容”领域包括艺术（包括平面设计）、新闻与信息。由于数据的可用性，日本的高等教育领域不包括“创意与内容”这一项。

图6-11 高度数字密集型行业和其他行业接受在职培训的员工（2012年或2015年）

接受在职培训的受雇员工是指企业员工在工作场所内部或外部接受教育机构提供的培训活动。该比例的估算方法是：用企业中相对数字密集程度较高的部门中接受培训的所有员工之和除以这些部门雇佣的所有员工之和。

依据Calvino等（2018）的研究，高度数字密集型行业是在所有行业数字密集程度排名中占据前1/4的行业。

对PIAAC调查数据进行采样和复制，计算点估算值和置信区间。

以下23个国家和地区参与了PIAAC第1轮调查，其数据是2012年的：澳大利亚、奥地利、比利时（佛兰德斯）、加拿大、捷克共和国、丹麦、爱沙尼亚、芬兰、法国、德国、爱尔兰、意大利、日本、韩国、荷兰、挪威、波兰、俄罗斯（不包括莫斯科）、斯洛伐克共和国、西班牙、瑞典、英国、美国。其余国家为PIAAC第1轮调查中的第2批次数据，采集于2015年。

俄罗斯在PIAAC调查中的样本不包括莫斯科市的辖区人口，因此其公布的数据并不代表俄罗斯16~65岁的全部居住人口，只代表不包括莫斯科市辖区居民的俄罗斯人口。

图6-12　不同技能水平员工接受在职培训的人数（2012年或2015年）

接受培训人员的百分比是指具有一定技能水平且每年接受一次以上培训的员工人数之和与具有一定技能水平的全国员工总人数之比。Squicciarini等（2015）定义的培训包括正式培训和在职培训两种类型。低技能员工是指未完成任何正规教育或仅达到ISCED（1997）1到3C层次（其中3C课程的累计教学时间少于2年）的人。中等技能员工是指已经完成3C（课程的累计教学时间不少于2年）到第4层次教育的人员。高技能人才，是指已获得超过ISCED（1997）中第4层次教育学位的人。对该值重新赋权以消除不同国家的人口因素影响。接受过培训的劳动力总数是指一个国家每年至少接受一次培训的员工所占比例。

以下23个国家和地区参与了PIAAC第1轮调查，其数据是2012年的：澳大利亚、奥地利、比利时（佛兰德斯）、加拿大、捷克共和国、丹麦、爱沙尼亚、芬兰、法国、德国、爱尔兰、意大利、日本、韩国、荷兰、挪威、波兰、俄罗斯（不包括莫斯科）、斯洛伐克共和国、西班牙、瑞典、英国、美国。其余国家为PIAAC第1轮调查中的第2批次数据，采集于2015年。

俄罗斯在PIAAC调查中的样本不包括莫斯科市的辖区人口，因此其公布的数据并不代表俄罗斯16~65岁的全部居住人口，只代表不包括莫斯科市辖区居民的俄罗斯人口。

6.5 适应性

图6-13 不同性别和年龄人群的学习意愿（2012年或2015年）

学习意愿和创造性思维指标是采用探索性因子分析方法建立的。该指标依赖于PIAAC中6项与新体验和创造性思维有关的调查，Grundke等（2017）给出了详细的方法。

以下23个国家和地区参与了PIAAC第1轮调查，其数据是2012年的：澳大利亚、奥地利、比利时（佛兰德斯）、加拿大、捷克共和国、丹麦、爱沙尼亚、芬兰、法国、德国、爱尔兰、意大利、日本、韩国、荷兰、挪威、波兰、俄罗斯（不包括莫斯科）、斯洛伐克共和国、西班牙、瑞典、英国、美国。其余国家为PIAAC第1轮调查中的第2批次数据，采集于2015年。

俄罗斯在PIAAC调查中的样本不包括莫斯科市的辖区人口，因此其公布的数据并不代表俄罗斯16~65岁的全部居住人口，只代表不包括莫斯科市辖区居民的俄罗斯人口。

图6-14 积极劳动力市场政策的公共支出（2016年）

希腊、意大利、卢森堡和西班牙的数据是2015年的。

经合组织关于劳动力市场公共支出数据的主要来源是国家预算中与个人劳动力市场相关的规划方案，以及执行这些方案的机构所提供的账目和年度报告等资料。

积极劳动力市场政策的公共支出指中央和地方政府对下列“目标人群”划拨的计划支出：失业群体（即当前没有工作但正在积极寻找的人群）、不活跃群体（即有意愿工作但找工作态度不积极的人群）或正在工作但面临非自愿失业风险的人群。

安置及相关服务通常由公共就业服务处或其他公共资助机构提供，包括就业咨询、工作机会介绍、信息服务等。

培训包括在特定机构和在特定工作场所对特定人员开展的培训两种。

就业激励措施包括雇主承担大部分劳动力成本的计划方案，以及在一段固定时间内用某个特定人员代替1名雇员的轮岗或分担工作计划。

直接创造就业机会是指在一定时期内由公共资金负担大部分劳动力成本的新就业机会。

启动激励措施鼓励目标人群开办企业或成为个体经营者。

图6-15 受集体合同保护的员工（2016年）

捷克、丹麦、芬兰、意大利、韩国、葡萄牙、斯洛伐克共和国、斯洛文尼亚和瑞典的数据是2015年而非2016年的。

爱沙尼亚的数据是2001年和2015年的。

法国的数据是2004年和2014年的。

希腊的数据是2013年而非2016年的。

匈牙利、爱尔兰和卢森堡的数据是2014年而非2016年的。

以色列和波兰的数据是2012年而非2016年的。

拉脱维亚的数据是2002年而非2000年的。

立陶宛的数据是2002年和2015年的。

墨西哥的数据是2012年的。

挪威的数据是2002年和2014年的。

瑞士的数据是2001年和2014年的。

6.6 路线图：平台型员工

图6-16 在平台上提供服务的个人（2018年）

平台包括资本平台。资本平台是指主要用于租赁（或购买）房地产等资本项目的平台。

参考文献

Calvino, F., C. Criscuolo, L. Marcolin and M. Squicciarini (2018), "A taxonomy of digital intensive sectors", *OECD Science, Technology and Industry Working Papers*, No. 2018 / 14, OECD Publishing, Paris, https://doi.org/10.1787/f404736a-en.

Grundke, R., S. Jamet, M. Kalamova, F. Keslair and M. Squicciarini (2017), "Skills and global value chains: A characterisation", *OECD Science, Technology and Industry Working Papers*, 2017 / 05, OECD Publishing, Paris. http://dx.doi.org/10.1787/cdb5de9b-en.

Grundke, R., L. Marcolin, T.L.B. Nguyen and M. Squicciarini (2018), "Which skills for the digital era?: Returns to skills analysis", *OECD Science, Technology and Industry Working Papers*, 2018/09, OECD Publishing, Paris. http://dx.doi.org/10.1787/9a9479b5-en.

Grundke, R., P. Horvát and M. Squicciarini (forthcoming), "ICT intensive occupations: A task-based analysis", *OECD Science, Technology and Innovation Working Papers*, OECD Publishing, Paris.

ILO (1981). "Collective Bargaining Convention, 1981 (No. 154)". International Labour Organisation, Geneva, https://www.ilo.org/dyn/normlex/en/f? p=NORMLEXPUB:12100:0::NO::P12100_ILO_CODE:C154.

Marcolin, L., S. Miroudot and M. Squicciarini (2018), "To Be (Routine) or not to Be (Routine), that is the Question: a Cross-country, Task-based Answer", *Industrial and Corporate Change*, Oxford University Press, https://doi.org/10.1093/icc/dty020.

Nedelkoska, L. and G. Quintini (2018), "Automation, skills use and training", *OECD Social, Employment and Migration Working Papers*, No.202, OECD Publishing, Paris, https://doi.org/10.1787/2e2f4eea-en.

OECD (2019), "Determinants and Impact of Automation: An Analysis of Robots: Adoption in OECD Countries", OECD Digital Economy Papers, forthcoming.

OECD (2017a), OECD Science, Technology and Industry Scoreboard 2017: *The digital transformation*, OECD Publishing, Paris, http://dx.doi.org/10.1787/9789264268821-en.

OECD (2017b), *OECD Digital Economy Outlook 2017*, OECD Publishing, Paris, http://dx.doi.org/10.1787/9789264276284-en.

OECD(2011), *OECD Guide to Measuring the Information Society 2011*, OECD Publishing, Paris, https://doi.org/10.1787/9789264113541-en.

OECD and Eurostat(2015), "Eurostat-OECD Definition of ICT Specialists", OECD unclassified document, STI/ICCP/IIS(2015)7/FINAL.

Squicciarini, M., L.Marcolin and P.Horvát(2015), "Estimating Cross-Country Investment in Training: An Experimental Methodology using PIAAC Data", *OECD Science, Technology and Industry Working Papers*, No.2015/09, OECD Publishing, Paris, http://dx.doi.org/10.1787/5jrs3sftp8nw-en.

UN(2008), *International Standard Industrial Classification of All Economic Activities (ISIC)*, Rev.4, Statistical Papers(Ser.M), United Nations, New York, https://doi.org/10.18356/8722852c-en.

第7章　促进社会繁荣

7.1　数字包容

在经合组织经济体中，互联网和联网设备已成为大多数人日常生活的重要组成部分。即便如此，社会上不同群体对互联网的接受程度可能仍然存在相当大的差异，造成这种差异的主要原因是年龄、受教育程度和收入水平。

受教育程度高的人更倾向于使用互联网，主要是因为这类人群更有可能从学习和职业生涯中获得使用互联网的经验。此外，他们更可能有足够的可支配收入用以支付固定和移动网络连接的费用。2018年除美国以外所有经合组织国家中使用互联网接受高等教育的个人比例均在92%以上，美国这一比例为89%，俄罗斯为83%，印度尼西亚为77%，而巴西则高达95%。

受教育程度较低的人群使用互联网的比例在不同国家之间表现出的差异更大。在没有接受过正规教育或低学历的人群中，冰岛、丹麦、挪威和卢森堡的互联网用户比例高达90%以上，而希腊、哥伦比亚、巴西和印度尼西亚则在40%以下。在以色列和墨西哥，受教育程度高的人和受教育程度低的人在互联网使用率上的差异接近50个百分点。因此，受教育程度较低的人群是促进数字普及战略的潜在重点（见图7-1）。

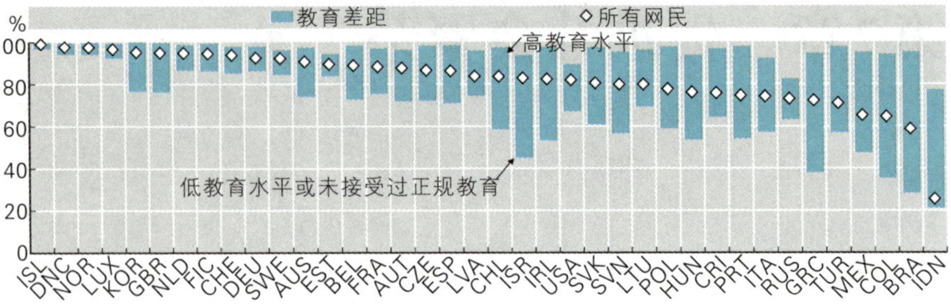

图7-1　不同受教育程度个体使用互联网的差距（2018年）

占各类别个体的百分比

Source：OECD，ICT Access and Usage by Households and Individuals Database，http：//oe.cd/hhind and ITU，World Telecommunication/ICT indicators Database，January 2019. See chapter notes. StatLink contains more data.

StatLink https：//doi.org/10.1787/888933930820

在经合组织55~74岁年龄组中这种差距更大，其中大学毕业的互联网用户为88%，但低教育水平或没有接受过正规教育的互联网用户平均只有44%。某些国家中受教育程度高的群体与受教育程度低的群体之间差距非常大，例如在波兰和斯洛伐克共和国，两者之间的差异甚至达到70%以上。采取有效措施促进55~74岁年龄段的人具备某些信息通信技术技能，有助于解决老年人群体普遍存在的一些问题（见图7-2）。例如，使用电子邮件、在线消息收发或视频通话能减少老年人晚年的孤独感，使其更容易与朋友和家人保持联系，而且老年人使用互联网可能更容易获得医疗服务（见第2.8节）。

2018年，经合组织国家的女性与男性在互联网的使用率方面比例相当，平均为86%。男女之间使用互联网的差异在土耳其最为明显，该国女性对互联网的使用率比男性约低14个百分点。不同年龄的女性使用互联网的总比例存在很大的差异性。在经合组织成员国中平均97%的16~24岁女性和68%的55~74岁女性使用互联网。尽管55~74岁的群体中女性使用互联网所占比例不高但仍在稳步上升，比2016年的平均水平61%已经提高了很多。这些年龄段群体的变化趋势表明，互联网使用中的性别差距有可能在未来几年内显著缩小（见图7-3）。

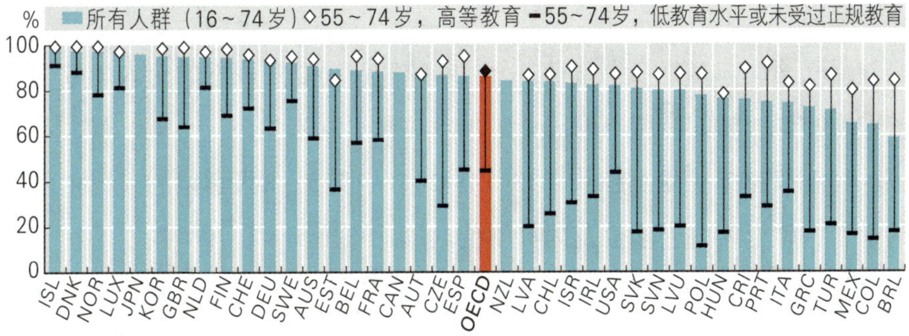

图7-2　不同年龄和受教育程度的互联网用户（2018年）

占各类别个体的百分比

Source：OECD，based on Eurostat，Digital Economy and Society Statistics，Comprehensive Database，December 2018. See chapter notes. StatLink contains more data.

StatLink https：//doi.org/10.1787/888933930839

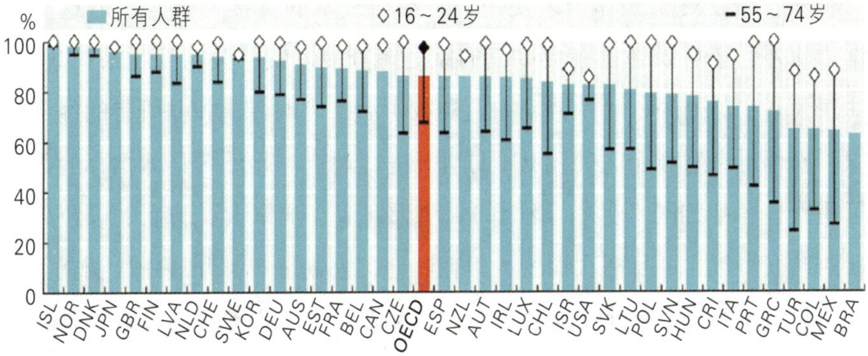

图7-3　不同年龄的女性互联网用户（2018年）

占各年龄组个体的百分比

Source：OECD，ICT Access and Usage by Households and Individuals Database，http：//oe.cd/hhind，December 2018. See chapter notes.

StatLink https：//doi.org/10.1787/888933930858

你知道吗？

北欧国家在互联网使用方面的差距很小，不同年龄、性别和受教育程度的人都可能使用互联网。

定义

互联网用户是指在调查前3个月内曾经使用过互联网的个人。各个国家采用的调查时间有所不同，详见本章注释。

高等教育毕业生是指获得ISCED-2011中第5~8级学位的人，主要包括学士、硕士和博士学位及同等学位。

低教育水平或未接受过正规教育的人是指所接受的最高教育资格为ISCED-2011水平第1级（小学）或第2级（初中）的个人。

可测性

为了确定“互联网用户”，首先有必要对一个人使用互联网的时间进行界定。一般建议设置的调查时间为3个月（这意味着受访者在接受调查前3个月内使用过互联网）。有些国家使用更长的调查时间或者并没有规定调查时间，这种方法上的差异影响国际可比性。

一般通过对家庭和个人使用信息通信技术的直接调查来获取这些数据。此外，还可以通过在更广泛的家庭调查中设置相关的问题采集数据，如意大利和英国的一般性劳动力调查或生活条件调查。并非所有的经合组织国家都对家庭和个人使用ICT的情况进行调查。此外，具体指标的数据可用性也各不相同（见本章注释）。澳大利亚、加拿大、智利、以色列和新西兰很多年才进行一次调查，但在其他国家则每年都开展一次调查。在欧盟只有8个国家进行强制性的调查。另外，由于样本量和调查设计的原因，按年龄或受教育程度分类的指标也可能会引起信息的鲁棒性问题，对较小的国家而言这种影响尤为严重。

7.2 数字时代的技能

扎实的认知能力、解决问题的能力、在网络环境中完成任务所需的其他能力，这些是个人在数字化社会（包括学校和工作环境）和学习新技能方面取得成功的关键。

在经合组织国际学生评估项目（The Program for International Student Assessment，PISA）中，在科学、数学和阅读方面成绩最好的15岁学生被认为是最有能力适应数字化变革规模、速度和范围的学生群体。2015年，在经合组织国家中，约15%的15岁青少年表现优异，但跨国差异仍然很显著。日本和韩国这一比例达到了26%，但在智利、土耳其和墨西哥，这一比例仍低于5%。拥有全面素养（在科学、阅读和数学方面均达到5级或6级）的青少年对数字时代所需技能的熟练程度最高。他们可以从多个直接或间接来源获取信息并能够利用这些信息来解决复杂问题，同时还可以整合来自不同领域的知识。在以知识为基础且竞争激烈的全球经济中，具备这种特殊的技能拥有明显优势（OECD，2016）（见图7-4）。

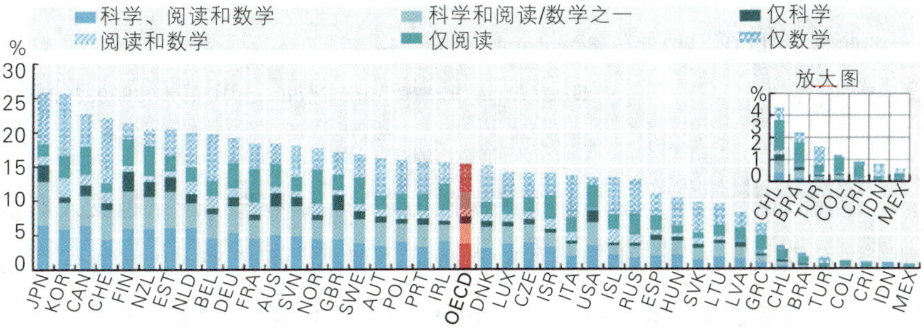

图7-4 科学、数学和阅读成绩名列前茅的学生（2015年）占15岁学生的百分比

Source：OECD，PISA 2015 Database，December 2018.

StatLink https：//doi.org/10.1787/888933930877

经合组织（OECD）的国际成人能力评估调查（PIAAC）结果表明，成年人也符合类似的规律。在技术含量高的环境中，具备读写、计算和解决问题等全面技能的个人有望能够更有效地使用数字工具，开展更复杂的在线活动，并且更好地适应数字化转型。表现好的学生占比较高的国家其成年人全面发展能力强的比例也更高（表现较差的学生占比高的国家，其成年人全面发展能力弱的比例也更高）。该结果凸显出正规教育的重要性。此外，智利和土耳其缺乏基本技能的人口比例与芬兰、挪威和瑞典拥有全面技能的人口比例相当，显现出经合组织国家之间的技能差距（见图7-5）。

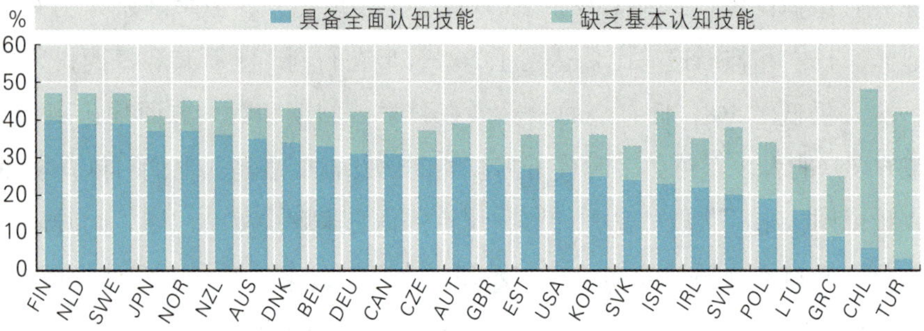

图7-5　个人认知技能（2012年或2015年）

具备全面认知技能或缺乏基本认知技能占16~65岁人群的百分比

Source：OECD（2019b）. See chapter notes.

StatLink https：//doi.org/10.1787/888933930896

作为数字社会中迅速发展的关键能力之一，编程技能越来越受人们重视。许多国家儿童开始学习编程的年龄越来越小。近年来，大多数经合组织国家发展第2级和第3级软件技能的机会也日渐增加。2017年欧盟28国16~24岁的年轻人群体中15%的人在过去12个月里曾进行过编程活动，但在全部人口中该比例只有6%。自2015年以来，这一比例在大多数国家都有所上升（见图7–6）。

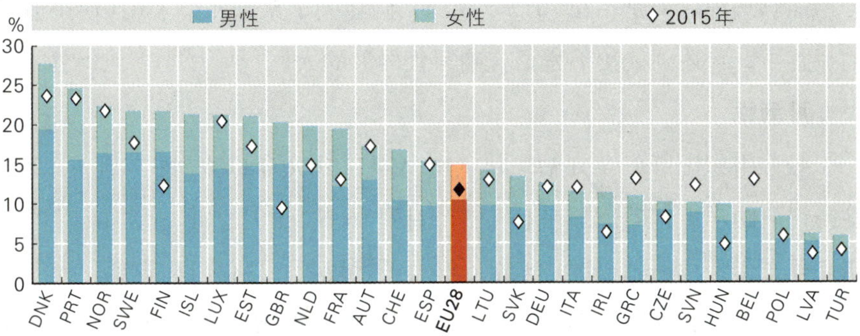

图7–6　16~24岁年龄段具有编程能力的人（2017年）

在全部16~24岁互联网用户中所占的百分比

Source：OECD，based on Eurostat，Digital Economy and Society Statistics，Comprehensive Database，September 2018. See chapter notes.

StatLink https：//doi.org/10.1787/888933930915

尽管不同国家之间的性别差距有所不同，但所有国家中大多数年轻程序员都是男性。2017年捷克共和国和斯洛文尼亚16~24岁的软件程序员中女性仅占10%，而法国、瑞士和西班牙这一比例为38%。

你知道吗？

2017年，捷克共和国和斯洛文尼亚16~24岁的软件程序员中女性占10%，而在法国、瑞士和西班牙，这一比例约为38%。

定义

在科学、数学和阅读方面表现最好的人是指在经合组织PISA评估中达到最高水平（即5级和6级）的15~16岁学生。

根据OECD的PIAAC评估，缺乏基本认知技能的个人是指在读写和计算方面未超过1级，在技术含量高的环境中解决问题的能力未超过1级（包括那些未能通过ICT核心评估和没有计算机使用经验）的人。具备全面认知技能的人是指那些在读写和计算方面达到3级或3级以上，在技术含量高的环境中解决问题的能力达到2级或2级以上的人。

能够编程的人是指在2017年欧洲共同体关于家庭和个人ICT使用情况的调查中，自述“能用编程语言编写代码”的人。

可测性

经合组织国际学生评估项目（PISA）自2000年以来每3年开展一次。参与评估的学生年龄范围在15岁3个月到16岁2个月之间。参加测评的学生必须在学校注册并已完成至少6年的正规教育，任何机构类型、课程体系都符合要求，全日制和非全日制均可。2015年72个国家和经济体的50多万名学生（该样本代表了全球2 800万15岁学生群体）参加了测评，国际标准考试时间为两小时。

经合组织PIAAC调查了成年人在关键信息处理技能（在技术含量高的环境中阅读、计算和解决问题能力）方面的熟练程度，并收集了成年人在家庭生活、工作以及更广泛的社区中如何发挥其技能的相关数据。2012年和2015年PIAAC的调查覆盖32个国家，每个国家的样本量为5 000人。

7.3 日常生活

互联网从根本上改变了人际交流、购物、银行业务办理以及搜索信息和娱乐等各种各样的日常活动。

2018年经合组织国家平均63%的互联网用户访问过在线社交网络。社交媒体可以使人维持现有的社会关系并建立新的社会关系。人们对于在线社交网络对现实生活中社交关系和心理健康影响的态度好坏参半。有人认为人们应该警惕在线社交，因为在线社交可能会减少现实生活中的互动并降低面对面交流的质量（Rotondi et al.，2017）。然而也有人认为，有充分的证据表明，在线社交网络增强了社会资本（Dienlin et al.，

2017；Liu et al.，2016）。值得关注的是，并非所有的社会阶层都有能力从在线社交网络中获益。例如，老年人等行动不便的人虽然更有望从在线社交网络中受益，但他们不太可能具备访问和使用这些网络所需的技能（见图7-7）。

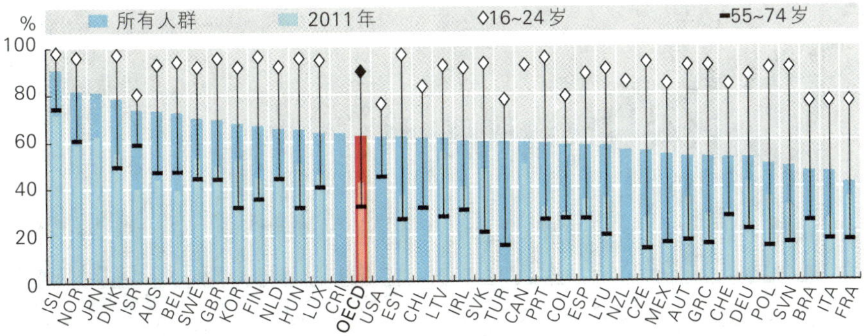

图7-7　不同年龄段使用互联网访问社交网站的个人（2018年）占各个年龄组的百分比

Source：OECD，ICT Access and Usage by Households and Individuals Database，http：//oe.cd/hhind，December 2018. See chapter notes.

StatLink https：//doi.org/10.1787/888933930934

当前经合组织国家通过应用程序和网站普遍实现了网上银行服务并得到了广泛的推广。2018年经合组织国家平均66%的互联网用户使用网上银行，但该比例在各国有所不同，日本和墨西哥不到15%，爱沙尼亚、荷兰和北欧国家则超过90%。由于这些高比例国家的互联网用户长期以来基本都在使用网上银行，因此2010年至2017年这些国家的网上银行普及率仅上升了5~10个百分点。但其他很多国家这一阶段网上银行的普及率大幅上升。自2010年以来，希腊增长了两倍，土耳其和捷克共和国增长了大约一倍。在几乎所有国家，收入排名前1/4的家庭成员最有可能使用网上银行，而收入排名后1/4的家庭的成员网上银行使用率往往低得多。在一些国家，低收入家庭甚至可能根本不使用银行服务，或者仅使用不提供网上银行服务的当地小银行，由此导致了各家庭在网上银行使用率上存在巨大差异。例如，2016年巴西高收入家庭的网上银行使用率比低收入家庭高58个百分点（见图7-8）。

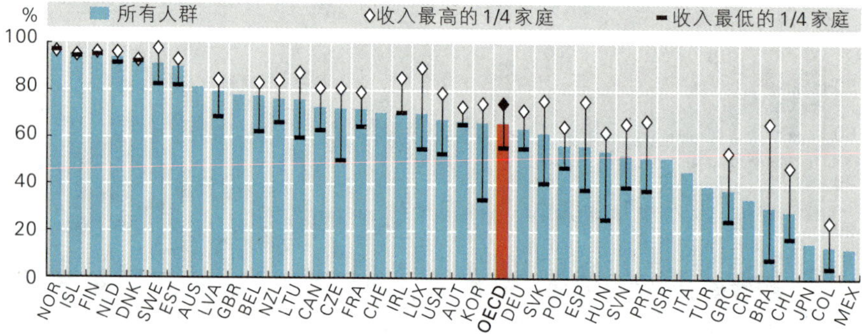

图7-8　不同收入群体使用互联网办理网上银行业务的个人（2018年）占不同家庭收入互联网用户的百分比

Source：OECD，ICT Access and Usage by Households and Individuals Database，http：//oe.cd/hhind，December 2018.

StatLink https：//doi.org/10.1787/888933930953

互联网为人们提供了无限的信息资源并可随时访问。2017年，经合组织成员国16~74岁人群中，平均有65%通过互联网获取新闻内容，比2010年增加了约1/3。在冰岛、挪威和韩国的16~74岁人群中，90%的人使用网络获取新闻，但在互联网访问服务本身就比较有限的智利和哥伦比亚，该比例只有20%左右。另外，从网上获得的信息质量参差不齐。虽然与容易受到政治或商业利益影响的出版物或电视新闻相比，网络新闻在某些情况下是人们获取新闻的重要可替代途径，但个人用户所面临的挑战是，如何确保自己在网络上获取的新闻正确且公正。有鉴于网络新闻本身的特性，人们更要具备批判性思维、正常的怀疑态度，以及能围绕新闻主题展开研究等技能（见图7-9）。

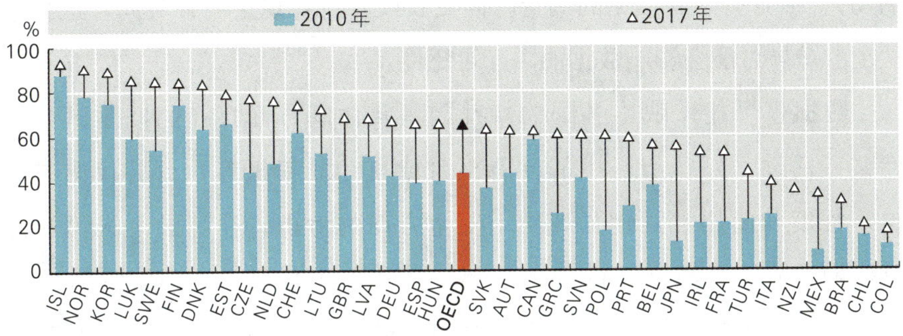

图7-9　通过互联网获取在线新闻的个人（2017年）

占所有人的百分比

Source： OECD，ICT Access and Usage by Households and Individuals Database，http：//oe.cd/hhind，October 2018.

StatLink https：//doi.org/10.1787/888933930972

你知道吗？

在经合组织，平均90%的16~24岁年轻人群体使用互联网建立社交网络，相比之下，55~74岁的人群中该比例只有32%。

定义

互联网用户是指在参与调查前3个月内曾经访问过互联网的个人。有些国家使用不同的调查时间（见本章注释）。

网络新闻是指“个人使用互联网所获取的网站、报纸或新闻杂志上的新闻”。

可测性

这些数据通常是通过对住户ICT使用情况的直接调查来收集的，此类调查询问被调查者在有效调查时间内是否进行了某些特定的互联网活动。经合组织关于家庭及个人ICT接入和使用ICT模式调查（OECD，2015）

中包括社交网络、网上银行、在线新闻阅读等各类活动。一般建议调查时间设为3个月（即被调查者在接受调查前的3个月内应进行过在线互联网活动），但有些国家使用的调查时间更长或者没有规定调查时间。这种方法上的差异可能会影响数据的国际可比性。

数据也可能反映出各国的特殊因素及体制方面存在的问题，如执行某些活动（银行服务中的支行柜台或自动取款机等）可替代渠道的推广程度和易用性。例如，出于安全方面的考虑，在韩国个人可通过互联网转账的金额有限制。

对社交网络使用频率和强度的衡量将提供重要的补充信息。具体、有针对性的研究所设计的衡量方法有助于阐明使用网络社交媒体对人们社会关系和心理健康的积极与消极影响。而跟踪调查研究特别有助于深入了解人们使用网络社交媒体与幸福感各方面的因果效应。

虽然一些信息通信技术使用情况调查询问了受访者在线搜索信息的行为，但目前并没有涉及所收集信息的有用性、质量或消耗代价等方面的任何数据。考虑到在线信息质量的巨大差异，当前的这种二元测量方法对个人使用在线信息情况只能提供非常有局限性的观点。

7.4 数字化转型的不利因素

在创造机会和好处的同时，数字化转型也带来了各种新风险和不利因素，并可能影响人们的生活和幸福感。此类风险通常难以测量，并且分布在经合组织衡量福利和发展框架的各个方面（http：//www.oecd.org/statistics/measuring-well-being-and-progress.htm）。由于幸福本身就是一个多层面的概念，本节无法客观地区分数字化转型带来的各种风险以及这些风险之间的细微差别。这里重点关注的是已有数据支撑的重点风险，这些风险分布在工作与生活平衡、治理和社会关系等领域，每一个风险都引起了公众极大的关注。

经常上网对员工的闲暇时间和心理健康构成了潜在威胁。研究证明，无论是员工在工作之外仍需花费时间处理单位的电子邮件，还是员工被期待对工作随时待命，都将显著降低人们对工作与生活之间平衡的满意度（Belkin et al.，2016）。从事信息密集型工作的人比从事非信息技术密集型工作的人更有可能在工作之外体验到焦虑情绪。大多数国家高技能工人和低技能工人都会受到此类影响。联网设备使得雇主可以采用新的方式监控员工的行为和表现，然而需要回答的问题是：这些工具所带来的潜在生产力收益与其造成的隐私问题以及对员工幸福感的负面影响之间如何达到平衡（见图7-10）。

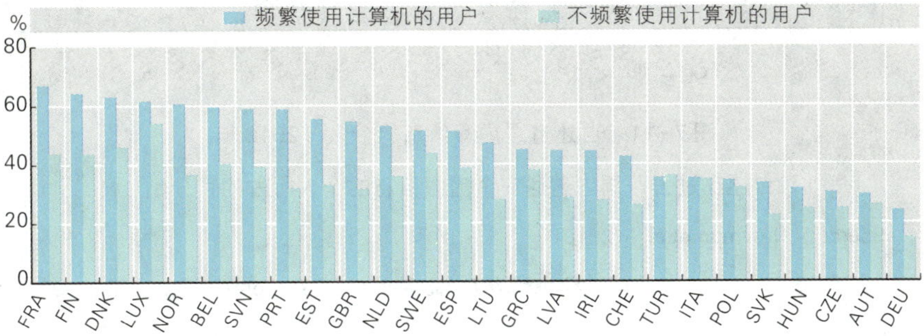

图7-10　上班时间之外仍需为工作担忧的用户（2015年）占工作中使用电脑群体的百分比

Source：OECD，based on European Working Conditions Survey（EWCS），November 2018. See chapter notes.

StatLink https：//doi.org/10.1787/888933930991

伴随着数字技术变革的加快与扩张，虚假信息问题越来越受到人们的关注。尽管虚假信息并不是新事物，也不一定非法，但有人担心它会对个人和社会造成更广泛的负面影响（European Commission，2018；United

Kingdom House of Commons, 2018; Ministry of Foreign Affairs of Denmark, 2018; Swedish Civil Contingencies Agency, 2018)。尽管难以对信息的虚假程度加以精确测量，但目前有意义的方法是受访者自己给出遭遇“完全虚假”信息的程度。据调查，经合组织中有许多人曾接触过虚假信息，但各国之间的差异很大，在土耳其接触过虚假信息的被调查者比例将近50%，而在丹麦和德国只有不到10%（见图7-11）。

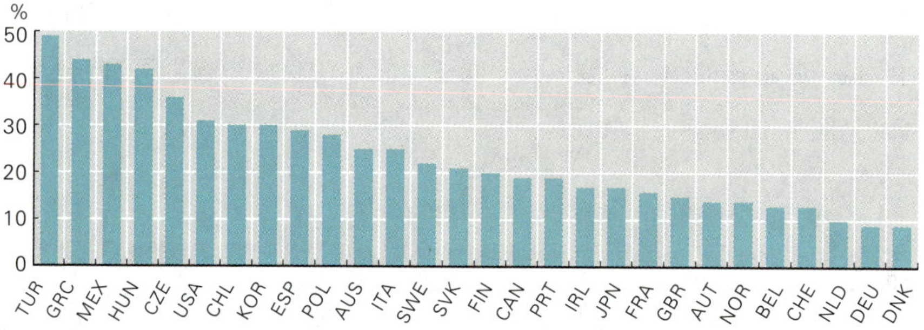

图7-11　自述遭遇虚假信息的个人（2018年）

自述在过去一周内遭遇完全虚假信息的个人所占的百分比

Source: Newman et al. (2018).

StatLink https://doi.org/10.1787/888933931010

网络欺凌是一种公共骚扰和私下骚扰的新形式，尤其在儿童和青少年群体中更为常见。遭受网络欺凌会导致焦虑、抑郁和自残等严重的心理健康问题（Lindert, 2017）。在不同国家之间遭遇过网络欺凌的人所占比例的差异很大，而且不一定与互联网普及程度相关。应该指出的是，网络骚扰不仅会影响到儿童，也会影响到成人，而且可能基于性取向或性别认同等因素，因此必须设法保证社会各阶层的人所面对的网络空间都是安全的（见图7-12）。

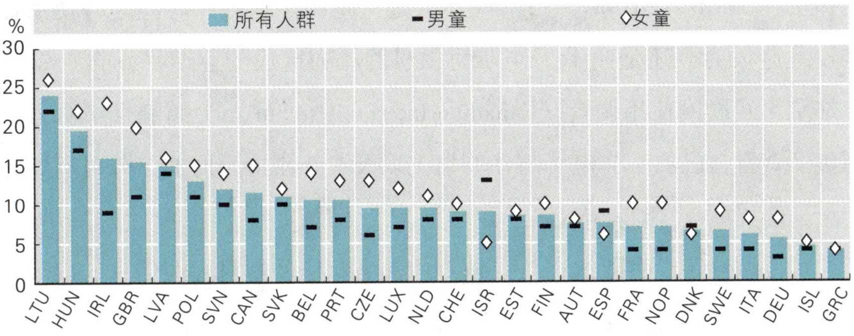

图7-12　通过信息遭受网络欺凌的儿童性别统计（2013年）

占各国15岁儿童的百分比

Source: WHO (2016). See chapter notes.

StatLink https://doi.org/10.1787/888933931029

你知道吗?

经合组织国家中除了4个国家以外，所有其他国家的女童比男童更容易成为网络欺凌的受害者。

定义

网络欺凌有多种形式，比如发送有害信息、在网上冒充他人、散布他人隐私、上传他人的照片或视频、创建含有仇恨言论的网站或社交媒体页面。这里提出的网络欺凌衡量仅指基于消息进行的网络欺凌。

虚假信息是指故意为制造公共伤害或出于利益目的而捏造、散布或炒作的所有形式的虚假、不准确或有误导性的信息。

经常使用计算机的人是指工作中至少有3/4的时间使用数字设备的人。

可测性

欧洲工作条件调查（EWCS）的微观数据显示，在控制某些个人特征的调查条件下，经常在工作中使用电脑的人更容易对“工作以外的工作”

而担忧（OECD，2019a）。目前尚不清楚这是由于在工作时间之外使用数字设备造成的，还是由于工作期间积累的压力造成的。即将发布的2018年加拿大互联网使用调查（Canadian Internet Use Survey）将有助于深入了解员工查看自己的工作电子邮件的情况以及在正常办公时间之外可以联系到员工的程度。

官方调查还没有通过在特定调查中加入相应问题对虚假信息的出现作出响应。路透社新闻研究所对37个国家进行了一项大规模的调查，通过具有全国代表性的专家小组所提供的自述遭遇获取了具有可比性的数据来源（Newman et al.，2018）。然而值得注意的是，这种自我报告的衡量方法所获取的数据是基于个人对信息真实性的主观感知，可能缺乏客观准确性。此外，由于并没有评估多少人确实看到或受到虚假信息的影响，因此这一衡量方法并不能评价虚假信息的总体影响。

包含网络欺凌问题的调查一般是在家里或学校进行的，所以即使保证被调查者的回答是保密的，但仍会影响孩子们承认自己是网络欺凌的受害者。所以，如果国家开展的官方调查周期性设置更合理、覆盖范围更广、定义更为统一并且可全面覆盖成人与儿童，那么对网络骚扰的了解将更为深入。

7.5 数字化转型与环境

信息产品的生产和使用会产生二氧化碳（CO_2）等“温室气体”。各个国家信息产业产生的二氧化碳量与信息产出量之间的关系存在很大的差异。空气排放账户（Air Emissions Accounts）是基于联合国环境经济核算系统（UN System of Environmental Economic Accounting）制定的指标。统计信息显示，大多数欧洲国家的信息产业产值每增加100万美元所释放的二氧化碳不足5吨。但波兰、斯洛伐克共和国和匈牙利的排放量则超过20吨。造成这种情况的因素有很多，包括信息通信技术制造业的普及以及各个国家依赖矿物燃料发电的程度等。自2008年以来，许多国家信息产业的碳强度保持稳定或有所下降，但西班牙、波兰和匈牙利都有明显的上升趋势（见图7-13）。

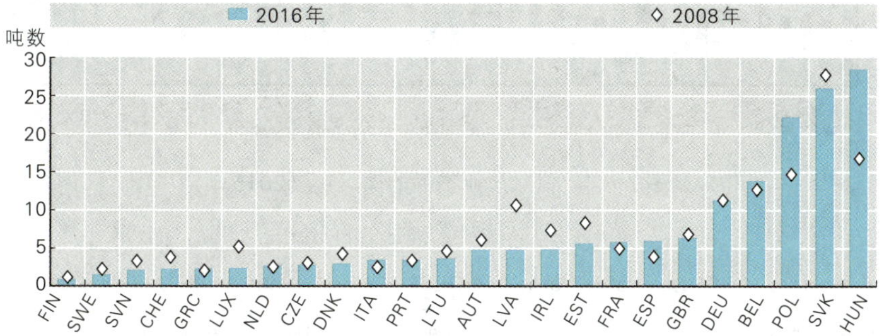

图7-13　信息产业的二氧化碳排放量（2016年）

每百万美元信息产业产值所排放的二氧化碳吨数

Source：OECD calculations based on Air Emissions Accounts and Annual National Accounts Database，December 2018. See chapter notes. StatLink contains more data.

StatLink https：//doi.org/10.1787/888933931048

调查不同国家信息产业产品所消耗的“碳足迹”也是一种可行方法。爱尔兰信息产品占所有产品碳消耗的7%，但在沙特阿拉伯和以色列还不到2%。在大多数国家，信息通信技术和电子产品既是信息产品的主要代表，也是信息产品碳排放的主要源头（见图7-14）。

这些信息产品在生命周期结束时对环境也构成了威胁，制造了越来越多的电子垃圾。这些电子垃圾无论是在露天焚烧，还是未经正确、安全的处置便被直接丢弃在垃圾场，均会对环境和人类健康构成重大风险，同时也对实现可持续发展目标提出了若干挑战。随着数字技术的普及，用户越来越多，设备种类也越来越多，伴随着技术的快速发展，信息产品的替换周期也在不断缩短，以上因素都加速了电子垃圾的产生（Balde et al.，2017）。

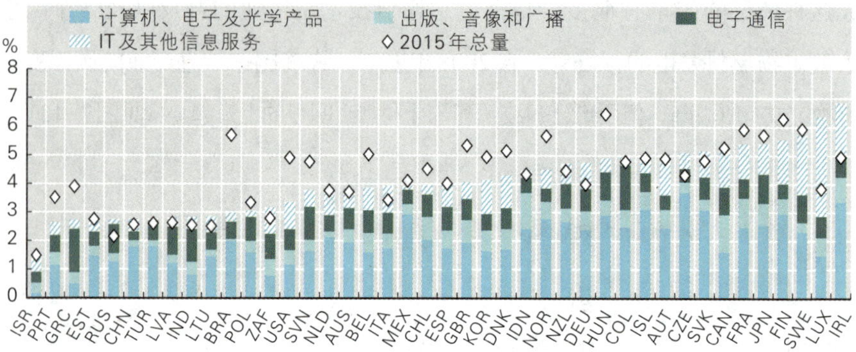

图7-14　信息产业产品的碳足迹（2015年）

占总体排放量需求的百分比

Source：OECD calculations based on OECD，Inter-Country Input-Output （ICIO） Database，http：//oe.cd/icio，December 2018 and IEA （2018）. See chapter notes. StatLink contains more data.

StatLink https：//doi.org/10.1787/888933931067

2016年，经合组织国家每个居民平均产生17千克的电子垃圾，相当于每10万美元GDP产生41千克电子垃圾。各个国家的人均电子垃圾数量各不相同，挪威将近30千克，土耳其是8千克，而中国和印度等国家则更少——这与该国数字技术的普及情况大体一致。由于卢森堡的人均GDP较高，因此，相对于其国内生产总值来说，人均电子垃圾排放率最低，为21千克。

但是应当指出的是，某些情况下技术能够减少一些污染行为。例如，远程工作技术可能有助于减少与通勤有关的碳排放（OECD，2010）。电子垃圾通常含有有害物质和破坏环境的物质，可以通过严加管理来缓解电子垃圾带来的环境挑战。欧洲国家可回收或再利用的电子垃圾约占总量的40%，在瑞典达到64%（见图7-15）。

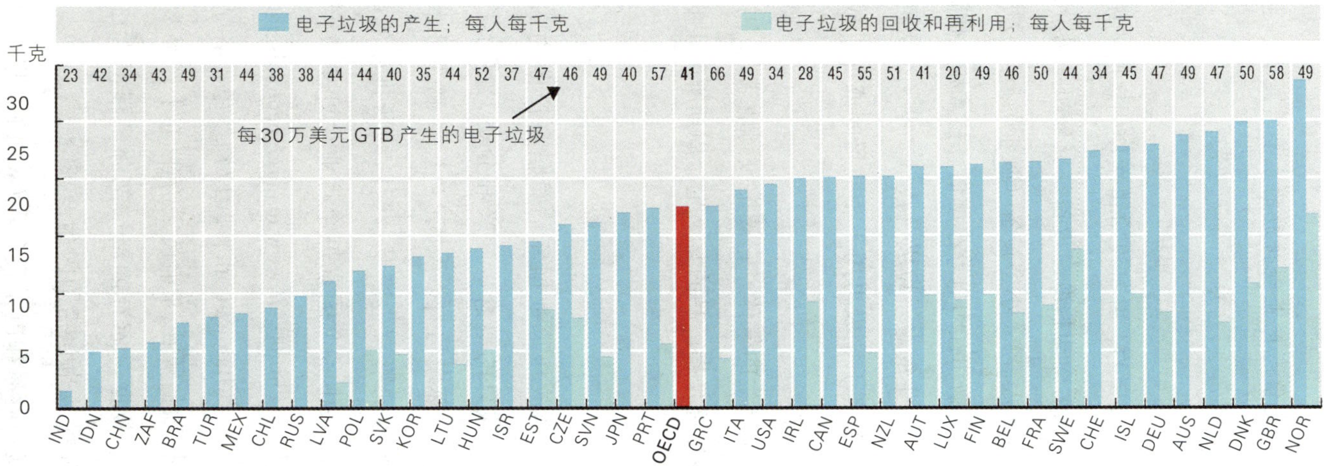

图7-15　电子垃圾的产生、回收和再利用（2016年）

每10万美元GDP的人均产生量（单位：千克）

Source： OECD based on Baldé et al. （2017）； Eurostat，Waste Electrical and Electronic Equipment （WEEE） Statistics and OECD，Annual National Accounts Database，December 2018. See chapter notes.

StatLink https：//doi.org/10.1787/888933931086

你知道吗?

信息通信技术和电子产品是信息产业碳排放的主要贡献者，也是电子废物的主要组成部分。

定义

电子垃圾指的是作为垃圾丢弃的，并且没有再次使用意愿的所有电器和电子设备（STEP，2014），包括冷却和冷冻设备、屏幕和监视器、灯具、大型设备（洗衣机和太阳能电池板等）、小型设备（吸尘器、微波炉和电子玩具等）以及移动电话、个人电脑和打印机等小型信息技术和电信设备。

电子垃圾产出是指某一年产生的电子垃圾总数量。电子垃圾回收或再利用是指通过官方渠道回收的电子垃圾再用于相同目的或加工成其他产品、材料或物质。

二氧化碳是一种由炭燃烧产生的气体，它被排放到地球大气中，是造成气候变化的原因之一。碳足迹是指产品的整个生命周期所产生的二氧化碳等温室气体的排放总量。

可测性

可基于经合组织的空气排放核算数据库估算信息产业的二氧化碳排放量，该数据库利用国民核算的概念、定义和分类，整合了来自国家政府及国际数据库的经济和环境信息。“碳足迹”估测的是本国和外国公司在生产最终产品和服务的所有生产及分配阶段所排放的碳总量。估值还结合了全球投入产出表中各个国家每个行业生产单位产品消耗的燃料所释放的二氧化碳数据（https：// www.iea.org/geco/emissions）。

“全球电子垃圾监测2017”（Baldé et al.，2017）参考了各个国家的电子产品库存，并以此为基础估算出每年被丢弃的电子产品数量。由于缺乏电子产品销售的直接数据，库存的新增部分是根据进口额减出口额来估算的。欧盟国家和挪威也包括国内生产部分。

国家权威机构依据“废弃电器和电子设备”（WEEE）指南，根据废物收集及处理设施的调查和管理数据向欧盟统计局提供了关于电子垃圾回收和再利用的统计图。

7.6 路线图：在线平台

为什么需要在线平台指标？

在线平台是国家经济和全球经济中日益重要的组成部分。众所周知，在线平台的例子源源不断地产生，在不断发展的运输、物流、住宿、金融、家居等经济活动中均能发现在线平台。虽然这些平台通常主要面向的是消费者，但也有一些平台侧重的对象是商业客户。

在线平台对自身进入的众多市场影响巨大。其中最显著的改变是使个人群体能够轻松地接触到以前无法达到的潜在客户规模，从而使自己成为生产者。关于平台工作人员的数量、特征、工作内容等相关衡量问题在第6.6节中有详细说明。

政策制定者应能够估计和比较各个国家平台改变市场的速度，并评估随之产生的影响，包括平台对企业、市场动态以及平台对居民和社区的影响。目前经济统计数据并没有就平台的作用、性质和规模等关键问题给出清晰而全面的答案。

挑战是什么？

稳健而具有可比性的衡量需要具备的先决条件是：有一个理论上合理、可实际执行并达成国际共识的定义。在欧盟委员会和他人成果的基础上，经济合作与发展组织提出了以下定义："在线平台是一种数字服务，它能够促进两个或两个以上不同但相互依存的用户（公司或个人）通过互联网服务进行交互。"（OECD，2019）

此外，还需要对在线平台进行有意义的分类。经合组织和美国经济分析局都致力于根据各自的活动和商业模式展开平台类型的研究（Li et al.，2018；OECD，2019）。而一些私营部门的分析师则提出了各种类型的网络平台（Evans and Gawter，2016；Farrell，Grieg and Hamoudi，2018）。某些平台子类具有特殊的政策利益，特别是那些促进“共享”经济和“协作”经济的平台。出于国际可比性的目的，平台的类型应具有共识性以便于广泛采用，因此需要人们以衡量为目标就平台类型达成国际一致性协议。

除了定义和分类以外，数据获取问题也值得关注。原则上在线平台公司的大部分有用信息是可以像其他公司一样通过商业调查来收集的。一些国家已经积极采取措施，使商业调查更好地覆盖在线平台。例如，英国国家统计局确定了共享经济平台的范围，将其纳入2016年度商业调查和电子商务调查（Beck et al.，2017）。该调查提供了平台的营业额、采购、雇佣成本和营销支出等信息。此外，该调查还提供了对采用与未采用平台技术的企业进行比较的信息（见图7-16）。

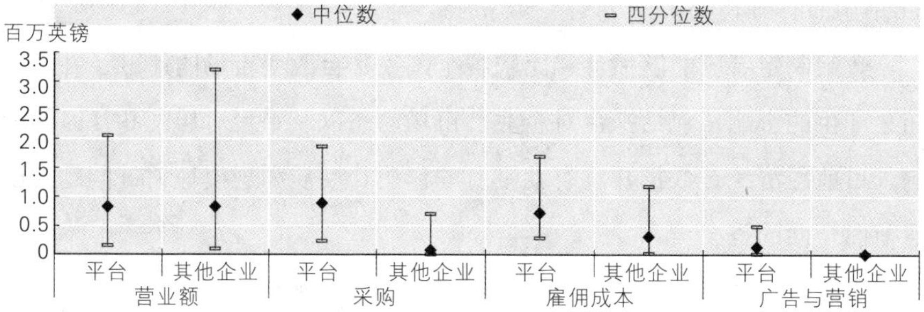

图7-16　英国在线平台和其他企业的年度商业调查（2017年）

每百万英镑的中位数和四分位数

注释：该图里的平台特指共享经济平台。

Source：OECD，based on Beck et al.（2017）.

StatLink https：//doi.org/10.1787/888933931105

采用这种方法的前提是，该平台在某个国家拥有实体或以子公司等合法的形式存在，调查机构可以联系该平台展开调查。然而，平台商业模式固有的“在线”性质意味着即便平台在某国并没有合法的存在形式，它们往往也同样活跃。此外，大型国际平台结构复杂，交易可通过多种方式进行中转和处理。这使得某一个国家的统计机构可能难以全面掌握整个平台的活动，还可能导致平台公司面临来自多个国家的数据请求。因此应考虑以国际协作的形式对在线平台开展数据采集，这样做更有助于获得高质量的数据，也更有利于将在线平台公司的负担降至最低。

从平台公司直接采集信息与现有的调查经验差别很大。由于在线平台完全基于数字系统，很明显，如果能开发基于工作关系和数据管理渠道的采集技术，则可能取得大量对统计有用的信息，包括交易编号和交易价值、客户购买的产品和支付的价格（对通货膨胀的统计具有潜在价值）、供应商和客户的地理位置（与国际贸易统计相关），还有如房屋出租天数等其他与政策相关的信息。但这些信息可能具有商业敏感性，因此无论采取哪种方法从平台公司采集统计数据，都需要对隐私、信息公开等方面可能存在的隐患加以管理。

还可以利用其他调查来获取在线平台信息以及通过这些平台进行交易的客户和供应商信息，如信息通信技术使用调查、劳动力调查、家庭支出调查和时间使用调查等。此外，第三方数据源也可以提供有用的观点。例如，摩根大通研究所（JP Morgan Chase Institute）利用美国大通银行客户的数百万笔交易数据，能确定哪些客户是平台经济中表现活跃的个体，并且使得对这些活跃于不同类型在线平台的客户展开个人收入分析变得可行。其中比较重要的研究结果有：通过在线平台提供服务的参与者，其营业额和交易量明显更高；58%的样本在一年中获得平台收入的时间在3个月以下；伴随着“传统”劳动力市场的反弹，人们接受在线服务的速度明显放缓（Farrell，Grieg & Hamoudi，2018）。来自税务管理系统的数据和从网络上收集的数据同样也可能具有价值。

国际行动的选择

迄今为止，致力于衡量在线平台的活动以及通过这些活动促成交易的举措还不成体系，并且往往侧重于特定的平台类型（如共享经济平台）。衡量则主要集中在企业调查和家庭调查等数据来源，以行政数据作为补充，还有一些举措致力于寻找潜在的替代数据源（如从网络上收集的数据），但比较有限。在这种评估中可引入数字供应-使用表（见第2.11节）以及数字贸易衡量方法（见第9.6节），通过数字中介平台进行的交易在产品供应和使用方面是分开的，并且在线平台也与其他业务分开列示。

如果经济合作与发展组织（OECD）和其他国际组织能够在一定范围内对在线平台进行定义并确定不同类型平台的分类方法，将有助于推动各方更积极地采用基于调查的方法，同时也能为在更广泛的范围内获取国际可比性数据迈出关键一步。

许多大型平台所具有的国际属性也给基于国家的衡量举措带来了挑战，这类问题在衡量跨国企业（MNE）活动时很常见。在线平台也应该投身于改进跨国企业衡量方法并付出更多努力。此外，经济合作与发展组织应该研究建立在线社区的可能性。通过此类在线社区，各方可以分享并讨论各自的经验、案例研究和试点。

参考文献

Beck P., M. Hardie, N. Jones and A. Loakes (2017), "The feasibility of measuring the sharing economy: November 2017 progress update", United Kingdom Office for National Statistics, https://www.ons.gov.uk/economy/economicoutputandproductivity/output/articles/thefeasibilityofmeasuringthesharingeconomy/november2017progressupdate.

Evans, P. and A. Gawter (2016), *The Rise of the Platform Enterprise: A Global Survey*, Center for Global Enterprise, New York.

Farrell, D., F. Grieg and A. Hamoudi (2018), *The Online Platform Economy in 2018: Drivers, Workers, Sellers, and Lessors*, JP Morgan Chase Institute, Washington, DC, www.jpmorganchase.com/corporate/institute/document/institute-ope-2018.pdf.

Li, W.C.Y., M. Nirei and K. Yamana (2018), "Value of data: There's no such thing as a free lunch in the digital economy", *U.S. Bureau of Economic Analysis Working Papers*, Washington, DC, https://www.bea.gov/research/papers/2018/value-data-theres-no-such-thing-free-lunch-digital-economy.

OECD (2019), *An Introduction to Online Platforms and Their Role in the Digital Transformation*, OECD Publishing, Paris, forthcoming.

7.7 路线图：数字政府成熟度的衡量

从电子政务到数字政府

当今社会和经济正在经历着快速的数字化转型，同时也正在改变人们对公共部门绩效的期望，局势要求政府具备新的能力来适应新的数字环境，这促使公共行政部门转变使用技术和数据的方式。

政府经过数十年的时间对纸质流程和传统手续办理过程进行了数字化改造，同时也对提供在线（包括移动电话）公共服务作出了不懈的努力。目前，政府正在逐步采用数字技术对其设计、运营和提供服务的方式展开创新。其目标是希望通过更好的方式回应用户需求，以期满足公众日益增长的对参与政务和获取政府服务的需求，同时改善公共部门的绩效和公开性。其形式正在从最初使用数字技术支持政府效率转向使用数字技术影响和塑造公共治理成果，其目标是提高社会福利和公众信任度。

这种转变被理解为从“电子政府”到“数字政府”的演变，是2014年在经合组织数字政府战略理事会的建议下（OECD，2014）提出的。上述建议旨在帮助各国政府在技术使用方面采取更具策略性的方法，以促进政府更加开放、参与度更高、更有创新性。这12条关键建议呼吁公共行政部门进行文化变革，包括使用数字技术更好地支持公共部门运营，更希望“从起点”开始就将数字技术整合到公共部门改革和现代化的政府战略与政策中。

对数字政府指标的需求

当前差不多所有政府都要面临这样的挑战：继续提高数字化成熟度直

到实现“全面数字化”，即采取行动推动由电子政府向数字政府的转变。因此，迫切需要工具来确定两者之间的差距和需要改进的领域。这些对于帮助各国政府了解自身在走向数字化转型的公共部门方面所取得的进展至关重要。然而，目前大多数的国际衡量工具的重点仍然是政府使用技术来支撑其现有流程、程序和服务的数字化（“电子政府”），而并非侧重于数字政府的特征。

经合组织（OECD）数字政府指标（Digital Government Indicators）项目是一项关于衡量公共部门数字化程度的首次尝试。它是公共治理理事会内部经合组织数字政府部门与经合组织高级数字政府官员工作组（电子领导者）之间多年合作的代表性成果。其理论框架基于2014年数字政府战略理事会的建议和一系列同行评议（OECD，2018a，2018b，2017）。数字政府框架确定了数字化政府的6个主要特征，旨在评估政府在这些领域的成熟度（OECD，即将发表）：

1.用户驱动性（听取用户需求）；

2.平台化政府（政府与公众携手应对共同挑战）；

3.数字化设计（在政府内部进行数字化转型）；

4.数据驱动性（政府将数据作为关键的战略资产）；

5.主动性（政府预测需求并提供服务）；

6.默认开放性（政府是透明且负责任的）。

数字政府指标

经合组织向公共行政部门发送调查以收集与这些方面有关的数据，然后用这些数据制定一套数字政府指标，以“成熟度指标”的形式涵盖数字政府的全部6个维度并给出每个维度的成熟度。经合组织制定的数字政府指标将使各国政府能够评估其目前的数字化成熟程度（逐步迈向全面数字政府的进展），并能够作为一个监测工具，用以帮助政府评估自身在执行建议方面所做的努力。

尽管该指标将为各国提供一个基准，但其关注的重点并不只是排名，它还能评估目前各方面的进展阶段。为了支撑这一点，该指标将提供详细的资料，使用户能够查明每个维度（子维度）内的具体领域，从而发现弱点和差距，然后确定提高政府整体数字成熟度的行动领域。

数字政府指标旨在为各国政府向“完全数字化”迈进提供一种创新的、有价值的、有效的政策工具，并提供一种监测工具，帮助各国政府评估自身在执行有效建议方面的进展情况。

参考文献

OECD (forthcoming), *Digital Government Framework*, issue paper, OECD, Paris.

OECD（2018a）, *Digital Government Review of Colombia: Towards a Citizen-Driven Public Sector*, OECD Digital Government Studies, OECD Publishing, Paris, https://doi.org/10.1787/9789264291867-en.

OECD（2018b）, *Digital Government Review of Morocco: Laying the Foundations for the Digital Transformation of the Public Sector in Morocco*, OECD Digital Government Studies, OECD Publishing, Paris, https://doi. org / 10.1787 / 9789264298729-en.

OECD（2017）, *Digital Government Review of Norway: Boosting the Digital Transformation of the Public Sector*, OECD Digital Government Studies, OECD Publishing, Paris, https://doi.org/10.1787/9789264279742-en.

OECD (2014), *OECD Recommendation of the Council on Digital Government Strategies*, OECD, Paris, www.oecd.org/gov/digital-government/ Recommendation-digital-government-strategies.pdf.

OECD/ITU（2011）, *M-Government: Mobile Technologies for Responsive Governments and Connected Societies*, OECD Publishing, Paris, https://doi.org/ .

注释

7.1　数字包容

图7-1　不同受教育程度个体使用互联网的差距（2018年）

除特别标注说明之外，互联网用户是指在过去3个月内访问互联网的个人。哥伦比亚的调查时间为12个月。美国的调查时间为6个月。澳大利亚的数据为2016/2017财年，截至2017年6月30日。

巴西、印度尼西亚和俄罗斯的数据是2016年的。

智利、哥伦比亚、韩国、墨西哥、瑞士和美国的数据是2017年的。

哥斯达黎加的数据是2016年的，年龄为18~74岁而非16~74岁。

印度尼西亚的数据是2016年的，年龄为5岁及5岁以上而非16~74岁。

以色列的数据是2016年的，年龄在20岁及20岁以上而非16~74岁。

图7–2 不同年龄和受教育程度的互联网用户（2018年）

除特别标注说明之外，互联网用户是指在过去3个月内访问互联网的个人。加拿大、哥伦比亚和日本的调查时间为12个月。美国的调查时间为6个月。

澳大利亚的数据截至2016/2017财年6月30日。

巴西的数据是2016年的。

加拿大的数据是2012年的。

智利、哥伦比亚、哥斯达黎加、韩国、墨西哥、瑞士和美国的数据是2017年的。

以色列的数据是2016年的，年龄为20岁及20岁以上而非16~74岁。

日本的数据是2016年的，年龄为15~69岁而非16~74岁。

新西兰的数据是2012年的。

图7–3 不同年龄的女性互联网用户（2018年）

除特别标注说明之外，互联网用户是指在过去12个月内访问互联网的个人。澳大利亚和以色列的调查时间为3个月。美国的调查时间为6个月。

澳大利亚的数据是2016/2017财年的，截至2017年6月30日。

巴西的数据是2016年的。

加拿大和新西兰的数据是2012年的。

智利、哥伦比亚、哥斯达黎加、韩国、墨西哥、瑞士和美国的数据是2017年的。

以色列的数据是2016年的，年龄为20岁及20岁以上而非16~74岁，20~24岁而非16~24岁。

日本的数据是2016年的，年龄为15~69岁而非16~74岁，15~29岁而非16~24岁。

7.2 数字时代的技能

图7–5 个人认知技能（2012年或2015年）

智利、希腊、以色列、新西兰、斯洛文尼亚和土耳其的数据是2015年的，其他国家的数据是2012年的。

比利时的数据仅包括佛兰德斯的数据。

英国仅包括英格兰的数据。

图7–6 16~24岁年龄段具有编程能力的人（2017年）

意大利的数据是2016年而非2017年的。

7.3 日常生活

图7–7 不同年龄段使用互联网访问社交网站的个人（2018年）

除特别标注说明之外，互联网用户是指在过去3个月内访问互联网的个人。韩国和新西兰的调查时间为12个月。美国的调查时间为6个月。

澳大利亚的数据是2016/2017财年的，截至2017年6月30日；2010/2011财年，截至2011年6月30日。其信息来源于受访者对一个调查问题的回答，但该问题的措辞与一般要求略有不同——“过去3个月内在家上网的活动——社交网络”。

巴西的数据是2010年和2016年的。

加拿大的数据是2010年和2012年的。

智利的数据是2017年的。

哥伦比亚的数据是2012年和2017年的。

哥斯达黎加的数据是2017年的，年龄为18~74岁而非16~74岁。

以色列的数据是2010年和2016年的，是指使用互联网参与讨论和交流，如聊天室、论坛、WhatsApp、Facebook、Skype、Twitter等。年龄为20岁以上而非16~74岁；20~24岁而非16~24岁。

日本的数据是2012年和2016年的，年龄为15~69岁而非16~74岁。

新西兰的数据是2012年的。

韩国和瑞士的数据分别是2010年和2017年的。

墨西哥的数据是2013年和2017年的。

美国的数据是2017年的。

图7-8　不同收入群体使用互联网办理网上银行业务的个人（2018年）

除特别标注说明之外，互联网用户是指在过去3个月内访问互联网的个人。加拿大、哥伦比亚、日本、墨西哥和新西兰的调查时间为12个月。美国为6个月。

澳大利亚的数据是2016/2017财年的，截至2017年6月30日。

巴西的数据是2016年的。

加拿大和新西兰的数据是2012年的。

智利的数据是2017年的。

哥伦比亚的数据是2017年的，是倒数第二低的1/4，不是最低的1/4。

哥斯达黎加的数据是2017年的，年龄为18~74岁而非16~74岁。

日本的数据是2016年的，年龄为15~69岁而非16~74岁。

以色列的数据是2016年的，年龄为20岁及20岁以上而非16~74岁。

冰岛的数据是2017年的。

韩国、墨西哥和瑞士的数据是2017年的。

美国的数据是2017年的，包括互联网银行、投资、网上支付和其他金融服务。

图7-9　通过互联网获取在线新闻的个人（2017年）

调查目标是过去3个月通过互联网阅读新闻、报纸和杂志的个人。

巴西的数据是2010年和2016年的。

加拿大的数据是2010年和2012年的。

智利和哥伦比亚的数据是2013年和2017年的。

日本的数据是2012年和2016年的。

新西兰的数据是2012年的。

7.4　数字化转型的不利因素

图7-10　上班时间之外仍需为工作担忧的用户（2015年）

“频繁使用电脑”指的是工作中至少有3/4的时间使用电子设备的员工。

图7-12　通过信息遭受网络欺凌的儿童性别统计（2013年）

“遭受网络欺凌的儿童”是指15岁儿童中至少遭受过1次网络欺凌的人。

7.5　数字化转型与环境

图7-13　信息产业的二氧化碳排放量（2016年）

爱尔兰和瑞士的数据是2015年的。

图7-14　信息产业产品的碳足迹（2015年）

信息产业产品的碳足迹是指国内外企业在各个阶段因信息产业最终产品和服务的生产与分销而累积的CO_2总排放量。统计方法是将每个国家各个行业的全球投入产出表与生产单位产品消耗燃料所产生的排放量相结合进行估算。

图7-15　电子垃圾的产生、回收和再利用（2016年）

电子垃圾是指所有被废弃而不再重复使用的电器、电子设备及其部件。这个概念涵盖了6类垃圾：①温度设备；②屏幕监控；③灯；④大型设备；⑤小型设备；⑥小型IT及电信设备。

每美元的电子垃圾比率根据2016年以现行购买力平价（PPPs）表示的国内生产总值计算。

意大利和斯洛文尼亚的数据是2015年的。

有关回收或再利用的数据仅适用于欧盟国家和挪威。

参考文献

Baldé, C. P., V. Forti, V. Gray, R. Kuehr and P. Stegmann (2017), *The Global E-waste Monitor 2017*, United Nations University (UNU), International Telecommunication Union (ITU) and International Solid Waste Association (ISWA), Bonn/Geneva/Vienna, https://www.itu.int/en/ITU-D/Climate-Change/Documents/GEM%202017/Global-E-waste%20 Monitor%202017%20.pdf.

Belkin, L.Y., W.J. Becker and S.A. Conroy (2016), "Exhausted, but Unable to Disconnect: After-Hours Email, Work-Family Balance and Identification", *Academy of Management Proceedings*, Vol. 2016, No. 1, https://journals.aom.org/doi/10.5465/ambpp.2016.10353abstract.

Dienlin, T., P.K. Masur and S. Trepte (2017), "Reinforcement or Displacement? The Reciprocity of FtF, IM, and SNS Communication and Their Effects on Loneliness and Life Satisfaction", *Journal of Computer-Mediated Communication*, Vol. 22, No. 2, pp. 71-87.

European Commission (2018), *Final Report of the High Level Expert Group on Fake News and Online Disinformation*, European Union, Brussels, http://ec.europa.eu/newsroom/dae/document.cfm?doc_id=50271.

IEA (2018), CO2 Emissions from Fuel Combustion 2018, International Energy Agency, Paris, https://doi.org/10.1787/ co2_fuel-2018-en.

Lindert, J. (2017), "Cyber-bullying and it its impact on mental health", *European Journal of Public Health*, Vol. 27, Issue suppl. 3, https://doi.org/10.1093/eurpub/ckx187.581.

Liu, D., S.E. Ainsworth and R.F. Baumeister (2016), "A meta-analysis of social networking online and social capital", Review of General Psychology, Vol. 20, No. 4, pp. 369-391.

Ministry of Foreign Affairs of Denmark (2018), *Strengthened Safeguards against Foreign Influence on Danish Elections and Democracy*, Ministry of Foreign Affairs, Copenhagen, http://um.dk/en/news/newsdisplaypage/?newsid=1df5adbb-d1df-402b-b9ac-57fd4485ffa4.

Newman, N., R. Fletcher, A. Kalogeropoulos, D. Levy and R. Kleis Nielsen (2018), Reuters Institute Digital News Report 2018, *Reuters Institute for the Study of Journalism*, Oxford.

OECD (2019a), *How's Life in the Digital Age?: Opportunities and Risks of the Digital Transformation for People's Well-being*, OECD Publishing, Paris, https://doi.org/10.1787/9789264311800-en.

OECD (2019b), *Skills Outlook 2019: Skills and Digitalisation*, OECD publishing, Paris, forthcoming.

OECD (2016), *PISA 2015 Results (Volume I): Excellence and Equity in Education*, PISA, OECD Publishing, Paris, https://doi. org/10.1787/9789264266490-en.

OECD (2015), *Model Survey on ICT Access and usage by Households and Individuals*, OECD publishing, https://www.oecd. org/sti/ieconomy/ICT-Model-Survey-Access-Usage-Households-Individuals.pdf.

OECD (2010), *Greener and Smarter.* ICTs, the environment and climate change, OECD, Paris, http://www.oecd.org/site/ stitff/45983022.pdf.

Rotondi V., L. Stanca and M. Tomasuolo (2017), "Connecting alone: Smartphone use, quality of social interactions and well-being", *Journal of Economic Psychology*, Vol. 63, pp. 17-26, https://doi.org/10.1016/j.joep.2017.09.001.

STEP (2014), "One Global Definition of e-waste", United Nations University/Step Initiative. http://www. step-initiative. org / files/_documents / whitepapers / StEP _ WP_One%20Global%20Definition%20of%20E-waste_20140603_amended.pdf.

Swedish Civil Contingencies Agency (2018), *Countering Information Influence Activities: The State of the Art, Swedish Civil Contingencies Agency*, Stockholm, https://rib.msb.se/filer/pdf/28697.pdf.

United Kingdom House of Commons (2018), *Disinformation and "fake news": Interim report*, UK House of Commons, London, https://publications.parliament.uk/pa/cm201719/cmselect/cmcumeds/363/363.pdf.

WHO (2016), *Growing up unequal: gender and socioeconomic differences in young people's health and well-being*, Health Behaviour in School-aged Children (HBSC) study: international report from the 2013/2014 survey, Copenhagen.

第8章　加强信任

8.1　数字安全

信息数字化和网络连接为保护敏感数据和网络通信带来了新的挑战，也影响了企业和个人对在线活动的信任程度。

拥有正式的ICT安全政策是企业意识到数字风险的标志。2015年约32%的欧洲企业制定了正式的ICT安全政策。然而，这一比例因国家和公司规模的不同而大相径庭。2015年，27%的欧洲小型公司制定了正式的信息通信技术安全政策，而美国该比例只有23%（US National Cyber Security Alliance and Symantec，2011）。

来自加拿大网络安全和网络犯罪调查（Canadian Survey on Cyber Security and Cybercrime）的证据显示，2017年只有13%的加拿大企业制定了数字安全事件管理报告的书面政策。与此同时，21%的企业（几乎是前者的2倍）遭遇了影响其运营的数字安全事件。大企业发现此类事故的概率为41%，是小企业（19%）的2倍多。

经合组织国家平均有23%的互联网用户在2015年经历过数字安全事件，各国之间存在显著差异。在匈牙利和墨西哥，这一比例接近40%，而在捷克共和国、荷兰和新西兰，这一比例还不到10%（见图8-1）。

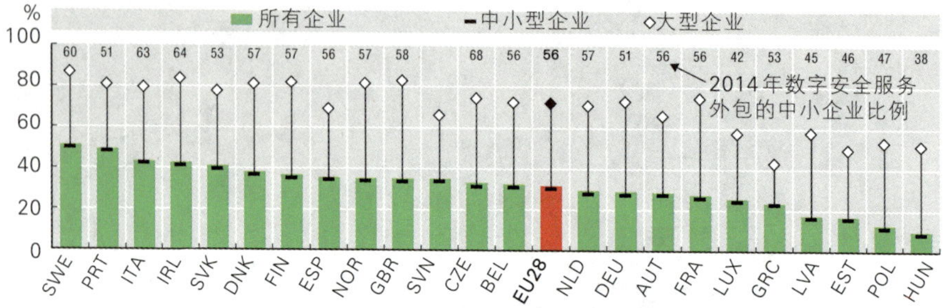

图8-1　拥有正式安全政策的不同规模企业（2015年）

在各规模企业中所占的百分比

Source：OECD，based on Eurostat，Digital Economy and Society Statistics，Comprehensive Database，September 2018. See chapter notes.

StatLink https：//doi.org/10.1787/888933931124

自2010年以来，大多数国家互联网用户因受计算机病毒或其他计算机感染的影响而出现信息/时间损失的比例有所下降。其原因可能是操作系统里集成了反病毒（杀毒）软件，而且人们对于该问题的认识普遍得到了提高。2016年，经合组织成员国只有21%的互联网用户遭遇过安全漏洞，然而在日本这一比例要高得多，为65%（见图8-2）。

国家数字安全战略描述了国家应该如何准备和应对那些针对本国的数字网络发起的攻击。在数字安全风险管理方面，国家数字安全战略可被视为国家应对数字化转型准备程度的一个重要方面。在国际电信联盟（ITU）2017年全球网络安全指数（ITU's Global Cybersecurity Index）所涵盖的全球所有国家中，只有38%的国家报告已经发布了数字安全战略，其中11%的国家专门制定了单独战略。另有12%的国家正在制定网络安全战略（见图8-3）。

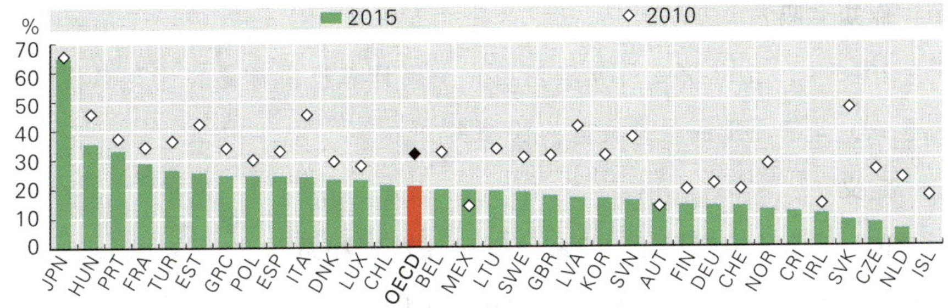

图8-2 受计算机病毒或其他计算机感染影响的个人（2015年）

占互联网用户的百分比

Source： OECD， ICT Access and Usage by Households and Individuals Database， http：//oe.cd/hhind，November 2018. See chapter notes.

StatLink https：//doi.org/10.1787/888933931143

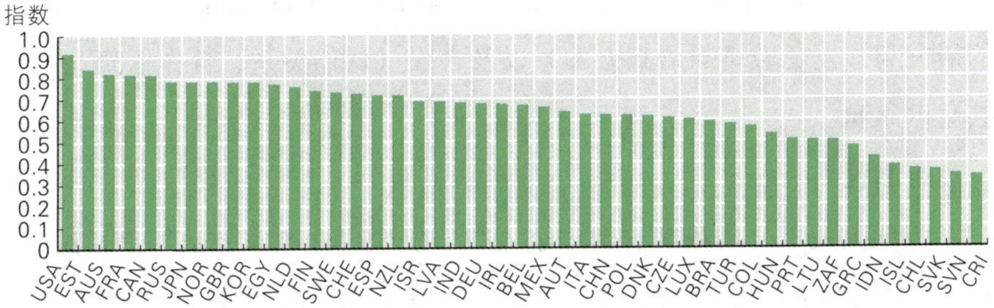

图8-3 全球网络安全指数（2017年）

Source： ITU，Global Cybersecurity Index 2017. StatLink contains more data. See chapter notes.

StatLink https：//doi.org/10.1787/888933931162

尽管有一半的国家没有制定数字安全战略，但61%的国家拥有国家应急小组（CIRT、CSRIT或CERT）。然而，只有21%的国家发布了网络安全事件指标。因此，大多数国家很难根据证据客观地对网络安全事件作出评估，同时也很难评价安全保护措施的效率。

你知道吗?

2016年，日本65%的互联网用户受到计算机病毒或其他计算机感染的影响，并因此造成信息或时间的损失。

定义

ICT安全是指应用于ICT系统以确保数据和系统的完整性、真实性、可用性、保密性的措施、管理控制和应用程序。

外包数字安全服务的中小企业是指拥有正式ICT安全政策的中小企业，其中安全和数据保护主要由外部供应商执行。

计算机病毒或其他计算机感染的影响指的是信息或时间损失。

计算全球网络安全指数依据的重要因素包括：法律（处理网络安全和网络犯罪的法律机构及框架）；技术（处理网络安全的技术机构及框架）；组织（国家层面网络安全发展的政策协调机构及战略）；能力建设（现有的研究与开发、教育与培训方案）以及合作（伙伴关系、合作框架及信息共享网络）。

可测性

传统上关于公司数字安全和个人数字安全事件的官方数据是通过ICT使用调查采集的。欧洲统计系统内的国家每隔几年都会执行一个覆盖这些主题的特别统计模块。然而，鉴于数字安全与信任政策的相关性日益增强，因此，无论是从企业还是个人的角度来看，都需要更多、更及时的衡量标准。经合组织最近制定的企业数字安全风险管理衡量框架（参见第8.6节）有望在未来提供更详细的信息。

2014年，联合国会员国承诺支持国际电联在网络安全方面的倡议，包括全球网络安全指数（GCI），以促进政府战略和各行业间的信息共享。用于计算2017年全球收入指数的数据来源于2016年1月至9月间对国际电联193个国家和巴勒斯坦权力机构进行的一项在线调查。由于缺乏各国政府视角下数字安全方面的国际可比性统计数据，本研究提供了2017年GCI数据采集中的定性数据，以提供各个国家在数字安全方面的总体概况信息。

8.2 网络隐私

随着在线服务和社交媒体的普及，个人用户越来越可能在无意识的情况下向服务提供商和网络平台提供个人信息。随着信息数字化和网络连接日益发展，网络攻击和欺诈更加频繁，私人数据的保护面临着新的挑战。

2016年，超过70%的欧盟网民在网上提供个人信息，很多人开始采取行动，以控制自己的私人数据不被别人获取。年轻人和受过高等教育的人在网上分享个人信息的倾向最大，但他们也会更频繁地采取措施来控制别人对这些信息的访问和获取。在接受调查的国家中，超过2/3的男性比女性更愿意在网上分享私人信息。2016年，64%的美国人至少拥有一个包含健康、金融或其他敏感数据的在线账户（PEW，2017）（见图8-4）。

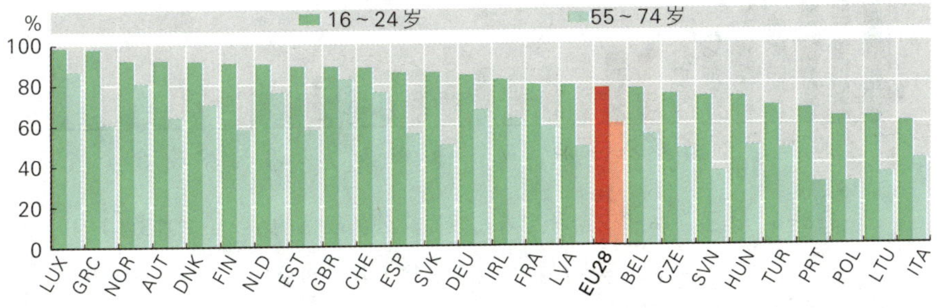

图8-4　通过互联网提供私人信息的不同年龄网民（2016年）

占各年龄段网民的百分比

Source：OECD，based on Eurostat，Digital Economy and Society Statistics，Comprehensive Database and OFS，Omnibus TIC 2017 survey，September 2018. See chapter notes. StatLink contains more data.

StatLink https：//doi.org/10.1787/888933931181

2017年，欧洲46%的互联网用户拒绝将自己的个人信息用于广告，40%的用户对自己在社交网站上的个人资料或内容设置了访问限制。超过1/3的互联网用户在阅读隐私政策声明之后才提供自己的个人信息，并且限制应用程序访问其地理位置（OECD，2017）。2013年，55%的美国互联网用户报告已经采取措施以避免特定的个人、组织或政府通过网上数据监视自己（PEW，2013）。

对个人资料保护和安全的担忧也是人们不在线提交公务表格的原因之一。2018年，欧盟28国中有18%的人选择不向政府当局在线提交表格，平均20%的人以隐私和安全为由不提交表格。匈牙利（40%）、瑞士（37%）和德国（34%）尤其如此。除此之外，人们不通过互联网在线提交公务表格的原因还包括缺乏相关的技能以及该类服务的可用性等（见图8-5）。

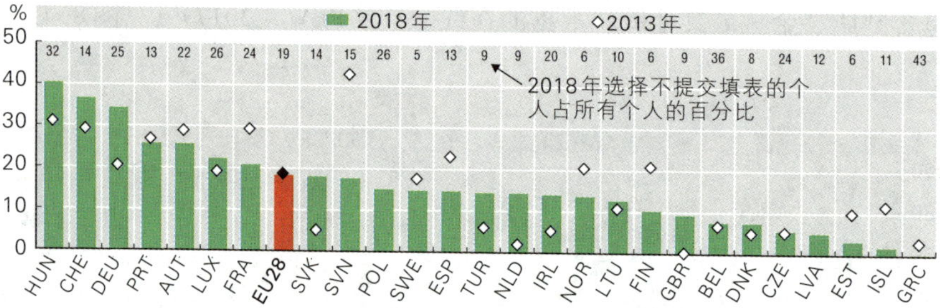

图8-5 出于隐私和安全考虑未在线提交公务表格的个人（2018年）占选择不在线提交公务表格人数的百分比

Source：OECD，based on Eurostat，Digital Economy and Society Statistics，Comprehensive Database，December 2018. See chapter notes.

StatLink https：//doi.org/10.1787/888933931200

2015年在有统计数据可查的经合组织国家中，约3%的互联网用户在接受调查前3个月曾遭遇过隐私侵犯事件。这一比例高居前三位的国家是智利（8%）、韩国和意大利（约6%）。在挪威、葡萄牙、瑞典和土耳其等国家，2010—2015年期间个人报告被侵犯隐私行为显著增加（见图8-6）。2016年64%的美国人曾经历或被告知他们的个人数据或账户遭受重大的数据泄露事件（PEW，2017）。

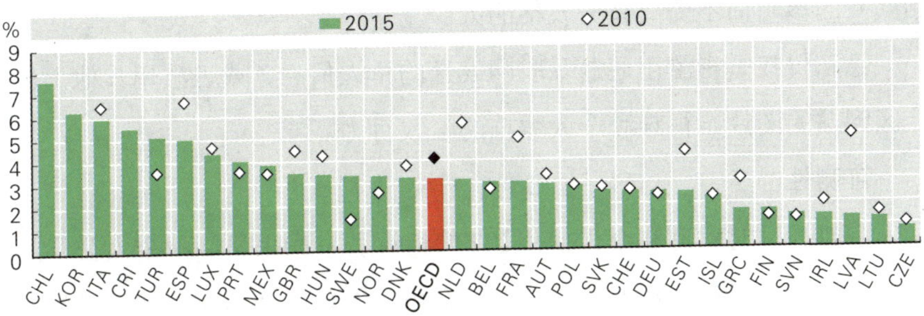

图8-6　经历过隐私侵犯的个人用户（2015年）

占互联网用户的百分比

Source：OECD，ICT Access and Usage by Households and Individuals Database，http：//oe.cd/hhind，September 2018. See chapter notes.

StatLink https：//doi.org/10.1787/888933931219

个人数据泄露（即由于恶意活动或意外损失而违反个人资料保密性）是侵犯隐私的主要原因（见第8.7节）。另外，通过“挖掘”现有数据的模式和相关性（其中很多数据并不一定是个人数据）也可以提取出额外信息，从而使个人隐私受到影响。欧盟《通用数据保护条例》（General Data Protection Regulation，GDPR）等监管措施保护个人对其私人资料加以控制的权利。

你知道吗?

年轻人比老年人更容易在互联网上提供个人信息。

定义

个人信息是指用户认为属于隐私而不必要向公众公开的信息，如个人资料、联系方式、付款方式等信息或其他个人信息。

公务表格在线提交是指个人通过互联网向政府当局提交公务性质表格的互动方式，但不包括手动输入的电子邮件。

选择不在网上提交公务表格的个人是指由于缺乏相关技能知识，或者对数据保护和个人数据的安全担忧，或者为了避免其他人（如顾问、税务顾问）的参与而不提交公务表格的人。

隐私侵权是指滥用通过互联网发送的个人信息，或者滥用其他上传至社区网站的图片、视频和个人数据的侵权行为。

可测性

一般通过对家庭和个人使用ICT的情况调查来采集网上个人公开的和受保护的相关信息。欧洲共同体和经合组织对信息通信技术使用情况的调查模型都直接提出了关于安全和隐私的问题，包括对信息技术威胁的保护措施、安全更新的频率以及安全事件经历等。

2014年修订的经合组织家庭及个人ICT接入和使用模式调查（OECD，2015）包含了一个关于安全和隐私的特殊模块，该模块的问题基于OECD数字经济安全和隐私工作组所提出的有关政策问题。

尽管在线隐私保护具有很高的政策相关性，但经合组织国家此类数据的覆盖率仍然很低，经合组织国家在其官方每年度的ICT使用调查中并未包含相关问题或模块。在这方面，从隐私执法机构收集的国际可比性数据和来自企业的实时统计数据是潜在的替代数据来源，可夯实决策的证据基础。

8.3 数字安全风险和隐私的管理技能

组织和个人管理数字安全风险和隐私的能力是提高网络环境可信任度的关键。从业务角度来看，数字安全风险的管理须整合到整个业务流程中才能有效。数字安全风险和隐私的管理可以由员工内部承担，也可以外包，主要取决于企业的业务战略、资源的可用性以及劳动力已经具备的技能。从个人角度来看，具备对安全和隐私威胁的敏感性以及预防和应对相应威胁的能力对数字社会的繁荣至关重要。

2017年欧盟28个国家约有22%的企业其ICT安全和数据保护功能主要由自己的员工完成。不同规模的企业之间存在着显著差异。考虑到大多数经济体的企业人员构成情况，这种差异主要取决于较小型企业的行为。因为相对于小公司（19%），大企业更可能由自己的员工在内部执行这些职能（平均57%）。在斯洛文尼亚、奥地利、拉脱维亚和波兰等国，由本企业员工负责ICT安全和数据保护的大企业占所有大企业的65%以上（见图8-7）。

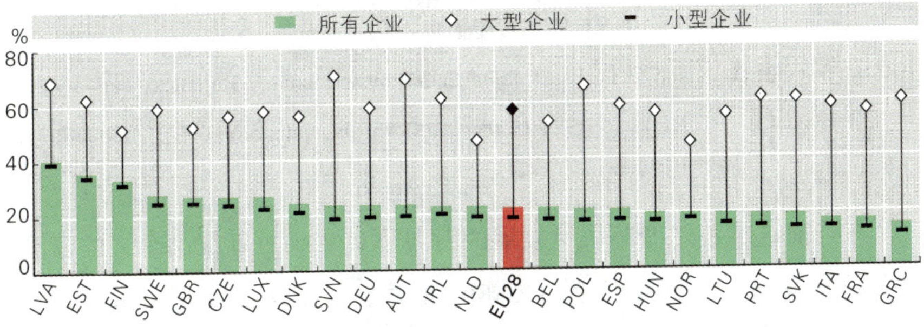

图8-7 主要由内部员工完成ICT安全和数据保护功能的企业（2017年）

占各就业规模企业的百分比

Source：OECD，based on Eurostat，Digital Economy and Society Statistics，Comprehensive Database，December 2018. StatLink contains more data.

StatLink https：//doi.org/10.1787/888933931238

伴随着智能手机等数字技术的普及，确保数字安全和隐私的技能在人们的日常生活中发挥着越来越重要的作用。欧洲共同体对家庭和个人使用ICT的调查表明，在欧盟28国的智能手机用户中，大约60%的人在使用或安装某个应用程序时曾经限制或拒绝其访问自己的私人数据，而28%的人从来没有这样做过。不知道有限制或拒绝访问自己私人数据功能的人占比相当低（平均为7%），这表明人们对于使用智能手机时可能出现的相关数字安全和隐私威胁整体保护意识很强（见图8-8）。

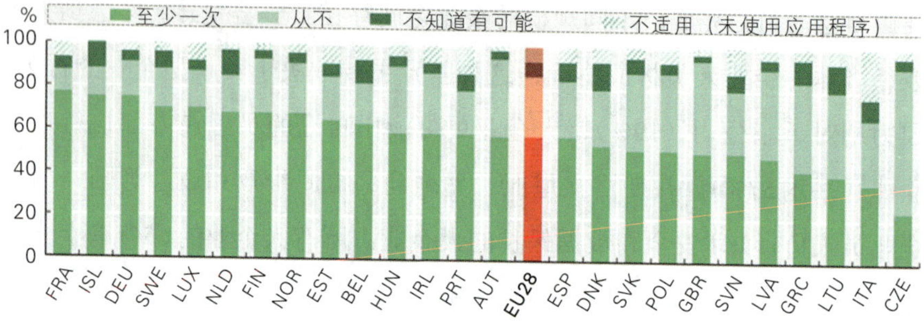

图8-8 在使用或安装智能手机应用程序时限制或拒绝获取其私人资料的个人（2018年）占所有使用智能手机人数的百分比

Source：OECD，based on Eurostat Digital Economy and Society Statistics，January 2019.

StatLink https：//doi.org/10.1787/888933931257

在当前这种技术变革快速发展的背景下，培训可以提高个人的安全意识，同时有助于个人获得更多最新的数字安全和隐私技能。2018年欧盟28国中曾进行计算机使用相关学习活动的个人中，约20%的人接受过IT安全或隐私管理方面的培训。在大多数有统计数据的国家中，高技能人员学习相关知识的倾向性更大，奥地利、芬兰、爱尔兰和匈牙利尤为突出（见图8-9）。

通过这些来自ICT使用调查的变量可以计算出具有国际可比性的统计数据，从而揭示各国数字安全和隐私技能的有效性，并能将其与公司和个人的其他使用情况衡量指标结合起来使用。

你知道吗？

2018年，欧盟28国只有7%的智能手机用户不知道在使用或安装应用程序时可以限制或拒绝该应用程序对个人数据的访问。

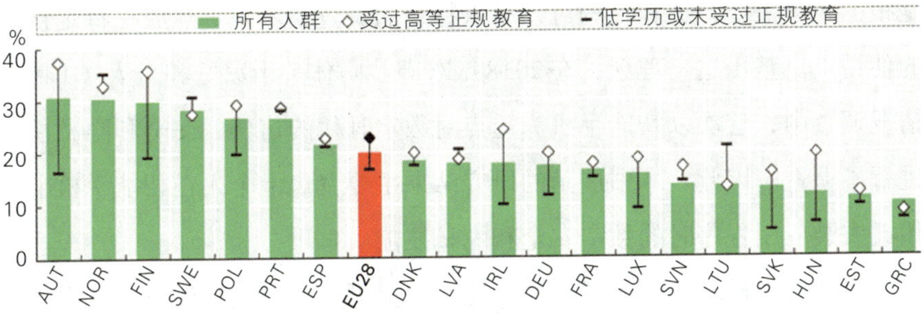

图8-9　不同受教育程度接受过IT安全或隐私管理培训的个人（2018年）

占每一类中经过计算机使用方法学习总人数的百分比

Source：OECD，based on Eurostat，Digital Economy and Society Statistics，Comprehensive Database，January 2019.

StatLink https：//doi.org/10.1787/888933931276

定义

ICT安全和数据保护任务包括安全测试、安全软件的开发及维护。

企业规模等级定义：小型企业（10~49名员工）；大型企业（250名以上员工）。

个人数据限制：在智能手机上使用或安装应用程序时，可限制访问位置或联系人列表等信息。

可测性

有关数字安全技能的官方信息可以从教育（教育领域）或就业（职业）等各种统计数据来源收集。然而，能达到这种详细程度的资料的获取方式并不具有国际可比性，因此可使用来自企业ICT使用情况调查的信息计算代理指标，如员工执行的各种IT安全活动。同样，在对家庭和个人进行的ICT使用情况调查中，通过与在线活动以及安全和隐私培训有关的问题也提供了有价值的代理指标。

在理想情况下，个人数字技能的数据不应基于特定的技术来采集，这是因为技术变化的速度相当快，而且数字技能越来越不受设备的影响。但是根据政策需要，统计机构可以引入特别的调查模块，重点放在特定技术的使用上。基于这一理念，在2018年欧洲共同体关于家庭和个人ICT使用情况调查中，首次以智能手机为重点对数字时代的信任、安全和隐私模块进行了调查。因此，本书展示的研究结果主要聚焦于个人在智能手机上使用或安装应用程序时的数字安全和隐私技能。

这个调查模块还收集了个人智能手机上可用的安全软件或安全服务信息（如防病毒、反垃圾邮件或防火墙等）、用户因病毒或其他有害程序而丢失信息、文档、图片等数据的经历。

8.4 电子消费者信任

随着平台中介重要性的提升（见第6.6节）、商业模式的变化以及个人数字技能的增长，电子商务交易量一直在上升。

但是因支付安全和隐私等问题，据报道，经合组织国家中约1/3（36%）的互联网用户在2018年没有进行过网上购物。欧盟28国中25%的互联网用户在过去12个月内没有进行过网上购物。在葡萄牙和芬兰该比例高达近70%，而在韩国、捷克、爱沙尼亚和波兰这一比例在10%以下。网上购物另一个常见的障碍是交易后的信任问题，如收货、退货或投诉和处理等问题。出于对此类问题的担心，2017年欧盟28国中16%的互联网用户在接受调查的前一年内没有进行过网购。2009—2017年在有调查数据的大多数国家中，互联网用户自述有此类顾虑的比例有所下降，但在葡萄牙、芬兰、土耳其、挪威和冰岛等其他国家，这一比例则大幅上升，见图8-10。

在欧盟国家，大多数网上购物的人对于电子商务的体验仍然持有相当积极的态度。2017年70%的网购者没有遇到过任何问题，只有3%的人表示遇到过欺诈问题。南欧国家的网购者满意度更高，欺诈发生率也更低，见图8-11。

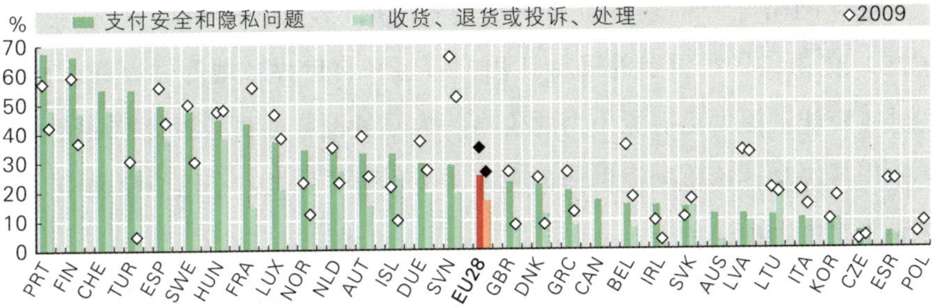

图8-10 出于支付安全、隐私和消费者权益方面的担忧而不愿在线购物的人数（2017年）

占过去12个月没进行在线购物的互联网用户的百分比

Source：OECD，based on Eurostat，Digital Economy and Society Statistics，Comprehensive Database and national sources，December 2018. See chapter notes.

StatLink https：//doi.org/10.1787/888933931295

而相比之下，在北欧国家、卢森堡和英国，由于人们相对更有可能在网上购物，从而发生此类问题的可能性很大（见图8-11）。

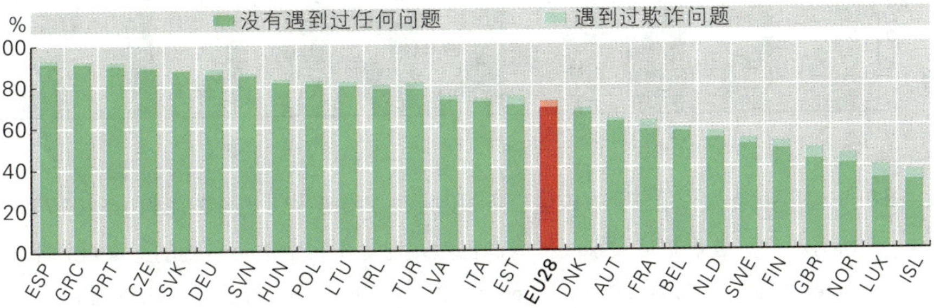

图8-11 网购个人体验（2017年）

占过去12个月曾通过互联网订购商品或服务的个人的百分比

Source：OECD，based on Eurostat，Digital Economy and Society Statistics，Comprehensive Database，December 2018.

StatLink https：//doi.org/10.1787/888933931314

全球网络平台承载着企业对消费者（B2C）交易和消费者对消费者（C2C）交易，日益重要的平台让用户接触来自世界各地的供应商，而这些供应商能够提供更有竞争力的价格并为服务设施付费。消费者通常被邀请使用评级和评论机制提供他们在线购物体验的反馈。在这些交易中，信任成了关键的硬通货。

经合组织2017年的对等平台市场（Peer Platform Markets，PPMs）消费者信任度调查结果显示，在调查的所有10个国家中，至少30%的消费者在不了解卖方或供应商的情况下出于对平台的信任而购买商品。在土耳其和美国这一比例达到50%左右。平均而言，26%的受访者表示尽管不确定卖家或供应商是否可信，但由于知道自己在交易完成后可以对其进行评级或评论，所以这促使他们完成了在线购物行为（见图8-12）。

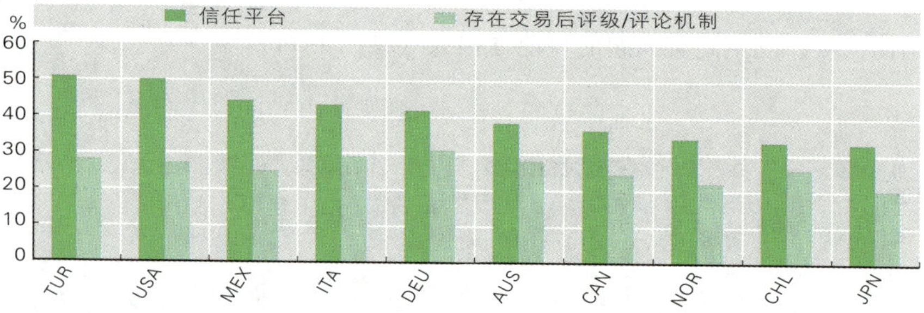

图8-12 不确定是否信任卖方或供应商但仍选择在对等平台上购物的理由（2017年）

占所有不确定是否相信卖家或供应商仍然在对等平台上进行购物的买家百分比

Source: OECD calculations based on the OECD Survey of Consumer Trust of Peer Platform Markets, September 2018.

StatLink https: //doi.org/10.1787/888933931333

但这项调查的主要结果表明，评级或评论机制并不是信任平台的唯一关键性因素，支付安全性、数据安全保障、能够查看商品图片或服务才是主要驱动因素。PPMs的消费者对评级和评论有一种微妙的看法，他们认为评级和评论是重要的，但不一定是至关重要的。消费者使用PPMs越多，就越信任它们。

你知道吗？

2017年，欧盟28国70%的在线购物者没有遇到过任何问题，只有3%的人表示遇到过欺诈问题。

定义

支付安全及隐私问题涉及在互联网上提供信用卡资料或个人资料。

网上购物是电子商务的一个组成部分。它们包括“通过计算机网络，使用专门为接收或下达订单而设计的方法进行的“商品和服务交易”（OECD，2011）。对于个人来说，无论是卖家还是买家，这种交易通常是通过互联网进行的。因为电子商务并不总是高频率的活动，所以网上购物通常要经过12个月的调查时间。

欺诈包括没有收到网上购买的商品/服务，滥用信用卡信息等。对等平台上的买家是指从他人手中（如通过在线市场）购买商品的消费者、通过网络平台雇佣他人完成家务的消费者，还包括共享住宿和共享车辆等协作性更强的平台交易用户。

可测性

个人的电子商务活动一般可通过家庭和个人ICT技术使用情况调查进行监测。欧共体的调查定期讨论不进行某项在线活动的原因。最近正在调查的电子商务模块中还包含了一个询问个人网上购物体验的问题。

2017年经合组织在10个国家开展了消费者对于对等平台市场的信任调查，其目的是确定消费者对于对等平台上的交易信任与否的关键因素，同时衡量对等平台对消费者需求所作出的回应和措施能在多大程度上提高信任机制。虽然该调查重点关注的是有PPMs使用经验的消费者，但也设置了一个问题面向尚未接触过该类平台的消费者。

为了进一步夯实数字时代消费者政策的证据基础，经合组织拟在2019—2020年间由消费者政策委员会在其工作范围内制定一份“数字经济中消费者信任度的衡量指南”。

8.5　在线社交网络

在线社交网络和媒体已经成为亿万网民日常生活中不可或缺的一部分。这样的平台使得个人能够通过一系列免费的在线服务相互交流，因此特别受年轻一代的欢迎和推崇。在线平台还能使人们获得一系列在线商品和服务的新闻与信息，为社交网络本身创造广告收入，同时还可通过在线广告推动销售并影响消费者的购买行为，从而增加企业收入。

提供个人信息是个人在社交媒体上互动的起点。2015年欧盟28国中30%的互联网用户出于安全考虑而没有向网络社区提供个人信息。各国之间存在着显著差异，这一比例在大多数北欧国家高于40%，但在捷克共和国、立陶宛和土耳其低于10%。2010—2015年间，在参与调查的大多数国家中，存有安全疑虑的个人比例保持稳定，但在爱沙尼亚和希腊等其他国家，这一比例翻了一番（见图8-13）。

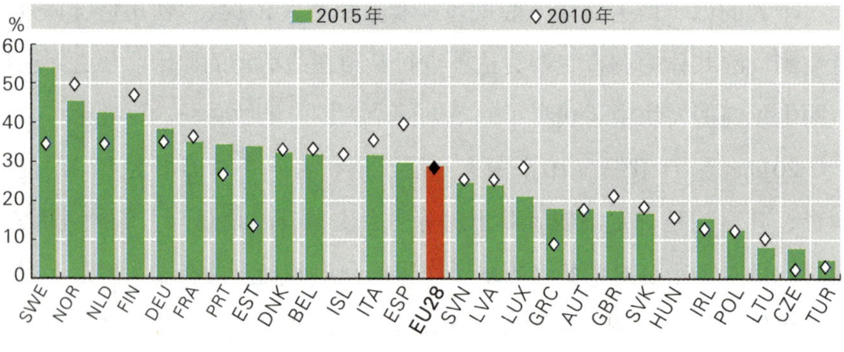

图8-13　出于安全考虑未向网络社区提供个人信息的个人（2015年）占互联网用户的百分比

Source：OECD，based on Eurostat，Digital Economy and Society Statistics，Comprehensive Database，September 2018. See chapter notes.

StatLink https：//doi.org/10.1787/888933931352

由于个人无法控制自己按要求在社交媒体上提供的私人信息，即并不能确保这些信息是否被第三方使用或者被重复使用，因此人们普遍对此有所担忧：个人信息缺乏控制而自己的在线行为被过度监控，后者可能导致的后果是个人的在线活动被加以分析并被有目的性地投放广告。2016年，欧盟28国中只有26%的人表示能够接受社交网络利用自己的在线活动信息来定制和推送广告。丹麦人（41%）最容易接受这种做法，而拉脱维亚人（14%）和捷克人（13%）最不容易接受这种做法（见图8-14）。

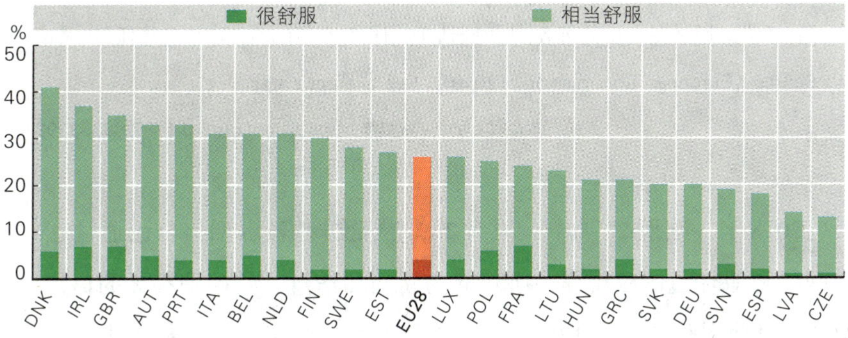

图8-14 对社交媒体在线广告的态度（2016年）

占全部受访者的百分比

问题："在线社交网络使用你的在线活动信息和个人数据来定制广告或内容以满足你的兴趣，你对此感到舒服的程度如何？"

Source：European Commission （2016）. See chapter notes.

StatLink https：//doi.org/10.1787/888933931371

在线平台和其他互联网服务为个人提供了联系、讨论和收集信息的新途径。然而，故意误导读者的新闻传播正在变得越来越普遍，并可能影响人们对现实的理解和对民主的运作（欧盟委员会，2018）。2018年人们对在线社交网络和即时通信应用程序的信任程度与对主流视频托管网站和网络播客的信任程度大体相似（见图8-15）。

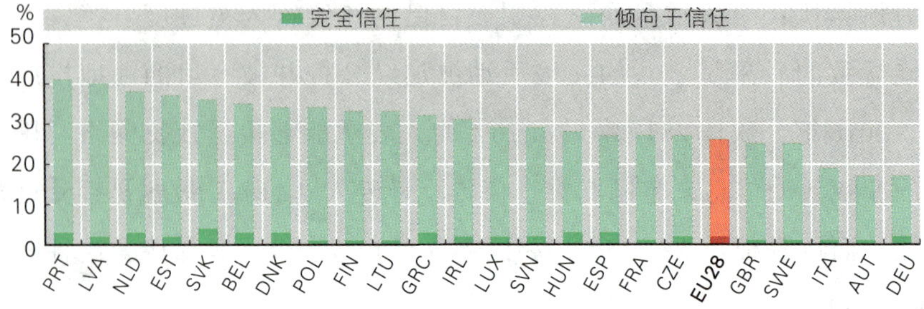

图8-15　对社交网络和即时通信应用程序获取信息的信任度（2018年）

占全部受访者的百分比

问题：“你对通过在线社交网络和即时通信应用程序获取的新闻和信息信任程度如何？”

Source：European Commission （2018）. See chapter notes.

StatLink https：//doi.org/10.1787/888933931390

2018年，欧盟28国中，只有26%的受访者表示相信自己通过在线社交网络和即时通信应用程序所获取的新闻和信息，其中葡萄牙的信任度为41%，奥地利和德国为17%。在调查所涉及的大多数国家样本中，在线社交网络和即时通信应用程序是最不被信任的两个新闻和信息来源之一，另外一个最不被信任的来源是主流视频网站和播客。

你知道吗？

2015年，欧盟28国30%的互联网用户出于安全原因没有向在线社区提供个人信息。

定义

在线社交媒体是指用户采用电子社交形式（如社交网站、微博等）创建社区，分享信息、想法、个人信息和其他内容（如视频）。

个人信息是指用户认为属于隐私而不必向公众公开的信息，如个人信息、联系方式、付款方式等信息或其他个人信息。

网络广告是一种营销策略，它利用互联网作为媒介来获取网站流量，并向目标消费者传递营销信息。

可测性

2015年欧洲共同体关于家庭和个人ICT使用情况调查的“互联网安全”特别模块提供了阻碍个人进行网络活动的一系列安全问题及可比性数据，网络活动包括：为私人目的而订购或购买商品及服务，开展银行业务（如账户管理），为社会和专门的社交网络社区提供个人信息，与公共服务部门或政府部门交互，下载软件、音乐、视频文件、游戏或其他数据文件，从家以外的其他地方通过无线连接使用互联网与移动设备（如笔记本电脑）。

“欧洲晴雨表”（Eurobarometer）是应欧洲委员会要求进行的专题民意调查，该调查重点关注特定的目标群体，通过电话调查的形式以母语采访不同的社会和人口群体，以求快速获得调查结果。2018年2月，欧盟委员会在欧盟28个国家开展了“欧洲晴雨表在线假新闻和虚假信息调查”（欧盟委员会，2018），调查对象为26 576名15岁以上（包括15岁）的个人。2016年4月，“欧洲晴雨表”在欧盟28个国家开展了一项网络平台特别调查（欧盟委员会，2016），调查对象为27 969名15岁以上（包括15岁）的个人。

正如对其他所有民意调查结果的审视一样，对以上调查结果的解释和解读都应谨慎对待。由于所使用的样本相对较小（每个国家约有1 000名受访者），因此调查结果所观察到的各国边际差异可能反映的是抽样误差引起的差异或者是因受访者对问题理解而引起的差异，该结果并不一定能够代表潜在的人群差异。

8.6 路线图：企业中的数字安全

为什么企业需要数字安全指标?

数字安全事件令个人、企业和政府面临着各种风险和攻击，通常攻击的目标是依赖数字技术的关键基础设施和基本服务，如能源、交通、金融和卫生等。它们会削弱企业的竞争力、创新能力和市场地位，并威胁经济和社会的核心运作。对企业进行有效的数字安全风险管理，能够将这些事件发生的频率和负面影响降到最低，从而在数字化转型期间充分利用数字技术其促进并繁荣发展。

数字安全威胁和数字安全事件在数量和复杂性上持续增长并带来了严重后果。根据2017年安联风险晴雨表调查（Allianz Risk Barometer Survey），2017年，与网络犯罪和数字安全事件相关的风险连续第二年位居全球商业第三高风险，高于2013年的第15位（Allianz，2016；2017）。在2017年世界经济论坛全球报告（WEF，2017）中，大规模数据欺诈和数字盗窃事件发生的概率排名第5位。

数字安全风险是整个企业界共同关注的问题，但它对比较小的企业可能会产生特别严重的后果。尽管大型企业和机构可能有制度和财力支撑展开适当的数字安全风险管理，但经合组织许多国家的研究表明，并非只有中小企业，那些具有管理、技能、知识和财务制约的微型企业更可能面临数字安全风险。

由于数字安全风险管理的决策和公共政策的制定缺乏可靠的证据支撑，在技术快速变革的背景下，对各种规模的公司都需要展开衡量和分析，以评估各种不同的数字安全风险管理实践效果。

挑战是什么?

虽然数字安全事件的发生频率和严重性都在不断增加，但对于这些事件进行衡量、分析、理解和有效管理的能力并没有跟上步伐。不但在方法层面上缺少对相关定义、类型和分类的共识，而且缺乏数字安全事件、威胁和漏洞的历史数据。威胁、漏洞、事件和影响等概念经常与各种广义的、包罗万象的术语一起使用。由于缺乏标准定义而导致数字安全风险频繁发生，并且其影响也无法确定，这些现状促使人们呼吁采取更加统一的方法。

要想在数字安全事件和数字风险管理实践方面开发更可靠、更全面的数据集，需要在类型和分类上达成共识，需要一个公认的、可信的公-私数字安全事件存储库，还需要能够促进报告事件和组织共享数据的激励机制。

在组织层面上，改进数字安全风险信息的共享措施是经合组织很多国家数字安全战略的基石。尽管协作信息共享平台和网络的数量在不断增加，但一个组织如何获取、存储并使用数据，共享信息和情报，以及掌握更多的知识，往往受到实质性的阻碍。

国际行动的选择

很多不同的论坛、政府、学术界、保险部门以及其他私营部门等利益相关方正在探索各种方法，以满足确定数字安全事件类型、完善数字安全事件报告和促进数字安全事件数据共享的要求。一些国家（如法国、英国和美国）的保险公司和政府也正在讨论如何对包含数据需求和系统属性的数字安全事件信息数据存储库进行价值定位。经合组织在2016年坎昆数字经济部长会议和经合组织数字安全保险市场项目的背景下，已经开始回溯以上不同举措，以期为改进数字安全和制定隐私政策奠定证据基础。

在这方面，经合组织首先审查了那些为提供数字安全风险相关数据而已经开展的调查。研究发现，过去的调查通常很少涉及企业的数字安全风险管理实践问题，这些问题通常仅限于技术措施。这个调查结果与经合组织2015年提出的经济与社会繁荣数字安全风险管理建议（“安全建议”）

并不一致，后者强调了数字安全风险的经济和社会属性（OECD，2015）。

基于现有证据基础存在的缺陷，经合组织尝试开发一个评估企业数字安全风险管理实践的衡量框架来改进这一领域的衡量标准。该框架包括6个模块和18个相关指标，该框架充分借鉴了“安全建议”，见图8-16。按照经合组织模式调查框架，各国统计局或其他组织可酌情单独选用其中的某些模块。

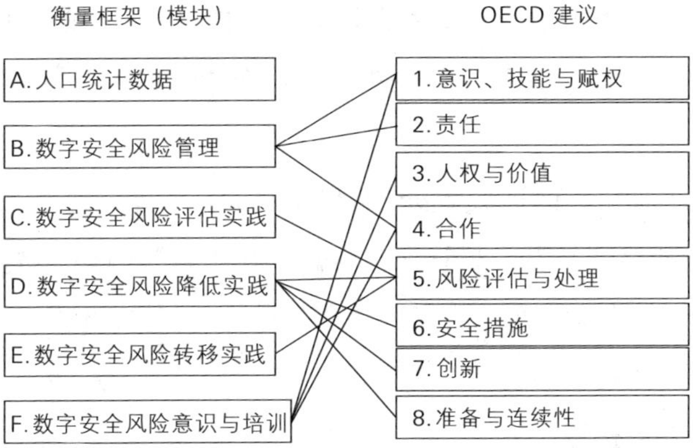

图8-16 “OECD经济与社会繁荣数字安全风险管理建议”与衡量框架之间的对应关系

Source: OECD（2019）.

除上述措施外，经合组织还设计了一个调查工具，其目的是了解风险管理人员中特定人群的安全风险管理实践活动。2018年3—4月，巴西的Cetic.br公司使用该项调查工具展开了认知测试。2018年7—9月，欧洲风险管理协会联合会（FERMA）对其进行了审查和试点。上述尝试表明，基于经合组织安全建议的衡量框架是稳健的，但衡量工具的具体设计细节还需继续改进，如作答所需时间长短的设定，对问题及其答复选项进行细微调整。有些公司数据并不密集，不一定有专门的人员或部门负责数字安全风险管理，对此该调查还提供了一个简化版本以供选择（OECD，2019）。

长期以来，经合组织一直与其他关注国防和国际安全、刑事执法和技术标准的组织并肩作战，支持并倡导在数字安全风险管理方面的合作以促进经济和社会繁荣。自20世纪90年代初以来，经合组织提出了很多分析和建议。事实证明，包括所有利益相关方在内的广泛对话有助于制定数字安全政策，在全球数字环境中建立信任，同时保持互联网的开放、创新和数字驱动的增长。

在这方面，最近启动的“全球数字安全促进繁荣论坛”（http：//www.oecd.org/internet/ global-forumdigital-security）是另一个重要的里程碑，该论坛为利益相关方参与建立伙伴关系的合作进程提供了机会，促进各方分享数字安全风险管理方面的优秀经验和做法。该论坛还有助于巩固一个由政府官员和非政府专家组成的网络，促进经合组织（OECD）与合作伙伴国家的数字安全繁荣，就建立一个弹性可信的数字环境达成一致性意见。

参考文献

Allianz Global Corporate & Specialty（2017），*Allianz Risk Barometer：Business Risks 2017*，Allianz Global Corporate & Specialty SE，Munich，https://www. agcs.allianz.com/assets/PDFs/Reports/Allianz_Risk_Barometer_2017_EN.pdf.

Allianz Global Corporate & Specialty（2016），*Megacities：Pushing the Boundaries of our Industry*，Allianz Global Corporate & Specialty SE，Munich，https://www. agcs. allianz. com / assets / PDFs / Reports / AGCS_Megacities_The_future_risk_landscape.pdf.

OECD（2019），“Measuring digital security risk management practices in businesses”，OECD unclassified document，DSTI/CDEP/SPDE/MADE（2018）2/ FINAL.

OECD（2015），*Digital Security Risk Management for Economic and Social Prosperity：OECD Recommendation and Companion Document*，OECD Publishing，Paris，http://dx.doi.org/10.1787/9789264245471-en.

WEF（2017），Global Risks Report 2016：12th Edition，World Economic Forum，Geneva，http://www3.weforum.org/docs/GRR17_Report_web.pdf.

8.7 路线图：衡量个人对网络环境的信任度

为什么需要个人信任的衡量指标？

随着互联网和联网设备在个人日常生活中发挥着越来越重要的作用，信任已成为数字经济中支撑交易的关键因素。政府、企业和个人都需要信任，也需要被信任，只有这样各方才能受益于数字化转型带来的全部好处。

数据交易具备的无形本质使得个人更难以控制自己的私人数据在不同的司法管辖范围内被使用和重用。个人资料首先被收集或访问，然后被储存、汇总、处理，最后被使用和分析。随着人工智能和深度学习的出现，数据可以由机器生成。数据交易的每个步骤都有其特殊性，并且涉及不同的利益相关者。在数字时代，一方是私人数据的提供者，他们拥有自己的数据并授权（包括无意识的授权）自己的数据可供在线使用，但他们对数据的使用无法控制；另一方是按特定目标分析和使用这些数据的组织，它们对于数据的收集、存储、分析和使用受到法律和道德的双重约束，在这两方之间必须建立信任。

挑战是什么？

人、企业及政府之间的联系、交流和在线交易越多，潜在的效率就越高。然而，由于许多交流和交易是在陌生人之间进行的，而且彼此可能不会再次产生联系，因此其中的部分信息可能并不可靠，有人可能会故意提供虚假的或有偏见的信息。

尽管人们广泛认可信任对数字化转型的重要性，但并没有一个通用的定义能够完全涵盖这一复杂现象。最近，经合组织关于衡量信任的指导方针（OECD，2017a）将信任定义为“个体相信另一个个体或机构将会始终如一地遵循自己对其积极行为的期望”。经合组织的衡量指南特别关注人际信任和机构信任。人际信任包括广义的人际信任（在不认识的人之间或在不知情的情况下）和狭义的人际信任（在认识的人之间）。

很难定义“信任”的原因除了其涵盖的因素众多之外，还因为在以往的调查中对信任的衡量并没有传统的方法可参考，特别是在官方统计中更是如此。这在一定程度上反映了对不同的信任衡量标准的有效性和可靠性缺乏科学的依据，并且直到现在，对此类衡量标准仍然缺乏强有力的政策需求（OECD，2017a）。因此，从衡量的角度来看，并没有一个独特的框架可以对信任的各种衡量方法进行分类。

国际行动的选择

制定衡量路线图首先要定义需要衡量的内容，即参与者在数字环境中互动时需从哪几个方面展开信任，也就是信任问题维度，这是可以衡量和监控的。一般调查问题往往集中于信任的驱动因素以及建立信任所存在的障碍等。

2017年，Chakravorti和Chaturvedi（2017）使用大量的官方和私有数据源[①]对2014年万事达卡数字进化指数（Mastercard's Digital Evolution Index 2014）进行了更新，从4个核心方面对“数字信任”展开了分析：（1）每个国家的数字环境信用；（2）用户体验的质量；（3）对重要机构和组织的态度；（4）与数字世界交互时的用户行为（见图8-17）。

另一组问题与消费者的信任有关。随着数字经济的崛起，对等平台市场（PPMs）迅速发展，信任是对等平台市场特别显著的特征。在这方面，经合组织研究了对等平台为促进用户信任和使用其服务而开发的一些机制（如评级和评论等）。2017年，经合组织在10个成员国开展了一项消费者信任度调查，重点关注有使用对等平台市场经验的客户（OECD，2017b）。

---

① Akamai, BlueTriangle Technologies, PCRI, CIGI-IPSOS, Edelman, Euromonitor, Freedom House, Google, GSMA, ILO, ITU, Numbeo, Web Index, Wikimedia, World Bank, World Economic Forum and the World Values Survey.

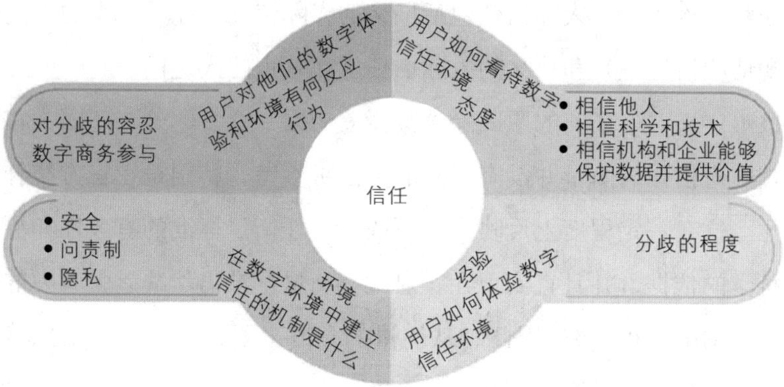

图8-17　数字信任的核心要素

Source：Chakravorti and Chaturvedi（2017）.

目前联网可穿戴设备为获取海量的实时个人数据提供了有效途径，这些数据对于能够利用它们开展研究和分析的人来说极其宝贵。最近经合组织开展了两个项目来夯实隐私和个人数据保护的证据基础，其中一项旨在通过使用强化隐私授权来提高数据泄露通知报告的可比性，另外一项旨在衡量私人数据泄露后个人对网络环境信任度的变化。

总的来说，可以将信任度的不同衡量方法分为两大类：直接方法和基于检测及实验的调查方法。正如OECD（2017a）所述，在最基本的层面上，长期以来的调查问题包括直接询问个体对他人的信任度（如Almond and Verba，1963）和对机构的信任度（如世界观调查）。在较复杂的层面上，Morrone、Tontoranelli和Ranuzzi（2009）通过个人对他人行为的期望（例如归还丢失钱包的可能性）来衡量信任度。虽然这种基于特定假设场景的期望导向性问题所发挥的作用有限，但它们为受访者设定了一个明显不同于直接性信任问题的概念任务，因而能提供额外的信息。

与此同时，一些更广泛的研究重点对调查问题的设置展开了实验，以期对实际的信任行为进行比较（参见OECD的“信任实验室”，https：//www.oecd.org/sdd/trustlab.htm）。另一种衡量方法是从有关个人经验的问题中收集信息，这种做法并非直接切入主题，而是提供间接信息。新西兰综合社会调查就是使用间接性问题收集数据的一个典型例子，这种方法允许调查方对个人信任的各种指标进行细化。例如，人际信任指标是从个体与他人的互动问题中评估得到的，这些互动问题包括贷款或赠送各种物品、提供情感或道德支持、帮助完成不同任务以及提供信息和建议等。

另一种间接方法是关注长期以来研究公众对科学的接受程度和个人对新技术感知程度的文献，此类文献中包含了关于个人数字信任衡量的宝贵经验。除了调查之外，还可采用媒体监测、强度评估、语义网络和事件类型等方法来掌握各种研究中公众对科学的兴趣趋势。伴随着信息通信技术的进步，对媒体展开自动连续的监测是可行的。

在这一领域中，必须与相关政策团体合作，按照共同框架一起制定衡量政策的优先事项。正如Castaldo等（2010）的解释，“比起信任是什么，我们更了解信任能做什么”。衡量在网络环境中的信任是具有挑战性的，但势在必行，因为只有在执行过程中才能验证政策上存在的争议，没有信任就不可能有繁荣的数字经济。

参考文献

Almond, G. and S. Verba (1963), The Civic Culture: Political Attitudes and Democracy in Five Nations, Sage Publications, London.

Castaldo, S., K. Premazzi and F. Zerbini (2010), "The meaning(s) of trust: A content analysis on the diverse conceptualizations of trust in scholarly research on business relationships", *Journal of Business Ethics*, Vol. 96, No. 4, pp. 657-668.

Chakravorti B. and R.S. Chaturvedi (2017), *Digital Planet 2017: How Competitiveness and Trust in Digital Economies Vary Across the World*, The Fletcher School, Tufts University, Medford, MA.

Morrone, A., N. Tontoranelli and G. Ranuzzi (2009), "How good is trust? Measuring trust and its role for the progress of societies", *OECD Statistics Working Papers*, No. 2009/03, OECD Publishing, Paris, http://dx.doi.org/10.1787/220633873086.

OECD (2017a), *OECD Guidelines on Measuring Trust*, OECD Publishing, Paris, http://dx.doi.org/10.1787/9789264278219-en.

OECD (2017b), "Trust in peer platform markets: Consumer survey findings", *OECD Digital Economy Papers*, No. 263, http://dx.doi.org/10.1787/1a893b58-en.

注释

8.1 数字安全

图8-1 拥有正式安全政策的不同规模企业（2015年）

中小型企业是指员工人数在10~249人之间的公司，大型企业是指员工人数在250人以上的公司。

图8-2 受计算机病毒或其他计算机感染影响的个人（2015年）

除特别标注说明之外，互联网用户是指在过去12个月内访问过互联网的个人。

智利的数据是2014年的。

哥斯达黎加的数据是2017年的估值，由经合组织根据哥斯达黎加国家统计和人口普查研究所与哥斯达黎加科学、技术和电信部（MICITT）提供的数据计算得出。互联网用户是指在最近3个月内访问互联网的个人。

日本的数据是2016年而非2015年的。

韩国的数据是2011年和2017年的。

墨西哥和瑞士的数据是2017年的而非2015年的。

图8-3 全球网络安全指数（2017年）

全球网络安全指数（Global Cybersecurity Index，GCI）包括25个指标和157个问题。用于计算全球企业竞争力的指标选择标准包括：（1）与全球企业竞争力五大支柱的相关性，对全球企业竞争力主要目标和概念框架的贡献情况；（2）数据的可用性和质量；（3）通过辅助数据进行交叉验证的可能性。

考虑到各国之间网络安全发展的水平不同以及一个国家整体ICT发展状况所反映的网络安全需求不同，该指数的计算基于这样一个假设：网络安全越发达，观察到的解决方案就越复杂。因此，一个国家越是能够确认本国拥有预先准备好的网络解决方案，其网络安全承诺就越复杂和成熟，得分也越高。

8.2 网络隐私

图8-4 通过互联网提供私人信息的不同年龄网民（2016年）

瑞士的数据是2017年的。

图8-5 出于隐私和安全考虑未在线提交公务表格的个人（2018年）

瑞士的数据是2014年和2017年的。

图8-6 经历过隐私侵犯的个人用户（2015年）

除特别标注说明之外，互联网用户是指在过去12个月内访问过互联网的个人。

智利的数据是2014年的。

哥斯达黎加的数据是18~74岁的而非16~74岁的。

韩国的数据是2017年的，既包括出于私人目的的数据也包括出于商业目的的数据。

墨西哥的数据是2017年的而非2015年的。与往年在各种调查中设置一个管理模块获取信息的方法不同，从2015年开始通过独立的专题调查来收集信息。因此，在与2015年以前的数据做比较时，必须考虑到这种方法上的变化。2017年的数据指的是以下问题的选项："经历过信息欺诈(财务、个人等)。"

瑞士的数据是2014年的而非2015年的。2014年的数据是指"在过去12个月内经历过安全问题"的个人。

8.4 电子消费者信任

图8-10 出于支付安全、隐私和消费者权益方面的担忧而不愿在线购物的人数（2017年）

澳大利亚的数据是指2012/2013财年，截至2013年6月30日。

加拿大的数据是2012年的。

对于被纳入欧洲统计体系的国家而言，2017年“支付安全和隐私问题”中未包含“隐私问题”。

8.5 在线社交网络

图8-13 出于安全考虑未向网络社区提供个人信息的个人（2015年）

互联网用户被定义为在过去12个月内访问过互联网的个人。

图8-14 对社交媒体在线广告的态度（2016年）

其他回答选项如下：“很不舒服”、“相当不舒服”、“不使用互联网”、“不使用网络平台”和“不知道”。

图8-15 对社交网络和即时通信应用程序获取信息的信任度（2018年）

其他回答选项包括：“不信任”、“完全不信任”和“不知道”。

参考文献

European Commission (2018), *Fake news and disinformation online*, Flash Eurobarometer, No. 464, April, Brussels, http://ec.europa.eu/commfrontoffice/publicopinion/index.cfm/ResultDoc/download/DocumentKy/82797.

European Commission (2016), *Online platforms*, Special Eurobarometer, No. 447, June, Brussels, http://ec.europa.eu/ information_society/newsroom/image/document/2016-24/ebs_447_en_16136.pdf.

ITU (2017), *Global Cybersecurity Index*, International Telecommunication Union, Geneva, https://www.itu.int/en/ ITU-D/Cybersecurity/Pages/global-cybersecurity-index.aspx.

OECD (2017), *OECD Science, Technology and Industry Scoreboard 2017: The digital transformation*, OECD Publishing, Paris, http://dx. doi. org / 10.1787 / 9789264268821-en. OECD (2015), *Model Survey on ICT Access and usage by Households and Individuals*. OECD publishing, Paris, https://www.oecd.org/sti/ieconomy/ICT-Model-Survey-Access-Usage-Households-Individuals.pdf.

OECD (2011), OECD Guide to Measuring the Information Society 2011, OECD Publishing. http://dx.doi.org/ 10.1787/10.1787/9789264113541-en.

PEW (2017), *Americans and Cybersecurity*, Pew Research Center, January, http://www.pewinternet.org/2017/01/26/ americans-and-cybersecurity/.

PEW (2013), *Anonymity, Privacy and Security Online*, Pew Research Center, September, http://www.pewinternet. org/2013/09/05/anonymity-privacy-and-security-online/.

US National Cyber Security Alliance and Symantec (2011), 2011 National Small Business Study, US Small Business Studies 2009-12, https://staysafeonline.org / wp-content / uploads / 2017 / 09 / 2011-NCSA-Symantec -Small -BusinessStudy.pdf.

第9章　促进市场开放

9.1　全球价值链

数字化转型对包括制造业和服务业在内的所有行业都造成了影响，只是影响速度和影响规模各有不同。数字密集型行业融入全球价值链（GVCs）的程度可通过追踪最终需求中的附加值来源进行衡量。估算国内需求中的国外附加值强调了国外以生产最终商品和服务为目的的生产活动对国内消费者的重要性，消费既包括直接消费（供消费的进口成品和服务），也包括间接消费（作为国内生产的本地消费组成部分）。

在经合组织成员国中，尽管数字密集型行业生产的产品平均只占全球总产量的44%，但满足国内需求的国外附加值中有一半来源于数字密集型行业。各国情况有所不同，爱尔兰和瑞士所占比例超过60%（分别占最终国内总需求的31%和20%），而拉脱维亚和立陶宛只有40%的国外增加值来自数字密集型行业（见图9-1）。

巴西、中国、日本和美国等大型经济体国外附加值在国内最终需求中所占的比例要低得多，因为它们本身有更大的国内产品和服务（包括必需的中间产品）生产能力，可以满足国内需求。尽管在经合组织国家中美国国内需

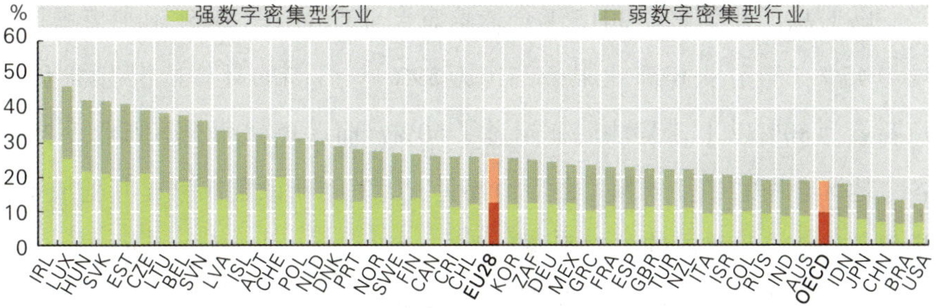

图9-1　不同数字强度行业满足国内需求的国外附加值（2015年）

占国内总需求的百分比

Source：OECD，Trade in Value Added （TiVA） Database，https：//oe.cd/tiva，December 2018. See chapter notes. StatLink contains more data.

StatLink https：//doi.org/10.1787/888933931409

求的国外附加值所占比例最低 （12%），但因其经济规模大，所以迄今为止，以美元计算的条件下美国仍是最大的国外附加值消费国：总附加值高达2.2万亿美元，其中1.2万亿美元（55%）来自数字密集型产业（见图9-2）。

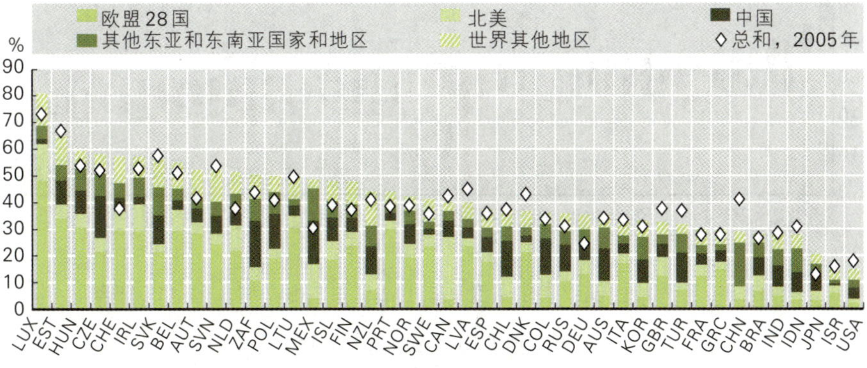

图9-2　不同国家及区域满足国内信息产业产品需求的国外附加值（2015年）

占信息产业产品国内总需求的比例

Source：OECD，Trade in Value Added （TiVA） Database，https：//oe.cd/tiva，December 2018. See chapter notes. StatLink contains more data.

StatLink https：//doi.org/10.1787/888933931428

以信息产业为例，2015年全球信息产业产品中，国外附加值占比平均为45%（制造业和商业服务占比为39%）。各国的具体情况有所不同，卢森堡为80%以上，爱沙尼亚超过了60%，而以色列和美国则低于20%。各个地区之间的相互依赖关系显而易见，尤其对于欧盟国家，其他成员国是信息产业产品需求的关键来源。

制造业成品的生产依赖于一系列中间服务的投入，包括批发、运输、IT、金融以及其他专业的商业服务。从制造业出口的服务内容可知，2015年制造业服务平均占经合组织国家制造业出口价值的1/3。其中75%来自数字密集型服务活动（包括国内和国外）。换言之，平均25%的制造业出口价值源自信息通信技术和金融服务等数字密集型服务业。在爱尔兰、卢森堡和荷兰等国家，这一比例甚至超过了30%，而大多数大国这一比例在18%~23%之间（见图9-3）。

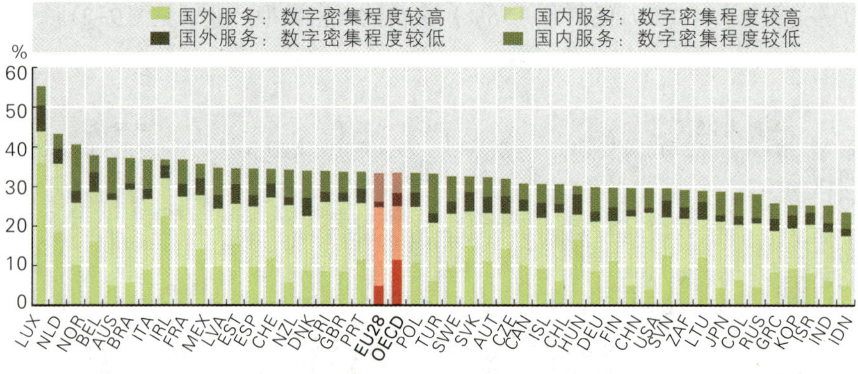

图9-3　不同地区及数字化强度制造业出口中的服务附加值（2015年）

占制造业出口总额的百分比

Source：OECD，Trade in Value Added （TiVA） Database，https：//oe.cd/tiva，December 2018. See chapter notes. StatLink contains more data.

StatLink https：//doi.org/10.1787/888933931447

你知道吗？

数字密集型服务对制造业出口至关重要。经合组织国家制造业出口平均25%来自数字密集型服务业。

定义

附加值包括扣除中间投入成本后的生产价值。在实际中，它包括毛利润和工资，总体水平上相当于国内生产总值。

行业的数字化强度基于以下几个方面：ICT投资、ICT中间产品的使用、机器人的使用、在线销售和ICT专业技术人员的雇佣。根据数字密集程度从高到低按四分位法进行统计，分为强数字密集型行业（较高的第一、二四分位数）和弱数字密集型行业（较低的第三、四四分位数）。前者包括信息通信技术设备，运输设备，信息通信技术服务，金融，研发，营销，出版、音像与广播服务，公共行政与国防，艺术与娱乐服务。更多信息详见第2.9节。

可测性

附加值贸易（TiVA）数据库提供了出口和最终需求中国内外增加值来源的相关指标。这些数据来源于经合组织国家间投入产出（ICIO）数据库，该数据库评估了2005—2015年64个国家和36个行业之间的商品与服务流动情况。全球附加值流动跟踪调查为全球价值链分析提供了洞见，而这些洞见在贸易统计中并不总是显而易见的。

在全球价值链中，对出口或最终需求中，国外附加值比例的估算通常被称为“后向联系”；而对伙伴国出口（或外国最终需求）中，国内附加值比例的估算则被称为“前向联系”。两者都用来表明全球价值链的参与程度，鉴于侧重点不同，最好分别加以分析。全球价值链参与程度变化的衡量不仅能专门反映价值链开始或结束时的活动变化，还能反映商品价格的波动。例如，原油价格的飙升可能导致许多国家的进口量增加。如果石油密集型产品沿着多国生产链进行交易，那么TiVA指标就会出现波动。因此对全球价值链的参与情况衡量指标应根据时局谨慎解读。

9.2 贸易

数字化转型对贸易产生了巨大的影响。互联网使得跨国购买、销售和提供电信及视听内容等服务变得更加容易。互联网还实现了金融、商业和知识等服务的跨境电子交付，如销售、营销、管理、行政、股票交易结算服务、工程、研发和教育（UNCTAD，2015）。此外，互联网还催生了新的服务类别，如网络搜索。

扩展的国际收支服务（EBOPS）统计数据允许对一些“可能支持ICT的服务”（UNCTAD，2015）贸易进行审查。电信、计算机与信息服务是许多国家的重要组成部分，包括很多与数字技术密不可分的服务内容，其中软件生产和数据库服务技术平均占经合组织国家服务进口的8%和10%。

互联网、安全网络、同步数据库和其他信息通信技术是促成金融服务贸易的关键因素。金融服务是卢森堡服务贸易中特别重要的组成部分，占服务进出口的一半以上，在英国（占服务出口的24%）和瑞士（17%）也是特别重要的出口。

在爱尔兰和荷兰，使用知识产权的费用是进口贸易中一个特别值得关注的组成部分，分别占服务进口的41%和28%，荷兰的知识产权进口份额与知识产权在服务出口中所占的份额（25%）很接近。尽管这些费用的支付通常是数字化的，但合同数字化授权程度尚不清楚，而产权与数字财产相关的程度也尚不明确（见图9-4）。

互联网可以促进贸易进入全球市场，为消费者和企业创造新的机会。影响是否采用跨境电子商务的关键因素包括IT基础设施、监管框架和经济一体化。2018年欧盟28国中45%的企业实行了跨境电商销售。其中43%的销售对象是欧盟其他国家的客户，26%的销售对象是欧盟以外的客

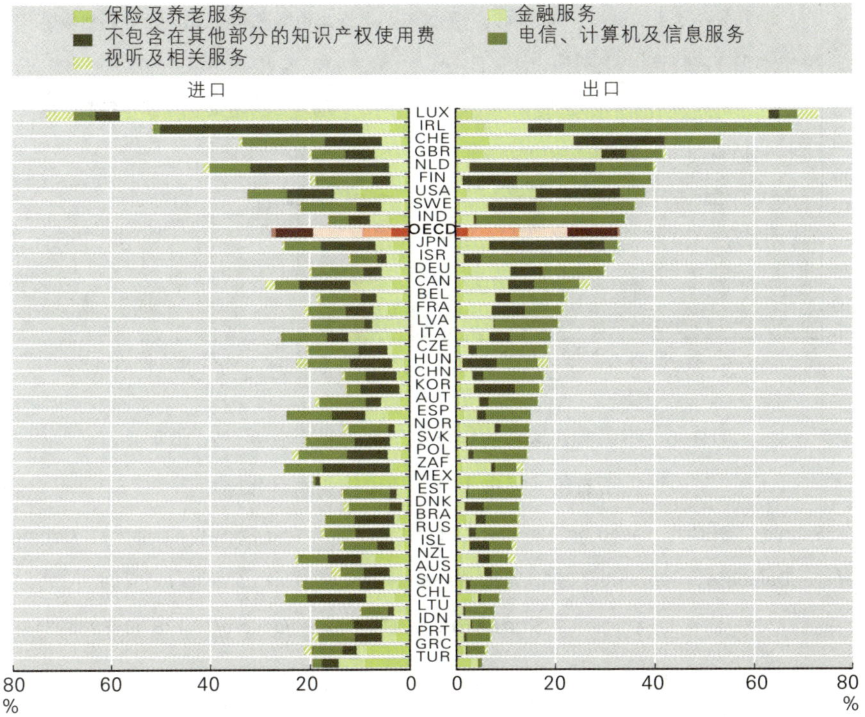

图9-4　主要以数字形式交付的服务贸易（2017年）

分别占服务出口和进口总额的百分比

Source：OECD，International Trade in Service Statistics （ITS），based on EBOPS 2010，https：//www.oecd.org/sdd/its/EBOPS-2010.pdf；WTO，Trade in Commercial Services，October 2018. See chapter notes. StatLink contains more data.

StatLink https：//doi.org/10.1787/888933931466

户。奥地利和卢森堡的跨国卖家比例最高，分别为67%和64%。希腊和爱尔兰向非欧盟国家客户销售的比例最高（将近40%）。其中瑞典尤为突出，因为该国15%的公司只对欧盟以外的客户实行跨境电子商务销售；其他国家这一比例为5%或更低，平均为1.5%（见图9-5）。

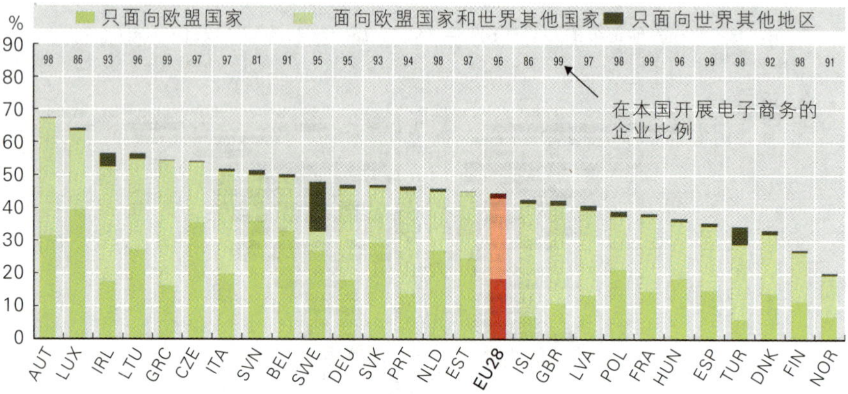

图9-5　不同客户区域的跨境电子商务销售企业（2016年）

占所有已开展电子商务销售企业的百分比

Source：OECD，based on Eurostat，Digital Economy and Society Statistics，Comprehensive Database，September 2018. See chapter notes. StatLink contains more data.

StatLink https：//doi.org/10.1787/888933931485

你知道吗？

2018年，43%的欧盟企业通过网络向欧盟其他国家的客户进行跨境销售，向非欧盟客户进行销售的企业比例为26%。

定义

电信、计算机及资讯服务（EBOPS SI1～3）包括通过电话、电台、电视、电子邮件及其他方式传送或广播声音、图像、数据等，不包括网络设备的安装服务，包括定制软件、非定制软件销售及其相关许可证的销售，还包括硬件及软件咨询、实施、安装、维护及维修、网页开发及托管、系统维护及支持、培训等其他服务。此外，还涵盖了新闻机构服务、数据库设计和交付服务，以及Web搜索门户网站等主流数字服务。

视听服务（EBOPS SK1）包括电影、广播、电视和音乐内容的制作，这些内容目前通常以数字形式存储和传输，包括录音但不包括现场表演。

使用知识产权的费用包括特许经营权和商标许可费、使用研究和开发成果的许可费及复制软件、音像制品和其他产品的许可费。

电子商务交易描述的是在计算机网络上使用专门的方法实现货物及服务的销售或购买，这种方法是为接收或下达订单而特别设计的（OECD，2011）。对于个人而言，无论是卖家还是买家，电子商务交易通常是通过互联网进行的。对企业而言，电子商务销售包括通过网页、外联网或电子数据交换（EDI）系统进行的所有交易。

可测性

“以数字交付为主的服务”的进出口衡量是在编制国际收支统计数据时通过商业调查来实现的。EBOPS提供了交易产品的更多细节信息，但通常不会单独标明数字化交付的服务，因此有必要重点关注数字化程度高的产品。

在一些国家的ICT使用调查中可捕获跨境电子商务交易。不同的数据收集方法和估计方法影响了数据可比性。有关电子商务衡量的更多信息请参阅第4.7节。

9.3 影响实物商品贸易的措施

数字化转型导致国际贸易的成本大幅下降，改变了交易方式和交易内容（Lopez-Gonzalez and Jouanjean，2017）。伴随着数字服务贸易的兴起，数字化也推动了实物商品贸易的增长。然而如何衡量这类贸易极具挑战性，因为产品的生产和订购往往都是数字化的，甚至伴随着3D打印技术的兴起，产品的交付也出现潜在的数字化趋势。第9.6节概述了与之相关的成果。

伴随着数字化的不断发展，影响实物商品贸易的标准正在发生变化

（Lopez-Gonzalez and Ferencz，2018）。智能音箱、电子阅读器和物联网设备等“智能”商品结合了商品和服务的特点并且需要联网。它们既受关税或边境口岸成本等因素的影响，也受服务贸易和数字网络访问等有关问题的常规影响。

有效适用关税表明了信息通信技术产品直接的市场准入壁垒（还有很多其他技术措施）。2005年，经合组织成员国ICT产品平均有效适用关税为2.07%，2017年降至0.73%。经合组织伙伴国的实际关税虽然在下降，但其绝对数值仍居高不下。2017年阿根廷和巴西的ICT产品平均有效适用关税达12%多，中国和印度约为6%（见图9-6）。

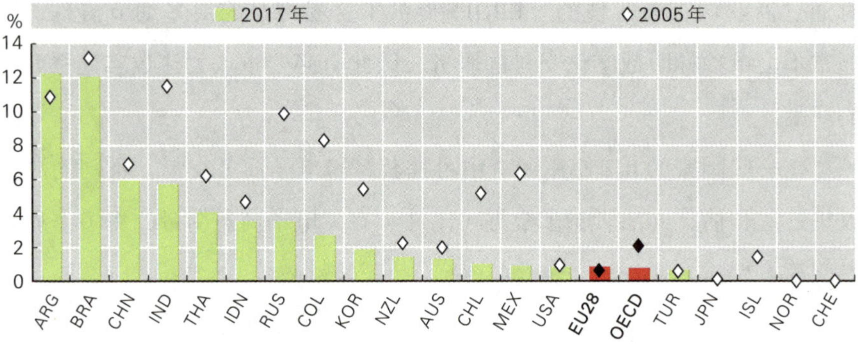

图9-6　信息通信技术产品的有效适用关税（2017年）

占进口额的百分比（简单算术平均数）

Source：OECD，based on UNCTAD，Trade Analysis Information System （TRAINS），December 2018. See chapter notes.

StatLink https：//doi.org/10.1787/888933931504

电子商务正在导致国际包裹贸易的持续增长，因此最低门槛限制变得愈发重要，尤其是对于中小企业和网上购物个人用户的限制。此外，电子商务对通关程序的效率和管理也提出了要求。各国最低门槛限制的差别很大，澳大利亚和美国的门槛最高，在800美元左右。相比之下，中国和瑞士的门槛低于10美元，而欧盟国家、印度和哥伦比亚的门槛在200美元左右（Lopez-Gonzalez and Ferencz，2018）（见图9-7）。

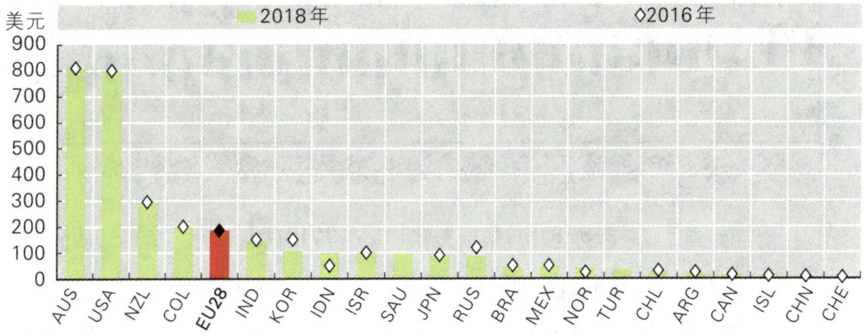

图9-7　关税的最低门槛值（2018年）

适用于特快专递

Source： OECD，based on Global Express Association，December 2018. See chapter notes.

StatLink https：//doi.org/10.1787/888933931523

网购货物的交付仍然受物理连接的限制。由于在小批量货物的贸易总值中贸易成本所占比例相当大，因此包裹通过边境的速度和成本对个人及小公司在数字贸易中的参与会产生相当大的影响。边境地区程序和管制的简化与统一以及通关流程自动化都有助于加快货物通过边境的速度。贸易信息的透明度和海关程序的可预测性等也有助于贸易的顺利进行。一些令边境流程实现自动化和去实物化的技术本身也有助于使这种广泛性的贸易更加便利。经合组织贸易便利化指标（Trade Facilitation Indicators，TFIs）涵盖了这些措施的所有要素。2017年，经合组织国家和新兴经济体在透明度、可预测性、程序简化或边境流程自动化等领域的表现反映了它们在实施此类举措方面所付出的巨大努力。整体而言，最具挑战性的领域是边境地区管理的协调（见图9-8）。

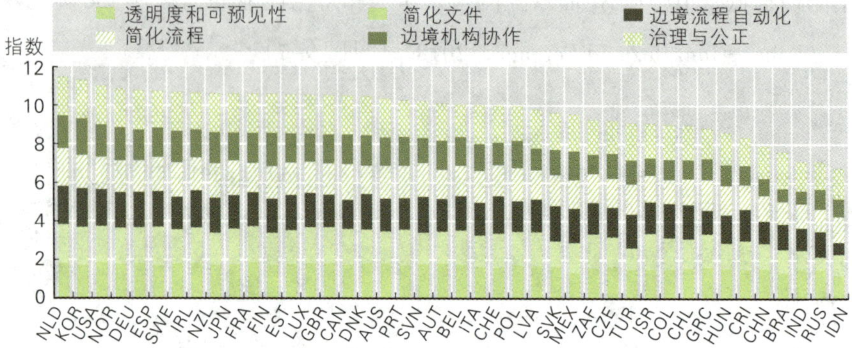

图9-8　贸易便利化指标（2017年）

2分代表每个领域执行的最高值（总体潜力最大值 = 12）

Source：OECD，Trade Facilitation Indicators Database，https：//oe.cd/tfi，September 2018. See chapter notes. StatLink contains more data.

StatLink https：//doi.org/10.1787/888933931542

你知道吗？

印度的信息通信技术产品关税比经合组织国家高8倍，比阿根廷和巴西高16倍。

定义

有效适用关税是根据平均最惠国关税（适用于世贸组织的一般规则）和平均特惠关税（适用于特惠贸易协定）两者中的较低值计算的。

信息通信技术产品关税是主要由信息通信技术制造业生产的进口产品所缴纳的税或关税。

最低限度制度允许不超过某一门槛值的货物免除进口税和其他税项，并免除某些申报程序。

贸易便利化指标（TFIs）涵盖所有的边境流程，用于评估各国采取和实施贸易便利化措施的程度以及本国相对于其他国家的表现。每个TFI指标都由几个具体、精确、基于事实的变量组成，这些变量的值与现有贸易相关政策和法规及其在实践中的执行表现有关。每个变量的最大值为2，表示该变量执行得最好。有关各个组成部分的详细信息见表1.1（OECD，2018）。

可测性

全球快递协会是一个快递运营商组织机构，定期收集公众来源（例如海关网站）中所提供的各种最低限制制度资料。

贸易分析信息系统（TRAINS）数据库提供了有关贸易关税壁垒的数据。

经合组织的贸易便利化指标（TFIs）覆盖了163个国家，其依据是一份详细的调查问卷，收集的实际信息具有地域可比性和时间一致性。数据来源主要有三个：（1）相关边境机构网站上的公开信息、海关代码等官方出版物、年度报告或公共数据库；（2）各国直接提交的数据；（3）来自私营部门的真实信息，特别是快递行业协会和在世界各地有业务运营的公司。经济合作与发展组织（OECD）对差异进行调查，并将相关数据表送至各国进行验证。有关详细信息参见：https：//oe.cd/tfi。

9.4 影响服务贸易的措施

数字化转型的急剧加速对服务贸易产生了深远影响，使传统服务更容易进行跨境交易，同时，能从数据中创造价值的新型服务应运而生。然而，现有的及新兴的贸易壁垒则可能阻碍这种创新，并且对数字服务的跨境流动形成障碍。

经合组织数字服务贸易限制指数（DSTRI）是一个新工具，可对影响44个国家（涵盖经合组织成员国和主要合作伙伴）数字服务贸易的跨领域壁垒进行识别、分类以及量化（Ferencz，2019）。其目标是帮助决策者确定监管存在的瓶颈并设计对策，为数字贸易培育更多元化且更具竞争力的市场。2018年DSTRI指数在0.04至0.48之间（指数值为1时表示完全限制），所有国家的DSTRI指数平均为0.18。有29个国家低于平均水平，15个国家高于平均水平（见图9-9、图9-10）。

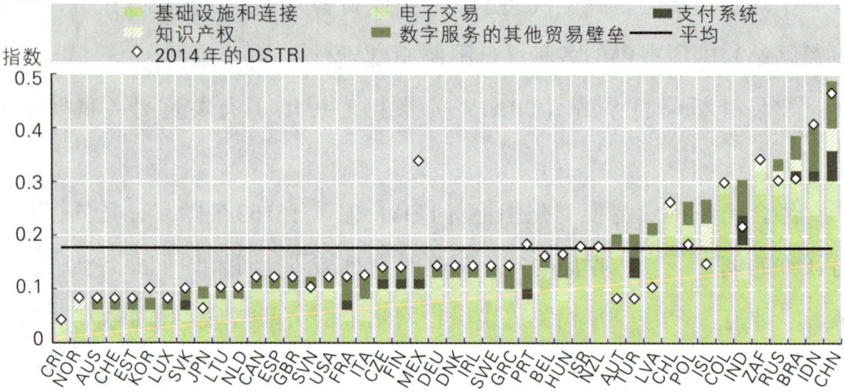

图9-9　数字服务贸易限制指数（DSTRI）（2018年）

取简单平均数，取值1.0代表最严格的限制

Source：OECD，Services Trade Restrictiveness Index，https：//oe.cd/stri-db，December 2018. See chapter notes. StatLink contains more data.

StatLink https：//doi.org/10.1787/888933931561

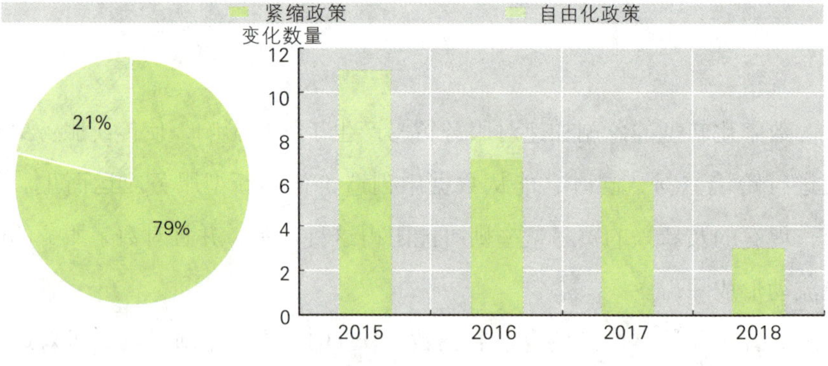

图9-10　44个国家影响数字服务贸易的政策变化（2015—2018年）

Source：OECD，Services Trade Restrictiveness Index，https：//oe.cd/stri-db，December 2018. See chapter notes.

StatLink https：//doi.org/10.1787/888933931580

通过将2018年的数字贸易政策划分为5个政策领域，可揭示各国数字贸易的多样化和复杂的监管环境。结果显示，挑战仍然存在，特别是在访问通信基础设施和信息跨网络流动方面。此外，在影响所有类型的电子交易的措施方面也存在挑战，如不同的电子合同和支付标准。各国还普遍存在着一些其他障碍，如在开展数字贸易之前有义务先在当地建立业务。

对该指数随时间的变化展开比较分析，可以观察到近年来管理数字贸易的全球监管环境是如何发展的。虽然大多数国家的监管环境持续保持稳定，但也有一些国家发生了变化，一般表现为收紧数字贸易的监管环境。与DSTRI指数在2014年的第一次统计数据相比，2018年有10个国家的DSTRI指数值有所升高，只有3个国家的指标值有所降低。

事实上在这一时期DSTRI记录的变化中，有近80%是贸易限制。纵观这些年来的变化情况，限制性政策变化的数量相对稳定，而自由化程度却在逐年下降。涉及紧缩的政策变化虽然在性质上各不相同，但往往集中体现在基础设施和互联互通措施上。例如，在互联互通措施上缺乏有利于竞争的监管，并且对跨境数据流动和数据本地化的限制日益增加。支撑数字化转型的关键服务行业（如电信），其自由化和促进竞争的改革也有助于大幅降低商业服务的贸易成本（OECD，2017）。

你知道吗？

根据2018年DSTRI指数，各国之间影响数字服务贸易的监管环境复杂多样，减少贸易壁垒，特别是减少影响通信基础设施和无缝连接的贸易壁垒还有很大空间。

定义

基础设施和互联互通包括与通信基础设施互联相关的DSTRI限制措施，以及影响连接性的限制（例如影响跨境数据流的措施）。

电子交易是涵盖电子交易障碍（例如不承认电子签名）的DSTRI措施。

支付系统是指影响电子支付的DSTRI措施（如对网上银行的限制）。

知识产权是指保护和执行商标、版权以及相关权利的国内政策的

DSTRI措施。

数字支持服务的其他贸易壁垒是指不属于上述政策领域的数字支持服务贸易壁垒措施（如性能要求、下载和流媒体限制、在线广告限制等）。

政策变化是每年因各国的法律法规变化而引起的变化在监管数据库中的记录。

可测性

数字贸易限制指数以经合组织服务贸易限制指数（STRI）的收集方法和数据为基础，将二元的分层定量数据融合为一个复合指标。更多信息请参见https：//oe.cd/STRI- methodology。DSTRI指数由两部分组成：一部分是从各国公开提供的法律法规中采集监管壁垒信息的监管数据库；另一部分是衡量这些政策的贸易限制性综合指数。这些指数的取值范围在0到1之间，其中0表示数字化交易的监管环境是完全开放的，1则表示监管环境是完全封闭的。

9.5 跨国技术

由于数字技术通常在全球市场上广泛应用并销售，这使得发明家们不得不在多个市场寻求知识产权保护。美国是其中一个特别重要的市场，因为几乎所有（92%）与信息通信技术相关的IP5专利（在两个及两个以上的国家提出申请，并且其中至少一个申请是向五大国家专利局中提交的专利）都是向美国专利商标局（USPTO）提出的申请。相关专利在中国提交的申请量位居第二，接近60%。日本是向美国专利商标局（USPTO）提交ICT相关IP5专利最多的国家（24%），美国是17%，但在欧洲专利局，美国发明人占ICT相关IP5专利的1/4左右，美国发明人在加拿大、澳大利亚和以色列专利局的申请均占一半以上。

开发数字技术可能需要在研发（R&D）方面进行大量投资。在研发表现好的公司专利项目中，与信息通信技术相关的专利在前2 000项中占了相当大一部分，尤其是信息通信技术服务、出版和广播以及电信行业。计算机和电子行业的顶尖研发人员所拥有的大部分专利也与ICT有关。虽然金融和保险业与信息通信技术没有直接联系，但该行业很大一部分专利与信息通信技术相关（70%），表现颇为抢眼（见图9-11）。

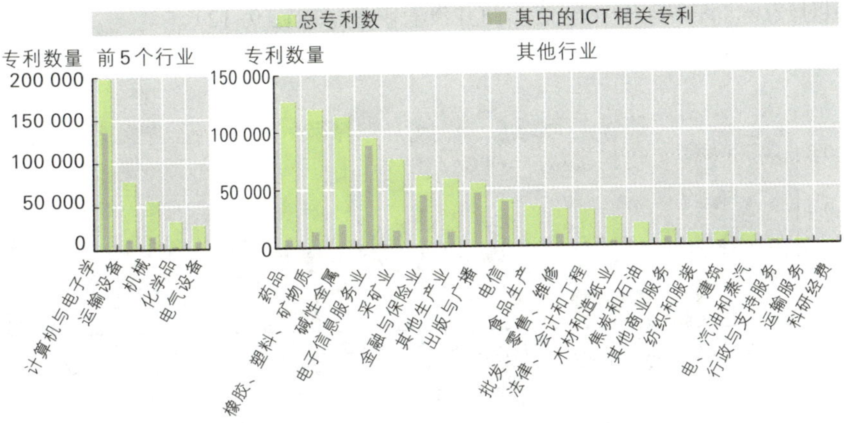

图9-11　不同行业顶级研发企业的专利作品（2013—2016年）

总数及IP5专利族中的ICT相关专利

Source：OECD calculations based on JRC-OECD，COR&DIP© Database v. 1. and OECD，STI Micro-data Lab：Intellectual Property Database，http：//oe.cd/ ipstats，November 2018. See chapter notes.

StatLink https：//doi.org/10.1787/888933931618

大多数顶尖的研发型公司都是跨国企业（MNEs），其中一个潜在的原因是技术具有跨国传播的属性。在本地托管一个跨国公司的分支机构可能是经济体获得某些技术的一种方式。同样，一个企业可能会在国内或国外持有另一个企业的股份，以获得其拥有的技术。此类交易跨境发生的程度取决于被投资国的监管及其他限制的程度。经合组织的外国直接投资监管限制指数（FDI RRI）采集了每个国家法定限制力度的信息，包括国内企业由外国政党持有的股权、官方批准要求、董事和其他关键人员的任命规定以及其他的潜在限制。总体而言，各国对外国直接投资的限制仍存在显著差异。印度尼西亚和中国的综合指数值最高，约为0.3分。特别是中国极度依赖数字技术的电信行业受到了高度限制（该项指数值为0.75）。非欧洲的经合组织国家和瑞典的电信限制也高于平均限制水平。欧盟国家的限制相对较少，许多国家在电信方面并没有限制（见图9-12）。

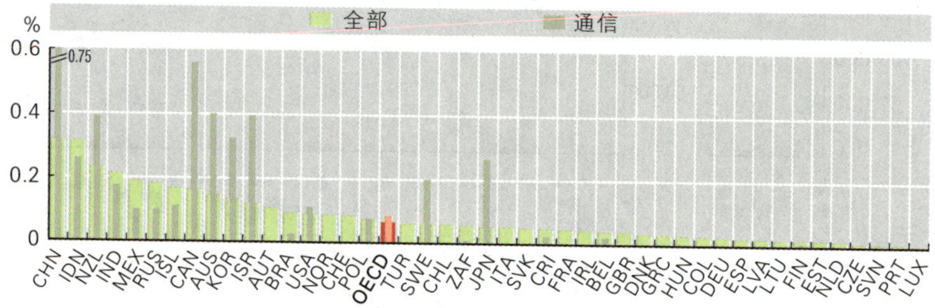

图9-12　外国直接投资监管限制指数（2017年）

0为无限制，1为最高限制

Source：OECD，FDI Regulatory Restrictiveness Index Database，http：//www.oecd.org/investment/fdiindex.htm，December 2018. See chapter notes. StatLink contains more data.

StatLink https：//doi.org/10.1787/888933931637

你知道吗？

全球顶尖研发公司拥有的信息通信技术相关专利占专利总数的40%。

定义

专利保护技术发明（即提供新方法或新技术解决方案的产品或工艺）。IP5专利族的专利应至少在全球两个产权机构提出申请，并且其中至少有一个是五大知识产权局，即欧洲专利局（EPO）、日本专利局（JPO）、韩国知识产权局（KIPO）、美国专利商标局（USPTO）和中华人民共和国国家知识产权局（NIPA）。

ICT相关专利使用国际专利分类（IPC）代码进行识别（Inaba and Squicciarini，2017）。顶级研发公司是指2014年全球研发支出最高的2 000家公司（Daiko et. al.，2017）。

外国直接投资（FDI）包括外国投资者在所属国以外国家所经营的常驻企业中拥有的权益和净贷款。外国直接投资监管限制指数（FDI RRI）提供了每个国家对外国直接投资障碍设置程度的评定指标：1表示完全限制外国投资，0表示完全没有设置对外国直接投资的监管障碍。

可测性

专利数据由EPO、JPO、KIPO、USPTO和NIPA提供给OECD。专利审查员在审查专利过程中所赋予的IPC代码标明了发明所属的技术领域。

FDI RRI指标对22个行业的外国直接投资法定限制措施进行了衡量。该指标包括四类措施：（1）外资股权限制；（2）筛选和预先审批；（3）关键人员规定；（4）对外资企业的其他限制。每个部门的得分是将四类评估值的总分相加，然后将其标准化到0～1范围内，最后将这22个行业的分数平均后得出每个国家的总评分。资料主要来源包括：经合组织《资本流动自由化法典》及其附件中的国家保留规定及例外情况清单、国民待遇文书（NTI）中报告的为提高透明度而采取的其他措施清单，以及国家官方出版物和经合组织秘书处在准备经合组织投资政策审查时采集的资料。

9.6 路线图：衡量数字贸易

为什么需要对数字贸易进行衡量？

数字技术使得参与贸易、协调全球价值链和传播思想变得更加容易，从而改变了企业组织国际贸易的方式、内容和对象。由此带来的结果是国际贸易越来越多、越来越复杂，并且涉及不同国家各种商品、服务和数据的组合。当前国际贸易比以往任何时候都更需要快速性和可靠性，以满足日益增长的准时交货要求和按需获得商品及服务的需求。

尽管与数字相关的交易已经存在多年，但由于近年来其规模呈指数级增长，并且出现了新的颠覆性参与者，因此生产流程和行业都已经发生了改变，包括许多以前基本上未受全球化影响的行业。相对年轻的公司如Netflix和Spotify利用数字渠道迅速扩大规模，在全球提供娱乐服务。然而，尽管“数字贸易”受到了越来越多的关注，但有关其规模、性质和演变的国际可比信息目前还很少。因此，对于充分理解由此带来的政策挑战无疑构成了阻碍。

挑战是什么？

数字化的影响之一是小型包裹贸易的增长。由于小型包裹的价值往往低于海关当局的最低限额，因此小型包裹贸易可能并没有完全被纳入官方统计数据中。尽管人们承认这部分数据对于整体贸易价值的影响可能微乎其微，但许多国家在通关程序和包裹跟踪系统方面已经进行了重大改进，此举将有助于确定上述系统性的统计值低估情况是否存在。

在（数字交付）服务贸易领域，尤其对家庭而言，存在更重大的挑战。欧洲许多经济体开始根据企业的增值税退税来改进当前的估算方法。这些方法通常会导致在产品级别向上调整。例如，在丹麦，家庭进口额分别占计算机服务和视听产品总进口额的6%和30%，但总体影响仍然很小，其调整幅度低于总进口额的0.4%。[①]

确保知识产权相关服务的跨境流动与核心会计概念相匹配仍然是一个重大挑战。即使不存在误判问题，在概念的解释上也仍然存在挑战，[②]爱

---

① Burman and Sølvsten Khalili (2018), ‘Measuring import of Digitally Enabled Services to Private consumers’, Statistics Denmark.

② http://www.oecd.org/iaos2018/programme/IAOS-OECD2018_Schreyer-vandeVen-Ahmad.pdf.

尔兰2015年GDP上升26%就证明了这一点（OECD，2016）。大量的非货币性数据流以及通过海外分支机构提供服务，则加剧了对公司内部贸易进行衡量所存在的更广泛问题，并且这类数据流通常也非常难以捕获。

尽管存在这些问题，但对于发展数字贸易统计而言，一个更为关键的问题是：目前的统计分类系统并没有对数字订购或交付的贸易流进行常规性描述。换句话说，很难通过当前的分类体系来识别数字贸易。

为了应对上述挑战，各国正在探索诸如信用卡信息等新的数据来源，同时也正在努力研发能将业务注册数据与海关或其他数据来源联系起来的项目方案，以提供电子零售商进出口规模的相关信息（分类为NACE 47.91）。同时，各国还在积极探索如何在现有调查中添加新问题以扩大调查内容的范围。最近，哥斯达黎加在UCTAD的支持下采用这种方法对数字交付服务进行了评估。然而，资源的限制以及为减轻被调查者的负担而带来的压力是许多国家需要面对的挑战。

何时、如何以及由谁记录贸易流动也是需要面对的挑战之一。数字中介平台为交易提供了便利并收取一定费用，但平台从未取得相关产品的所有权。如何在业务注册中对这些平台进行识别，如何根据平台提供的实际服务对其进行分类，如何对平台所促成的交易进行处理（例如确定哪些交易实际上属于跨境交易，确定某交易是与哪个合作伙伴国发生的交易），这些问题都是对概念和经验的重大挑战。

目前还存在一个重要挑战，即目前的框架难以确定用于贸易的数字工具和技术情况。经合组织统计和数据理事会（Statistics and Data Directorate）成立了“数字化经济GDP的衡量”非正式咨询小组，并且正在积极开展工作以满足这一需求（见第2.11节）。

国际行动的选择

为了更好地衡量和识别数字贸易，我们提出遵循一个概念性框架，该框架将数字贸易定义为所有以数字化方式订购的、由数字中介平台支持的，以及以数字化方式交付的国际贸易流（见图9-13）。该框架遵循现有的国际贸易统计标准和分类包括《国际收支手册》第6版（Balance of Payments Manual version six，BPM6）、国际收支服务扩展分类（Extended Balance of Payments Services Classification，EBOPS）、国际货物贸易统计（International Merchandise Trade Statistics，IMTS）以及协调制度（Harmonised System），并采用现有的电子商务统计定义（OECD，2011）、经合组织信息通信技术产品和服务分类以及TGServ集团所开发的支持ICT交易的定义。

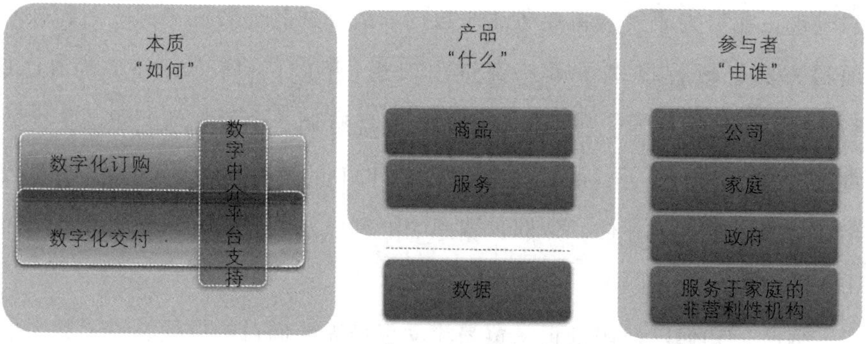

图9-13　数字贸易的概念性衡量框架

注：图中的“数据”仅包括不涉及货币交易但支持货币交易的跨境数据流。

Source：Adapted from OECD （2017）.

未来的主要工作之一是由经合组织和世贸组织领导的国际贸易统计机构工作小组（Task Force on International Trade Statistics，TFITS）协调，编制一本衡量数字贸易的手册。该工作小组汇集了来自各国际机构（包括经合组织、联合国贸发会议、世贸组织、国际货币基金组织、欧盟统计局、联合国和世界银行集团）的代表，包括巴西、中国、印度、印度尼西亚、俄罗斯、南非和泰国在内的25个国家及多个经合组织成员国。

手册的编制建立在OECD-IMF两次评估工作基础之上，涉及70多个国家（统计办公室和中央银行）以及近年来各论坛上的多次讨论，包括经合组织商品和服务贸易工作的研讨、国际货币基金组织BOPCOM和欧盟统计局关于收支统计数据的工作组研讨。

手册的第1版将在2019年第一季度上线，这是一个可修改的文件，包括5个独立章节：

（1）数字贸易的定义和一个概念性框架，主要就如何记录交易（特别是与数字中介平台有关的交易）提供了建议；

（2）衡量以数字化手段跨境订购商品和服务的最佳方法，重点关注交易所涉及的行业和交易的性质（交易涉及哪些服务以及交易是否跨境）；

（3）确定数字中介平台的最佳实践经验，包括建议记录相关交易流，特别建议记录由国内供应商向国内消费者提供商品和服务的非常设性临时平台交易；

（4）衡量数字交付服务的最佳实践做法；

（5）根据现有和拟议的商品及服务分类为基础，使用现有与贸易相关的产品分类，就数字商品贸易和数字服务贸易的评估提出建议。

手册将履行20国集团（G20，2017）的任务，确定数字贸易的定义和类型，重点在于发现数字贸易衡量和评估中存在的鸿沟，找出国际贸易统计中的潜在偏差，并根据新的国家统计实践经验对数据源和计算标准提出建议。

参考文献

OECD (2017), "Measuring Digital Trade: Towards a Conceptual Framework", OECD unclassified document, STD/CSSP/WPTGS(2017)3, http://www.oecd.org/officialdocuments / publicdisplaydocumentpdf/? cote=STD / CSSP / WPTGS (2017) 3&docLanguage=En.

OECD (2011), *OECD Guide to Measuring the Information Society 2011*, OECD Publishing, Paris, https://doi.org/10.1787/9789264113541-en.

OECD (2016), "Irish GDP up by 26.3% in 2015?", OECD, Paris, http://www.oecd.org/sdd/na/Irish-GDP-up-in-2015-OECD.pdf.

G20 (2017), "G20 Priorities on Digital Trade", G20, Dusseldorf, http://www.g20.utoronto.ca/2017/170407-digitalization-annex3.html.

9.7 路线图：衡量数据和数据流

为什么需要业务数据和数据流方面的指标？

长期以来，企业一直在使用数据，但近年来数据使用的规模以及数据对许多商业模式的核心重要性都在呈指数级增长。“数据增强业务”平台使用新型的数据驱动流程加强现有的业务模型和流程，以增强其生产、分销和营销能力，而对于在线平台这类“数据支持型业务”，数据是其核心业务模型的关键赋能单位。数据还有助于企业在全球价值链内部及价值链之间更好地协调合作，促进国际交易，并能够推出新型或改进的产品和服务。数据对企业的价值取决于在业务价值链中的使用方式和所处位置。由于数据流在不同公司和不同行业之间可能会存在极大的不同，因此需要对数据业务模型及价值链进行详细的分解和分析，考虑的因素包括所涉及的数据类型、数据来源、数据使用的方式和机构环境（如使用机构是否是一个跨国公司）。Li等（2018）分析了各种在线平台业务中数据的性质和作用。

目前，衡量及评价生产过程中的数据和数据输入方式的方法繁多，人们对其中最优的方法还没有达成共识。许多商业模式都具备国际化属性，即涉及跨境数据流动，这使得挑战进一步加剧。如果没有合适的衡量和评估方法，则难以评价数据在公司业绩或产品市场结构方面所扮演的角色。由于这些衡量问题普遍出现在公司、行业和国家等各个层次，因此国家统计数据的准确性会受到影响，制定和实行以促进数字时代繁荣发展为目标的政策也将遇到阻碍（见图9-14）。

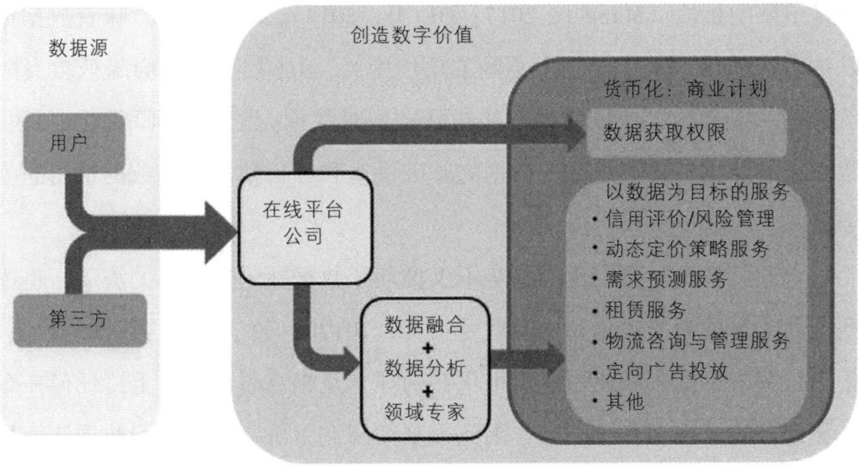

图 9-14　网络平台中数据的本质和作用

Source: Li et al. （2018）.

挑战是什么？

尽管数据对企业具有重要的甚至通常是至关重要的价值，但并没有现成的方法来评估数据。虽然数据有标准单位（如兆字节、千兆字节、兆兆字节、千兆兆字节等），但显然这些数据单位的估值无法对评估数据价值提供有意义的基础（英国财政部，2018；OECD，2019）。即便对于数据存储和数据流量的测量是可靠的，但数据的价值也还取决于其自身所携带的信息，而这些信息又进一步取决于数据产生和使用的具体环境，因此，具有相同比特数和字节数的数据包在不同的环境中可能具有不同的经济影响。

这意味着需要使用详细的元数据以实现在具体的环境中对数据进行强衡量。虽然确实存在一些基于类型、来源、用途等的数据分类方法（如Abrams，2014），但目前来看，还没有专门为统计目的而建立的数据类型能够提供一种理解数据语境的通用方法，这是在解决数据衡量挑战之前应该解决的另一个挑战。无论是在理论方面还是实践方面，数据的非竞争性都是重要的挑战（Mandel，2017；OECD，2013）。非竞争性意味着数据可以被多次使用（例如被用于不同的语境中），但本质上并不会降低自身的价值。一般来说，可以以很低的边际成本对数据无限次地利用和再利用。数据本身的成本并不重要，数据的基础设施和分析技术才是数据重用的主要成本。

全球经济日益数字化的趋势不仅推动了数据在国家内部的流动，也逐渐推动了数据的跨境流动（欧盟委员会，2017）。数字化使得数据的收集、汇总、分析、储存和使用或货币化在物理上是相互脱离的；上述任何一个步骤都可能发生在多个国家，因此很难编制完整可靠的数据和数据流衡量标准。例如，数据样本是免费从在线社交媒体平台的用户那里收集的，因此它们不会在用户所在国家产生任何金融交易。然而，一旦这些数据与全球数以百万计的其他数据一起传输和汇集，它们就成为数据分析和价值创造的基础，最终通过提供基于数据的服务（例如广告定向投放）或数据库许可权来赚钱。一个与此相关的重要挑战是跨国企业内部子公司之间的数据转移（van der Marel，2015），这个问题是跨国公司交易衡量相关问题的扩展和延伸。

这种国际分散的情况不但使衡量数据存储和数据流动面临更大的挑战，而且由于计算机化的数据库被当作国民核算系统中的资产来处理，实际上也对数据资产的“国家库存”概念提出了挑战。另一个与此相关的挑战是确定数据资产应该像机器、设备、建筑物和研发那样被视为“生产资产”，还是像土地、租赁、许可以及营销资产那样被视为“非生产资产”。这对GDP等经济统计数据具有重要意义（Ahmad and van de Ven，2018）。

国际行动的选择

首先第一步很可能是在原来初步工作的基础上，为统计目的建立与国际公认的分类法有关的数据和数据流，将其作为理解和描述这些实体的基础。经合组织目前正在研究这样一种分类法，其目标在于不管数据是主动收集而来的还是通过被动观察获取的，都根据数据的特征，如所有权、排他性、隐私、可交易性、来源、完整性和可信度等将其分类。这种分类法有助于理解数据的相关语境，并进而获得对其相关价值的认知，是一个有力工具。

除此之外，有潜力的数据和数据流衡量及评价方法还包括：

• 基于市场价格的评估：观察不同类型数据的市场交易（依据数据类型），例如通过数据经纪人或市场进行的交易。

• 基于商业模式和数据价值链的评估：关注特定业务及其商业模式的分析，并对特定的全球数据价值链进行剖析，以上做法有助于确定数据价值在何时何地被创造，以及数据存量与流量是如何进入这一领域的。

• 对业务合并和收购所产生的数据价值进行正式评估，此举有助于深入了解某些类型数据的相对价值。

• 根据收集、清理、汇总、处理、存储、维护、扩大、分析等成本进行评估（类似于个人账户软件）。

• 将输入输出表与数据流表叠加使用以评估增值流是否伴随着数据流。

数字供应-使用表（Digital Supply and Use Tables）中已经允许记录与数字相关的交易（见第2.11节）。经合组织正在努力与统计界和学术界精诚合作，以制定能满足所有用户需要的措施。

参考文献

Abrams, M. (2014), *The Origins of Personal Data and its Implications for Governance*, Information Accountability Foundation, Texas, http://dx.doi. org/10.2139/ssrn.2510927.

Ahmad, N. and P. van de Ven (2018), "Recording and Measuring Data in the System of National Accounts", OECD unclassified document, SDD/CSSP/ WPNA (2018)5, http://www.oecd.org/officialdocuments/publicdisplaydocumentpdf/?cote=SDD/CSSP/WPNA(2018)5&docLanguage=En.

European Commission (2017), "Exchanging and Protecting Personal Data in a Globalised World", Communication from the Commission to Parliament and the

Council, https://eur - lex. europa. eu / legal-content / EN / TXT/? uri=COM% 3A2017% 3A7%3AFIN.

HM Treasury (2018), "The economic value of data: Discussion paper", UK Government, London, https://assets. publishing. service. gov. uk / government/ uploads / system/uploads/attachment_data/file/731349/20180730_HMT_Discussion_Paper_-_The_Economic_Value_of_Data.pdf.

Li, W.C.Y., M. Nirei and K. Yamana (2019), "Value of Data: There's No Such Thing As A Free Lunch in the Digital Economy", U.S. Bureau of Economic Analysis Working Papers, Washington, DC, https://www.bea.gov/research/papers/2018/value-data-theres-no-such-thing-free-lunch-digital-economy.

Mandel M. (2017), "The Economic Impact of Data: Why Data is not like Oil", Progressive Policy Institute, Washington, DC, https://www. progressivepolicy. org/ wp-content/uploads/2017/07/PowerofData-Report_2017.pdf.

OECD (2019), *Going Digital: Shaping Policies, Improving Lives*, OECD Publishing, Paris, https://doi.org/10.1787/9789264312012-en.

OECD (2013), "Exploring the economics of personal data: A survey of methodologies for measuring monetary value", *OECD Digital Economy Papers*, No. 220, OECD Publishing, Paris, https://doi.org/10.1787/5k486qtxldmq-en.

van der Marel E. (2015), "Disentangling the Flows of Data: Inside or Outside the Multinational Company?", *ECIPE Occasional Papers*, 07/2015, http://hdl.handle.net/10419/174734.

注释

9.1 全球价值链

图9-1 不同数字强度行业满足国内需求的国外附加值（2015年）

数字强度的定义依据Calvino et al.（2018）文献中描述的方法。

强数字密集型产业=中高、高数字密集型产业。

弱数字密集型产业=中低、低数字密集型产业。

欧盟28国和经合组织代表国国内需求的国外附加值为各国的加权平

均值，欧盟28国和经合组织各国之间的区域内附加值被视为国外附加值。

图9-2　不同国家及区域满足国内信息产业产品需求的国外附加值（2015年）

信息产业包括ISIC Rev.4中的以下行业：计算机、电子和光学产品制造（26类）；出版、音像和广播活动（58～60类）；电信（61类）、信息技术和其他信息服务（62～63类）。

北美包括加拿大、墨西哥和美国；其他东亚和东南亚国家及地区包括文莱、印度尼西亚、日本、柬埔寨、韩国、马来西亚、菲律宾、新加坡、泰国、越南等。

图9-3　不同地区及数字化强度制造业出口中的服务附加值（2015年）

数字强度的定义依据Calvino et al.（2018）文献中描述的方法。

强数字密集型产业=中高、高数字密集型产业。

弱数字密集型产业=中低、低数字密集型产业。

服务是按照ISIC Rev.4中第41类至第98类定义（包括建筑）。

欧盟28国被视为单一经济体（即仅向非欧盟国家出口以及欧盟内部各国之间的附加值流动被视为国内流动，因此国外附加值是指欧盟出口中的非欧盟附加值部分）。

9.2　贸易

图9-4　主要以数字形式交付的服务贸易（2017年）

该图中涵盖的服务包括EBOPS分类中的SF（保险和养老服务），SG（金融服务）；SH（不包含在其他部分的知识产权使用费用），SI（电信、计算机及信息服务），SK1子类（视听及相关服务）。

智利、中国、印度尼西亚、墨西哥、新西兰和瑞士的视听及相关服务包括其他个人文化和娱乐服务。

图9-5　不同客户区域的跨境电子商务销售企业（2016年）

冰岛的数据是2012年的。

土耳其的数据是2014年的。

9.3 影响实物商品贸易的措施

图9-6 信息通信技术产品的有效适用关税（2017年）

泰国的数据是2015年的而非2017年的。

图9-7 关税的最低门槛值（2018年）

从2018年7月1日起，澳大利亚要求网络平台、零售商以及负责协助消费者将这些商品（低于1 000澳元）从海外发送到澳大利亚的二次转运商负责收取商品和服务税（GST），并汇总缴纳给澳大利亚税务局。该费用发生在销售点，不需要在跨国边境截停货物，也不需要支付相关的边境费用或关税。

对巴西，该数据是指从美国发货的最低门槛值。

对墨西哥，邮政运输的最低门槛值是300而不是50。

对新西兰，数据仅指邮政运输的最低门槛值。

俄罗斯的数据只包括个人货物和样品，并且不包括药品、中草药、野生动植物相关产品、检疫物品，如农牧渔类产品、营养补充剂、食品、酒精饮料、烟草、化妆品（只适用于功能性化妆品、含有胎盘的化妆品、含有类固醇的化妆品和危险化妆品）等。

图中2016年数据来源为：https：//global-express.org/assets/files/customs%20committee/de minimis/gea-overview-onde- minimis_April-2016.pdf.

图中2018年数据来源为：https：//global-express.org/assets/files/Customs%20Committee/de-minimis/GEA%20overview%20 on%20de%20minimis_9%20March%202018.pdf.

图9-8 贸易便利化指标（2017年）

“透明度和可预测性”领域根据信息可用性、贸易领域的参与程度、事先裁定、上诉程序和收费情况对各指标进行了分组。“边境机构协作”领域根据国内和跨境机构的合作情况对指标进行了分组。

9.4 影响服务贸易的措施

图9-9　数字服务贸易限制指数（DSTRI）（2018年）

图中的数据是根据STRI监管数据库计算的，该数据库记录了以最惠国待遇为基础的各项措施。特惠贸易协定没有包含在内。

图9-10　44个国家影响数字服务贸易的政策变化（2015—2018年）

数据包含以下国家：澳大利亚、奥地利、比利时、巴西、加拿大、智利、中国、哥伦比亚、哥斯达黎加、捷克共和国、丹麦、爱沙尼亚、芬兰、法国、德国、希腊、匈牙利、冰岛、印度、印度尼西亚、爱尔兰、以色列、意大利、日本、韩国、拉脱维亚、立陶宛、卢森堡、墨西哥、荷兰、新西兰、挪威、波兰、葡萄牙、俄罗斯、斯洛伐克共和国、斯洛文尼亚、南非、西班牙、瑞典、瑞士、土耳其、英国和美国。

9.5　跨国技术

图9-11　不同行业顶级研发企业的专利作品（2013—2016年）

数据为顶级研发公司拥有的IP5专利，使用分数计数法。顶级研发公司是根据2014年研发支出排名而认定的公司。ICT专利使用Inaba和Squicciarini（2017）的IPC代码列表来确定。2015年和2016年的数据不完整。只有在2013—2016年间排名前2 000位的研发企业并且至少有两家公司总部已申请专利的行业才在统计范围内。

图9-12　外国直接投资监管限制指数（2017年）

FDI RRI对68个国家的外国直接投资法定限制措施进行了衡量，包括经合组织（OECD）和20国集团（G20）的所有国家，涵盖22个行业。四类措施包括：（1）外资股权限制；（2）筛选和先行审批要求；（3）关键人员规定；（4）对外国企业经营的其他限制。每个部门的得分是将四类评估值的总分相加，然后将其标准化到0~1范围内，最后将这22个行业的分数平均后得出每个国家的总评分。资料来源主要包括：经合组织《资本流动自由化法典》及其附件中的国家保留规定及例外情况清单、国民待遇文书（NTI）中报告的为提高透明度而采取的其他措施清单，以及国家官方出版物和经合组织秘书处在准备经合组织投资政策审查时采集的资料。

参考文献

Calvino, F., C. Criscuolo, L. Marcolin and M. Squicciarini (2018), "A taxonomy of digital intensive sectors", *OECD Science, Technology and Industry Working Papers*, No. 2018/14, OECD Publishing, Paris, https://doi.org/10.1787/f404736a-en.

Daiko T., H. Dernis, M. Dosso, P. Gkotsis, M. Squicciarini and A. Vezzani (2017), *World Corporate Top R&D Investors: Industrial Property Strategies in the Digital Economy*, A JRC and OECD common report, Luxembourg: Publications Office of the European Union, https://www.oecd.org/sti/world-top-rd-investors.pdf.

Ferencz, J. (2019), "The OECD Digital Services Trade Restrictiveness Index", *OECD Trade Policy Papers*, No. 221, OECD Publishing, Paris, https://doi.org/10.1787/16ed2d78-en.

Inaba, T. and M. Squicciarini (2017), "ICT: A new taxonomy based on the international patent classification", *OECD Science, Technology and Industry Working Papers*, No. 2017/01, OECD Publishing, Paris, https://doi.org/10.1787/ab16c396-en.

López González, J. and J. Ferencz (2018), "Digital Trade and Market Openness", *OECD Trade Policy Papers*, No. 217, OECD Publishing, Paris, https://doi.org/10.1787/1bd89c9a-en.

López González, J. and M. Jouanjean (2017), "Digital Trade: Developing a Framework for Analysis", *OECD Trade Policy Papers*, No. 205, OECD Publishing, Paris, http://dx.doi.org/10.1787/524c8c83-en.

OECD (2018), *Trade Facilitation and the Global Economy*, OECD Publishing, Paris, https://doi.org/10.1787/9789264277571-en.

OECD (2017), *Services Trade Policies and the Global Economy*, OECD Publishing, Paris, https://doi.org/10.1787/9789264275232-en.

OECD (2011), *OECD Guide to Measuring the Information Society 2011*, OECD Publishing, Paris, https://doi.org/10.1787/9789264113541-en.

OECD (2010), "Extended Balance of Payments Services Classification (EBOPs 2010)", OECD unclassified document, https://www.oecd.org/sdd/its/EBOPS-2010.pdf.

UNCTAD (2015), "International Trade in ICT Services and ICT-enabled Services: Proposed Indicators for the Partnership on Measuring ICT for Development", *UNCTAD Technical Notes on ICT for Development*, No. 3, United Nations, Geneva, https://unctad.org/en/PublicationsLibrary/tn_unctad_ict4d03_en.pdf.

数据源

OECD data sources

OECD, Air Emissions Accounts, *https://stats. oecd. org/Index. aspx? DataSetCode=AEA*

OECD, ANBERD Database, *http://oe.cd/anberd*

OECD, Annual National Accounts Database, *http://www.oecd.org/std/na*

OECD, Balance of Payments Statistics, *https://www.oecd.org/sdd/its/quarterly-balance-of payments-statistics.htm*

OECD, Broadband Portal, *http://oe.cd/broadband*

OECD, Consumer Price Indices Database, *https://stats.oecd.org/Index. aspx?DataSetCode=PRICES_CPI*

OECD, Collective Bargaining Coverage Database, *http://www. oecd. org/employment/collective bargaining.htm*

OECD, DynEmp v.2 and v.3 Databases, preliminary data, *http://oe.cd/dynemp*

OECD, Education Database, *www.oecd.org/education/database.htm*

OECD, Entrepreneurship Financing Database, *https://stats. oecd. org/Index. aspx?DataSetCode=VC_INVEST*

OECD, Foreign Direct Investment (FDI) Regulatory Restrictiveness Index Database, http://*www.oecd.org/investment/fdiindex.htm*

OECD, ICT Access and Usage by Businesses Database, *http://oe.cd/bus*

OECD, ICT Access and Usage by Households and Individuals Database, *http://oe.cd/hhind*

OECD, Inter-Country Input-Output (ICIO) Database, *http://oe.cd/icio*

OECD, International Survey of Scientific Authors, *http://oe.cd/issa*

OECD, International Trade in Services Statistics, http://*www.oecd.org/sdd/its/international trade-in-services-statistics.htm*

OECD, Labour Market Programmes Database, *https://stats.oecd.org/index.aspx?DataSetCode=LMPEXP*

OECD, PISA 2015 Database, *www.oecd.org/pisa/data/2015database*

OECD, Productivity Database, *www.oecd.org/std/productivity-stats*

OECD, Programme for International Assessment (PIAAC) Database, *www.oecd.org/skills/piaac/publicdataandanalysis*

OECD, STI Micro-data Lab: Intellectual Property Database, *http://oe.cd/ipstats*

OECD, Structural Analysis (STAN) Database, *http://oe.cd/stan*

OECD, Trade Facilitation Indicators Database, http://*www.oecd.org/trade/facilitation/ indicators.htm*

OECD, Trade in Employment (TiM), *http://oe.cd/io-emp*

OECD, Trade in Value Added (TiVA) Database, *http://oe.cd/tiva*

OECD, Scopus Custom Data, Elsevier, Version 1.2018, *http://oe.cd/scientometrics*

OECD, Services Trade Restrictiveness Index, *https://oe.cd/stri-db*

其他数据源

Akamai, Internet IPv6 Traffic Volume, https://www.akamai.com/uk/en/resources/visualizing akamai/ipv6-traffic-volume.jsp

APNIC, Asia-Pacific Network Information Center, https://www.apnic.net

BBVA, Banco Bilbao Vizcaya Argentaria, https://www.bbvadata.com

Burning Glass Technologies, www.burning-glass.com

CENTR, Council of European National Top-level Domains Registries, https://centr.org

EUKLEMS, www.euklems.net

Eurostat, Digital Economy and Society Statistics, Comprehensive Database, http://

ec. europa. eu / eurostat / web / digital-economy-and-society / data / comprehensive-database

Eurostat, Harmonised Index of Consumer Prices (HICP) Statistics, https://ec.europa.eu/ eurostat/web/hicp

Eurostat, European Labour Force Surveys (EULFS), http://ec.europa.eu/eurostat/web/lfs/data/ database

Eurostat, National Accounts Database, https://ec.europa.eu/eurostat/web/national-accounts/ data/database

Eurostat, Waste Electrical and Electronic Equipment (WEEE) Statistics, https://ec.europa.eu/ eurostat/web/waste/key-waste-streams/weee

European Social Survey, https://www.europeansocialsurvey.org

European Working Conditions Survey (EWCS), https://www.eurofound.europa.eu/surveys

Glass.ai, https://www.glass.ai

ILO, Labour Force Estimates and Projections (LFEP) Database, https://www. ilo.org/ilostat

Intan-Invest data, www.intan-invest.net

Internet live stats, http://www.internetlivestats.com

International Federation of Robotics, https://ifr.org

ITU, World Telecommunication/ICT Indicators Database, www.itu.int/en/ITU-D/Statistics/ Pages/stat/default.aspx

JRC-OECD, COR&DIP© Database v.1., http://oe.cd/ipstats

M-Lab, Worldwide broadband speed league 2018, https://www.cable.co.uk/broadband/speed/ worldwide-speed-league

Netcraft, Internet Security and Data Mining, www.netcraft.com

Ookla, https://www.speedtest.net

Open Knowledge International, https://index.okfn.org

Scimago Journal Rank, https://www.scimagojr.com/journalrank.php

TeleGeography, https://www.telegeography.com

UNCTAD, Trade Analysis Information System (TRAINS), https://unctad.org/en/pages/ditc/ trade-analysis/non-tariff-measures/ntms-trains.aspx

United States Bureau of Labor Statistics, CPI-All Urban Consumers, https://www.bls.gov/ news.release/cpi.t01.htm

WTO, Commercial Services Exports Statistics, http://stat. wto. org / Home / WSDB-

Home.aspx

WTO, Trade in Commercial Services, http://stat.wto.org/Home/WSDBHome.aspx

STI Micro-data Lab

STI Micro-data Lab是经合组织科学、技术和创新理事会（STI）的一个数据基础设施项目。该项目对大规模的行政和商业微观数据集进行收集和关联。这些微观数据在本质上具有微观粒度，在时间和地理范围方面具有全面性且更具优势，是对官方的宏观汇总数据或官方调查等统计数据的补充和增强。

STI Micro-data Lab包括知识产权资产（包括专利、商标和注册外观设计）的管理数据。这些数据由经合组织领导的知识产权统计工作团队收集。该团队由世界各地知识产权局的代表组成。私营供应商所提供的科学出版物和公司层面信息的文献计量记录与开源软件所提供的数据都补充了微观数据。

可以单独使用STI Micro-data Lab中的不同微数据集开发用于分析特定问题的指标，也可以组合使用这些数据集以获取新的信息，用于分析更广泛的问题或者更复杂的动态。这些数据提供了经济主体行为和科学技术发展的详细信息，有助于解决与政策相关的问题，如新技术的生成和推广、公司创新的不同方式、科学与产业之间的联系、科研人员的流动模式以及知识资产在企业经济运行中的角色等。

STI Micro-data Lab是一个开放数据库，研究人员应提交正式申请，需遵守保密协议并服从经合组织和访问者的共同利益约束，申请经批准后可以免费访问。

促进经济合作与发展的组织机构

经济合作与发展组织（Organization for Economic Co-operation and Development，英文缩写OECD，中文简称经合组织）是一个独特的政府间国际经济组织，促使各国政府努力合作，共同应对全球化带来的经济、社会和环境等方面的挑战。经合组织致力于了解和帮助各国政府应对新发展形势，关注企业治理、信息经济和人口老龄化挑战等新的前沿问题。经合组织为各国政府提供了一个场所，使各个国家可以交流和比较政策经验，寻求共同问题的解决方案，甄别出良好的措施，并努力协调国内和国际政策。

经合组织成员国包括：澳大利亚、奥地利、比利时、加拿大、智利、捷克共和国、丹麦、爱沙尼亚、芬兰、法国、德国、希腊、匈牙利、冰岛、爱尔兰、以色列、意大利、日本、韩国、拉脱维亚、立陶宛、卢森堡、墨西哥、荷兰、新西兰、挪威、波兰、葡萄牙、斯洛伐克共和国、斯洛文尼亚、西班牙、瑞典、瑞士、土耳其、英国和美国。欧盟参与了经合组织的工作。

经合组织出版机构广泛传播经合组织关于经济、社会和环境问题的统计数据、研究成果以及经合组织成员国商定的公约、准则和标准。